LE NAUFRAGE DE L

ET AUTRES ESSAIS D'ÉPISTÉMOLOGIE POLITIQUE

COLLECTION « ESSAIS CRITIQUES »
DIRIGÉE PAR JACQUES PELLETIER

COLLECTION « RECHERCHES »
BIBLIOTHÈQUE DU MAUSS
DIRIGÉE PAR ALAIN CAILLÉ

Dialectique et société. 2 volumes. Montréal et Lausanne, Éditions Saint-Martin et L'Âge d'Homme, 1986.

Architecture et société, Bruxelles et Montréal, La Lettre volée et Éditions Saint-Martin, 1992.

Nuit blanche éditeur reçoit annuellement du Conseil des arts du Canada et du ministère de la Culture et des Communications du Québec des subventions pour l'ensemble de son programme éditorial.

L'auteur tient à remercier le service des publications de l'Université du Québec à Montréal pour sa contribution à la préparation de cet ouvrage.

MICHEL FREITAG

LE NAUFRAGE DE L'UNIVERSITÉ

ET AUTRES ESSAIS D'ÉPISTÉMOLOGIE POLITIQUE

NUIT BLANCHE ÉDITEUR
QUÉBEC

ÉDITIONS LA DÉCOUVERTE
PARIS

Diffusion en Europe :
CDE-SODIS, 128, avenue du Maréchal-de-Lattre-de Tassigny,
77 400 Lagny

Disffusion au Canada :
DMR-SOCADIS, 3700A, boulevard Saint-Laurent,
Montréal (Qc), H2X 2V4
Télécopieur : (514) 499-0851

Illustration de la couverture : Marie-Claude Bouthillier,
Petite Babel, encaustique sur papier, 1994, 13 × 10 cm
Révision des textes : Jacqueline Roy
Composition : Isabelle Tousignant
Conception de la couverture : Anne-Marie Guérineau

© 1995, Nuit blanche éditeur, Québec
ISBN 2-921053-44-6

© La Découverte, Paris
ISBN 2-7071-2520-2

Dépôt légal, 4ᵉ trimestre 1995
Bibliothèque nationale du Canada
Bibliothèque nationale du Québec

REMERCIEMENTS

Les essais qui forment ce livre proviennent de textes déjà publiés sur une période d'une quinzaine d'années. Tous ont été retouchés, voire complètement réécrits, pour être mis en harmonie ou en consonance les uns avec les autres. Une très grande partie de ce travail délicat, difficile et souvent créatif de restructuration a été fait par Jean Pichette, à qui j'exprime ma gratitude pour la compétence exceptionnelle dont il a fait preuve dans la compréhension philosophique, sociologique et historique d'une matière où se trouvaient mêlés, souvent maladroitement, un objet sociohistorique très vaste et une forme de pensée et d'expression bien particulière et souvent absconse. Si le lecteur finit par se retrouver dans les pages qui suivent, ce sera donc en grande partie grâce à son travail de vérification, de correction, de restructuration et de synthèse. Je remercie aussi Jacques Pelletier, professeur au département d'études littéraires de l'UQAM, qui a non seulement accepté de prendre ce manuscrit dans la collection qu'il dirige chez Nuit blanche éditeur, mais qui m'en a lui-même suggéré la préparation, de telle sorte que ce livre n'aurait probablement pas vu le jour sans lui ; et je remercie aussi, du même coup, Guy Champagne qui a fait si bon accueil à ce livre en tant qu'éditeur. Enfin, je dois partager les idées exprimées ici avec mes collaborateurs dans ce qui est devenu, depuis quelques années, le « Groupe interuniversitaire d'étude de la postmodernité » et qui étaient depuis longtemps mes amis dans la vie comme dans la réflexion et dans la recherche intellectuelle. Comme je ne peux ici rendre compte nommément de ma dette à l'égard de chacun, je me contenterai de remercier particulièrement Gilles Gagné, Manfred Bischof, Olivier Clain, Jacques Mascotto, Dario de Facendis et Stephen Schecter. C'est dans la poursuite d'une même recherche de compréhension, animée par l'amitié et la conviction, qu'une bonne partie de ce qui est écrit ici a eu sa source et son inspiration.

INTRODUCTION

La gestion technocratique du social

Toute société, quelle que soit sa forme ou sa nature, exige ce que les sociologues ont appelé une adaptation ou une socialisation de ses membres, de même qu'elle requiert l'intégration des diverses activités qui la constituent à travers leur interdépendance factuelle et symbolique. Mais nous sommes dans une réalité sociale particulière, et à vrai dire unique dans l'histoire, où il ne nous est plus demandé de prendre place dans un ordre pratique et symbolique déjà établi, d'être fidèles à des valeurs substantiellement définies, ni même de tendre vers la réalisation d'un idéal, mais seulement de participer au mouvement général et de nous adapter au changement qui vient sur nous de lui-même, mécaniquement, comme une fatalité toute impersonnelle, indépendamment de toute finalité qui pourrait être assignée à notre existence individuelle et collective. L'intégration d'ensemble s'opère dans cette optique par adaptation latérale, réactionnelle, prévisionnelle, programmatique de tous les procès de changement les uns aux autres, selon un modèle systémique ou cybernétique, sans qu'il y ait besoin d'instances supérieures d'autorité et de pouvoir, qu'elles soient sociales, culturelles, religieuses, politiques ou idéologiques (de tels autorités et pouvoirs subsistent, mais ils ne sont plus au cœur de ce qui advient, ils sont eux-mêmes entraînés dans la mouvance du réel qui les emporte). Il ne nous est même plus demandé de croire au progrès et nous n'y croyons d'ailleurs plus, ayant plutôt tendance à craindre le pire.

Mais le changement est là : il est la forme la plus concrète et la plus contraignante de la réalité, il est devenu le mode d'existence du réel lui-même, la figure première sous laquelle il se manifeste à nous et nous impose ses contraintes. Ce réel, entièrement mobilisé économiquement et technologiquement, voire culturellement et esthétiquement, dans lequel aucune existence synthétique ne peut plus prétendre à la stabilité de son être et de son monde, rompt radicalement avec celui d'Héraclite, qui disait déjà que « tout coule » et qu'« on ne se baigne jamais deux fois dans la même rivière ». Car cela, à ses yeux grecs comme à nos yeux modernes, n'empêchait pas le monde, tant naturel que social, d'être constitué de formes essentiellement stables, perdurant dans leur être propre et leur propre puissance de reproduction à travers la lenteur habituelle du changement et capables de subir le choc de ses violences occasionnelles. Dans la réalité cinétique contemporaine, c'est la prétention à cette stabilité des apparences qui perd toutefois droit de cité. Toute forme de vie doit se plier au changement, doit s'adapter au mouvement de l'« environnement », doit devenir mouvement elle-même, matière plastique.

Cette figure protéiforme du changement se présente aussi à nous sous un autre nom, celui du « futur », entendu dans le sens de la futurologie des années soixante et soixante-dix, tournée vers la prévision, la programmation, le traitement de l'information et engagée dans une spirale de *self fulfilling prophecy*. Or, ce futur n'est pas simplement une nouvelle version ou vision de l'avenir, car il est entièrement présent, il est le mouvement du présent lui-même. Il n'est pas seulement attendu, il est systématiquement produit dans le cours actuel des choses. Il n'est ni une puissance ni une virtualité, il existe en acte ici et maintenant, partout, parce qu'il coïncide avec la dynamique d'ensemble de toutes nos activités dans la mesure où celles-ci sont désormais programmées et autorégulées de manière formelle. Il n'est pas quelque chose de caché qui se manifesterait « en son temps », car il n'a plus le temps devant lui : il a absorbé le temps, qui s'est résorbé en lui ; il est l'implosion du temps dans l'immédiate processualité du présent, telle qu'elle est parfaitement visible partout autour de nous et telle qu'elle nous est sans cesse proclamée dans l'infinie redondance des formules et des slogans qui cherchent à nous mobiliser en elle.

Les temps modernes étaient tournés vers l'Avenir, dont la Raison devait éclairer le chemin. Sans être universelle, l'idée d'avenir était cependant beaucoup plus ancienne que la modernité : ses racines plongeaient dans l'eschatologie judéo-chrétienne, qui orientait l'ancien temps de la durée et de la répétition vers un terme marqué d'avance par une promesse et qui était lui-même la promesse. L'avenir, compris à la manière moderne, est né de la laïcisation de cette promesse, où la Raison prenait l'ancienne place de Dieu. Même si Dieu conservait encore la responsabilité du commencement, même s'il restait l'espérance individuelle pour plusieurs, la civilisation occidentale, s'étant mise à marcher par elle-même vers l'avenir, voyait désormais celui-ci se tenir non seulement devant elle mais en elle, c'est-à-dire dans la tension, l'idéalité et le sens immanents à son histoire, qui devenait du même coup l'Histoire : l'utopie, le progrès, les Lumières, la Raison conquérante et efficiente.

Pris dans son sens habituel, le futur est certes beaucoup plus commun et plus général que l'avenir. Même les peuples « sans histoire », même les langues qui ne connaissent pas le futur grammatical rattaché aux flexions temporelles du verbe et qui ne conçoivent donc pas le futur comme une forme de l'action, reconnaissent l'orientation de celle-ci vers la dimension du « non advenu », du non manifesté, conçu et appréhendé par l'attente comme puissance et virtualité de manifestation et d'évènement[1]. Dans nos langues et notre agir quotidien, mais aussi jusqu'à présent dans notre action collective et politique, chaque verbe – et chaque acte – possède son propre temps futur, qui se rattache fondamentalement à la représentation de l'intentionnalité de l'action, laquelle est universelle. Mille espaces de futur se tiennent ainsi devant tous les actes envisagés et accomplis, devant chaque geste réfléchi, chaque pensée, chaque désir : dans ces espaces, la mémoire se trouve renversée en avant, projetée devant nous dans l'anticipation d'une durée ou d'une permanence, d'une répétition, d'un changement, de l'inouï parfois. Mais nous avons maintenant renversé ce futur qui avait en nous – dans notre agir, nos projets et nos représentations – son point d'origine, procédant à partir de nous vers l'avenir, à travers la multitude de nos actes et de nos projets, et dont nous formions le centre. C'est le futur maintenant qui est campé devant nous, vient vers nous, tombe sur nous, nous tient et nous conquiert. Notre présent propre est déjà tombé dans le passé de ce futur-là, qui nous a lui-même dépassés, et c'est notre vie, dans tout ce qu'elle a encore d'autonome, qui erre désormais à sa périphérie, dans ses marges et ses interstices.

Sans doute, tous les futurs particuliers de nos actes singuliers, « privés » et « personnels » continuent de nous accompagner dans la vie quotidienne : nous ne saurions vivre sans avoir devant nous leurs mille petits champs de contrainte et de liberté, d'attente, de prévision ou de prédiction, d'espoir et de crainte. Mais tous ces petits futurs liés à nos gestes ont cessé d'être nos pas et nos chemins vers l'avenir : ils sont déjà tous assiégés par le futur qu'ils rencontrent devant eux. Tous les futurs particuliers que nous lancions comme des vaisseaux sur l'océan ambigu de l'avenir se sont à notre insu (mais était-ce tout à fait à notre insu ?) soudés entre eux devant nous, pour former un seul et même bloc de certitudes qu'il nous faut maintenant affronter, une seule et même trame qui nous enserre de partout quoi que nous fassions, un seul et même filet

---

1. Voir les idées de puissance et d'acte chez Aristote, et aussi B.L. Whorf ([1956] 1969).

où nous sommes pris. Devant tous nos actes et tous nos projets se tient maintenant le « futur », qui n'est plus une forme ni une projection de l'action, un espace de confrontation de la liberté avec le monde, du désir avec la réalité, du sujet avec l'objet ; ce « futur » est devenu la « réalité elle-même », le monde lui-même, la forme existentielle sous laquelle le « tout » se présente à nous dès que nous cessons de nous dissiper dans les détails immédiats du quotidien, de vivre au jour le jour *(carpe diem)*, dans l'inattention et la frivolité « pascalienne ». Le futur est devenu présent partout, il est l'avenir lui-même devenu présent, accompli, et nous sommes dedans. L'avenir était comme une vieille chanson, un mât de cocagne, un chemin lumineux. C'était une foi nouvelle dans laquelle s'exprimaient des désirs anciens. Mais le futur est une menace, il ne fait plus de promesses. Il est l'injonction de nous adapter pour être ou ne pas être. Le futur est un faire déchaîné qui ne nous demande que des savoir-faire comme droit d'entrée. Il est à prendre ou à laisser. Que s'est-il passé ? Comment le futur a-t-il mis la main sur l'avenir, comment a-t-il fait main basse sur nous ? Comment avons-nous quitté le chemin de l'avenir, comment sommes-nous arrivés dans le futur, tombé au milieu de lui ?

Ce n'est ni dans nos perceptions et nos représentations, ni dans nos sentiments, nos idées et nos idéologies, ni dans nos attentes et nos espoirs, ni dans notre espérance[2] que s'est d'abord produit un tel change-ment, une telle mutation, même si cela s'y est manifesté de multiples manières, à travers la philosophie et la pensée politique, l'épistémologie et l'art, l'expérience existentielle du monde, d'autrui et de soi, dans les « mœurs ». Si nous avons perdu l'avenir et si nous nous sommes enfermés dans le futur « présentifié », c'est parce que nous avons mis pratiquement la main sur l'avenir de manière « irréflexive » et irréflé-chie, en laissant faire notre faire, en nous soumettant à lui à mesure que sa puissance s'accumulait en dehors de nous techniquement, technologi-quement, technocratiquement. La sociologie a toujours su que les sociétés se faisaient elles-mêmes, puisque ce savoir, cette intuition, fut en quelque

---

2. Dans le titre et le prologue de son livre, *Le principe responsabilité. Une éthique pour la civilisation technologique* (trad., Paris, Éditions du Cerf, 1991), Hans Jonas affronte explicitement la philosophie moderne comprise comme philosophie de l'espérance (*Le principe espérance*, de Ernst Bloch), montrant combien, face au futur, l'espérance des Lumières, l'espérance marxiste, l'espérance révolutionnaire ne suffisent plus, combien elles sont maintenant déphasées et combien elles sont devenues irresponsables vis-à-vis de l'avenir qu'elles prétendaient réaliser.

sorte son acte de naissance. Elle a toujours su aussi que les sociétés prenaient divers détours pour se dérober à elles-mêmes cette capacité qui était la leur, des détours idéologiques à travers lesquels l'être et l'identité spécifiques de chacune étaient protégés à l'égard de son faire purement immédiat et où son « essence morale » était mise à l'abri en même temps de l'arbitraire de ses membres et de la violence des circonstances, maintenue au-dessus des aléas subjectifs et objectifs de l'existence et précisément du changement. Car « être » était, pour les sociétés traditionnelles, durer dans une forme en même temps sensible et intelligible, avant que cela ne signifie, pour la société moderne, tendre vers la réalisation d'une forme idéale, anticipée, et tirer vers celle-ci, mesurer et juger par elle chaque action et chaque relation, plier vers elle chaque circonstance. Maintenant, la société ne se cache plus derrière un dieu, une idée, ou même une raison pour agir sur soi, et elle a pour l'essentiel perdu la foi dans la capacité collective de faire l'avenir réflexivement. Elle se contente de chevaucher toutes les forces qu'elle a produites et libérées, toutes les puissances de mise en mouvement issues en son sein mais qui lui sont devenues étrangères, toutes les formes d'autorégulation nées au milieu des tourbillons du laissez faire et par lesquelles elle a fini par se laisser dominer en même temps qu'elle renonçait à s'appréhender elle-même comme une totalité douée d'une existence symbolique, d'une valeur normative, d'une capacité expressive : en un mot, d'une essence et d'un sens propres. Et cela s'est manifesté, comme le dit si bien Ralf C. Hancock, sous la forme d'un « engagement absolu dans un programme pratique *dont la fin ne peut pas être saisie* » et qui s'exprime dans le « projet de libérer les besoins innocents de l'humanité de la prétention perverse de la raison *to rule on its own sake* [3]. »

Le futur ne nous est pas tombé du ciel sur la tête, comme cette bouteille de Coca Cola sur un campement d'aborigènes australiens, dans le film *Les dieux sont tombés sur la tête*. Il n'est pas non plus né dans

---

3. Voir Ralf C. Hancock, *Calvin and the Fondations of Modern Politics* (1989 : xiii). Fidèle à la compréhension anglo-saxonne de la modernité, Hancock ne s'interroge guère sur la nature et l'origine de cette raison prétentieuse qu'il oppose au rationalisme empiriste, procédural et pragmatique, une raison à l'encontre de laquelle la modernité se serait affirmée en un profond accord avec les conceptions ontologiques les plus radicales de la religion et donc de la tradition chrétiennes. Cela le conduit à « américaniser » Calvin dans une réinterprétation par ailleurs bien intéressante des *Institutions de la religion chrétienne*. Pour le sens donné ici au concept d'« américanité », voir mon essai « La métamorphose. Genèse et développement d'une société postmoderne en Amérique » (1994a).

notre tête et il n'est pas venu de l'avenir lui-même, puisque rien ne peut jamais venir de l'avenir et que nous ne pouvons qu'aller vers lui. Le futur nous arrive tout droit du passé, de tous ces actes déjà accomplis dans lesquels le temps s'est annulé parce qu'ils visaient à le raccourcir, à le simplifier, à l'accélérer, à le contrôler. Il est venu par tous ces actes qui visaient à devenir eux-mêmes « automatiques » pour être plus efficaces et plus prévisibles, mieux coordonnés et plus cohérents. Le futur est l'autonomisation du fonctionnement et de l'opérativité des moyens par rapport aux fins, le désassujettissement des premiers aux secondes. Il est l'actualité de notre soumission à tous les « systèmes de régulation » autonomisés (économiques, technologiques, technocratiques, procéduraux, bientôt peut-être « écologiques », selon une pente de l'écologisme) que nous avons inventés et mis en place pour agir, juger, décider, connaître à notre place, que nous avons placés en orbite de fonctionnement autoré- gulé, loin au-dessus de nos têtes. Le futur est la mutation de la société en un vaste réseau de systèmes opératoires qui règnent désormais sur le « social », et c'est nous (je veux dire l'humanité « occidentale ») qui l'avons créé.

Sciences, recherche, technologies : c'est là que le futur a fait main basse sur l'avenir. Économie, concurrence, croissance, développement, performance, efficacité, sélection : c'est là que l'avenir s'est mué dans le futur. Communications, informations, informatique, intelligence artifi- cielle, sciences cognitives : c'est là que le futur prend forme de réalité immédiate et impérative. Sciences sociales, organisation, gestion, prévision, programmation, évaluation, contrôle : c'est là que le futur a été mis en place et imposé. Enseignement, formation, maîtrise, compé- tence, excellence : c'est là encore, et c'est peut-être surtout là, que la civilisation moderne tournée vers l'avenir s'est laissée convertir en un réseau postmoderne d'organisations tendues vers l'adaptation au futur et en une entreprise de promotion systématique du futur[4]. Partout, nous voulions mettre la main sur l'avenir et c'est le futur qui a mis la main sur nous, dans la connaissance, dans l'agir commun, dans la réflexion sur nous-mêmes, dans la culture et la civilisation.

Un des symptômes de notre entrée dans le futur, c'est la nouvelle forme qu'a prise l'inquiétude vis-à-vis de l'avenir, une inquiétude qui ne concerne plus ses incertitudes mais ses certitudes, c'est-à-dire tout ce qui

---

4. Voir à ce sujet le récent *Rapport du groupe de travail sur les profils de formation au primaire et au secondaire*, publié en juin 1994 par le ministère de l'Éducation du Québec sous le titre *Préparer les jeunes au 21e siècle*.

de lui est déjà établi dans notre réalité présente, l'objet de nos prévisions et non de nos prédictions, les résultats positifs de nos propres capacités de faire et non les conséquences négatives de notre impuissance. On s'inquiète de ce que sera l'avenir de n'importe quoi dans le futur, l'avenir des jeunes, de l'économie, de la culture et de la civilisation, l'avenir du sujet, du budget et de la monnaie, mais aussi du sujet lui-même, l'avenir de toutes les espèces vivantes y compris la nôtre, l'avenir de toutes les réalités synthétiques et même maintenant de leurs « matières premières » : l'air, l'eau, la terre, la lumière filtrée par la couche d'ozone. Mais en fond de scène, on s'inquiète surtout pour l'avenir lui-même, car nous percevons au moins obscurément que, pendant que nous naviguions en modernes vers l'avenir avec nos espoirs et nos inquiétudes, c'est le futur « postmoderne » qui est arrivé, qui est déjà là.

L'avenir ne fut toujours qu'un rêve, mais le futur est devenu une réalité matérielle qui nous environne et qui nous oppresse comme un épais brouillard, et dans laquelle nous devons maintenant avancer, conquérir une place, gagner notre vie, nous faire une petite niche d'avenir et de « bonheur » personnels comprise comme un compte en banque protecteur. Car le futur qui nous entoure comme notre nouvelle dimension existentielle est compétitif, sélectif : qui gagnera la lutte ou la course pour se faire encore un avenir dans le futur où nous sommes, un petit avenir personnel au milieu de ses contraintes et de ses exigences ? Voyez les média, lisez les journaux, parcourez les rapports d'« experts » et de « commissions représentatives » : ils ne disent que ça. Écoutez les politiciens : ils ne s'occupent que de ça, ils ne nous parlent que de ça dans leurs promesses ou leurs menaces. Car le futur exige sacrifice.

L'avenir promettait tout, il était lui-même promesse de tout, il était l'Avenir ! Mais le futur juge tout, mesure tout, sélectionne tout, impose tout. Et l'avenir fait peur maintenant qu'il se présente devant notre porte, déjà barrée par le futur. Nous nous rendons soudainement compte que la barre symbolique de « l'an 2000 », que les futurologues ont mise devant nous depuis cinquante ans, a été dépassée bien avant la date annoncée ; mais nous ne sommes pas passés de l'autre côté, nous ne sommes pas entrés dans les promesses de l'avenir. Nous nous sommes faits coincer dans la « barrure », nous sommes barrés de tous les côtés par le futur qui nous guettait déjà depuis cinquante ans, qui croissait déjà au milieu de nous depuis un lustre. C'est en courant après l'avenir que nous avons construit le futur où nous sommes maintenant piégés. C'est le chemin qui est devenu notre piège, le chemin que nous avons creusé sur le sol en courant après l'avenir ; nous devons maintenant courir après la course, nous tenir dans la course, comme n'importe quel coureur du Tour de France.

Ceci n'est qu'une toile de fond impressionniste. Le futur est devenu une expérience existentielle à laquelle on peut être plus ou moins sensible, dont on peut être plus ou moins conscient de bien des façons. Mais il correspond d'abord en lui même à un « mécanisme » concret, à une forme ou à une manière d'être de la société : le futur est l'aspect existentiel d'un « mode de reproduction de la société[5] ». Et cette nouvelle forme de société dont il est l'expression, après ses grandes formes historiques (« archaïque », « traditionnelle » et « moderne »), se rattache peut-être le plus visiblement au développement des techniques. Mais ce développement, et la latitude qui lui fut conférée ou laissée de s'autonomiser et de s'émanciper, n'est pas lui-même un fait technique. C'est très généralement un fait de civilisation, qui est surgi dans une civilisation politique ; et c'est donc d'abord, en son origine, un fait politique, même s'il portait finalement en lui l'abolition du politique dans l'économique et dans la « technocratie ». C'est aussi un fait de civilisation lié à la conscience réflexive que toute société a d'elle-même, à la volonté qu'elle exerce sur elle-même, que ce soit directement ou par la médiation de ses mythes et de ses dieux, de ses principes et de ses idéaux servant de miroirs.

Or, ce sont, dans la modernité, les sciences humaines qui, en succédant à la philosophie et aux humanités, ont pris cette place et assumé cette fonction de la réflexion de la société sur elle-même (et même aussi, largement, de l'individu sur lui-même et sur ses rapports avec autrui et avec le monde), avant d'être elles-mêmes rebaptisées plus tard, devenant avant tout techniciennes et opératrices, « sciences sociales ». La trahison[6] des sciences sociales, des sciences humaines, dans lesquelles s'était incarné le projet d'une connaissance réfléchie de l'homme, de la société et de l'histoire, et qui étaient sensées nous orienter normativement sur le chemin de l'avenir, lorsque le mythe sous toutes

---

5. Que j'ai appelé lourdement le « mode de reproduction décisionnel-opérationnel », qui est en train de succéder aux modes de reproduction « politico-institutionnel » et « culturel-symbolique » qui caractérisaient respectivement la modernité et les sociétés traditionnelles. Voir à ce sujet M. Freitag, *Dialectique et société*, vol. 2, *Culture, pouvoir, contrôle : les modes de reproduction formels de la société* (1986).

6. J'emprunte le mot à *La trahison des clercs,* de Julien Benda, et je poursuis, en lui donnant une portée plus impersonnelle, plus « systématique », l'idée développée par Alain Caillé dans *La démission des clercs* (1993).

ses formes eût cessé de nous maintenir dogmatiquement dans le respect du passé, prend la forme de leur automobilisation anonyme pour produire maintenant le futur de manière bureaucratique et technocratique, à travers la prise en charge et la gestion systématique, programmatique et prévisionnelle du social, sa mise sous contrôle[7]. Les sciences sociales nous ont trahis lorsqu'elles se sont mises à fabriquer « dans notre dos », opérationnellement, les prédictions qu'elles nous annonçaient comme des prévisions, en prenant directement et organisationnellement en charge les conditions de leur réalisation. Ainsi se sont-elles mises à notre place, à la place de la société et à la place de l'histoire. Mais la notion de trahison est peut-être déjà devenue un archaïsme : la science classique, celle des Lumière, parlait ouvertement au nom de l'humanité, elle cherchait la vérité pour l'humanité qui est évidemment une réalité idéale, et c'est donc de l'humanité idéalisée qu'elle se sentait détenir un mandat. Les technosciences contemporaines sont devenues adultes, elles ne parlent plus qu'au nom du réel, elles n'agissent plus que pour son compte, ce qui signifie aussi, de plus en plus, à leur propre compte, puisqu'elles s'identifient sans cesse davantage avec ce réel au fur et à mesure qu'elles en deviennent le mode opératoire de constitution et de fonctionnement. Elle se sont installées dans l'espace qu'avait ouvert le slogan moderne disant qu'il fallait changer la réalité pour réaliser l'avenir et, à travers leur opérativité continue, c'est leur propre avenir, leur propre développement indéfini, la croissance illimitée de leur emprise qui est devenu notre futur à tous. À quoi bon étudier le réel lorsqu'on le fait ? Comment parler du réel lorsqu'on est l'immédiate réalité de sa production ? Marx disait de manière prémonitoire que les philosophes jusqu'à présent n'ont fait qu'interpréter le monde, et qu'il s'agit maintenant de le transformer. C'est fait, la transformation est devenue l'état de fait permanent de la réalité.

Et comme il ne s'agit plus d'étudier la réalité humaine, sociale, historique pour la connaître et pour y orienter normativement notre action, mais directement de faire celle-ci, les sciences sociales deviennent elles-mêmes inhumaines, asociales et ahistoriques, purement opérationnelles et techniciennes – si l'on fait abstraction de ce reste d'« humanité » condescendante avec lequel elles nous préviennent de nous adapter au monde inhumain qu'elles produisent si nous voulons encore y avoir une place. C'est ainsi qu'elles sont devenues au milieu de nous le cheval de Troie du futur qui est en voie de nous conquérir de l'intérieur. Pour les

---

7. Voir par exemple Gilles Deleuze (1990).

sciences sociales, maintenant, faire et connaître, pouvoir et savoir-faire, être et prévoir coïncident dans l'unité enfin pragmatiquement réalisée de la théorie et de la pratique.

Savoir et pouvoir, le rapport entre la science et le politique, voilà un thème déjà bien connu, bien couru, très diversement traité et souvent aussi maltraité entre Dewey, Foucault, Kuhn et Chomsky, par exemple, d'un côté, et les multiples instituts de recherche en « sociopolitique » ou en « pragmatique des sciences », de l'autre. Mai 68 proclamait généreusement : « tout est politique », et la contre-culture américaine prétendait libérer le monde du politique par la culture libérée, dissoudre la guerre dans l'amour. Mais ce n'est pas dans ce sens – ce vaste champ signifiant pourtant très symptomatiquement diversifié – que j'ai sous-titré ce recueil « essais d'épistémologie politique ». Ce serait plutôt, dans un sens inverse, pour constater que, loin de s'identifier par nature au politique ou de lui servir d'instrument, la science et la technique, en fusionnant dans les technosciences bureaucratico-technocratiques, en ont pris la place et tendent par la nature ou la logique même de leur développement et de leur fonctionnement processuel à en dissoudre l'essence, qui était éminemment d'ordre réflexif. Les essais qui suivent ne s'intéressent que très indirectement aux « vraies » sciences et aux « vraies » techniques, celles qui ont pour objet la nature physique, ses lois et les différentes manières d'y produire des artefacts, toutes sortes de choses utiles et inutiles, habituelles ou surprenantes. Par contre, tous les essais sont focalisés sur les sciences humaines ou les sciences sociales, mais en les comprenant dans un sens très large, qui inclut toutes les disciplines, les savoirs et les savoir-faire dont l'objet concerne directement notre rapport à nous-mêmes, à autrui, au monde et à l'histoire, nos manières de vivre et de faire, d'être et de changer, notre identité et les formes mêmes de notre expérience existentielle. Les « sciences naturelles » et les « techniques productives » en font également partie, mais d'un point de vue qui n'est pas le leur, soit à titre de forme sociale de connaissance et de représentation, de « forces productives matérielles et culturelles », de « données et de procès objectifs », de variables « autonomes et déterminantes », etc. Mais l'essentiel à cet égard est peut-être qu'avec l'emprise gestionnaire et organisationnelle des sciences sociales sur la reproduction de la société et le contrôle du social (incluant la production sociale de la science), les « sciences naturelles », « pures et appliquées », sont en train de tomber sous l'emprise pratique des premières, quand bien même celles-ci n'étaient jamais parvenues de leur côté à établir sérieusement leur autonomie scientifique, et qu'elles ont toujours navigué dans le flou ou la contradiction épistémologique, dans l'imprécision théorique et dans les ambiguïtés et les compromissions pratiques, du moins toutes celles qui sont mises en cause ici et qui ont tout fait pour se démarquer des humanités, comme sciences précisément.

Ce qui m'intéresse dans tous les essais, ce ne sont pas les « sciences » comme telles, les « techniques » comme telles, c'est la forme de la société lorsqu'elle est prise en main par les « sciences sociales », virtuellement en totalité, un peu à l'image de la prise en main du procès sociotechnique de production, jadis, par les ingénieurs tayloriens. Et c'est à ce propos que se dévoile une véritable révolution épistémologique qui coïncide avec une mutation sociopolitique dans laquelle s'abolit en même temps la différence entre science et technique, science et politique, nature et société, être et devoir être, et où se ferme, dans la « toute puissance » même du faire processualisé, la possibilité de toute création expressive. Dès lors, ces essais sont épistémologiques et politiques dans le sens précis que, en cherchant à montrer le mécanisme de cette confusion du pouvoir et du savoir dans le savoir-faire, ils visent tous à susciter une prise de conscience qui puisse à son tour servir de base réfléchie à une résistance (d'abord), puis à une recherche de reconstruction raisonnée fondée cognitivement et normativement, et dont le lieu stratégique est appréhendé ici comme l'ensemble des institutions de formation et d'éducation, là même où les sciences humaines exerçaient jadis, avant de devenir des technologies de gestion et de contrôle au service d'une société organisationnelle, leur hégémonie civilisationnelle comme « humanités », comme disciplines de réflexion et de formation[8]. C'est ainsi que l'épistémologie politique dont il est question ici est aussi une politique de la connaissance. Une connaissance dans laquelle serait réintégrée la reconnaissance de nous-mêmes et de la vie, qui implique le respect de leurs dimensions normative et expressive. Une connaissance dont la propre dimension normative et expressive doit aussi être reconnue et cultivée, à l'encontre du positivisme moderne et de l'opérationnalisme pragmatique postmoderne. Une connaissance qui soit une culture, une formation et une éducation aux réels intérêts et problèmes de la vie, de la société et de l'histoire contemporaine, et non un relais technique des processus technologiques et technocratiques qui tendent à leur dissolution.

---

8. Sur cette compréhension de la formation, qui n'appartient pas seulement à l'« école » mais aussi à la culture, à l'art et en particulier à l'architecture, voir Jacques Dewitte (1992).

Mais il me faut ici croiser encore un peu plus le « double jeu » dialectique que j'ai suivi jusqu'à présent. La société « opérationnelle, organisationnelle et décisionnelle » dont le mode de constitution et de fonctionnement vient d'être ébauché est aussi une société de la quotidienneté, de la liberté quotidienne des personnes, que Jürgen Habermas nomme le « monde de la vie » par opposition au « monde du système ». Cependant, cette dichotomie, en ce qu'elle prétend sauver, libérer et agrandir l'espace existentiel de la vie personnelle et collective, est une illusion, que le « système » entretient, propage et produit en tant que telle. Je veux dire simplement que cette « liberté » est absolument réelle comme est réelle la liberté de mouvement des molécules dans le gaz dont la pression est maintenue et contrôlée : c'est une liberté insignifiante dont l'ampleur, comme simple mesure de la libération du mouvement, se manifeste d'ailleurs dans la pression et l'échauffement.

D'un côté, nous assistons à la libération de la vie quotidienne et à la légitimation de la recherche personnelle du bonheur, ou du moins à leur reconnaissance comme champ d'accomplissement de la liberté humaine existentielle (chacun étant réputé libre d'agir selon ses désirs, avec pour seule limite légitime celle des moyens dont il dispose). De l'autre côté, c'est le système des moyens collectifs qui tend à s'autonomiser dans son immédiate opérationnalité en s'émancipant de toute finalité et de toute normativité proprement subjectives, c'est-à-dire humaines, et qui devient pour tous le réel le plus objectif et le plus contraignant. D'un côté, c'est le système aveuglément opérationnel qui devient le réel le plus objectif, auquel tous les moyens d'adaptation disponibles et tous les objectifs envisageables sont subordonnés ; de l'autre, c'est le domaine de l'autonomie individuelle, de l'accomplissement expressif de la subjectivité, qui devient le dernier ressort de l'imprévisible, la dernière « nature objective » qu'il s'agit de « prendre sous contrôle », dont il s'agit de réduire prévisionnellement la complexité et qu'il faut donc « internaliser » comme condition même de la poursuite de la dynamique de fonctionnement du système lui-même. Les sciences sociales travaillent sans relâche à cette réduction, à cette internalisation, non sur le plan individuel (c'est devenu archaïque et inefficient) mais sur le plan global, statistique. Elles dissolvent, dans leurs stratégies d'emprise, de prévision et d'intervention, toutes les synthèses subjectives et existentielles, « à prioriques » (qu'elles soient individuelles ou collectives, culturelles ou politiques) dans la multiplication des variables catégorielles et analytiques qu'elles produisent et maîtrisent en même temps, et elles étendent ainsi leur contrôle opérationnel sur toutes les franges d'objectivité

« environnementale » à l'intérieur desquelles s'exercent les libertés individuelles décomposées et isolées.

S'agissant de ce monde libéré de la vie quotidienne, normativement et idéologiquement « désencadré », on finit par constater empiriquement ce qu'on aurait pu d'emblée prévoir théoriquement, « anthropologiquement », à savoir que la première contrainte dont il s'est échappé, c'est en fin de compte celle du sens, qui est toujours d'abord un « sens commun ». La vie quotidienne s'est émancipée de toute attache réflexivement assumée à une essence normative de l'homme, de la société et du monde, et elle a cessé du même coup d'être engagée dans la réalisation des possibilités expressives déterminées que de telles essences contenaient en elles comme des puissances objectives susceptibles d'être révélées et dévoilées par l'action humaine. Ainsi la vie quotidienne a-t-elle cessé de « trouver place » dans quelque chose et donc aussi d'être la quotidienneté de quelque chose qui lui confère sens en la situant. Dans une société muée en système, chacun court après son sens propre et la réalisation de sa puissance propre comme après son ombre, alors que pour autrui aussi bien que pour le système, il n'est plus qu'une petite « boîte noire » bourrée de « variables » qu'il faut « ausculter », « sonder », et si possible parvenir à « programmer » pour mieux s'assurer de sa prévisibilité environnementale. C'est ainsi que les connexions « libres » entre les « personnes émancipées » deviennent la matière première dont le système finit par être la seule forme (d'où l'image du gaz sous pression invoquée tout à l'heure).

Le « monde de la vie » et le « monde du système », pour reprendre la dichotomie d'Habermas, ne se tiennent donc pas chacun à sa place, chacun de son propre côté. Le « monde de la vie » non seulement ne parvient plus à instrumentaliser le « monde du système », mais il est de plus en plus entièrement pénétré par lui, décomposé par lui, d'abord analytiquement, pour être ensuite réapproprié (« internalisé ») pratiquement ou plutôt opérationnellement. Ainsi disparaissent, ou sont du moins directement menacés de dissolution, les deux « lieux de synthèse » qui caractérisaient, depuis l'origine, l'espèce humaine : la synthèse subjective et identitaire individuelle, à caractère réfléchi, et la synthèse collective, culturelle ou politique, que le concept de société désignait depuis qu'il a été forgé dans son sens moderne par les sciences sociales.

C'est pourquoi nous vivons une époque extra-ordinaire dans laquelle se posent des problèmes extraordinaires, en commençant par ce problème tout à fait inouï qui consiste à devoir et à pouvoir, pour la première fois dans l'histoire humaine, nous prononcer consciemment, réflexivement, « volontairement », sur la nature de notre nature, à moins que nous n'acceptions passivement de la voir changer brutalement et de nous la faire ravir sous nos propres pieds sans l'avoir voulu mais non sans le laisser faire. Et ce problème est indétachable de celui qui se pose maintenant à nous et qui concerne la « nature de la nature[9] », puisque nous sommes en train de substituer à ce qui était depuis toujours « le monde », la nouvelle nature artificielle du système qui est « sorti de nos mains » (et qui est en voie d'en sortir tout à fait dans un autre sens de la métaphore), ce que nous n'avions pas vraiment voulu non plus, à l'exception de quelques exaltés modernistes néo-utopistes. Nous cherchions la satisfaction, nous devrions être satisfaits, et d'ailleurs plusieurs le sont tout à fait.

Si l'on regarde l'évolution des sociétés et du monde depuis cinq siècles, puis deux, puis un, puis depuis seulement cinquante, trente et dix ans, c'est un truisme de parler d'un bouleversement et de son accélération continue. Populations, systèmes sociaux, politiques et économiques, idéologies, sciences et techniques, cultures et identités, tout a participé d'une accélération du « changement » quantitatif et qualitatif dont les effets constituent notre présente réalité, devenue entièrement et systématiquement instable et dynamique. Ceci se manifeste dans tous les détails de la vie, dans tous les recoins de la planète, dans tous les tissus de nos relations personnelles aussi bien que dans les plus larges paramètres de nos statistiques, dans le plus profond de nos sentiments et de nos manières de penser, dans les plus sourds comme dans les plus explicites de nos espoirs et de nos peurs, dans tout ce à travers quoi nous faisons individuellement et collectivement l'expérience de la « réalité » qui est la nôtre.

On a parlé, pour ces cinq derniers siècles – une simple journée dans l'histoire temporelle de l'humanité, un clin d'œil dans la vie du monde –, de l'avènement des Temps Modernes, mais depuis le début de ces Temps Modernes, vers le tournant des XVe et XVIe siècles ou un peu avant, cette modernité elle-même a déjà eu le temps de se charger à plusieurs reprises de bouleversements nouveaux : les bouleversements des révolutions politiques, de la révolution industrielle et capitaliste, de la révolution scientifique et technique, de la technostructure, de la société de communication de masse, de la société informatique et de la production robotisée ;

---

9. J'utilise cette expression sans allusion au livre d'Edgar Morin et sans aucune référence à la forme d'analyse qu'il y développe.

les bouleversements du passage de la société de services à la société de travail, puis à la société d'« emplois » et de chômage structurel, du passage de l'autorité au pouvoir, puis du pouvoir au contrôle, et enfin à la cybernétisation virtuelle de ce contrôle, à l'automatisation du « gouvernail », de la mutation d'une structure hiérarchique de droits statutaires en un système légal de droits universalistes, puis le glissement vers des mécanismes judiciaires de reconnaissance des droits personnels et collectifs à n'importe quelle « différence » indéterminée (et enfin à la « différance » de Derrida), du passage mental d'un cosmos fini à un univers infini, puis à la réduction pratique du monde au village global et au *spaceship earth,* du changement de Dieu en Devoir et en Responsabilité, puis en Raison, puis à la mutation de la Raison en calculs, bilans et stratégies, de la conversion des possessions communautaires diversifiées et hiérarchisées en propriété privée individuelle uniforme et universelle, puis de celle-ci en liberté d'entreprise au profit des puissances d'action corporatives et organisationnelles, et bien d'autres encore.

L'idée de Progrès a longtemps fourni un raccourci rassurant permettant de dire et de comprendre tout cela d'un mot, de lui donner sens. Les concepts d'émancipation, de liberté et d'accroissement du bonheur ont longtemps défini un horizon convaincant de justification idéologique en regard duquel pouvaient être survolées d'un trait – par les survivants – toutes les « bavures de l'histoire », toutes ses « ruses », tous ses « sacrifices ». Et les idées de justice et de solidarité suffisaient à compenser dans l'idéalité attendue les maux d'un présent mobile et souvent confus, ces maux qui désormais ne devaient plus être que passagers, non seulement temporels mais temporaires. Et même les morts étaient mobilisés pour chanter l'avenir[10]. Seulement, voilà, nous y sommes, et nous avons perdu l'envie de chanter. L'explosion joyeuse ou héroïque des Lumières laisse maintenant retomber sur nous bien des cendres ; l'avenir transparent qu'elles nous promettaient s'est mué en une angoisse lourde à l'égard du futur opaque qui non seulement nous attend, mais dans lequel nous sommes déjà entrés et qui continue de déferler sur nous de plus en

---

10. Je pense à ce vers dit par Rodrigue dans le *Soulier de satin* de Paul Claudel, dans le contexte poétique d'une reconstitution anachronique de la construction du Canal de Panama sous la férule espagnole et avec de la main d'œuvre indienne : « Et cent mille morts couchés de l'un et l'autre côté de ce canal que j'ai creusé témoignent que grâce à moi ils n'auront pas vécu en vain ». Claudel comme on sait était actionnaire de la Compagnie de Suez et farouchement anticommuniste, mais sa poésie très catholique rejoint ici la prose athée du Goulag.

plus vite, avec de plus en plus de puissance mise en œuvre ou simplement en jeu, jusqu'à peser sur nous plus fort que l'ancien destin (on est loin de Mallarmé : « jamais un coup de dés n'abolira le hasard ! »). Mais c'est dans la deuxième moitié du XXᵉ siècle que nous avons fermé une boucle qui, pour la première fois dans toute l'histoire, est une boucle humaine dans laquelle le monde se trouve enfermé non seulement en tant qu'objet de pensée, mais dans sa réalité même, dans sa consistance ontologique. Le monde n'est plus seulement réuni devant notre conscience, il est rassemblé dans nos mains, il est devenu la matière première de nos outils et c'est dans nos mains et par nos outils que nous découvrons enfin sa fragilité. La terre a cessé d'être notre mère, elle est devenue comme un enfant dont il nous faut désormais prendre soin. Quelles que soient les permanences de l'histoire et les antécédences de tout ce qui existe dans le passé, il est devenu faux, mensonger et irresponsable de dire que c'est toujours la même chose.

J'ai dit « nous », mais le problème est que ce « nous » n'existe pas, qu'il n'est pas encore, puisque chacun continue d'aller tenter sa chance individuelle avec un petit morceau du monde dans sa main, comme s'il s'agissait encore d'un simple morceau de pain quotidien. C'est un fait qu'il y a de toutes petites mains par milliards qui justement ne tiennent, lorsqu'elles le peuvent encore, que leur morceau de pain quotidien, à côté d'autres millions de mains pleines et aussi de mains si grandes que plus rien ne saurait jamais les remplir, car la plupart d'entre elles ne sont plus vraiment des mains humaines : corporations, organisations, réseaux, systèmes. Mais toutes ces mains ensemble tiennent le monde, le régissent en lui demandant quelque chose, en lui imposant quelque chose que désormais seule sa gestion intégrale peut encore procurer, et que la logique processuelle et gestionnaire, organisationnelle et adaptative répartit si inégalement. Nous sommes donc dans un moment remarquable de l'histoire où celle-ci n'est plus seulement un assemblage d'histoires disparates, et où elle n'est pas devenue non plus une seule grande Histoire qu'on peut raconter parce qu'elle fait sens ; c'est un moment historique où il est en même temps trop tard et trop tôt pour chercher le sens de l'histoire, parce qu'il faut d'abord la soigner d'urgence comme un malade en état de crise. Un moment où soigner l'histoire et soigner le monde malades est devenu la même chose, parce que la terre, le monde, se dérobe ou se dégrade sous les mains de l'histoire qui s'en est saisie, et que ces mains n'obéissent plus vraiment à la volonté de personne. Nous sommes entrés dans une « crise » pas comme les autres, parce que ce n'est plus une de nos crises dans l'histoire, mais une crise du monde historique, ce monde temporel tel qu'il existe depuis plusieurs milliards d'années, ces années telles que nous les comptons rétrospectivement depuis que nous avons appris à compter, depuis que nous ne comptons plus sur nos doigts seulement la succession des jours fastes et des jours néfastes, des bonnes et des mauvaises lunes.

Ce que je viens d'évoquer est un décor de scène, brossé à grands traits, et dont il pourrait en somme suffire de ne retenir qu'une seule image : nous avons déjà, dans un mouvement très récent de « développement » de nos sociétés et de nos modes de vie, exercé assez de puissance dans le monde pour qu'il dépende désormais de nous, c'est-à-dire de la forme des sociétés et des modes de vie que nous lui faisons supporter. Le monde est le sol, *Grund* (Heidegger), qui pourrait devenir lui-même l'abîme, *Abgrund* (Heidegger), de notre existence collective, de cette existence dont prétendent parler les sciences sociales dont il sera question dans les essais qui vont suivre. Mon argument fondamental sera alors, comme je l'ai déjà évoqué, que ces sciences sociales nous « parlent » de moins en moins de leur objet et qu'elles le « produisent » de plus en plus dans notre dos (mais tout autant en étant poussées par nous dans le dos, et encore en bricolant à nos côtés à leur propre compte). Ce qu'on continue d'appeler les sciences sociales tiennent donc dans leurs mains – tout en conservant sur leur visage un air étrange d'innocence – une partie de cette différence cruciale qu'il y a entre le « sol » et l'« abîme », *Grund* et *Abgrund*. Je voudrais montrer que depuis leur origine, c'est-à-dire depuis qu'elles ont pris nom de science et conquis leur légitimité face aux « humanités » pour ravir à celles-ci l'étude des affaires humaines, elles en ont dit beaucoup moins qu'elles ne le prétendaient et en ont fait beaucoup plus qu'elles ne le disaient, et qu'elles sont ainsi devenues elles-mêmes un moment essentiel de cette réalité problématique qu'elles prétendaient seulement étudier ou éclairer. Car maintenant, il serait presque insignifiant de parler épistémologiquement des sciences sociales si elles n'avaient acquis pratiquement aucun pouvoir ni sur l'histoire ni sur le monde et qu'elles se contentaient de les contempler ou de les décrire. Mais, beaucoup plus que la révolution sociale consciente d'elle-même et de ses fins attendue par Marx et plus aussi que les sciences et les techniques orientées vers la « maîtrise de la nature », elles ont profondément concouru à transformer le monde, la société et l'histoire, en agissant tantôt pratiquement à la manière des fourmis, tantôt idéologiquement à la manière des grands bulldozers. Alors, prendre conscience de la réalité, c'est aussi prendre d'elles une conscience critique. Changer le cours de la réalité (et peut-être d'abord simplement en retenir le cours), c'est changer le cours qu'elle a pris ou le retenir : ne pas s'y soumettre, comme on pense justement qu'il faut se soumettre de corps à la nécessité et d'esprit à la vérité.

CHAPITRE I

Le naufrage de l'université

Lorsqu'on aborde dans l'université la question de la recherche, les problèmes que l'on pose sont habituellement centrés sur son statut, ses formes, ses conditions institutionnelles et financières de développement. Il est postulé que la recherche est une des finalités premières de l'université, avec l'enseignement bien sûr. Cependant, ce dernier se trouve souvent focalisé (du moins à son niveau le plus élevé et donc le plus spécifiquement universitaire) vers la formation à la recherche. Et si le concept même de la « recherche » apparaît parfois comme problématique, ce n'est pas tant en lui-même que par l'indétermination relative de ce qu'il englobe (la recherche « fondamentale » et « appliquée », « individuelle » et « collective », « libre » ou « subventionnée », la « création », etc.). Dans tous les cas, il ressort que ce qui est essentiellement en cause, c'est de savoir de quelle manière « la recherche » se trouve organisée, financée et rémunérée. En d'autres termes, c'est de la recherche qu'on se soucie avant tout, et non de l'université.

Ce n'est pas de cette manière « stratégique » – dans cette perspective instrumentale – que je vais ici poser le problème de la recherche universitaire, et je ne me contenterai pas non plus d'en élargir le champ d'examen à la société. La question que je veux soulever relativement à la recherche concerne d'abord ses finalités et leur justification, comprises dans leur rapport aux finalités de l'université et de la société (incluant les individus avec leurs possibilités et leurs orientations existentielles et pas seulement stratégiques). Cette question des finalités englobe alors nécessairement celle des conflits qui les traversent et des choix qui s'y présentent, au plus haut niveau où l'on parle alors (mais avec de plus en plus de légèreté) de « choix de société ». Et il convient peut-être de préciser encore que je n'aborderai pas ces questions en moraliste, mais en sociologue un peu philosophe. Comme il faudrait tout un traité pour examiner de manière systématique les questions qui viennent d'être esquissées, je me contenterai d'en aborder quelques aspects essentiels de manière un peu ordonnée.

L'« enseignement et la recherche » : l'expression consacrant la reconnaissance de ces tâches institutionnelles de l'université paraît si évidente qu'elle est pratiquement toujours comprise implicitement comme si elle comportait un trait d'union. Pourtant ces deux tâches, ni historiquement ni sémantiquement, ne sont à égalité. L'enseignement supérieur théorique et pratique (formation, *Bildung, paideia,* etc.) est une tâche traditionnelle de l'université, aussi ancienne que l'institution elle-même : à elle se rapportent la continuité institutionnelle et l'inertie fonctionnelle qui sont attachées à son autonomie et la justifient. Ainsi, le concept même d'enseignement conserve, à travers toute l'histoire de l'université, une grande stabilité sémantique : le contenu change, mais la forme et le sens même de l'activité se maintiennent pour l'essentiel, du moins jusqu'à une époque toute récente. Peut-être convient-il d'ailleurs de comprendre autrement le caractère « supérieur » de cet enseignement, habituellement appréhendé de manière simplement comparative, par référence aux degrés « inférieurs » de l'enseignement, conformément à une distinction dont il faut rappeler qu'elle n'existait guère au moment de la création des universités à la fin du Moyen Âge – les niveaux « inférieurs » de la formation n'ont été institutionnalisés que beaucoup plus tard, selon un ordre descendant correspondant à la démocratisation de l'enseignement. La « supériorité » de l'enseignement universitaire doit d'abord être entendue de manière absolue, en ce qu'elle sert de référence normative pour ce qui concerne toute la dimension idéelle, intellectuelle, culturelle et civilisationnelle de la société. Nonobstant la hiérarchisation des personnes et des statuts qui peuvent lui être associés, chaque société se donne en effet un modèle de référence culturelle (cognitive, normative, même esthétique). L'université a d'abord été le lieu où ce modèle s'est institutionnellement déplacé, hors de l'Église, lorsqu'on est passé de la tradition à la modernité, de l'autorité dogmatique à la réflexion critique, de la permanence des connaissances, normes et formes expressives fondatrices à la dynamique de leur élaboration et de leur transmission critique ou réfléchie.

La recherche est certes également associée à l'université dès l'origine, puisqu'il lui appartient d'élaborer réflexivement et systématiquement, à l'encontre de la simple autorité dogmatique, le type de savoir qu'elle enseigne et diffuse. Mais ce moment est alors directement associé à la dynamique de son développement, de son adaptation, de sa mobilisation, de sa modernisation ; la manière même dont ce moment ou cette dimension de la recherche est réalisé va se transformer, non seulement quant aux contenus de ses objets ou à la nature des problèmes posés, mais quant à la forme même de ce qui est compris comme recherche et aux finalités qui lui sont assignées, aussi bien par rapport à l'accroissement du savoir qu'aux besoins de la société. Or, le modèle de la recherche auquel on se réfère maintenant est, de fait, comme j'essaierai de le montrer, un modèle très particulier. À titre préjudiciel, on peut ainsi mentionner que le terrain sur lequel on marche lorsqu'on parle maintenant de la recherche est, sémantiquement (et aussi un peu plus que cela), un terrain miné, voire « pourri ». Car on y joue sans cesse sur les mots lorsqu'on invoque les distinctions entre recherche « fondamentale » et recherche « appliquée », recherche « libre » et recherche « subventionnée », recherche « personnelle » et recherche « institutionnelle », pour répéter que toutes ces formes ont également leur place dans la « recherche universitaire ». Or, il est évident qu'il n'en est rien si l'on donne aux concepts, sociologiquement et pragmatiquement, un sens concret ou réaliste. Car la vraie, l'unique recherche, reconnue, valorisée, encouragée et promue institutionnellement de quelque façon que ce soit, la seule en fait à laquelle on pense quand on prononce le mot, est la recherche institutionnelle, subventionnée, et ceci quoi qu'on pense et qu'on dise des politiques suivies par les organismes subventionnaires. Malgré tous les euphémismes (ou pieux mensonges), on est donc bien en présence d'un modèle déterminé de la recherche, auquel je vais me référer et que je vais critiquer ici, car il n'a plus grand-chose à voir avec la libre activité intellectuelle orientée vers la recherche critique de la vérité et vers le développement et la synthèse rationnelle – possédant alors une valeur plus expressive qu'instrumentale – des connaissances qui étaient structurellement et essentiellement associés à la vie universitaire.

Il n'est dès lors plus du tout évident que la recherche puisse encore s'harmoniser, ou du moins qu'elle soit encore naturellement en harmonie, avec l'accomplissement de l'autre fonction fondamentale de l'université. Et s'il y a un problème de la recherche universitaire, il n'est plus évident non plus qu'il doive être limité aux conditions du développement de la recherche, comme si l'avenir même de l'université dépendait toujours positivement de ce développement. Ce que je veux justement mettre en question ici, c'est la pérennité du caractère positif prêté à ce rapport entre le développement de la recherche et celui de l'université. Je défendrai au contraire la thèse que le développement de la recherche dans l'université peut aussi conduire à la destruction de l'université, entendue selon sa tâche traditionnelle d'enseignement et de développement synthétique du savoir. Je soutiendrai que le souci du développement de la recherche universitaire tend aussi, actuellement, à induire une mutation fondamentale

de la nature de l'université, qui la fait passer du statut sociétal (et sociologique) d'institution de formation à celui d'organisation (ou de réseau
organisationnel) de production et de contrôle, et que cette mutation est
pernicieuse non seulement pour l'université, mais pour l'ensemble de la
société, qui y perd son dernier lieu institutionnel de synthèse et d'orientation critique.

Mon analyse présuppose alors un « jugement de valeur » global
sur les transformations d'ensemble de la société parmi lesquelles s'inscrit
la mutation du statut sociétal de l'université, jugement qui seul permet de
prendre une distance critique vis-à-vis de l'argument de l'adaptation de
l'université à la société. À ce chapitre, je dirai qu'il n'est pas du tout sûr
que l'université doive absolument s'adapter aux changements en cours
dans la société ni qu'elle doive jouer un rôle de plus en plus actif dans la
production de ces changements. En d'autres mots, je soutiendrai qu'on ne
peut pas juger des problèmes qu'affronte l'université, ni du sens de son
développement, sans juger aussi du sens dans lequel la société se trouve
engagée dans ses changements contemporains. En effet, une des tâches
majeures de l'université est précisément d'être le lieu dans lequel peuvent
être élaborées les conditions d'un tel jugement de valeur sur les finalités
de la société, et ceci dans la mesure où elle y représente l'instance
institutionnelle privilégiée – et même sans doute unique – dans laquelle
le développement et la transmission des connaissances et des savoir-faire
particuliers peuvent encore être orientés par une réflexion qui reste
engagée dans la « recherche » d'une vue d'ensemble critique à caractère
toujours dynamique. Et cette critique ne peut pas être séparée d'une
réflexion sur ce qu'est une société acceptable, une « bonne » société.

Je viens de mettre le mot « recherche » entre guillemets, parce que
ce nom commun s'est en effet trouvé approprié de manière pragmatique
(au sens philosophique du terme) par le nouveau système organisationnel,
fonctionnel ou directement opérationnel de la recherche spécialisée. Son
sens même a alors subi une mutation de grande portée idéologique,
puisque c'est la nature de la connaissance et sa place dans la dynamique de
toute notre civilisation qui se trouvent remises en cause. La dissolution
d'un bien commun de la civilisation apparaît ainsi comme l'enjeu réel de
ce qui se présente en surface comme un simple glissement sémantique :
le concept de recherche de la connaissance, ou de la connaissance comprise comme résultat d'une recherche réfléchie et systématique, remonte
en effet à la naissance même de la philosophie en Grèce, à ce moment où
s'est produite une mutation du concept de *logos,* par l'inversion de son
sens immédiatement objectif (la parole du monde, la parole mythique) en

un sens nouveau impliquant l'intervention critique de la subjectivité réfléchissante, le *logos* comme *theoria* d'une réalité devenue problématique, exigeant le détour de la méthode. Le concept de recherche est donc aussi vieux et aussi fondamental que celui de science, et il convient de le rappeler dans un moment historique où il se trouve maintenant associé très directement, très intimement, à une subversion virtuellement radicale de la compréhension que nous avons de ce qu'est la science elle-même, l'*épistémé*.

On aura compris que la question qui sera traitée ici est d'abord envisagée du point de vue des sciences humaines et de la mutation qui s'opère en elles à mesure qu'elles en viennent, académiquement, à s'appréhender elles-mêmes à partir du modèle du développement de la recherche et de la formation à la recherche. Pour des raisons qui tiennent en même temps à la nature de l'objet et aux méthodes, la signification de ce modèle n'est pas identique dans les sciences de la nature, et le paradigme normatif de la recherche ne s'y présente sans doute pas non plus sous les mêmes traits, ni avec les mêmes attraits un peu exotiques. Et on pourrait tout aussi bien admettre que dans chaque discipline, dans chaque « programme », les problèmes se posent de manière spécifique, qu'ils y ont une signification et une portée originale, et que leurs enjeux sont donc à chaque fois particuliers. Je pense toutefois – et j'essaierai de montrer – que toute cette diversité est recoupée par quelques problèmes épistémologiques et par des enjeux normatifs communs, qui sont justement les problèmes et les enjeux fondamentaux auxquels les institutions universitaires aussi bien que les sociétés contemporaines se trouvent confrontées.

LES FINALITÉS (OU LA VOCATION) DE L'UNIVERSITÉ COMME INSTITUTION

LE DÉVELOPPEMENT DES UNIVERSITÉS DANS LES SOCIÉTÉS EUROPÉENNES

Les universités, avant d'être des organisations, sont (car je me refuse encore à dire « étaient ») des institutions. L'effacement de cette distinction est en fait au cœur du problème qui est traité ici. En un mot, l'institution se définit par la nature de sa finalité, qui est posée, définie et rapportée sur le plan global ou universel de la société, et elle participe du développement « expressif » des valeurs à prétention universelle qui sont propres à la fin qu'elle sert. Cela implique pour l'institution l'exigence d'une reconnaissance collective ou publique de légitimité (culturelle, idéologique, politique) et, à l'intérieur de celle-ci, la disposition d'une marge essentielle d'autonomie. Comme toutes les institutions (la famille, l'État, les formes de propriété, l'entreprise, etc.), l'université est en partie « autogénérée », sous la condition d'une reconnaissance et d'une réglementation extérieures (problème de la délimitation de son domaine d'autonomie). L'organisation se définit par contre de manière instrumentale : elle appartient à l'ordre de l'adaptation des moyens en vue de l'atteinte d'un but ou d'un objectif particulier ; c'est alors elle-même aussi qui définit ses frontières, de manière autoréférentielle. L'aspect institutionnel renvoie à la priorité des fins, l'aspect organisationnel, à la priorité des moyens. Dans un cas, l'attachement aux fins, aux valeurs qui les soutiennent, aux traditions dans lesquelles elles ont été incorporées, et la prise en charge institutionnelle de ces fins, valeurs et traditions dans le cadre de leur reconnaissance collective, est primordiale ; dans l'autre, c'est le savoir-faire instrumental et la réussite pratique qui comptent avant tout (la gestion, la planification, l'efficacité, le succès, etc.). Cette distinction tend à disparaître dans la mesure où, dans les sociétés contemporaines, la réussite (ou l'efficience) organisationnelle devient en elle-même et pour elle-même la finalité déterminante et une valeur justificative autosuffisante. Il est évident qu'une telle distinction perd sa raison d'être et son sens lorsque l'idée de légitimité renvoie immédiatement à celle d'utilité et que cette dernière à son tour finit par se réduire à celle de l'efficacité et de l'effectivité opérationnelle.

Les universités naissent dans la société corporatiste du Moyen Âge sous le manteau – mais aussi en marge – du magistère autoritaire de l'Église ainsi que sous la tutelle – mais aussi à l'abri – des autorités politiques, et en incorporant des traditions d'autonomie intellectuelle (la philosophie, les mathématiques, la philologie humaniste) et professionnelle (la médecine, le droit) qui viennent de l'Antiquité. C'est à cela que j'attache la notion des arts libéraux. Dans les universités, la théologie retrouve également et développe à nouveau, dans la scolastique, l'esprit d'argumentation dialectique qui avait caractérisé la patristique sous l'influence de la philosophie grecque et dans le contexte de la séparation (hostile ou tolérante) de la religion chrétienne et du pouvoir impérial romain. En tant qu'institution, l'université médiévale bénéficie d'une marge reconnue d'autonomie, fixée dans ses chartes, ses privilèges et ses immunités, tout en restant sous la dépendance globale des pouvoirs ecclésiastiques et politiques (et elle apprend déjà, comme les communes bourgeoises qui souvent l'abritent, à jouer les uns contre les autres, dans le cadre de ses franchises et à l'intérieur de la légitimité qui est la sienne).

Il n'est pas ici hors de propos de rappeler l'importance structurelle-historique de la fonction qu'a assumée l'institution universitaire dans le procès de développement de la modernité. Dès son origine médiévale, l'université s'affirme comme une institution centrale de la société moderne, qui s'enracine dans l'espace social, culturel et idéologique intermédiaire qui s'ouvre au cœur de la société et qui traverse (ou déchire progressivement) toutes les pratiques sociales au fur et à mesure que s'impose l'exigence d'une séparation horizontale de l'Église et de l'État et que s'opèrent verticalement la séparation substantielle et l'articulation formelle de l'univers « individualiste » de la société civile « libérale » et de la normativité politique collective de l'État. C'est dans cet espace, qui se créait d'abord comme un « vide » au sein de la culture normative « pleine » des sociétés traditionnelles, que l'autorité de la raison critique s'est substituée à l'autorité de la tradition. C'est en premier lieu à l'université qu'est alors échue institutionnellement la tâche d'assurer la synthèse nécessairement dynamique des formes d'exercice et des résultats cognitifs, normatifs et esthétiques de cette nouvelle raison justificatrice, et ceci sous la protection des immunités qui lui étaient à cette fin garanties. L'université a ainsi été le lieu institutionnel privilégié d'élaboration d'une culture commune intégrant en elle le débat et la réflexion, et sans laquelle l'idée même d'un espace public politique serait restée vaine. Bien sûr, cela n'exclut pas que les intérêts corporatifs, professionnels, etc., aient pu tirer profit de ce nouveau cadre institutionnel, mais leurs finalités propres ne pouvaient néanmoins s'appuyer, à long terme, que sur la fonction idéologique centrale qu'assumait l'institution universitaire dans le procès de développement de la société moderne et qui impliquait qu'à l'autorité immédiate de la tradition soient substituées une « libre recherche de la vérité » (la « connaissance scientifique » comprise au sens philosophique du terme) et une forme autonome de transmission du savoir et de formation des nouvelles « élites », responsables devant la société au nom de l'objectivité universelle de ce savoir, et non en fonction de l'autorité patrimoniale ou ecclésiastique, ni d'ailleurs non plus sur la base des seuls intérêts individuels.

Dans l'ensemble de l'Europe, les universités ont évolué en participant à la transformation générale du régime social et politique que nous avons associée au développement de la modernité (passage du système patrimonial et corporatiste au système d'État universaliste), même si leur intégration directe dans l'appareil d'État a été beaucoup plus accentuée dans les « pays de droit romain » continentaux que dans les pays anglo-saxons de *common law* (où, comme en Angleterre, leur rapport à la société et à ses autorités politiques et religieuses a continué d'être régi selon la forme traditionnelle de l'octroi d'une charte). Dans tous les cas cependant, et même sous des régimes politiques autoritaires, les universités ont cherché à obtenir et sont généralement parvenues à conserver un degré relativement élevé d'autonomie, auquel restait associée la détention de divers privilèges et immunités, que synthétise jusqu'à aujourd'hui le concept des « libertés académiques ». Même Hegel n'était pas à Berlin un « simple » fonctionnaire de l'État prussien. Partout, plus ou moins, les universités sont restées des états dans l'État ou des républiques dans la République. Parallèlement, les universités ont su construire et conserver, à l'intérieur de ce champ d'autonomie institution-nelle et relativement aux différents systèmes d'États nationaux ou impériaux, une vocation civilisationnelle (culturelle, idéologique et scien-tifique) globale, à caractère supranational, dans laquelle se prolongeait et se développait le cosmopolitisme de la civilisation médiévale.

Au cœur des finalités que l'université a assumées et développées dans la civilisation occidentale se trouve ainsi l'idée d'une prise en charge réflexive d'un idéal civilisationnel à orientation universaliste, lequel implique en même temps la transmission critique des acquis essentiels du passé et la synthèse systématique des nouvelles connaissances, des nou-velles valeurs, des nouvelles formes d'appréhension expressive. Si cette idée n'est pas exclusivement occidentale, puisqu'elle eût cours également dans les universités arabes du Moyen Âge, et qu'on la retrouve dans quelques écoles et institutions, en Inde et en Chine, qui ont pu bénéficier ici et là de la protection d'un prince éclairé ou intéressé, son développe-ment en tant qu'institution publique (à la différence, par exemple, des grandes écoles de philosophie de l'Antiquité, comme l'Académie) demeure spécifique à l'université occidentale. Dans ce sens, la vocation de l'université est inséparable de l'idée d'une certaine transcendance du monde de l'esprit, de la science et de la culture, et de l'exigence d'unité réfléchie qui lui est propre. C'est pourquoi l'université classique s'est développée sous l'égide d'une discipline maîtresse, la philosophie, dans laquelle cette synthèse devait être réalisée de manière toujours renouvelée. C'est pourquoi également toutes les disciplines proprement cognitives, spéculatives, théoriques plutôt que pratiques, sont restées longtemps, au moins idéologiquement, rattachées à elle, comme si elles n'avaient pu naître que de son sein par essaimage. C'est encore ce rattachement et l'idée de l'unité originelle et virtuelle de tous les savoirs théoriques, c'est-à-dire des savoirs de vérité, qui s'expriment au moins nominalement dans le nom même que porte le diplôme universitaire type dans le système académique américain, le PhD.

Parallèlement à cette exigence de synthèse critique des connaissances, qui est associée au développement d'une civilisation dans laquelle le savoir théorique, la libre recherche de la vérité et la référence à une autonomie transcendantale du monde de l'esprit et de la culture acquièrent une valeur fondatrice de légitimation, l'université a toujours également assumé des tâches plus particulières de formation de type fonctionnel et professionnel. À côté d'autres spécialités professionnelles et artisanales qui y furent accueillies localement et passagèrement, ce sont surtout les professions juridiques et médicales qui ont été traditionnellement intégrées dans l'institution universitaire en raison de leur portée proprement normative, en tant que disciplines « pratiques » plutôt que « techniques » (ces termes étant employés au sens de la distinction grecque de la *praxis* et de la *technè* – même si en Grèce la médecine était plutôt considérée comme une *technè*). Mais quoi qu'il en soit de ses raisons et de ses circonstances, le rattachement d'une formation professionnelle particulière à l'institution universitaire signifiait toujours en principe son intégration dans un corps de connaissances virtuellement intégré et cohérent, dont le développement en dernière instance devait pouvoir être soumis à un débat ouvert parmi l'ensemble des membres de la communauté universitaire et intellectuelle, dans la perspective de l'unité du savoir et de l'universalité au moins formelle de la démarche critico-dialectique qui devait présider à son développement et à sa diffusion pédagogique.

Il convient également de relever qu'en Europe, la fonction institutionnelle des universités ne s'est trouvée rattachée qu'indirectement et, en quelque sorte, de manière secondaire, aux formes de développement économique caractéristiques de la société civile moderne. Les universités ont été associées beaucoup plus à la formation des élites politiques et administratives de l'État, ainsi qu'à la constitution synthétique et à la transmission critique de la culture commune, « bourgeoise » et « humaniste », propre à la modernité, qu'à la formation spécialisée des nouvelles catégories socioprofessionnelles (entrepreneurs, comptables, ingénieurs, techniciens, *managers*) directement engagées dans le développement de l'économie capitaliste.

Il est certain que le développement de la science moderne empirico-expérimentale a très tôt créé, dans cet idéal universitaire de l'unité de la connaissance, une tension entre les sciences modernes de la nature et les autres disciplines théoriques et pratiques qui poursuivaient le modèle de développement dialectique des humanités classiques. Néanmoins, cette tension, pour deux raisons majeures, n'a pas, pendant longtemps (au moins jusqu'au XIXᵉ siècle), conduit à un divorce formel. La première de ces raisons est que le débat autour de la légitimité et de la validité de la démarche empirico-expérimentale s'est maintenu dans le sein de la philosophie (épistémologie), et que les sciences naturelles nouvelles se considéraient elles-mêmes comme un renouvellement décisif de la philosophie de la nature ; l'autre raison, non moins déterminante, tient au fait, symptomatique, que les applications instrumentales des nouvelles sciences naturelles se sont d'emblée développées en dehors de l'institution universitaire, directement dans le cadre des métiers et des industries naissantes, puis dans des écoles d'ingénieurs (toute la gamme des écoles techniques et polytechniques). Ce développement, hors de l'enceinte universitaire, de la formation professionnelle de type moderne, à caractère technique et instrumental, s'est ensuite poursuivi dans la création de toutes sortes d'autres écoles spécialisées, comme les écoles de commerce, les *Realschulen* en Allemagne, etc., chaque pays développant d'ailleurs une pratique plus ou moins spécifique. C'est ainsi qu'on a assisté – au moins pour ce qui est des représentations idéologiques et culturelles – à la formation d'une nouvelle dichotomie opposant la connaissance « pure », synthétique et proprement théorique, à la connaissance appliquée, à caractère essentiellement pratique et instrumental. Cette dichotomie, de son côté, a soutenu en Europe une séparation des institutions d'enseignement qui permettait à l'université de maintenir sa fonction tradition-nelle (et sa « tour d'ivoire ») dans une société qui, par ailleurs, devait adapter son système de formation professionnelle aux nouvelles exigences fonctionnelles de l'économie de marché généralisée, du capitalisme industriel et du développement des fonctions administratives de l'État. Quant à la recherche proprement dite, entendue au sens moderne, son développement s'est principalement effectué à l'intérieur d'organismes extrauniversitaires, privés ou publics (comme les instituts, les académies, les sociétés royales, les écoles polytechniques, etc.), et l'on a assisté, surtout après la Seconde Guerre mondiale, à la création, par l'État, de structures parallèles de la recherche, comme le Centre national de la recherche scientifique (CNRS) en France.

LA TRANSFORMATION DU MODÈLE CLASSIQUE DANS LES UNIVERSITÉS AMÉRICAINES

Le modèle institutionnel classique de l'université a subi lors de sa transplantation en Amérique une transformation profonde, qui devait aller bien au-delà de toutes les variations locales qu'il avait connues en Europe, et qui s'est révélée décisive quant à la nature et à la portée des problèmes qui sont examinés ici. La première circonstance responsable de cette mutation tient aux conditions mêmes de constitution de la société américaine. En Amérique, la modernité ne s'est pas imposée à travers une lutte engagée contre toutes les instances d'autorité endogènes de la société traditionnelle : elle a plutôt été importée – sous la forme d'une culture religieuse, éthique, politique et pratique commune – avec les immigrants eux-mêmes, qui étaient d'abord pour l'essentiel des dissidents religieux de la mère patrie anglaise. La modernité idéologique et culturelle prit ainsi en Amérique la valeur d'une sorte d'évidence naturelle, non problématique, immédiatement conforme à la volonté divine, et dont l'ordre pratique de la société découlait tout aussi naturellement et légitimement (la *self evident truth* à laquelle se réfère la Constitution américaine[1]). L'unité culturelle et l'harmonie des pratiques sociales propres à la société civile « bourgeoise », marchande puis libérale n'y paraissent requérir aucune justification ni élaboration à caractère systématiquement réflexif. L'État lui-même y est d'emblée conçu de manière instrumentale, comme toute la dimension proprement politique de la vie sociale, puisque cette dimension politique ne possède plus, en tant que telle, une valeur constitutive à l'égard de la société et que l'État, par conséquent, va y être construit sous la forme d'une émanation instrumentale de la société civile, comme un organe essentiellement administratif auquel est déléguée la prise en charge de certaines conditions des intérêts communs. La conception « associative » du politique, qui s'exprime si souvent dans les « pamphlets » de la période révolutionnaire, illustre bien cette nouvelle dynamique : la société politique y est présentée comme le résultat d'un accord contractuel, conditionnel et révocable, passé entre les individus, sur le modèle d'une simple convention de droit privé, ce qui implique pour chaque individu le droit inaliénable de « sortir de la

---

1. En Amérique, le problème de la légitimité du pouvoir ne se pose ainsi réellement, de façon essentiellement négative, qu'à l'égard du pouvoir extérieur du Parlement et de la Couronne britanniques et il est résolu par la *Déclaration d'indépendance* et par la guerre de libération nationale qui s'ensuit. Les problèmes que soulèvent ensuite l'institution et l'aménagement d'un pouvoir d'État propre ne sont plus des problèmes de légitimité institutionnelle, mais d'opportunité organisationnelle et de garantie des libertés individuelles : il s'agit avant tout d'aménager des mécanismes de contrôle et d'assurer les moyens des diverses entreprises collectives et non de légitimer un pouvoir proprement dit. Pour une analyse plus approfondie de cette question, voir Freitag, 1994a et Gagné, 1994.

société » lorsque le maintien de l'association ne lui paraît plus avanta-
geux du point de vue de la balance de ses intérêts et fins privés, selon son
bilan personnel de « profits et pertes », de coûts et de rendements.

Comme bien d'autres choses, le modèle formel de l'université est
importé en Amérique depuis l'Angleterre, mais ce qui va être ainsi trans-
planté, ce n'est pas tant la visée de synthèse universaliste que représente
l'idée même d'université (une telle synthèse étant en Amérique réalisée de
manière non problématique et dès lors peu réflexive dans une culture
commune considérée comme naturelle) que le modèle plus restreint des
collèges spécialisés qui sont membres des grandes institutions d'Oxford et
de Cambridge. Par ailleurs, la finalité et la dépendance sociétale
qu'exprime la charte de l'université vont subir une transformation
décisive, qui est parallèle à celle de la conception même de la vie
politique. La *community,* à laquelle se réfère la vie publique américaine,
est d'abord la communauté locale, qui était originellement fondée, surtout
en Nouvelle-Angleterre, sur un lien de nature religieuse, mais dans
laquelle les intérêts économiques et les solidarités pratiques de toutes
sortes vont vite acquérir la prépondérance ; la notion de communauté se
dissoudra ainsi progressivement dans celle d'environnement socio-
économique, ou se repliera sur le terrain intimiste des relations de
voisinage. Les universités américaines vont donc être conçues, gérées et
développées dans un esprit de « service communautaire » (une notion à
géométrie très variable) de caractère fonctionnel, instrumental et pragmatique, qui les place dans une position concurrentielle vis-à-vis des
« utilisateurs » de leurs « services », qui sont appelés à participer à leur
financement, et qui sont dès lors représentés dans leurs organes de
direction. Dans ce sens, elles tendent à devenir des « entreprises » gérées
de manière « managériale », avec un souci d'efficacité, et dans la perspective d'une adaptation continue à la demande sociale et économique,
fonction qui contraste fortement avec l'idée européenne de transmission et
de développement d'un héritage ayant valeur « transcendantale » de
civilisation.

Dans ces conditions, les universités, à mesure qu'elles sont créées
en Amérique pour répondre à des besoins pratiques, se voient assigner des
tâches de formations particulières (la formation des ministres du culte,
puis des juristes, des médecins, etc.) plutôt qu'une fonction de synthèse
critique à portée idéologique. La science elle-même ne s'y définit plus
tellement à partir de la fonction épistémologique de la constitution d'une
connaissance objective, à caractère universaliste et à fondement rationnel-
critique, que par la capacité sur laquelle elle débouche de guider la

résolution technique de problèmes pratiques envisagés pragmatiquement. L'exemple de Benjamin Franklin illustre bien cette attitude, qui sera ensuite systématiquement développée par la philosophie pragmatiste, tant sur le plan épistémologique, qu'éthique, politique et pédagogique.

Une même orientation pratique va alors caractériser aussi bien l'adaptation des programmes d'enseignement disciplinaires aux besoins d'une société en transformation rapide que l'orientation des activités de recherche vers la résolution de problèmes pratiques. Et c'est ici que va s'opérer dans les universités américaines – en conjonction avec les modalités particulières d'un financement reposant largement sur des contributions « privées » à caractère quasi contractuel – une mise en relation nouvelle entre les fonctions d'enseignement et de recherche, relation dans laquelle la recherche de connaissances sera beaucoup moins polarisée vers le renouvellement critique des savoirs synthétiques, qui forment la matière même de l'enseignement, que vers l'acquisition de la capacité méthodique de réalisation de recherches orientées de manière pratique, dans une perspective de *problem solving*. En se couplant ainsi d'une manière immédiatement fonctionnelle sur la dynamique de développement d'une société en train d'accomplir – sans guère d'obstacles culturels, sociaux et politiques, et avec une énergie et des ressources exceptionnelles – la synthèse de la révolution industrielle (qui culmine dans le taylorisme), du capitalisme entrepreneurial (Schumpeter), puis managérial (Burnham, Berle et Means) et de la démocratie de masse perçue positivement comme promesse d'accès à la consommation de masse et négativement comme protection de la liberté et de l'initiative individuelles, les universités américaines ont connu un dynamisme et une prospérité exceptionnels, marqués par des réalisations et des innovations pratiques remarquables. Mais c'est aussi à travers les mouvements centrifuges de ces innovations que la visée normative de synthèse s'est de plus en plus perdue, pour faire place à de simples exigences d'intégration organisationnelles et gestionnaires. En un mot, l'université américaine est devenue essentiellement une structure de gestion, une entreprise.

Ayant, comme leur société, contourné sans avoir à la traverser directement la « crise de la culture » (Arendt) et la « crise de légitimité » (Habermas) que les sociétés européennes ont vécues à la fin du XIXe siècle et pendant la première moitié du XXe siècle (et l'on connaît assez les formes extrêmes de cette crise pour qu'il ne soit pas indispensable d'insister ici sur son importance), les universités américaines sont apparues, après la Seconde Guerre mondiale, comme le modèle d'un succès et d'une efficacité fondés en tout premier lieu sur le développement des activités de recherches spécialisées qui s'y étaient implantées, comme si cette réussite pouvait être dissociée du flux massif de savants et de scientifiques étrangers qui, depuis les années vingt surtout, était venu nourrir et soutenir de manière continue son développement. Or, il ne s'agissait pas seulement d'un apport quantitatif : les universités américaines ont pu ainsi profiter d'un type de formation qu'elles ne reproduisaient plus elles-mêmes et qui peut-être ne se reproduira plus nulle part ailleurs que de façon marginale, à mesure que le modèle américain sera imité, comme c'est le cas partout où on l'adopte, idéologiquement, institutionnellement et organisationnellement, et dans une perspective de « rattrapage », et que s'impose partout la même conception de la société centrée sur la croissance économique et l'innovation technologique[2]. Et cette nouvelle orientation n'est pas restée sans effets sur la sémantique des concepts communs de « science », de « technique », de « recherche », de « connaissance », de « savoir », de « formation » (laquelle, comme toujours, a suivi le mouvement de la réalité dominante, en suscitant ici aussi quelques protestations et grincements de dents marginaux, facilement assimilés à l'expression d'un esprit conservateur ou rétrograde).

D'UNE MUTATION ÉPISTÉMOLOGIQUE
À UNE TRANSFORMATION SOCIÉTALE (ET RÉCIPROQUEMENT)

Cette transformation de l'université s'opère parallèlement à une mutation épistémologique de la connaissance scientifique dont il convient de préciser ici la nature, puisque lorsqu'on parle de la recherche, on l'associe toujours immédiatement à la science dont elle est censée servir le développement automatiquement. Dans la modernité classique, au moins jusqu'au premier positivisme d'Auguste Comte, l'effort scientifique est resté orienté vers la connaissance de la « nature des choses » (du monde empirique), et non vers la prévision et le contrôle des effets objectifs particuliers des multiples formes de l'intervention humaine dans l'« environnement ». L'idée est bien sûr présente qu'une telle connaissance objective de la nature et des régularités qui la régissent peut donner accès à une maîtrise raisonnée des phénomènes, plutôt que d'en subir

---

2. Un exemple presque caricatural de cette attitude – s'agissant du milieu de l'éducation et non de celui des affaires – vient de nous être donné par le *Rapport du groupe de travail sur les profils de formation au primaire et au secondaire,* présidé par Claude Corbo (1994), et qui a pour titre *Préparer les jeunes au 21ᵉ siècle.*

passivement l'emprise. Dans cette perspective, le développement de la science serait utile au progrès de l'humanité et il posséderait une valeur fondamentale non seulement de vérité et de légitimation, mais aussi directement d'émancipation à l'égard des contraintes naturelles, et donc de réalisation du « bonheur ». Ceci dit, la science classique reste plus intéressée à percer les « mystères » cachés de l'ordre naturel (découverte des « principes » et des « lois », classification systématique des phénomènes selon l'ordre effectif de leurs déterminations essentielles, etc.) qu'à résoudre des problèmes concrets d'utilité pratique immédiate. De là découle le souci prépondérant de l'unité logique et théorique du savoir, unité théorique à l'égard de laquelle l'expérimentation ne dispose pas d'une finalité propre, mais joue seulement un rôle stratégique de « vérification » ou de « validation » (réinterprété plus tard comme procédure de « falsification », ce qui ne fait que souligner plus fortement encore l'indépendance normative de la visée cognitive à l'égard de toute finalité circonstanciellement utilitaire[3]). Or, les fins de la connaissance scientifique sont aussi, comme on l'a dit, celles de la formation universitaire telle qu'elle est comprise dans la forme classique de l'institution. Dans tous les domaines de la connaissance et de la formation où elle est engagée, l'université classique (on pourrait dire maintenant « traditionnelle », même si elle appartient à la modernité historique) reste orientée vers le développement et la transmission d'un savoir synthétique, impliquant idéalement l'intégration ou du moins l'harmonisation des diverses connaissances disciplinaires à travers un dialogue qui a pour horizon le développement et la maîtrise d'une même culture réfléchie de type humaniste, conçue un peu comme un temple qui a pour socle la philosophie, pour colonnes les diverses sciences et savoirs spécialisés, et pour fronton les lettres et les arts.

Le modèle de la science classique a subi, surtout depuis le début du siècle, une transformation considérable, dont la portée se laisse assez exactement mesurer par le contraste entre le dernier grand discours épistémologique classique, celui de Karl Raimund Popper, à caractère fondamentalement normatif, et le nouveau point de vue positif et

---

3. La manière dont Popper, qui n'est certainement pas un auteur ancien, traite la question de la probabilité, est tout à fait symptomatique d'une attitude épistémologique qui assigne comme finalité à la science non pas l'utilité mais la vérité, ou du moins l'assurance d'un cheminement vers un degré supérieur de connaissance, défini au moins par une méthode sûre d'élimination de l'erreur actuelle. Pour la science classique, l'utilité, dont elle est par ailleurs assurée, est ainsi quelque chose qui lui est toujours donnée par surcroît.

empirique qu'adopte Thomas Kuhn dans *La structure des révolutions scientifiques* ([1970] 1983). Avec son concept de paradigme régulateur, Kuhn prend acte du fait que, dans l'organisation sociale de la recherche, l'expérimentation sur des objets partiels déborde de toute part le travail de synthèse théorique globale, alors que les tentatives de théorisation générale se présentent de plus en plus sous la forme de propositions de constructions conceptuelles purement formalistes qui ne cherchent en aucune façon à rendre compte de l'ensemble des phénomènes déjà décrits à partir d'autres approches théoriques et méthodologiques, mais visent de manière volontariste à une reconstruction complète du champ objectif sur lequel elles portent. Du même coup, la discontinuité des différents moments du développement de la connaissance scientifique et surtout l'incommensurabilité des différents domaines d'objets prennent valeur de données objectives irréductibles du procès de développement scientifique, et la finalité cognitive que prétendait poursuivre la science classique apparaît comme une dernière manifestation de l'esprit métaphysique. La valeur cognitive d'un paradigme se réduit alors à son utilité dans la prévisibilité des effets d'un ordre déterminé d'intervention expérimentale sur la réalité, laquelle peut immédiatement se trouver mobilisée de manière technico-productive. L'objet de la science n'est plus la connaissance du monde, mais la prévision des effets de nos interventions pratiquement finalisées sur le monde.

Une telle science, qui se confond avec un usage systématiquement contrôlé des multiples techniques, culmine alors dans la multiplication des domaines où elle permet un accroissement de la maîtrise de phénomènes ponctuels et, plus encore, dans sa capacité de création technique (ou artificielle) d'effets ou d'objets nouveaux. L'idée même d'un monde objectif commun se dissout ainsi au profit d'une réalité composite et mouvante appréhendée de manière pragmatique, comme « ensemble des phénomènes », toujours particuliers, que l'action humaine découvre devant elle à l'occasion de ses interventions transformatrices ou productrices, les phénomènes en question étant d'ailleurs eux-mêmes de plus en plus les produits de formes ou de systèmes antérieurs d'intervention, stabilisés organisationnellement. Ainsi, la distinction classique entre la nature et l'artefact tend à disparaître, et les nouveaux développements qui sont apparus dans la compréhension logique et pragmatique du langage ne font qu'accentuer et généraliser ce sentiment en lui conférant la valeur d'ultime « vérité » épistémologique, dans laquelle l'épistémologie elle-même s'abolit comme telle. La science cesse ainsi d'être en premier lieu la réalisation d'une volonté de connaissance du monde, tel qu'il nous est donné et tel que notre action peut alors s'y adapter rationnellement, pour devenir le déploiement tous azimuts de notre capacité démiurgique de produire tous les artifices qui peuvent nous convenir à n'importe quelle fin. Elle s'introvertit en une capacité de prévision probabiliste des conséquences de l'intervention humaine, définie en termes stratégiques de capacité de contrôle, de programmation, d'évaluation de coûts, de calcul de risques et de seuils de sécurité, etc. Le monde tel qu'il était servait de mesure ultime à l'entreprise de la science classique, et c'est en lui que les hommes de la modernité voulaient aller chercher les normes objectives de leur agir ; mais la seule mesure ou la seule limite que peut rencontrer devant elle la techno-science est la fin du monde, à moins que ceux qui la développent ne se redonnent, normative-ment, les règles d'orientation et de restriction de leurs entreprises. Mais où vont-ils les trouver ?

Il est évident qu'une société industrielle éprouve d'autres besoins de formation professionnelle et nécessite d'autres formes de développement des savoirs que ceux auxquels répondait l'université classique, et dans lesquels se concrétisait au mieux l'idéal des Lumières, avec toute l'ouver-ture qu'il comportait sur la promesse d'un Progrès indéfini, mais aussi avec toute la stabilité « architecturale » qu'il impliquait en exigeant qu'une même Raison universaliste restât maîtresse de l'œuvre et détermi-nât la perspective unitaire sous laquelle elle devait être vue, jugée et admirée, aussi complexe que cette perspective puisse être dans ses détails. En un mot, l'idéal de synthèse, qui est alors assigné au développement civilisationnel auquel se consacre l'université classique, reste un idéal esthétique, projeté au-dessus de la société réelle, de ses besoins particu-liers toujours changeants, et qui doit dès lors servir de norme transcendantale (quoique évolutive) dans la recherche de perfection qui sous-tend le mouvement de la société vers son avenir. Il y a dans le projet civilisationnel, culturel, scientifique, pratique, même technique auquel se voue l'université classique une dimension essentielle de contrefactualité, d'idéalité ; où, pour le dire encore en d'autres termes, ce que nous appe-lons maintenant un « choix de société » y précède de manière princi-pielle tout le mouvement empirique de la réalité, de la même façon que la position fixe de l'étoile polaire précède et oriente le cours du navigateur, et préside même au libre choix de ses parcours lorsqu'il satisfait à ses fantaisies ou qu'il lutte avec les vents et les courants qui le détournent de son but.

L'université américaine, dont j'ai parlé comme d'un prototype de l'université contemporaine, ne se démarque pas d'abord idéologiquement de la conception idéaliste qu'avaient les Lumières : la rupture dont elle participe se produit ailleurs, sur le sol où cette idée s'est implantée, et non dans l'idée elle-même. Dans le naturalisme éthique, social et culturel qui la caractérise, la société américaine se pense directement, et par contraste avec l'Europe dont elle s'est détachée, comme la réalisation *déjà advenue* de l'idéal des Lumières : elle se pense, se sent et se juge comme l'accomplissement irrésistible et spontané de cet idéal, dont le déploiement coïncide en elle avec l'affranchissement de la capacité d'initiative individuelle et collective. La synthèse, pour elle, n'est pas une tâche, mais un acquis originel dont il suffit de laisser croître la graine : l'Amérique est le sol riche et vierge sur lequel pousse l'arbre de la liberté, et tous ses fruits. Dès lors, pour elle, toute puissance de faire est accomplissement de la Liberté, et tout accroissement technique de cette puissance est enrichissement, multiplication, déploiement de la Liberté – ou encore, si elle s'exerce au dehors, défense de cette Liberté substantielle contre un égarement ou un despotisme. En Amérique, la technique devient le moyen universel – et l'on pourrait dire automatique – de la réalisation de la Liberté, et l'idéal de la liberté devient l'idéal du déploiement libre de la technique.

L'université, sans rien renier de l'idéal universaliste qu'elle avait assumé dans le tournant moderne de la civilisation occidentale, s'idéalise ainsi comme le lieu du développement de toutes les techniques, de toutes les capacités de faire, de produire, de prévoir, de contrôler stratégiquement, d'imaginer projectivement, de vérifier objectivement, d'inventer. L'université (le système des organisations qui se réclament de son nom et de son concept) se projette idéalement sur tous les fronts de la « créativité » scientifique, technique, économique, juridique, sociale, artistique, culturelle, civilisationnelle de la société : elle voudrait les absorber en se mettant à leur service, en poursuivant toutes les fins qui s'y dessinent, en s'attelant à la réalisation de tous les projets qui y prennent corps, en s'efforçant d'inventer ou d'initier tous les programmes qui pourront y prendre terre, en prétendant avoir sa part de toutes les ressources qui y sont produites et de toutes les richesses qui y circulent. On assiste ainsi à un double mécanisme d'extraversion de l'université dans la société et d'introversion de la société dans l'université. Mais il faut ici marquer un arrêt, le temps de constater que l'université n'est plus en rien particulière dans ce jeu qu'elle joue, dans cette légitimité qu'elle produit et qu'elle invoque : c'est là le jeu et la légitimité, la finalité avouée de tous les grands systèmes d'organisations concurrentes, que ce soit les grandes entreprises, les grandes administrations, les grands regroupements d'intérêts instrumentaux ou identitaires, les grands systèmes de communication et d'information médiatique, bref, les grands programmes de toute sorte. Et derrière ou autour des « grandes » organisations, il y a bien sûr les « moyennes » et les « petites », les PMO de toutes espèces qui forment le milieu vital de tout le déploiement organisationnel et lui confèrent cette allure de réalité naturelle et démocratique en même temps objective et insaisissable. Dans tout cela, l'université n'est plus qu'un catalyseur parmi les autres, un accélérateur parmi les autres, un multiplicateur parmi les autres, un lieu de transition et de transaction parmi les autres : elle est à la tâche sur tous les fronts et tous les fronts la pénètrent et la mobilisent ; elle est un tourbillon dans les tourbillons, elle n'est même plus l'œil du cyclone. Pourquoi parlons-nous encore d'elle en son nom, au nom de quoi, lorsqu'elle-même renvoie à tout ce qui l'entoure, qu'elle s'anime de tout ce qui bouge, qu'elle se met en devoir de remuer tout ce qui autour d'elle se tient encore un peu tranquille ; quand elle prend pour fin tout ce qui s'énonce comme projet, comme forme d'action et comme objectif dans la société, dans les affaires, dans la gestion, dans la culture des industries culturelles et de l'expérimentation existentielle ? L'université a-t-elle encore une mission, existe-t-elle encore vraiment par-delà toutes les tâches parcellaires qu'elle assume, tous les programmes (« ciblés ») qu'elle développe, toutes les recherches commanditées qu'elle accepte et auxquelles elle attelle son développement et son avenir ?

LA RECHERCHE D'UNE RÉALITÉ EN FUITE

La recherche est devenue notre mot éponge le plus absorbant, et ce *Pampers* universel est en train d'absorber la science elle-même. Nous devons tous faire de la recherche sous peine de n'être que des enseignants qui n'auraient rien à enseigner sinon les résultats de la recherche faite par d'autres, ou par cette autre moitié de nous-même, puisque notre vraie définition est celle de professeur-chercheur, et que le professeur tout court n'est qu'un amputé. L'enseignement lui-même n'est plus compris que comme une simple courroie de transmission entre la « recherche » et la « formation des chercheurs ». Tout le monde doit « chercher », non pas quelque chose, mais sur quelque chose, sauf peut-être les professeurs d'art qui ont conservé le privilège d'avoir à « créer » (mais là encore on dira, lorsqu'ils sont en attente de l'œuvre et de son « prix », qu'ils « sont en recherche », avec ou sans « bourse »). Qu'est-ce que la recherche alors, qui nous définit dans notre idéalité et qui nous assigne normativement à notre fonction ou à notre tâche ?

Pour circonscrire le sens de la question et le champ de la réponse, demandons-nous d'abord : Aristote faisait-il de la recherche ? Galilée, Newton, et même Einstein faisaient-ils vraiment de la recherche ? Et Hume, Locke, Kant, Hegel, Nietzsche également ? Marx était-il un chercheur, comme Ricardo, comme Pareto et comme Schumpeter ? Comme Durkheim, Weber et Parsons ?

Pour tous les positivistes réfléchis ou spontanés, le problème, passé de manière irréversible de la théologie à la philosophie, puis de la philosophie à la science, a été résolu par Auguste Comte, dont la « loi des trois états » récapitulait, après Condorcet, la nature des Progrès de l'Esprit humain (et je ne trancherai pas la question de savoir si cette loi était dans l'esprit de Comte un résultat de sa recherche scientifique, une conclusion de sa spéculation philosophique ou plus simplement encore la formulation dogmatique d'un des mythes fondateurs de la modernité). À moins d'être des attardés, nous serions donc tous entrés dans l'ère de la science positive dont la recherche est en même temps la doctrine et la méthode, le moyen et la fin. Et dans toute recherche, pourvu qu'elle soit méthodique, s'accomplirait l'essence même de la science et le développement cumulatif de la connaissance scientifique. Voilà l'idée la plus commune et la plus banale qui légitime la recherche. Mais c'est une idée fausse, parce qu'elle nous trompe sur tout ce que nous faisons réellement et sur tout ce qui nous est demandé de faire en son nom.

Ainsi, la théologie, la philosophie et la science, avant de différer par la conception qu'elles ont de la nature de la réalité, et donc aussi dans les présupposés méthodiques de leurs démarches, ont en commun d'avoir pour fin la connaissance de la réalité, c'est-à-dire la vérité. Et si toutes les trois ont aussi revendiqué des utilités (le salut individuel ou collectif pour l'une, la jouissance de l'esprit et la sérénité de l'âme pour la deuxième, le contrôle pratique de la nature pour la troisième), celles-ci ne leur étaient pas essentielles. Or, la recherche dont il est question maintenant ne se rapporte plus à la vérité d'aucune manière qui lui soit encore essentielle, voire encore minimalement significative. La recherche que nous connaissons, celle dont le concept, si l'on ose dire, correspond aux pratiques dominantes dans l'université et dans la société, n'appartient plus à l'âge idéaliste de la Science et des Lumières, mais à un « nouvel âge »[4] (postmoderne ?) à caractère technologique et technocratique, où ce qui compte avant tout est l'efficacité, jugée non selon une fin posée à priori ayant une valeur en elle-même et pour elle-même, mais en fonction de la seule capacité des projets humains quelconques d'assurer leur emprise sur un espace objectif (social ou naturel), pour y inscrire, en tant qu'objectifs, leur propre objectivité, c'est-à-dire leur réalité. La recherche, en tant qu'elle est toujours définie par ses objectifs immédiats et particuliers, se présente ainsi comme l'élaboration méthodique et stratégique des procédés et des procédures qui permettent d'assurer et de contrôler l'objectivation (la réalisation) effective de n'importe quel objectif. Pour elle, la capacité de réalisation et les obstacles contingents qu'elle rencontre prennent, l'une face aux autres, valeur de réel ultime, c'est-à-dire de vérité. Du même coup, la vérité s'identifie à la capacité d'effectuer, de rendre effectif, de créer (ce que la scolastique réservait à la liberté divine).

Ainsi, l'âge technologique et technocratique n'est plus tellement une période de la civilisation qu'un état de fait dynamique de l'agir humain et de son adaptation réfléchie à l'environnement. Cet environnement lui-même n'est plus d'abord naturel et objectif, c'est celui que représentent, pour chaque entreprise particulière, toutes les entreprises qui compétitionnent avec elle pour affirmer leur emprise sur un même espace social, pour s'approprier les mêmes ressources, et pour imposer finalement leur propre forme à ce qu'on appelait jadis la « satisfaction du besoin », mais qu'il faut redéfinir maintenant, immédiatement, comme une « information du désir ». Cet âge technologique ne se caractérise donc pas par l'application systématique de la connaissance scientifique en vue d'une maîtrise de la nature satisfaisant aux besoins humains, il n'appartient pas à l'ordre du développement quantitatif de la science et de ses applications utilitaires. Il provoque plutôt et implique de manière cumulative et irréfléchie la dissolution conjointe de la visée épistémologique de la science, de la visée pratique de la technique, et de toute référence à l'unité ontologique à priori de la nature objective. Cette dissolution est l'effet d'un changement radical de finalité – qui certes ne

---

4. L'association n'est pas fortuite. L'idéologie du « Nouvel Âge », qui conçoit pour les confondre le monde et l'esprit en fonction des « énergies », « puissances » et « influences », projette une attitude d'opérativité technique dans le domaine de la « spiritualité » et de la « réalisation de soi », et ceci jusqu'à penser pouvoir vaincre la mort elle-même de façon technique. Car la parapsychologie se rattache essentiellement à une compréhension technique de l'« âme » ou de l'esprit (comme jadis la magie : voir Weber).

s'est opéré que progressivement et subrepticement –, puisqu'il ne s'agit plus désormais de connaître ce qui est, de juger de ce qui doit être, ni même de pourvoir à la satisfaction de besoins justifiés, mais de nous donner les moyens de prévoir et de mesurer les effets de toutes et n'importe lesquelles de nos interventions techniquement possibles sur l'environnement social et naturel.

Ainsi, nous ne jugeons plus chaque activité que selon le critère de son efficacité immanente ou encore de sa simple compatibilité immédiate avec toutes celles qui lui sont adjacentes, antécédentes ou conséquentes. C'est ainsi que dans la théorie de la connaissance, la recherche d'une justification épistémologique (Popper) a fait place à la simple reconnaissance descriptive de la multiplicité virtuellement illimitée et à l'incommensurabilité des paradigmes opérationnels (Kuhn dans le domaine de la recherche, mais aussi Wittgenstein dans celui des « formes de vie » expressives). Le passage de la science – avec ses possibilités de mise en œuvre technique – au technologisme se caractérise donc avant tout et essentiellement par l'abandon, d'un côté, de toute visée de compréhension synthétique du monde objectif et, de l'autre, de toute recherche de justification critique ou à priorique de l'utilité. Or, dans le champ du rapport au monde, cela ne signifie rien de moins que le rejet de toute visée d'une « appropriation humaine de la nature » ayant un caractère civilisationnel, c'est-à-dire répondant à l'exigence d'un sens commun au moins idéalement partageable par tous, dans lequel, pour cela, les dimensions cognitive, normative et expressive-esthétique resteraient liées les unes aux autres aussi bien épistémologiquement qu'ontologiquement.

À cette idée et à ce sentiment « classiques » se trouve substitué, non l'idée ou le sentiment, mais le fait pur et simple, immédiat, de nos propres productions et formes d'action « artificielles », qui se substituent à leur tour à l'extériorité substantielle de la nature. Cela implique l'oubli et le dépassement de notre propre enracinement dans le devenir de la nature comprise comme un tout qui nous contient et que nous n'avons d'aucune façon produite ou créée globalement. La temporalité de nos projets fragmentés et de nos prévisions spéculatives (au sens exact que le terme possède dans la spéculation financière) remplace alors tous les rythmes à travers lesquels l'appartenance des phénomènes à la durée immémoriale de ce que nous appelions le monde se manifestait à nous. Ainsi, notre temporalité est toute tendue vers l'instantanéité, comme notre objectivité l'est vers l'aléatoire.

De la même façon, dans la dimension de notre rapport à nous-mêmes, soit comme personnes individuelles soit comme sociétés, l'âge

technocratique ne se caractérise ni par une prise de pouvoir des
« techniciens » dans la société (vision archaïque), ni encore par l'accroissement de la liberté comprise comme capacité d'autodétermination
réflexive de soi ainsi que d'autoreproduction et d'auto-orientation réfléchie
de la société (à caractère politique). Il correspond au contraire à un double
processus de dissolution de l'unité synthétique à priori tant du sujet
humain individuel que de la société, et à la perte correspondante de toutes
les capacités de synthèse cognitive, d'orientation normative et d'harmonisation expressive à travers lesquelles une collectivité de fait peut se
situer, positivement ou idéalement, dans la perspective de l'accomplissement de valeurs civilisationnelles qui donnent sens à tout ce qui peut s'y
accomplir, de même qu'aux divers conflits qui la traversent et qu'aux
changements à portée historique dans lesquels elle peut s'être engagée et
continue de se reconnaître elle-même. En d'autres termes, c'est la société
en tant que telle qui se dissout dans le système du social et ses
innombrables variables et composantes, système dans lequel n'importe
quelle organisation vouée à la réalisation de n'importe quel objectif
apparaît comme une forme légitime de « réduction de la complexité »
(Luhmann). Dans les conditions actuelles de transition, il est évident que
ce sont les variables et les organisations à caractère économique qui sont
partout prépondérantes, mais on voit poindre le moment où la logique
instrumentale de l'économie et du calcul va se trouver elle-même débordée
par la logique expressive de l'affirmation des identités individuelles et
collectives particulières : ceci se manifeste notamment dans le recouvrement de la problématique politique moderne par la problématique néo-
moderniste des « droits et libertés ».

Dans la nouvelle perspective organisationnelle, la société n'est plus
une référence de principe, elle n'est plus que l'environnement factuel que
tous les sujets agents et toutes les organisations, compris chacun dans
leur « autonomie », constituent ensemble objectivement les uns pour
les autres, avec leurs stratégies, leurs programmes, leurs prévisions et an-
ticipations, leur effort de contrôle, etc. La vie sociale elle-même devient
alors, en toutes ses dimensions, en même temps l'objet et le produit
d'une seule et même exigence formelle d'adaptation de toutes les parties à
l'environnement complexe, dynamique et à priori imprévisible qu'elles
constituent toutes ensemble les unes pour les autres. Mais qui dit organisations, objectifs, programmes, prévisions, gestion, dit recherche sur les
conditions indéfiniment mouvantes de cet environnement. Ainsi, la
recherche cesse d'être le moyen épistémologique de la connaissance d'une
réalité autonome, elle devient le mode opératoire essentiel du

fonctionnement même de la vie sociale, et ce mode de fonctionnement est immédiatement le mode de dissolution de toutes les références, culturelles et politiques, idéologiques et juridiques, qui permettaient à l'action humaine de s'orienter significativement dans un monde commun, connaissable à priori et, du même coup, critiquable. Comme dans la théorie des jeux, chaque stratégie est un facteur d'incertitude pour toutes les autres stratégies ; comme dans la théorie des systèmes, chaque mise en œuvre d'une autonomie organisationnelle locale devient un multiplicateur de la complexité environnementale pour toutes les organisations concurrentes ; comme dans la théorie des organisations, chaque visée de contrôle et chaque processus de décision particulier se heurtent aux autres et leur font concurrence pour l'accès aux mêmes ressources, qui deviennent du même coup structurellement de plus en plus « rares » à travers leur prolifération même. Alors aussi, chaque acte de vie existentielle ou bien « s'éclate » en lui-même – et le plus souvent sur lui-même –, ou bien devient un « problème » dont la solution est question d'expertise psychologique et donc ici aussi de recherche. La suppression d'une seule norme commune à priori ouvre le champ à l'exigence d'un nombre virtuellement illimité de recherches et d'interventions empiriques tentant d'appréhender et de restructurer la réalité à posteriori, à travers une multitude de démarches qui renouvellent elles-mêmes continuellement leur objet : c'est la liberté !

Nous sommes entrés dans une nouvelle condition de vie collective dans laquelle ce que nous appelions la société dans la modernité, et que nous saisissions dans la perspective de l'historicité, s'est transmuée dans l'indéfinie fluidité et mobilité du « social », et où nous avons reconverti en « environnement » ce qui était pour nous devenu la « nature » après avoir si longtemps été le « monde ». La société et la nature ou le monde disparaissent ainsi conjointement de notre horizon, avec cette stabilité au moins relative qu'ils possédaient comme « êtres », et avec ces déterminations qu'ils imposaient en même temps à nos besoins, à nos finalités et à nos désirs. Mais le social et l'environnement se retournent à leur tour contre nous, non plus comme « êtres », mais comme « problèmes ». Ce que nous continuons à nous représenter comme la réalité objective, naturelle ou sociale, est maintenant constitué en tout premier lieu par l'entrecroisement de toutes les conséquences voulues et non voulues – et de toute façon cela revient au même, puisqu'on ne veut plus que localement et arbitrairement – de la prolifération de nos interventions subjectives sur le monde et sur nous-mêmes. Pour nous, la réalité est de moins en moins une donnée. Elle est de plus en plus l'ensemble à priori imprévisible et toujours mouvant – qu'il nous faut pourtant prévoir et contrôler – des conséquences de notre propre capacité d'agir démultipliée par la maîtrise technique. Elle est la prolifération des effets de tous les laisser-faire et laisser-aller avec lesquels nous avons, dans le principe même, confondu notre liberté essentielle, notre nature même : la naturalisation et l'idéologisation du « marché mondial », la puissance contraignante objective qui lui est conférée et à laquelle correspond pour nous l'obligation d'y adapter non seulement toutes nos activités économiques, mais nos institutions et nos modes de vie, en est le plus bel exemple, mais il y en a d'autres, autant qu'on veut.

S'il reste encore quelque chose de l'objectivité première du monde et de la cohésion normative et expressive d'une identité collective perçue comme société, cela tend à se présenter à nous un peu sous la même forme que prend déjà, dans la théorie cosmologique contemporaine, cette rumeur sidérale ou ce bruit de fond dans lequel on nous dit entendre encore l'écho du Big Bang originel. Cela est loin, très loin de nous. La présence du réel ne pèse plus lourd sur notre conscience, et elle ne compte plus pour beaucoup dans notre désir. Certes, nous reconnaissons encore le réel là où nous avons peur pour lui : les phoques, les baleines, les arbres qui ici et là se défolient... La peur est ainsi devenue notre bonne conscience et notre amour d'un monde qui, réduit à un ensemble ouvert de variables à gérer, est tombé dans notre champ de juridiction. C'est le moment de nous rappeler que la science, puisqu'on l'invoque toujours, s'occupait encore du réel et que les variables n'étaient pour elle que des indices. Maintenant, elles sont la réalité même à laquelle est confrontée partout notre attitude opérationnelle qui ne cesse de les multiplier à mesure qu'elle veut affiner son emprise, ou ses prévisions, ou ses programmes, ou ses évaluations.

Mais du même coup, ce qu'il nous faut prendre en considération hors de nous est de plus en plus vaste, contraignant et imprévisible, car nous ne savons même plus si tout ce dont nous dépendons est encore capable d'exister par soi-même, et pour combien de temps. Le temps n'est plus l'espace de la liberté, la promesse, il est devenu un compte à rebours, la substance commune de toutes les menaces. En tant qu'êtres humains, nous ne nous étudions plus, réflexivement, pour savoir qui nous sommes, quelle est notre place dans le monde et ce que nous pouvons espérer ; nous ne faisons plus que de la « recherche » sur les mille conséquences de tout ce que nous faisons ; la prévision, la programmation et le contrôle de ces conséquences sont devenus les conditions mêmes de notre existence. Cela signifie qu'en gagnant la puissance de faire, nous avons perdu la certitude du monde et le droit d'y vivre. Nous avons aussi perdu la certitude d'être avant même de nous connaître : voulant tout faire, il nous faut maintenant nous faire nous-mêmes, mais comment ? Nous ne sommes pas loin de nous bricoler n'importe quelle façon de survivre, physiquement, entre les Tchernobyl, les BPC et les trous dans la couche d'ozone ; socialement, entre les droits et les libertés reconnus à toutes les revendications à l'expression d'une différence identitaire, et entre tous les fascismes qui tendent au rétablissement substantiel et autoritaire d'une unité collective ; indivi-duellement, entre le désir de vivre à tout prix et la peur de mourir presque à tout coup. Nous sommes en train de devenir tous des *survivers*.

La recherche n'est plus nulle part une recherche de savoir, de connaissance, de compréhension et de sagesse. Elle n'est plus associée à la patiente édification d'un idéal humain : elle procède seulement de l'illusion que nous pouvons aller n'importe où sans avoir besoin de savoir ni où ni pourquoi, que nous pouvons faire n'importe quoi, pourvu que nous sachions comment, parce que nous saurons toujours après coup trouver les correctifs, ou les remèdes, ou des solutions de rechange à la vie elle-même. La recherche procède de cette illusion double de la toute-puissance et de la responsabilité universelle, mais à mesure que cette illusion s'empare de nous et que la recherche s'empare de nos vies en les décomposant et en les réagglomérant en variables, c'est toute notre vie qui tombe dans l'illusion, puisque nous nous engageons vers un avenir où il n'y a plus de survie qu'en elle et par elle : il faut tout contrôler, il faut tout gérer, et pour tout gérer, il faut tout savoir et tout prévoir, tout « computer », et produire sans fin toutes les ressources qui devront entrer dans toutes ces « computations », et qui ne seront bien sûr jamais suffisantes.

Marx imaginait encore que chacun, un jour, après la « libération », pourrait aller à la pêche le matin, qu'il travaillerait pour les autres quelques heures au milieu de la journée, et qu'il ferait de la poésie le soir : nous sommes plutôt engagés dans une direction où, loin de disposer de façon plus large de cette liberté humaine qui nous est essentielle, nous serons tous mobilisés par les activités de la gestion et de la recherche, qui fonctionnera enfin sur la base de sa seule nécessité propre dans toutes les organisations que nous aurons créées hors de nous pour prendre en charge tous nos problèmes. Ainsi, nous serons parvenus à rétablir hors de nous, comme une structure objective, les instincts de la fourmi et de l'abeille, que notre espèce avait perdus, abandonnés ou dépassés depuis plusieurs millions d'années. Alors que notre propre modernité pensait, il n'y a pas si longtemps de cela, aller de l'oppression à la liberté, de la barbarie des mœurs à la civilisation des Lumières, nous nous trouvons tout d'un coup obligés d'abandonner, sous l'effet de contraintes que nous avons créées nous-mêmes et que nous ne comprenons pas, tout idéal de civilisation et d'humanité pour nous plonger dans la prise en charge des conditions mêmes de notre survie individuelle et collective.

Pour résumer en quelques mots – qui sont excessifs bien sûr, mais comment répondre autrement à l'excès de la réalité qui nous étouffe ? –, je dirai que dans l'immense majorité de toutes nos recherches, nous ne cherchons rien qui ait valeur de connaissance, car nous n'avons plus aucune idée de la signification générale que pourrait avoir ce que nous voudrions ou pourrions trouver. Nous résolvons des problèmes, nous réalisons des objectifs, nous faisons des choses, et l'enchevêtrement de toutes les choses que nous faisons ainsi forme notre réalité. Mais c'est la réalité d'un monde sans forme ni sens, sans stabilité ni nécessité, sans équilibre ni harmonie, et qui est voué à mourir dès que nous cesserons de nous en occuper, d'en entretenir le procès désordonné de reproduction continue. Mais il risque alors aussi d'emporter avec lui tout ce qu'il avait encore accueilli en lui de l'ancien monde, du monde tout court qui tenait tout seul, depuis si longtemps. Les Hollandais ont construit une partie de leur pays sous le niveau de la mer et doivent s'occuper des digues et des pompes sans relâche. Mais le sol asséché reste un sol solide, les digues n'en sont que l'enclos ou les gardiennes. Le monde que nous construisons n'est pas construit sous la mer, il est produit de part en part dans le vide, comme un hologramme. Cherchons encore un peu, gérons bien tout, et nous n'aurons jamais fini d'avoir à chercher de plus en plus fort et de plus en plus vite, et à tout gérer de mieux en mieux, y compris nous-mêmes. Pompons, pompons, écopons toujours. Jusqu'à ce qu'il ne soit plus possible de nous arrêter jamais, jusqu'à la dernière génération de pompeurs, de chercheurs et de gestionnaires.

Ce n'est pas encore le bateau qui coule mais l'eau monte dans les cales...

LES TÂCHES ACTUELLES DE L'UNIVERSITÉ

Dans la transformation des finalités qui s'opère à l'intérieur de l'université nouvelle (américaine)[5] et, par conséquent, dans l'évolution de son rapport à la société, on peut distinguer deux phases qui se chevauchent très largement. La première peut être désignée comme une phase d'adaptation fonctionnelle aux besoins de la société, lesquels sont interprétés de plus en plus selon le modèle économiste d'une demande sociale, que peut satisfaire une offre correspondante. Cette phase est caractérisée idéologiquement par l'importance du discours qui dénonce l'inadaptation de l'université traditionnelle aux besoins nouveaux d'une société et d'une économie en mutation technologique accélérée, et elle correspond pratiquement à la mutation organisationnelle de l'université dont j'ai parlé. On presse l'université d'adapter de manière continue et stratégique ses programmes de formation et ses activités de recherche aux exigences de l'économie et du marché du travail, de développer le partenariat avec l'industrie, les milieux de la gestion publique et privée, les groupes et les mouvements sociaux, en un mot à « sortir de sa tour d'ivoire » et à « s'ouvrir sur le milieu » et, en contrepartie des services qu'elle rend ainsi, à diversifier ses sources de financement. Cela conduit, tout spécialement en sciences humaines, à vouloir calibrer la formation individuelle des étudiants en fonction de leurs conditions d'insertion professionnelle – et le mot est ici galvaudé, car il faudrait dire « opérationnelle » – de plus en plus différenciées et spécialisées, à mesure que la reproduction sociétale s'effectue de moins en moins sous le mode d'une régulation institutionnelle-légale à caractère universaliste, et de plus en plus sous celui d'une prise en charge gestionnaire, directe et mouvante, des multiples domaines ou segments de la vie sociale, économique, culturelle et même personnelle. Que de nouveaux programmes n'a-t-on pas déjà créés pour cela !

Mais on est déjà entré maintenant de manière massive dans une deuxième phase, qui procède directement du développement de la première et de son « succès », où le système d'insertion professionnelle établi et généralisé dans la première phase se consolide sur lui-même et pour lui-même, notamment dans les organisations de la recherche et les organismes d'intervention qui ont été créés tant dans l'université elle-

---

5. Ou encore humboldtienne, comme me l'a fait remarquer mon collègue Pierre-Yves Paradis, des sciences de l'éducation. Ainsi, si la réalité fut d'abord américaine, sa théorie fut plutôt allemande.

même que chez les différents utilisateurs sociaux extérieurs, et où ce système tend à s'autofinaliser organisationnellement, statutairement et budgétairement, sécrétant du même coup ses propres besoins fonctionnels d'autoreproduction[6]. Le slogan de la « formation de chercheurs » et d'« intervenants sociaux » devient ici un argument autosuffisant qui va progressivement s'emparer de tous les domaines de la formation universitaire, comme si l'ensemble de la société et de la vie collective ne devait plus consister dans tous les domaines qu'en un immense chantier de recherche et d'intervention, mis au service d'une gigantesque et tentaculaire activité de gestion, avec laquelle la société viendrait à se confondre substantiellement en disparaissant. Dès lors, on ne gère plus la société (ni même le social) dans la mesure où celle-ci devient l'ensemble enchevêtré de toutes les pratiques d'intervention et de gestion qui s'y déploient, s'y superposent, s'y font concurrence, s'y coordonnent ou cherchent à s'y spécifier en fonction de leurs objectifs toujours particuliers. La recherche ainsi comprise n'a alors plus rien à voir avec une volonté de connaissance d'une réalité existant hors d'elle, « en elle-même et pour elle-même », qu'il s'agisse de la nature, de la société ou de l'histoire : elle devient immédiatement « mode de production » (et non plus de reproduction) de la réalité comprise d'un bout à l'autre comme une artificialité indéfiniment dynamique, qui requiert sa « prise en charge » permanente. Le « réel existentiel » ne disparaît pas pour autant, il se replie sur le domaine subjectif de l'expérience purement privée, intime, mais c'est pour constituer encore l'objet potentiel de nouvelles recherches (psychologiques, socio-psychologiques, etc.) conduisant à la constitution de nouveaux champs d'intervention, de nouvelles modalités de prise en charge professionnelles et organisationnelles, de nouvelles variétés d'experts dans la formation desquels l'université trouvera tout uniment de nouveaux besoins à satisfaire et de nouveaux débouchés à promouvoir. Et ainsi de suite. Et de l'autre côté de cette médaille, c'est chaque individu qui se trouve appelé à se prendre en charge, à maximiser sa croissance personnelle, son bonheur !

Le passage ou le glissement progressif de la première phase de l'université fonctionnelle (toujours caractérisée par le principe de son autonomie institutionnelle et par l'idée de l'extériorité des besoins sociaux et économiques) à la seconde phase de l'université opérationnelle

---

6. Dans certains domaines d'intervention sociale, les organismes absorbent eux-mêmes jusqu'à 90 % des budgets investis dans les « programmes ».

(où le réseau des programmes et des activités universitaires tend à s'intégrer directement, du point de vue de ses objectifs, dans le tissu des réseaux analogues qui constituent la matière même d'une société organisationnelle) caractérise l'évolution actuelle de l'université de type américain, et coïncide avec la mutation de la société moderne en un nouveau type sociétal postmoderne. Mais cette transformation n'est pas le signe de la réussite de ce modèle, elle représente la preuve de son échec civilisationnel et institutionnel, échec dont l'évidence remonte maintenant jusqu'à ce niveau organisationnel qui avait justement été le terrain de ses succès initiaux. Car c'est là que l'université, comme d'ailleurs toute la société, s'enlise maintenant de plus en plus dans la complexité de ses propres structures de gestion, de programmation, de décision et d'arbitrage ; son corps ploie sous le poids de sa propre morphologie constituée d'une infinité de prothèses, en même temps que son esprit s'évapore dans ses réseaux et activités délétères de communication et d'information. Dans cette nouvelle condition de la société, c'est l'ensemble de ses budgets, annuels, prévisionnels, correctifs, qui devient sa véritable « Constitution », laquelle est en négociation permanente, avec ses procédures de grief et d'arbitrage, ses arrangements judiciaires et extrajudiciaires, ses commissions d'enquête, ses comités d'experts et ses « conseils de sages », et enfin ses mécanismes de protection des « droits et libertés » individuels. Pour tout cela, l'ultime « contrainte de réalité » s'appelle balance budgétaire, inflation, taux d'emploi, de chômage et d'assistés sociaux, taux de criminalité et taux de suicide... avec de l'autre côté, en contrepoids, la nomination de quelques comités d'experts en éthique et en déontologie.

Qui ne voit pas cela physiquement ? Les nouvelles technologies de l'information, de la communication, de la cueillette, de la conservation et du traitement des données sont mille fois plus performantes que les vieilles machines à écrire, les anciens registres, les archaïques classeurs et filières, mais loin de les avoir remplacés, elles les ont multipliés partout, et elles ne cessent de nous envahir dans nos bureaux et nos laboratoires, et jusque dans nos salons et nos chambres à coucher. Partout, elles créent les besoins qu'il leur faut ensuite satisfaire, partout dans nos universités, dans les centres de recherche et les laboratoires, dans les banques, les commerces, les industries et les services sociaux, elles se nourrissent des informations qu'elles produisent, elles exigent la production des données qu'elles stockent, elles suscitent l'établissement des réseaux sur lesquels elles multiplient leurs branchements, et cette logique exponentielle, dont l'utilité est prétendument de servir des besoins sociaux, absorbe, comme

par osmose pour se l'assimiler, la moindre molécule de vie sociale encore
« libre » à laquelle elle touche ou s'abouche. Bien sûr, cela est aussi un
« fait de civilisation » : sauf que ce fait de civilisation est d'abord,
comme l'a écrit Gaétan Daoust, un fait de « barbarie » (1992). Sauf
aussi qu'on n'a pas glissé ni dérapé par hasard dans ce fossé, à un
tournant imprévisible de la route de l'histoire : la dynamique dans
laquelle nous nous trouvons a fait l'objet d'une promotion idéologique
sans pareil, on a mis à son service des moyens sans égal. Il est évident
notamment que le néo-libéralisme contemporain, qui n'est ni une nécessité ni un hasard de l'histoire, mais un énorme chantage sur fond de la
« naturalité » de l'économie de marché, a représenté un accélérateur
déterminant du mouvement qui est ici dénoncé. Mais ce néo-libéralisme
avait, il est vrai, des racines profondes en Amérique, et la puissance de
l'Amérique a longtemps fasciné presque le monde entier.

L'opérativité analytique mise en œuvre dans ce « système social »
et déployée dans ses algorithmes (épistémologiquement nommés aussi
paradigmes) a aidé partout, et en tout premier lieu dans l'université, à
casser ou à désintégrer les lieux de synthèse qu'étaient les esprits « bien
éduqués » et les institutions régies par des normes. Et elle l'a fait pour
une grande part à travers le développement de la recherche, quand celle-ci a
pris sens pour elle-même et qu'elle s'est affranchie de toute finalité culturelle ou civilisationnelle « transcendantale » ou idéale, voire aussi de
toute fonctionnalité se rapportant à une totalité qu'on pouvait encore
penser pour elle-même et en elle-même. Mille informations ponctuelles
ne valent pas une connaissance, mille décisions ne font pas un seul
jugement synthétique, mille sondages ne donnent pas la prévisibilité
d'une seule loi, mille probabilités ne confèrent pas la certitude d'un seul
principe, mille descriptions ne font pas un unique concept. Jugement,
connaissance, concept, principe, loi et tout acte de parole sont des actes
synthétiques simples, que nous avons décomposés par l'analyse pour en
faire des ensembles, des textes, des interrelations de variables, des
interférences d'effets, et nous nageons maintenant dans l'hypercomplexité
de leurs débris ; et ce n'est pas en mettant de plus en plus de recherches à
la tâche d'en faire l'inventaire et l'analyse, d'y découvrir des corrélations,
d'y vérifier des prévisions, d'y réaliser des objectifs, d'y construire des
stratégies, d'y multiplier les décisions, qu'on s'y retrouvera, pas plus
qu'on ne saurait découvrir l'hypothèse du bœuf à partir du steak haché.
Mais comment voir la différence entre le steak et le bœuf quand GM ou
Ford vendent des nouveaux « concepts » et que l'UQAM ou l'Université
de Montréal planifient de nouveaux « produits », offrent de nouveaux

« services à la clientèle », planifient la conquête de nouveaux « marchés ». D'ailleurs, disons-le enfin, on ne devrait rien planifier ni programmer à l'université (sauf les bâtiments), on devrait y vivre, y cultiver, y développer la vie de l'esprit, l'esprit de connaissance, la volonté et la puissance de compréhension, la faculté de juger. C'est de cela que la société a le plus urgent besoin. Et c'est peut-être même cela que les gens, les jeunes, les étudiants désirent le plus (sans trop savoir ou oser le dire peut-être) quand ils vont à l'école et qu'ils attendent encore quelque chose de l'école – même quand ils répondent aux sondages qu'ils se soucient avant tout d'un *job* ou d'une carrière. Car cela fait vingt ans qu'on leur dit que l'école ne sert qu'à ça, et ils ont souvent fait l'expérience dans l'école elle-même qu'elle ne vise effectivement plus à accomplir autre chose, alors même qu'elle échoue de plus en plus à réaliser ce qu'elle promet.

Les premiers besoins qu'éprouvent les sociétés actuelles sont des exigences de vue synthétique et d'orientation normative, qui s'accroissent en proportion de toutes les capacités techniques de faire, et de la multiplication exponentielle de toutes les interventions « gestionnaires » particulières par lesquelles elles s'efforcent de se maintenir en marche comme *going concern*. Et il faut ajouter que cette exigence s'accroît aussi à mesure que s'usent et sont « consommées » les « réserves de tradition » (Habermas) qui interviennent encore dans l'orientation et la motivation de l'action humaine, mais qui ne sont plus renouvelées sinon dans les replis de la vie privée, dans les particularismes des cultures fragmentaires et des cultes identitaires, etc., mais qui ne pénètrent plus la vie publique, qui est elle-même en voie de disparition.

L'essentiel dans nos sociétés est le renouvellement d'un projet éducatif, qui ne saurait se confondre avec mille programmes de formation professionnelle ni, encore moins, avec mille programmes de recherche opérationnelle ni non plus avec la reconnaissance de mille « droits et libertés »[7]. Cela n'exclut pas toute formation professionnelle de l'université, qui peut y être accueillie si elle est conçue de manière « libérale » et non utilitaire ou immédiatement opérationnelle. La formation libérale reconnaît l'autonomie de l'engagement professionnel et cette autonomie est inséparable de la prise en charge d'une finalité et de valeurs communes. Tout est d'abord une question d'« esprit », et de

---

7. Comme ce « droit de comprendre » que l'Université Laval a inscrit dans sa charte des droits des étudiants... que les étudiants n'avaient pas demandée.

degré d'ouverture de ce que l'on entend par la « compétence ». En Occident, nous avons nommé « humanisme » cet engagement vers l'universel. Cela est difficile à définir et pourtant on sait encore très bien de quoi il s'agit de manière pratique, si l'on ne prétend pas juger de toutes les affaires humaines de manière logique, en traçant une ligne de démarcation au milieu du réel, mais si l'on veut simplement agir avec sagesse en évitant les situations que leur caractère extrême rend évidentes.

C'est seulement sur la base d'un tel projet éducatif qu'un « projet de société » pourra peut-être aussi encore émerger, être formulé et entraîner un engagement et une action collective. Car un projet de société qui ne reprend pas et ne développe pas un projet de civilisation n'en est pas un : ce n'est qu'un programme de plus, qu'un organigramme de plus, une sorte de *package deal* sur des objectifs. Il faut d'ailleurs rétablir une distinction entre le plan de la civilisation, le plan de la société et le plan du social, et leur hiérarchie. Les sociétés traditionnelles ne se connais-saient que comme civilisations ; dans son autocompréhension comme civilisation, l'Occident moderne a créé le concept de société, comprise comme l'unité d'ensemble des rapports sociaux en tant qu'elle était désormais régie par des lois et des institutions formellement et réflexive-ment établies, produites par les hommes eux-mêmes selon leur « raison ». Le social émerge, depuis cinquante ans, avec la dissolution progressive des régulations politiques et institutionnelles fondées sur le principe d'une raison transcendantale, et avec la libération progressive de toutes les pratiques particulières – à commencer par les pratiques économiques. Il tend à devenir une sorte d'état brownien, que seule la multiplication des interventions et des prises en charge ponctuelles et planifiées parvient encore à « harnacher », et qui exige alors qu'on le « travaille » et qu'on le « prenne en charge » sans relâche, selon des méthodes pragmatiques et adaptatives dont l'emprise objective reste toujours éphémère.

Seule sa propre participation, par son projet éducatif, à l'élabora-tion d'un tel projet de société peut sortir l'université de la dialectique de la technocratie et de la bureaucratie dans laquelle elle s'enlise en même temps que la société et peut-être que l'histoire. L'université, à vrai dire, se trouve devant un choix : ou elle se recentre sur un projet d'éducation supérieure d'orientation humaniste (qui implique bien sûr entièrement l'engagement cognitif et peut-être aussi normatif et esthétique des sciences de la nature, comme à la Renaissance), elle se réapproprie sa plus haute mission, qui est celle que désigne encore son nom, et elle y subordonne toutes les autres tâches qu'elle est amenée à assumer dans la société ; ou elle accepte que cela soit désormais réalisé en dehors d'elle, dans la création de « Hautes Écoles », qui la répudieront et la rabaisseront même si elles ont originellement essaimé hors d'elle.

Bien sûr, on entend déjà l'université crier à l'« élitisme » contre tout ce qui voudrait prétendre ainsi monter au-dessus d'elle dans l'ordre du savoir, de la formation et de la culture, même sans demander pour soi les privilèges qu'elle s'est acquis. La protestation est d'ailleurs assez pharisienne, puisqu'elle sert le plus souvent à mieux assurer l'emprise directe de la nouvelle élite technocratique et gestionnaire sur la société, en dénonçant tout ce qui peut subsister du mode de formation des élites traditionnelles qui sont de toute façon devenues marginales dans la société. Ce maître mot de la nouvelle « caste » technocratique à l'égard de tout ce qui conteste encore sa position voile ainsi ses privilèges de toute nature (y compris fiscaux) dont la société organisationnelle est si généreuse : cette caste n'est d'ailleurs pas loin de rétablir à son profit le crime de lèse-majesté. Mais la faute de cet élitisme reviendra à l'université elle-même, puisqu'elle détourne les larges masses d'étudiants qui lui sont confiés de cette visée idéale du plus haut degré de connaissance et de réflexion, et qu'elle se contente de les embrigader vers les nouveaux marchés du travail et des connaissances de la société organisationnelle, technologique et technocratique ; ces marchés que son rôle n'est pas de pourvoir en se conformant anxieusement à leurs exigences, et encore moins, de promouvoir dans toutes les directions pour s'y faire une place. Bien sûr, l'université fait partie de la société plutôt que le contraire, mais ce rapport d'appartenance et de responsabilité ne supprime pas le problème de la transcendance des fins propres, cognitives, morales et intellectuelles, qui sont celles de la civilisation (et non immédiatement des conditions de fonctionnement de la société) et qui justifient son autonomie et les libertés académiques dont elle reste si jalouse lorsqu'elles servent les avantages particuliers de ses membres et de ses cadres[8].

---

8. Nous ne sommes pas les « employés de l'université », nous en sommes les « membres » (voir à ce sujet l'article de Gilles Gagné, « Lettre ouverte à mes collègues : l'université de la gestion » (1991). Les divers échelons de la gestion nous représentent, ils ne sont pas nos « patrons ». Il vaudrait d'ailleurs mieux parler d'administration que de gestion, car l'administration agit selon des règles ou des mandats, alors que la gestion procède par résolution de problèmes et que du même coup elle s'approprie la réalité sur laquelle elle intervient productivement-créativement, ce qui transforme justement l'institution porteuse d'une finalité qui la dépasse (*Wertrationalität*) en une organisation instrumentale dans un premier temps (*Zweckrationalität*), et simplement autopromotionnelle et auto-opérative

Je viens d'évoquer le reproche d'« élitisme » qu'on ne manquera pas d'adresser à la conception de l'université que je défends ici. Alors osons regarder les choses et les mots en face. Dans l'université « traditionnelle », dont j'invoque le modèle normatif et institutionnel (modèle qui s'est prolongé en Europe jusque vers la fin des années soixante), le recrutement des professeurs et la sélection des étudiants étaient effectivement élitistes. Le nombre des professeurs, qui enseignaient *ex cathedra,* y était restreint ; sans être forcément privilégiés économiquement ou politiquement, ils étaient socialement des « notables ». C'est leur renommée auprès de leurs collègues et de leurs étudiants, ainsi que dans le public cultivé, qui leur servait de « curriculum ». La notion de « pair » avait donc ici une signification concrète, elle était « médiatisée » (au sens de Hegel et non au sens des médias) par le partage compréhensif effectif d'une connaissance disciplinaire et d'un champ structuré de théorisation, eux-mêmes intégrés dans l'horizon unifié d'une même « culture de civilisation ». Mais dans cette médiation résidait aussi la contrainte, elle fixait la norme et la limite sous la forme d'une exigence.

À partir des années soixante, on assiste à une explosion de l'enseignement universitaire ou post-secondaire, à mesure qu'il se professionnalise et se spécialise de manière exponentielle en s'orientant vers la formation fonctionnelle de masse de toutes les nouvelles catégories de « cols blancs » qui forment l'essentiel de la « main-d'œuvre » que requiert une société de gestion, aussi qualifiée de « postindustrielle ». Le statut et les privilèges professoraux et universitaires (les « libertés académiques ») tendent néanmoins à se maintenir, mais en s'inscrivant désormais dans des dispositions réglementaires, administratives, conventionnelles, organisationnelles, au détriment de leurs bases et de leurs formes « morales » et « culturelles ». L'auto-évaluation par la reconnaissance de la compétence disciplinaire et par la renommée intellectuelle et culturelle fait place à des procédures formalisées et à des jugements quantifiés de la « production » (publications, subventions, etc.), dans lesquels la « recherche » acquiert une prédominance presque absolue, dans un contexte où les recherches particulières ont de plus en plus un caractère ésotérique les unes pour les

---

dans un deuxième temps. Or, ce deuxième temps n'est plus un horizon lointain, c'est notre réalité quotidienne la plus commune dans le domaine d'action et d'expérience que nous continuons d'appeler, anachroniquement, notre « travail ».

autres. La référence aux « pairs » se maintient elle aussi (comme la « défense des libertés académiques »), mais les pairs se restreignent à des coteries fermées qui pratiquent un même « paradigme » dont la signification et la valeur cognitive – surtout dans les sciences humaines – sont devenues entièrement ésotériques, à l'intérieur d'une sorte de *gentlemen agreement* général où tous les groupes se reconnaissent mutuellement une capacité d'auto-évaluation et d'autopromotion à l'intérieur d'un simple arbitrage budgétaire de leur compétition autour des ressources collectives. Ainsi, les regroupements d'« équipes de recherche » autour d'objets spécifiques et de « programmes de recherche paradigmatiques » prennent la forme de « groupes de pression » organisationnels, de *lobbies* dont la compétition n'est plus polarisée par des questions théoriques, mais par les instances de financement, et qui se font également concurrence auprès de la clientèle étudiante.

Or, très démocratiquement, les instances de financement et d'arbitrage de la recherche sont elles-mêmes constituées par des représentants des différents groupes d'intérêts. Les critères qui tendent à y prédominer sont donc, naturellement, ceux qui correspondent au plus petit dénominateur commun de tous les « programmes ». La définition de ce plus petit dénominateur commun s'oriente tendancieusement vers la prédominance du critère quantifiable du financement obtenu, au détriment de tous les critères résiduels (théoriques, méthodologiques, pédagogiques) qui proviennent encore des grandes divisions disciplinaires traditionnelles. Mais ces critères tendent à s'unifier dans la mesure où leur valeur intrinsèque tend à s'instrumentaliser relativement à un même objectif qui est la maximisation de la part de chacun aux subventions, ou au financement en général, lequel est précisément obtenu auprès d'instances qui sont formées d'un *melting pot* (la langue américaine est ici de rigueur) de représentants de tous les « programmes de recherche » et de tous les « paradigmes régulateurs ». Au bout du compte, la référence aux « pairs » n'a plus que deux fonctions : une fonction « archaïque » de légitimation scientifique, et une fonction « opérationnelle » de dissolution des problèmes de finalité, de pouvoir et d'autorité à l'intérieur du fonctionnement organisationnel-décisionnel. Si le système était stable, on pourrait dire que cette référence n'est plus que l'huile qui lubrifie les rouages de la machine. Mais comme il s'agit au contraire d'un système autopoiètique, il faudrait plutôt utiliser l'image du champ gazeux qui sert de support à la projection d'un hologramme dont l'image a été branchée sur elle-même par l'intermédiaire d'une caméra et d'un moniteur.

Cette extrapolation imagée étant faite, il faut constater encore que la nouvelle dynamique de la vie universitaire restreint de plus en plus les « intérêts de connaissance » et les « lectures » des professeurs et des étudiants vers les champs de données ou d'information qui ont une valeur immédiatement stratégique dans la constitution, la valorisation et la diffusion de chaque paradigme particulier. À partir de là, c'est l'université qui produit la disparition d'un « public cultivé » dont la formation était justement une de ses tâches traditionnelles les plus essentielles ; cela a une importance primordiale, puisque, au-delà de l'autodestruction du milieu scientifique « substantiel » auquel renvoyait la notion même des « pairs » qui continue d'être invoquée pour légitimer tout le système, le phénomène ne signifie rien d'autre que la dissolution de ce qu'on nommait jusqu'ici, dans la modernité, l'espace public, sans lequel la démocratie politique ne peut plus se légitimer et perd tout son sens normatif, en même temps qu'elle est aussi dépossédée dans la structure technocratique de la société de son objet ou de son enjeu qui, faut-il le rappeler, était défini par le concept même du *kratein*. Voilà une autre chose et un autre mot qu'il faudra regarder en face !

Dernière généralisation : sous l'emprise du modèle de la recherche et de sa dynamique propre, la fonction pédagogique de l'université, comme je l'ai déjà dit, se redéfinit à partir d'objectifs directement associés à la « formation des chercheurs ». Dans la mesure où le système de la recherche s'autofinalise de plus en plus à partir de la logique organisationnelle, qui régit son fonctionnement et son développement, et où il tend, par ailleurs, dans ses rapports avec le monde extérieur, à ne plus répondre qu'à des « demandes sociales », elles-mêmes générées et formulées par d'autres organisations, l'ensemble de ces organisations intra et extrauniversitaires tendent, à travers les réseaux d'information, de codification, de programmation, de prévisions, de décisions et d'évaluation, qui les lient entre elles, à ne plus former qu'une seule et même galaxie globale[9]. Les activités universitaires de formation et de recherche se trouvent alors asservies aux conditions de fonctionnement et d'expansion de ce système en lui étant directement intégrées, non pas globalement, mais par chacune des entités organisationnelles qui les constituent elles-mêmes en sous-galaxie. Ainsi, ce sont les finalités et la

9. Pour une analyse plus détaillée de la dynamique de cette globalisation systémique à caractère « technoscientifique », je renvoie à l'article de John Bowers, « Postmodernity and the Globalisation of Technoscience : the Computer, Cognitive Science and War » (1992 : 111 ss).

substance même des activités de formation qui se trouvent détournées vers la simple reproduction expansionniste et inflationniste de la galaxie organisationnelle, qui se substitue en tant que telle progressivement à la société, et qui se trouvent absorbées en elle. De même coup, se trouvent aussi supprimés tous les espaces de liberté intellectuelle, de réflexion normative et d'expression esthétique, ainsi que les capacités d'expérience objective et de jugement synthétique, réfléchi et critique qui leur correspondaient. Hannah Arendt avait dénoncé l'asservissement moderne de la pensée et de l'action à la simple fonction de reproduction organique du « travail productif » ; or, la condition sociétale dans laquelle nous sommes engagés maintenant ne tend pas seulement à nous enfermer dans le cycle de la satisfaction des besoins et la « cage d'airain » de la rationalité instrumentale, mais bien plus à nous dissoudre dans cet hologramme quasi immatériel que forme une entité organisationnelle-systémique autofinalisée et autorégulée, dans laquelle chaque organisation particulière ne représente plus guère qu'une molécule ionisée qui, sans disposer d'aucune chaleur propre, ne doit sa luminescence qu'aux flux de radiations qui traversent l'ensemble.

POUR UNE AUTRE ORIENTATION UNIVERSITAIRE DE LA RECHERCHE

Je vais conclure en revenant brièvement sur terre, je veux dire ici et maintenant, et en laissant donc s'estomper un peu à l'horizon les grandes perspectives et projections historiques. Les quelques propositions pratiques que je me permettrai de faire auront un caractère beaucoup plus souple et conciliant (et en partie aussi résigné !) que l'analyse qui précède. De toute façon, je ne pense pas qu'il soit possible ni même souhaitable de changer brutalement, par une grande réforme institutionnelle, l'ordre actuel des choses : il suffit, si l'on me permet cette expression, de changer le sens du changement permanent dans lequel nous sommes engagés (en partie volontairement, ou en tout cas, en accord avec la volonté de certains, non par pure fatalité), en autant que nous ayons une idée claire de la direction dans laquelle il faudrait aller, et des raisons qui nous y poussent. Mes propositions vont tourner autour de deux principes :

1. La seule recherche proprement universitaire est celle qui participe formellement au développement de ces corps synthétiques de connaissances, que sont les disciplines théoriques ou pratiques (au sens grec de la praxis, qui exclut donc la pure technique instrumentale), qui s'insèrent

donc dans la dynamique d'évolution propre à ces disciplines, telle qu'elle est motivée théoriquement et pratiquement. Mais comme on peut faire dire aux mots tout ce qu'on veut, il faut insister ici sur l'idée qu'un corpus disciplinaire n'est pas un ensemble de faits établis (méthodologiquement), mais le ou les systèmes de leur interprétation en autant qu'ils tendent à en réaliser la synthèse explicative (prédictive) et/ou compréhensive. Les faits établis n'ont, dans cette perspective, qu'une valeur limitée ou stratégique d'indices ou de preuves, ils ne représentent pas le savoir en tant que tel. La recherche universitaire doit donc être animée par cet effort de synthèse compréhensive qui correspond à l'idée classique de la théorie, aussi bien dans les sciences de la nature que dans les sciences humaines. Alors, il est aussi évident que la poursuite de telles recherches est toujours précédée par la justification de la portée théorique et épistémologique (en tant que connaissance généralisable) des résultats positifs ou négatifs qu'elle anticipe. Elle fait donc immédiatement partie de cet effort de synthèse compréhensive qui représente aussi la finalité de l'enseignement. À cela, il faut ajouter dans le domaine des sciences humaines – mais cela ne leur est pas exclusif – que de telles connaissances synthétiques ont toujours intrinsèquement une valeur normative, et que leur enseignement comporte donc une finalité pédagogique qui ne se réfère pas seulement à l'apprentissage et au développement de la discipline, mais à l'amélioration du vivre-ensemble sociétal. Cela signifie aussi que le développement des disciplines universitaires, par cette double activité d'interprétation synthétique et de recherche stratégique, doit être compris comme un procès essentiellement « introverti » ou « centripète », dont le rapport à la société est d'abord pédagogique, et non selon la vision « extravertie » et « centrifuge » dans laquelle l'université s'est engagée sous la pression de l'idéologie utilitariste dominante.

Ceci dit, toutes les recherches immédiatement pragmatiques, utilitaires, visant en tout premier lieu (sinon exclusivement) à répondre à des besoins de connaissance ou d'information ponctuels, devraient être laissées à des instances extrauniversitaires (ministères de la santé, du travail, de l'économie, entreprises, centres de recherche spécialisés travaillant à contrat avec ou sans subventions, etc.). Des étudiants, à tel ou tel moment de leur formation, pourraient toujours y faire des stages, où y être engagés comme chercheurs, mais la finalité de tels organismes de recherche n'est pas celle de l'université. Quant à l'université, elle se perd et se laisse lentement détruire à vouloir répondre à de tels « besoins » immédiatement traduisibles en « objectifs ».

2. L'université engage des enseignants qui maîtrisent, développent et savent transmettre pédagogiquement des connaissances disciplinaires (au sens précédent), et non des chercheurs travaillant à des programmes ponctuels[10]. Cette proposition est le complément nécessaire de la précédente, et elle implique le même choix d'une orientation générale, qui ne peut pas être appliquée de manière dogmatique, mais qui s'oppose néanmoins d'une manière parfaitement claire aux pratiques contemporaines de définition des postes, de sélection et d'engagement des professeurs et d'évaluation de leurs carrières. Sémantiquement, il s'agit de passer du concept de « professeur-chercheur » à celui de professeur tout court, car engager un professeur à faire de la recherche en vue du développement de sa discipline n'est pas du tout la même chose que d'embaucher un chercheur pour lui demander aussi d'enseigner les méthodes et les résultats de ses recherches particulières – qu'il fait le plus souvent de manière purement circonstancielle, au hasard d'un contrat, d'une subvention, d'une demande ou d'un besoin quelconque rétroactivement rebaptisé comme « problème scientifique ». Alors, le professeur et le chercheur ne portent pas la même blouse, même s'ils sont – circonstanciellement – unis dans la même personne et à l'emploi de la même institution. On peut certes, dans de nombreux cas, exiger du professeur qu'il ait fait de la recherche durant sa formation, ou même qu'il continue d'en faire en relation avec certains des enseignements qu'il donne, dans la perspective d'une clarification des aspects problématiques des savoirs qu'il transmet et cherche à approfondir. Il reste que l'université se doit de recruter ses professeurs en fonction de la maîtrise qu'ils détiennent dans leur champ disciplinaire, de la vue d'ensemble qu'ils possèdent sur ce champ, de la capacité qu'ils ont d'articuler à la problématique d'ensemble du développement de la discipline les progrès cruciaux qui sont accomplis dans les divers domaines de connaissance et de recherche plus particuliers ou spécialisés.

Ces deux principes découlent d'un même postulat touchant à la nature de l'université et à la fonction ou la finalité qu'elle peut et doit assumer dans la société. Il lui appartient d'abord d'être un lieu d'orientation réfléchie du développement de la société (à l'encontre de l'abandon de ce développement aux mécanismes « aveugles » de l'économie et du déploiement technologique) ; un lieu qui soit ouvert en

10. Encore faut-il qu'elle continue à former de tels enseignants, ce qui n'est pas du tout assuré par l'application du slogan de la « formation des chercheurs ».

amont sur tous les autres lieux de réflexion normative de la société et, en aval, sur l'ensemble de ses systèmes de formation et d'éducation. La recherche universitaire, quelle qu'en soit la discipline, doit donc avant tout être arrimée et orientée par le souci du développement de connaissances à portée civilisationnelle, qui répondent aux grands problèmes de nature civilisationnelle – et pas seulement technique – qui se posent à l'humanité d'aujourd'hui, problèmes qu'elle engendre et qui vont jusqu'à comprendre dans leur horizon la question de la perpétuation du monde.

Sur cette base, la reprise en main par l'institution universitaire des finalités qui lui sont propres exige des changements de cap importants.

a) Il est impératif de recréer des milieux académiques « forts » et « vivants », régis d'abord par une normativité interne autonome (idéal de la maîtrise disciplinaire, du *scholarship*), valorisant la connaissance synthétique et, dans une certaine mesure, toujours encyclopédique, et non l'« excellence » ponctuelle et compétitive, toujours extravertie. Il faut réaffirmer l'importance de la réflexion épistémologique, du débat intellectuel, de l'engagement pédagogique collectif, car l'idée de synthèse n'est nulle part mieux servie, et la synthèse ne progresse jamais aussi sûrement, que dans l'effort de simplification, de schématisation, d'abstraction et de systématisation entrepris en vue d'une élaboration compréhensible et d'une transmission compréhensive de la connaissance. À la limite, une théorie d'ensemble, dans la mesure où elle intègre nécessairement dans sa formulation toute une dimension argumentative, est déjà en elle-même une pédagogie réussie et, réciproquement, une pédagogie réussie est la transmission d'un savoir théorique qui est parvenue à maturité en étant en mesure d'établir sa pertinence, sa cohérence et sa signification dans le champ virtuellement unifié de la connaissance humaine. Contrairement à une idée semble-t-il bien implantée, l'importance et la pertinence de l'effort pédagogique croissent ainsi avec le degré de la formation – ce que Socrate savait déjà très bien. Une connaissance véritable doit pouvoir être expliquée et comprise (à la limite par tous ceux qui ont consenti l'effort) et pas seulement appliquée. Mais une telle visée synthétique à finalité pédagogique tire son sens d'une approche compréhensive et critique de la réalité, dans laquelle la recherche de connaissances s'efforce d'abord d'affronter les grands problèmes qui se posent à l'humanité dans le développement de son rapport global avec le monde dans lequel elle vit, existentiellement et phénoménologiquement, et ceux qu'elle se pose lorsqu'elle cherche à se saisir réflexivement au niveau le plus large de son historicité, du sens de son développement –

qui peut aussi encore être nommé sa finalité ou son destin. Et ici, par la médiation des techniques, le développement des sciences de la nature se trouve directement associé à la recherche de connaissances que visent les sciences humaines, en même temps que les dimensions cognitive, normative et expressive-esthétique de la pensée et de l'action se trouvent unies, alors qu'elles avaient été séparées après la Renaissance par la science moderne.

C'est d'ailleurs ici que l'on découvre un des effets les plus pernicieux de la primauté accordée à la recherche dans le recrutement des professeurs d'université, en même temps que la recherche, dans son dynamisme propre, s'oriente vers des objets de plus en plus spécialisés et fragmentés. Les études dites supérieures ont fini par se confondre avec la « formation à la recherche », avec la « production des chercheurs », avec la transmission du savoir-faire purement méthodologique, lorsqu'il n'est pas seulement pragmatique. Au plus haut niveau de la réalisation de la mission universitaire, on ne tend plus ainsi qu'à former des compétences spécialisées, fragmentaires, des savoir-faire opérationnels d'application automatique – idéalement informatisables et robotisables. Ce n'est pas à la base de l'éducation mais à son sommet que l'on produit maintenant du « savoir en miettes » et de la « pensée parcellaire » – et ceci est très important dans une société qui tend à remplacer de plus en plus, à la base même de son fonctionnement et de sa reproduction, le « travail productif » de l'ouvrier (que la logique du capitalisme industriel avait justement réduit en « travail en miettes », selon l'expression célèbre de Georges Friedman) par l'activité des technologues, des techniciens et des technocrates que produit justement l'université. Maintenant, c'est la tête qui dépérit et se décompose dans l'aliénation, et pas seulement le cœur ou les membres. Mais comme la tête ne peut pas survivre longtemps aux membres et au cœur, ni ceux-ci à la tête, cela revient au même du point de vue de l'aliénation globale de la vie : seule l'illusion est encore plus grande et donc plus pernicieuse. Autrement dit, l'aliénation principale s'est déplacée vers le système de formation et d'éducation et c'est au sommet de ce système qu'elle atteint son point le plus fort. Cela nous concerne directement, puisque nous y sommes et que, d'une certaine manière, nous en sommes encore un peu les maîtres et les responsables : lorsque nous ne le serons plus du tout, c'est que nous aurons volontairement abandonné la place, car je ne vois pas vraiment par quelle violence purement extérieure ou objective on nous l'aurait arrachée ni au profit de qui. Nous sommes les premiers à recouvrir ce qui se passe sous le manteau des mots et des légitimités (science, savoir, connais-sance) que nous avons hérités de l'humanisme classique, pour en masquer ou en dénaturer la portée.

b) La situation d'urgence actuelle en appelle à un peu d'imagination institutionnelle. Entre le modèle de séparation institutionnelle de l'université et des organismes de recherche (comme en France, avec le CNRS) et le modèle d'instituts universitaires de recherche distincts des départements, avec ou sans tâches d'enseignement supérieur (comme en Allemagne), il y en a bien d'autres à inventer et à mettre au point, à condition que les deux finalités puissent rester distinctes non seulement « conceptuellement », mais statutairement et organisationnellement, institutionnellement. Cela implique qu'il faut également établir des distinctions dans la gestion d'ensemble : l'idéal serait une séparation organisationnelle (CNRS, instituts, etc., d'un côté, départements de l'autre). La tâche des départements n'est pas d'accueillir et de gérer la recherche, même si certains de leurs membres s'adonnent à la recherche. Il est erroné de penser que la formation est d'abord une formation à la recherche : elle est fondamentalement une formation à la maîtrise, à la compréhension d'une discipline. Or, chaque discipline ne peut prétendre viser une connaissance authentique de son objet que dans la mesure où elle parvient à le rattacher à une réflexion générale, qu'elle partage avec toutes les sciences humaines, sur la portée, les conditions et les fins de l'agir humain dans le monde.

c) On ne peut pas se contenter des fausses solutions verbeuses sur la formation générale dans la perspective de l'interdisciplinarité (du genre proposé par le rapport Maheu). Dans la perspective d'un équilibre entre la formation générale et la formation spécialisée, une prise de position non élitiste contre la professionnalisation de l'université s'impose. Bien sûr, il n'y a pas de formations professionnelles ni d'activités de développe-ment de la connaissance qui seraient en elles-mêmes de niveau ou de type universitaire, et d'autres qui ne le seraient pas. Le critère est simple : toute formation et toute recherche intellectuelle sont de niveau universi-taire lorsqu'elles impliquent non seulement la maîtrise et l'application d'une technique, mais aussi l'acquisition d'une capacité de jugement qui sera elle-même socialement reconnue comme autonomie. Une telle formation, ou une telle recherche, vu l'autonomie qui lui est conférée ensuite dans la société, devrait être elle-même encadrée, orientée, limitée, animée et justifiée à priori par une structure de références normatives communes, ayant une portée civilisationnelle. Cela peut concerner n'importe quelle profession, n'importe quel développement de la connaissance, n'importe quelle recherche, en autant que la société en attende une contribution à la croissance et à la transmission de ce qui possède pour elle une valeur d'« universel ». Mais on comprend alors que les règles de cette formation et de cette recherche universitaires ne sont pas techniques avant tout : elles sont cognitives, normatives et esthétiques. Elles sont philosophiques et scientifiques, morales et politiques, littéraires et artistiques. C'est tout ! C'est le critère et la limite spécifique de la tâche universitaire. Il n'y a pas de raison de dire qu'il est devenu impossible de chercher à former, dans quelque profession que ce soit, ce que le XVIIIᵉ siècle français désignait comme un « honnête homme ». À part quelques nobles oisifs, l'honnête homme était toujours quelque chose d'autre, disons quelqu'un d'« utile » dans une profession particulière. Le problème n'est pas dans la différenciation des formes et des manières d'être ainsi « utile » dans la société, il est seulement dans l'« esprit » selon lequel s'opère la formation.

Dans tout cela, encore une fois, il ne s'agit pas de changer de bateau : il suffit de changer de cap. Et l'on pourra même alors aussi « baisser la vapeur », pour prendre le temps de voir où l'on va et de faire le point à mesure que l'on avance. L'important pour l'heure est d'infléchir le mouvement. Parce que plus le modèle de développement auquel participe l'université (et qu'elle a largement contribué à formuler et à promouvoir, même si elle en fait maintenant une pure donnée objective à laquelle elle serait tenue de s'adapter) étend son emprise loin de son origine (dans le temps historique et dans l'espace sociopolitique et civilisationnel), plus la rupture vers laquelle il va – parce qu'il en crée toutes les conditions – sera cassante : autre façon de dire que le rejet de la greffe que ce modèle veut imposer risque d'être total. Car nous ne sommes pas vraiment devenus, avec notre système de pouvoir faire et de laisser faire, de croître et de laisser croître, et même avec toutes nos capacités de prévision, de programmation et de contrôle, définitivement les maîtres du monde, les maîtres de l'avenir, les maîtres du destin. Le monde, l'avenir, le destin deviennent de plus en plus compliqués et de plus en plus incertains à mesure que nous les reconstruisons à la hauteur de vue (basse) et aux couleurs (grises) de nos prévisions.

Ceci se voit déjà tout près de nous, chez nous, dans les rapports que nous avons avec nos élèves, avec nos technocrates et nos gestionnaires si souvent issus de nos rangs, avec nos propres variables économiques, avec nos propres indicateurs socioculturels, psychologiques, écologiques. À laisser aller comme on va, à laisser faire comme on fait, on ne va pas vers une « solution », on ne fait pas un monde meilleur, on va vers pire : et puis le pire, c'est que par-dessus ou par-delà toute conjoncture et toute stratégie, toute programmation et toute prévision, on va vers rien. Et nous ne sommes pas encore rien, ni nous-mêmes ni les autres, ni nos enfants ni les leurs, ni notre civilisation ni celles qui sont encore différentes de la nôtre. Ni nos désirs ni nos rêves... ni les promesses simples que nous avons reçues en naissant.

CHAPITRE II

La crise des sciences sociales et la question de la normativité

En se rapportant au sens originel du terme en médecine, puis dans l'esthétique de l'art dramatique, Habermas rappelle au début de *La crise de légitimation* [1] que le concept de crise comporte nécessairement une double référence objective et subjective. Dans sa dimension objective, une crise réfère à un processus qui, en suivant ses déterminations propres, vient perturber et menacer de destruction la « souveraineté » qu'un être subjectif exerce normalement sur lui-même (ce qui, dans le domaine de la vie organique, équivaut à l'état de santé et au sentiment de bien-être qui l'accompagne). Mais un tel processus objectif ne constitue une crise que s'il n'est pas inéluctable et n'est pas perçu comme tel, mais qu'au contraire, à travers la conscience et la réaction du sujet qui en fait l'épreuve, se manifeste le désir et se profile l'espoir d'un rétablissement, comme c'est le cas pour le malade qui recourt à l'assistance du médecin.

Déjà dans l'Antiquité, l'idée de crise, sinon le mot, avait été étendue du domaine médical et psychologique à la perception qu'on se faisait de la vie collective dans la cité, et à la vie de la cité elle-même. Toute la philosophie politique grecque après les sophistes répond en effet à un sentiment de « crise de la tradition » dans laquelle c'est la survie même de la cité, de la *politheia*, qui paraît être mise en jeu, et qui le fût réellement comme l'a montré l'histoire. Ainsi, la pensée critique de l'ordre sociopolitique et l'objectivation réflexive de la société semblent être nées avec le sentiment d'une crise pouvant toucher l'ordre social tout entier et à laquelle la société elle-même pouvait réagir, sentiment qui allait nécessairement de pair avec une subjectivation directe de cet ordre collectif des rapports sociaux et de leurs normes, appréhendés comme distincts de l'ordre cosmique, naturel, ou divin, d'un côté, et de l'ordre

---

1. Je reprends ici le titre donné à la traduction américaine (*Legitimation Crisis,* Boston, Beacon Press, 1975) du livre de Jürgen Habermas, *Legitimationsprobleme im Spätkapitalismus,* Frankfurt, Suhrkamp, 1973 (*Raison et légitimité* en traduction française, chez Payot, 1978).

psychosymbolique individuel, de l'autre ; la société prenait ainsi consistance comme un ordre possédant un caractère mixte, en même temps subjectif et objectif, dans lequel l'individu se projette pour participer subjectivement de lui, de ses valeurs et de ses normes, et auquel il reconnaît néanmoins une consistance objective autonome sous la dépendance de laquelle, par-delà sa volonté et sa responsabilité propres, l'accomplissement de sa vie personnelle se trouve placé.

Le premier objet de ce texte sera de montrer que tout le développement des sciences sociales dans la modernité fut une réponse à un tel sentiment de crise, et que le lieu ou l'horizon de la réponse s'y est déplacé précisément de la même manière que se déplaçait le *momentum* de la crise, cette réponse étant formulée tour à tour dans le discours de la philosophie politique et juridique, puis dans celui de l'économie politique[2] et, enfin, dans ceux, alors pluriels, de la sociologie, ces disciplines énonçant et condensant en elles, l'une après l'autre, le paradigme dominant de la représentation et de l'objectivation critico-normative de l'ordre social à chaque stade de développement de la modernité.

Cette très rapide présentation du lien générique existant entre le développement des « sciences sociales » et l'appréhension objective de la société dans la modernité, médiatisée par la perception d'une crise récurrente de l'ordre socionormatif d'ensemble, n'éclaire pas encore le sens qui a été donné au titre de ce chapitre puisqu'il désigne une crise que les sciences sociales subiraient maintenant elles-mêmes directement. Cette situation de crise propre aux sciences sociales et à toute la pensée réfléchie sur la société et l'histoire, que j'associerai à l'abandon d'un rapport critique global à la société et à l'histoire, doit alors être envisagée et examinée dans une triple dimension : celle du rapport politique qui a toujours relié le développement des sciences sociales à celui de la société

---

2. C'est un autre essai qu'il faudrait écrire pour rendre compte de la complète marginalisation de la sociologie par le retour en force du discours économique néo-libéral, qui, depuis deux décennies, a pris l'allure d'un raz de marée idéologique. Tout ce que je peux dire en peu de mots, c'est que ce retour de l'économisme n'entre plus dans le schéma d'interprétation qui est suivi ici, puisque tout se passe désormais comme si la société n'existait plus, qu'elle était déjà morte (relativement à n'importe quelle conception de sa vie autonome, et donc du genre de « crise » qui pourrait l'affecter elle-même). En somme, tout dans ce discours se passe comme si l'économie avait déjà entièrement triomphé de la société. Du même coup, l'économie n'est plus, non plus, d'aucune manière, une « science sociale », puisque déjà elle a entièrement « sacrifié » la société à l'expansion propre du système économique – un système qui n'a plus grand-chose à voir avec la « vie » de rien ni de personne.

moderne ; celle du rapport épistémologique que les sciences sociales ont entretenu avec le modèle de scientificité élaboré par les sciences de la nature, et qui les a toujours mises en déficit ou en crise de scientificité du fait même de leur engagement normatif ; et celle, actuelle, du destin de la normativité elle-même en tant que dimension constitutive de la société et de l'existence sociale, puisque, avec l'aide des sciences sociales, elle est maintenant pratiquement et concrètement mise en question par le développement d'une société postmoderne à caractère technologique, technocratique et systémique dans laquelle le concept de norme ne réfère plus à des valeurs synthétiques, mais seulement à des procédures et des procédés immédiatement opérationnels. Or, c'est précisément dans ce moment contemporain de dissolution du fondement normatif de la société que se produit aussi un éclatement fondamental dans le concept même de « sciences sociales », qui va bien au-delà de leur division disciplinaire et de leurs conflits idéologicothéoriques ataviques, qui étaient reliés à la division même des dimensions politique, économique, culturelle, artistique, scientifique de la vie sociale dans la modernité, et à la multiplicité des orientations de valeurs et des intérêts qui s'y projetaient.

Pour une large part de leurs activités d'enseignement, de recherche, de formation et d'autopromotion sociale, les sciences sociales se sont maintenant directement intégrées dans l'ensemble des mécanismes organisationnels et technobureaucratiques qui ont pris en charge la gestion directe du social et sur lesquels repose désormais le procès de reproduction d'ensemble des rapports sociaux et donc, l'existence même de la société ; en perdant ainsi toute idéalité, la société est du même coup en voie de se convertir en un vaste système ou plutôt réseau de systèmes opérationnels. L'objectif des disciplines pratiques qui participent ainsi directement au fonctionnement de la réalité sociale contemporaine n'est donc plus tellement la connaissance ou la légitimation de cette réalité, mais directement sa production et son contrôle. La « théorie » tend donc à s'y confondre immédiatement avec la « pratique », au moment où cette pratique cesse de se penser comme praxis historique et qu'elle se banalise sous la forme d'une multitude d'activités toujours locales à caractère immédiatement pragmatique. La vérité tend alors à s'identifier à l'efficacité, la validité des problématiques, à la pertinence des stratégies de contrôle, et la méthode, à la fiabilité et à la prévisibilité des procédés et des procédures techniques. À ce titre, il nous faut reconnaître d'ailleurs que les sciences sociales ainsi entendues sont devenues indispensables au fonctionnement des sociétés technocratiques contemporaines, et qu'elles appartiennent à leur concept même.

Il convient aussi de préciser que tout ce développement ne s'est pas produit d'abord dans le sein des sciences sociales classiques, disciplinaires (la philosophie, la science politique et le droit, l'histoire, l'économie politique, la sociologie), même si elles y ont largement contribué intellectuellement et parfois directement de manière pratique. Il s'est plutôt produit sous la forme de l'extraordinaire expansion qu'ont prise toutes les disciplines de la gestion économique, administrative et sociale, et par la voie du développement d'une multitude de nouveaux « programmes » de formation directement centrés sur l'intervention en « milieu social », « technique », « professionnel » ou « communautaire » (le « travail social », l'« animation culturelle », les « relations industrielles » – qui ont pris la place de la sociologie du travail ! – les « communications », et on pourrait en énumérer des centaines d'égale ou de moindre envergure, comme la « muséologie », la « docimologie », l'« animation touristique »). Ces nouveaux cursus ont, quant au nombre du moins, complètement submergé les institutions de formation et de recherche dans lesquelles les anciennes disciplines académiques font maintenant figure de résidus, même si elles y conservent encore une part de leur prestige intellectuel.

Mais du côté aussi de ces disciplines « classiques » qui restaient formellement attachées à un idéal de connaissance théorique et de débat critique, s'est manifestée une tendance massive à l'élimination de toute réflexion globale sur la société et son développement historique, réflexion inséparable d'un engagement normatif avoué ou non. En effet, les principaux courants théoriques qui s'y sont déployés depuis une trentaine ou une quarantaine d'années y ont engendré une singulière bipolarisation. D'un côté, on a assisté à l'élaboration de plus en plus poussée et raffinée de paradigmes à caractère formaliste, qui prétendent saisir l'ensemble de la réalité sociale au prix de sa totale abstraction formelle, laquelle impose généralement un renoncement explicite à toute prise en compte de la dimension subjective de l'action humaine. Je me contente de citer ici, à titre d'exemple, les constructions systémiques, informatiques, cybernétiques, ou encore les multiples formulations de la sémiotique, de la sémiologie, de l'analyse des discours, etc. De l'autre côté, on a assisté parallèlement à un remarquable foisonnement de nouvelles approches phénoménologiques, herméneutiques et compréhensives qui, au nom de la reconnaissance de cette dimension significative et subjective des pratiques humaines à l'encontre du positivisme ancien comme des formalismes nouveaux, réduisent alors la réalité humaine, sociale et historique au niveau de l'expérience individuelle et des rapports interpersonnels (toute la dimension structurelle et historique de la société s'y trouve en effet rabattue sur l'« environnement » circonstanciel des acteurs et ne possède plus d'objectivité et de consistance que de leurs points de vues toujours particuliers).

Ajoutons à cela que les paradigmes formalistes aussi bien que les nouvelles approches phénoménologiques centrées sur l'individu et son expérience existentielle ne cessent de fournir des instruments analytiques, des procédés opératoires et des références de justification idéologique aux nouvelles pratiques organisationnelles de contrôle et de gestion sur lesquelles reposent désormais le fonctionnement de la société et l'expansion continue de ce fonctionnement, mais qu'elles le font de manière instrumentale, toujours locale, circonstancielle et stratégique, sans égard à aucune représentation cohérente ni jugement d'ensemble réfléchi sur la société et son avenir. De toute façon, le concept même de paradigme, tel qu'il a été utilisé par Kuhn pour décrire le développement contemporain des pratiques de recherche scientifique, implique déjà le renoncement à la recherche d'une justification synthétique tant sur le plan épistémologique que sur les plans politiques et normatifs, en reconnaissant comme une donnée de fait à caractère universel le caractère purement pragmatique et stratégique de tous les objectifs qui s'entrecroisent dans le social et de tous les conflits qui le traversent.

Ainsi, d'un côté comme de l'autre, quoique de manière inverse, toute réflexion critique globale sur le développement historique de la société tend à s'effacer du champ discursif des sciences sociales proprement dites, pour refluer dans le domaine lui aussi foisonnant des essais critiques, mais ceux-ci se déploient, au fil des problèmes auxquels ils répondent, en dehors de tout modèle conceptuel rigoureusement charpenté et cumulatif. Or, cet abandon de la recherche d'une perspective critique globale par les sciences humaines se produit dans le même moment où la société dans son ensemble est engagée dans une mutation historique de très grande ampleur à laquelle différents noms ont été accolés, et que je me contenterai de désigner ici comme une entrée dans la « postmodernité », à la seule fin d'insister sur l'importance de la rupture qu'elle comporte relativement à toutes les lignes de force normatives, à toutes les justifications idéales qui avaient animé le développement de la modernité depuis plusieurs siècles.

Parler de crise pour qualifier une telle situation des sciences sociales et de la société, c'est évidemment encore prendre une position normative, et faire un pari sur l'avenir, un choix de valeurs, que l'avenir pourrait bien ne pas justifier. Il se pourrait en effet que l'« avenir » soit comme une rivière qui déborde, comme une mer qui s'assèche, comme un climat qui change, comme une espèce vivante qui s'éteint, toutes choses qui se produisent sans « crises », qui arrivent tout simplement. Ce sera l'objet de la deuxième partie de ce texte d'essayer de justifier l'exigence d'une prise de position normative, d'une prise de distance critique, en montrant le caractère intrinsèquement normatif de toute la réalité humaine, sociale et historique telle qu'elle s'est construite jusqu'à nous, et telle qu'elle définit notre nature même. L'abandon de tout principe de justification normative sur le plan du développement sociétal, laissé à la libre croissance des forces économiques et technologiques dont nous avons assuré l'émancipation sous prétexte d'émanciper les individus, signifierait alors une perte d'« humanité » à laquelle les sciences sociales, en poursuivant leurs orientations actuelles, auraient directement participé. Le maintien d'une exigence humaniste au cœur des activités intellectuelles suppose donc que nous appréhendions la situation historique contemporaine et son mouvement même comme un état de crise de l'humanité, et non comme un processus aveugle et inévitable, auquel la seule sagesse qui nous serait encore laissée nous demanderait soit de concourir, soit de nous adapter.

LA PLACE DE LA QUESTION DE LA NORMATIVITÉ DANS LE DÉVELOPPEMENT DE LA CONNAISSANCE DE LA SOCIÉTÉ

L'« INUTILITÉ » DES SCIENCES SOCIALES DANS LES SOCIÉTÉS TRADITIONNELLES

Si j'évoque ici le modèle de la société traditionnelle bien qu'il ne comporte l'existence d'aucune « science sociale », ce n'est pas seulement parce qu'il fournit un point de repère sur lequel la spécificité de la « modernité » peut être établie de manière formelle, c'est surtout parce que la modernité s'est elle-même essentiellement autodéfinie, autodéterminée et autolégitimée par référence négative à la tradition, au cours de la lutte séculaire qu'elle a engagée contre elle sous l'égide de l'autonomie et de la « libération » de l'individu ainsi que de la transcendance abstraite de la « Raison » et du « Progrès », tous concepts qui tiraient leur sens concret de cette lutte même. Le nouvel ordre social à caractère projectif que la modernité entrevoyait comme horizon de son mouvement n'a donc pu se concevoir lui-même concrètement que comme une négation de l'emprise exercée par la tradition sur la société, les institutions et les personnes.

Par société traditionnelle, j'entends désigner une condition de la socialité et de la société dans laquelle la régulation de l'action sociale et l'intégration de la société sont fondées essentiellement sur les références significatives-normatives intériorisées (la « culture ») qui régissent les acteurs dans le cours même de l'accomplissement concret de leurs pratiques. Un tel « mode de reproduction[3] » présuppose alors que toutes ces références significatives intériorisées soient à priori préstructurées dans leur dimension propre, c'est-à-dire sur le plan symbolique ou sémantique, et ceci, formellement, de la manière selon laquelle le langage est toujours préstructuré et structurant à l'égard de chaque « parole » particulière, et donc à l'égard de toute action qui s'y réfère significativement. C'est d'ailleurs en cela qu'est fondée l'exigence d'une étroite intégration des aspects « significatifs », « normatifs » et « esthétiques » ou « expressifs » impliqués dans la symbolisation.

L'unité ontologique de la « société » se manifeste ainsi d'abord dans le champ d'une culture commune à priori, qui doit toujours être comprise de manière concrète – ainsi que le fait par exemple Karl Otto Apel (1973) lorsqu'il critique le « solipsisme méthodologique » de la pensée moderne au nom de l '« *a priori* de la communauté de communication » – et non de manière formelle abstraite comme dans le concept habermasien des « *a priori* quasi transcendantaux de la communication ». En effet, il ne peut exister de « communication », c'est-à-dire d'activité pratique symboliquement médiatisée, qu'à l'intérieur d'une culture qui assigne déjà aux actes et aux énoncés des protagonistes une signification et une valeur déterminés normativement-expressivement, et qui les inclut

---

3. Voir M. Freitag (1986). Le concept de « mode de reproduction » désigne la cohérence d'ensemble d'une modalité formelle de régulation de l'action, qui assure en même temps l'intégration des pratiques sociales en une structure d'ensemble à l'intérieur de laquelle elles sont en « réciprocité fonctionnelle », et la reproduction globale de cette structure à travers l'accomplissement « discret » des actions particulières. Je distingue trois modalités formelles de ce type : la régulation « culturelle-symbolique », la régulation « politico-institutionnelle » et la régulation « décisionnelle-opérationnelle ». Les deux premières correspondent *grosso modo* à l'opposition classique de la *Gemeinschaft* et de la *Gesellschaft,* ou encore à celle que Louis Dumont a établie entre les sociétés « holistes » et les sociétés « individualistes ». La troisième tente de saisir, en une certaine extrapolation ou anticipation, une convergence formelle dans les nouvelles modalités de régulation dont l'apparition caractérise la transition contemporaine de la modernité à la postmodernité. Les caractéristiques formelles de ces trois « modes de reproduction » seront évoquées dans le cours de ce chapitre, sans pouvoir y faire l'objet d'une véritable argumentation.

ainsi à priori dans l'évidence d'un sens commun (« justesse »,
« validité », « véracité », « convenance », tout ceci s'opposant alors,
globalement, à la notion de « non-sens » ou d'*ubris*).

L'unité réelle de la société comprise comme « totalité » n'est donc
pas seulement, ni même d'abord spécifiquement, une simple unité de fait,
qui résulterait de toutes les interrelations actuelles effectives des sujets
sociaux, ou encore de l'immédiate dépendance du devenir collectif à
l'égard d'un environnement naturel objectif auquel il se serait adapté ou
accommodé passivement. Elle ne correspond donc pas au concept d'une
pure et simple « structure » à caractère exclusivement positif et empirique. Cette unité réelle possède elle-même ontologiquement un caractère
subjectif et transcendantal, en tant qu'elle est toujours déjà « présente »
chez les sujets sociaux comme référence à priori déterminante à l'égard du
sens, de la valeur, de la signification et de l'identité expressive de toutes
leurs actions, pour autant du moins qu'il s'agisse effectivement d'actions
possédant pour autrui, au moins virtuellement, une signification, une
valeur normative et expressive, bref, un « sens ». Cette condition
ontologique et existentielle peut être illustrée aisément par le rapport que
chaque expression significative particulière (chaque « parole » et chaque
« action ») entretient avec un « langage » et une « culture » déjà
donnés de manière concrète et donc déterminée.

Dans le domaine de la réalité humaine-sociale-historique, il ne
suffit toutefois pas de dire que la totalité se trouve ainsi toujours-déjà
présente à priori, comme c'est aussi le cas chez l'animal pour le genre et
pour la structure instinctive qui lui correspond ; elle y est encore aussi
toujours « représentée » en tant que telle, c'est-à-dire directement en sa
valeur de norme, et la contingence de cette norme se trouve alors « dépassée » en étant expressément – réflexivement « transcendantalisée ».

Toute société jusqu'à la nôtre – « postmoderne » – a en effet placé
en dehors d'elle l'origine, le fondement, le garant ontologique de son
ordre propre, qui acquiert ainsi pour elle la valeur de seul et unique ordre
légitime. Elle se réfléchit ainsi elle-même, en son unité normative, sur le
miroir d'une transcendance extérieure vis-à-vis de laquelle, en son existence même, elle aurait contracté, selon la très heureuse expression de
Marcel Gauchet (1977), une « dette du sens » ; et cette dette n'est rien
d'autre, en fin de compte, que la reconnaissance de la dépendance de
chaque action significative-normative particulière vis-à-vis de l'ordre
signifiant d'ensemble, tel qu'il est advenu de manière contingente, et tel
qu'il est néanmoins « nécessaire » à toutes les pratiques qu'il intègre et
régit, puisque c'est de lui qu'elles tirent leur signification, leur valeur et

leur sens. La reconnaissance de la dette de sens est ainsi constitutive en même temps du maintien de l'identité propre et de la différence à l'égard de l'altérité. Ontologiquement, elle fixe à la société sa place dans le monde, tout en le faisant son monde propre, dans l'accueil duquel elle se tient, de manière familière.

Dans les sociétés « primitives », le langage commun et la culture normative commune se trouvaient directement transcendantalisés par le mythe. Celui-ci projetait sur une origine immuable la raison constitutive de l'ordre particulier de la société, et chaque action, lorsqu'elle était « pleine de sens », réactualisait cette origine. Dans ce cadre, « le mort y saisit le vif » de manière quasi immédiate puisqu'il y revit sans cesse, de la même manière que l'ancêtre revit dans sa descendance. Dans les sociétés traditionnelles, qui nous intéressent particulièrement ici, la différence transcendantale s'est par contre intériorisée dans la société à travers la constitution d'un pouvoir séparé, dont la référence à la divinité extérieure représente le moment, le versant ou la face transcendantale. Mais sur son autre versant, qui est celui de l'exercice de la domination, cette intériorisation sociale de la différence ontologique qui fonde la normativité confère déjà à cette dernière un caractère explicitement réflexif, puisque le pouvoir objectivise expressément l'ordre social dont il impose le respect, et que toute pratique subordonnée trouve désormais concrètement constitué en dehors d'elle le moment de sa dépendance envers le tout et le principe efficient de l'unité de ce tout.

La forme typique de cette objectivation déjà formellement réflexive de la normativité dans les sociétés traditionnelles est représentée par la royauté (je ne parlerai pas ici des deux autres formes également typiques, mais cependant « secondes », de l'exercice de la domination dans les sociétés traditionnelles que sont la « société de castes » et l'« empire »). Or, l'autorité royale est elle-même, immédiatement, de nature traditionnelle (c'est d'abord par référence à ce mode de constitution de l'autorité, que les sociétés en question peuvent être qualifiées de traditionnelles, et non en raison du fait que les activités sociales particulières y resteraient directement régies par des traditions « vernaculaires », ce qui ne permettrait en aucune façon de les spécifier vraiment ni par rapport aux sociétés archaïques, ni par rapport à la modernité, dans laquelle ont subsisté, en ce sens-là, de nombreuses « réserves de tradition » (Habermas), lesquelles y furent toutefois « consommées » sans être « renouvelées » selon le jeu spécifique de la nouvelle logique de régulation politico-institutionnelle). La royauté s'est progressivement dégagée de la chefferie et des rapports « privés » de clientèle en consolidant à son profit une structure de hiérarchisation pyramidale des multiples puissances sociales particulières et en s'arrogeant le monopole de leur « reconnaissance » et de leur sanctionnement légitime.

À cet égard, il est significatif que la royauté traditionnelle (dont il faut alors distinguer la royauté « absolue » des Temps modernes qui représente une forme de transition vers le pouvoir d'État universaliste) ne possède aucun pouvoir proprement législatif, mais qu'elle tende seulement au monopole de l'autorité juridictionnelle, en quoi elle reconnaît elle-même le caractère originel des droits particuliers au service desquels elle entend mettre la capacité « déclarative » et l'exercice de la violence conditionnelle dont elle a acquis l'usage légitime exclusif (concept de « souveraineté », distinct lui aussi du concept d'*imperium*). Pour l'État moderne encore, la souveraineté représente la dimension extérieure de son pouvoir, c'est-à-dire justement de sa « puissance » en tant qu'elle se fait reconnaître, alors que sa dimension interne est exprimée par l'*imperium*. Dès lors, la royauté se pose comme la représentante d'un « ordre ontologique normatif » à caractère lui aussi hiérarchique et concret, au sommet duquel se trouvent les dieux, dont la volonté ordonne le monde sans qu'aucun d'entre eux ne soit à proprement parler le créateur *ex nihilo* du monde.

Mais quel que soit leur mode de « représentation » de la référence transcendantale fondant ontologiquement la structure de référence significative-normative pour les acteurs sociaux, les sociétés traditionnelles peuvent toutes êtres caractérisées par le fait que la signification, la valeur et le sens de l'action humaine y apparaissent toujours comme déjà donnés de manière indissociable, et ceci, aussi bien sur le plan de l'action commune que sur celui, éventuellement, d'une autorité déjà constituée de manière séparée, comme « pouvoir ». Pour parler plus simplement, nous pourrions dire que, sauf en situation sociale d'exception, les normes qui régissent l'action humaine n'y apparaissent pas encore comme problématiques, et ceci, non seulement quant au fondement de leur normativité, mais encore quant au contenu axiologique particulier de chacune d'elles. Elles imprègnent encore immédiatement la pensée et l'action de leur évidence, et la contestation à laquelle elles pourraient déjà être soumises dans l'action et la pensée y prend immédiatement la forme non réflexive du « non-sens » ou de l'« *ubris* », de la « démesure ». Il est intéressant de remarquer à ce propos que les sociétés traditionnelles ne connaissent rien de tel que l'unité de La Raison, mais seulement « des raisons », toujours concrètes et particulières (bien qu'alors elles puissent être intégrées déjà par hiérarchies). À la limite, c'est seulement chez elles la « déraison », l'absence de mesure, qui est une. La modernité adoptera à cet égard une attitude exactement symétrique inverse, toutes les « raisons » tombant virtuellement pour elle dans l'« irrationnel », dans la mesure où elles ne peuvent pas être reconstruites de manière critique par La Raison.

Les sociétés traditionnelles ne peuvent alors connaître de « sciences sociales », ni même de « science » tout court (leur réflexion reste « mythique » ou « théologique »), et ceci, non parce qu'en leur culture, elles ne se connaîtraient elles-mêmes d'aucune façon, ou encore parce qu'elles ne sauraient rien objectivement du monde dans lequel elles vivent, mais parce que leur « être » s'identifie encore à leur « connaître » et à leur « devoir être », et parce que leur « faire » s'identifie toujours déjà à leur « savoir », par lequel il se reproduit et qu'il vérifie continuellement. Le concept grec de *logos* témoigne encore de cette structure de la pensée et de l'action. De telles sociétés réifient immédiatement les résultats de leur réflexion en les projetant sur les objets mêmes de leur action ou en les fixant, pour les y figer, sur le miroir de la transcendance extérieure. Ainsi s'interdisent-elles, globalement, toute mobilité vis-à-vis d'elles-mêmes en refusant de libérer cette réflexion par l'application de méthodes abstraites et formelles ou « automatiques » de penser et d'agir, qui auraient alors précisément un caractère politique ou scientifique. Elles ne cherchent pas à se transcender par la connaissance, parce qu'elles sont déjà surplombées par une transcendance extérieure qui les « connaît » en les pénétrant de toute part, et par référence à laquelle elles peuvent s'expliquer parfaitement à elles-mêmes tout en reconnaissant immédiatement leur place dans le monde. Peut-être parviennent-elles ainsi à lire et à connaître, dans le miroir de cette transcendance où elles se projettent, plus parfaitement que toute autre forme de société ce qu'elles sont ; mais elles s'interdisent du même coup à vouloir être autres qu'elles ne sont, et même à chercher à savoir ou à imaginer ce qu'elles pourraient être.

Je voudrais encore relever une dernière caractéristique des sociétés traditionnelles, qui est également liée à leur mode formel de reproduction. Dans la mesure où l'action s'y trouve directement régie par une culture commune, à caractère immédiatement normatif et synthétique, elles n'admettent pas systématiquement de différenciations touchant aux modalités formelles de l'action, comme celles que nous connaissons maintenant à travers les concepts d'activités « scientifique », « technique », « esthétique », « pédagogique », toutes différenciées de la pratique commune de la simple « vie quotidienne », ou encore à

travers les concepts du « politique », de l'« économique » et du
« culturel ». Sauf sur le plan de l'exercice « administratif » du
pouvoir – dans la mesure où il existe déjà dans la royauté – elles ne
connaissent pas non plus d'opposition ferme, catégorique, entre les fins
et les moyens. En effet, l'existence d'une telle différenciation, non
seulement fonctionnelle mais « épistémique », implique la constitution
d'une pluralité de modalités formelles de régulation de l'action, par
lesquelles chaque type d'activité se soustrait au moins partiellement à la
détermination par la culture commune, pour former un champ
d'autorégulation à caractère dynamique, qui s'affranchit virtuellement de
toute dépendance directe à l'égard des conditions traditionnelles de la
reproduction sociétale (c'est ce qui caractérisera l'ère bourgeoise). Une
telle différenciation est donc par définition incompatible avec le maintien
de la référence culturelle commune dans sa fonction d'instance ultime de
régulation, d'intégration et de reproduction des pratiques et des rapports
sociaux, qui assigne à priori ses finalités immanentes à chaque pratique
particulière.

Mais on comprend aussi, *a contrario*, que le développement de tels
sous-systèmes d'action plus ou moins formellement autorégulés ait sa
condition de possibilité dans l'institution de règles formelles qui en
établissent les frontières et qui assurent la réintégration des résultats des
activités ainsi « autonomisées » dans la reproduction d'ensemble de la
société. Ces règles formelles – que j'appellerai ici précisément des
institutions, par opposition à la « culture » – telles celles qui instituent
l'espace d'autodéveloppement d'une économie de marché par exemple,
possèdent alors un caractère d'extériorité et d'universalité relativement aux
pratiques de base au-devant desquelles elles sont en quelque sorte projetées
pour en encadrer et en sanctionner le développement autonome, ainsi que
relativement au pouvoir qui est la capacité (socialement reconnue) de les
établir et de les sanctionner. La finalité que poursuivent les institutions
ainsi entendues ne coïncide plus alors avec la normativité immanente aux
actions pratiques singulières, qui prend pour la société la forme abstraite
de la poursuite de « l'intérêt » particulier. Les autres finalités concrètes,
en tant qu'elles prétendent s'articuler directement par leur sens à une
normativité globale de l'action sociale, tendent au contraire à être répri-
mées ou refoulées dans la sphère marginalisée de la « vie privée ». Mais
inversement, les régulations institutionnelles deviennent de leur côté
problématiques, pour la double raison qu'elles apparaissent explicitement
comme des produits de l'action « politique » et sont dès lors sujettes à
son arbitraire, et qu'elles sont elles-mêmes entièrement tournées, non

vers le maintien d'une tradition ou d'un ordre déjà donné de la société et du monde, mais vers un avenir toujours incertain. Ainsi surgit, structu-rellement, relativement à l'ordre social, un problème de finalité, de nor-mativité et de légitimité qui n'est plus résolu d'avance, comme dans la régulation culturelle, d'une manière immédiate au niveau même de la signification, de la valeur et du sens qui sont immanents aux actions concrètes.

Dans le développement de l'Occident, ce problème s'est surtout posé, en relation directe avec le développement de l'État, sous la forme de l'autonomisation de l'activité économique (et c'est alors dans cette autonomisation que l'« économique » a été constitué en tant que tel), puis de l'activité cognitive (où c'est alors la « science » qui s'est consti-tuée en tant que telle). Mais il a fini par envahir, progressivement, le champ entier de la normativité de l'action sociale, par le double mécanisme d'une extension horizontale de l'assujettissement des pratiques sociales à l'économie et à la science d'un côté, et de l'institutionnalisa-tion politique verticale des conditions matérielles et formelles de cette autonomisation économique et scientifique de l'autre. Cette problématisa-tion de la normativité comprenait alors nécessairement, à son sommet, celle de la légitimation du pouvoir d'institutionnalisation. C'est à ce problème structurel-historique de la normativité de l'action et de la légitimation du pouvoir que va répondre d'abord en Grèce, puis de nouveau à la fin du Moyen Âge, le développement de la philosophie puis celui des sciences sociales.

LA LUTTE DE LA MODERNITÉ CONTRE LA TRADITION :
LA DOUBLE NAISSANCE ÉPISTÉMOLOGIQUE ET IDÉOLOGIQUE
DES « SCIENCES SOCIALES » ET DE LA « RAISON PRATIQUE »

L'humanité ne pouvait pas plus, un jour, « découvrir la société », qu'elle n'aurait pu, tout à coup, par la vertu de quelque méthode positive, découvrir l'existence d'un monde objectif qu'elle aurait ignoré jusque-là ; la société s'appartient réflexivement depuis toujours, comme elle appar-tient depuis toujours au monde qu'elle habite et qui l'abrite, par la connaissance qu'elle en a et l'action dont il est en même temps la fin et la condition contraignante, c'est-à-dire l'objet. Elle ne pouvait donc que changer la compréhension qu'elle avait d'elle-même, et transformer les modalités de son action et de son savoir objectifs (les unes comme les autres plongeant de toute façon leurs racines dans la conscience de soi – le sentiment de soi disait Hegel – et l'expérience sensible animales).

La modernité s'oppose à la tradition par une double « révolution copernicienne » qui, d'une part, déplace vers la périphérie de la nature objective le monde commun propre à l'expérience culturelle traditionnelle (expérience commune, mythique, religieuse) de telle sorte qu'il ne représente plus désormais qu'une « image du monde » marquée d'arbitraire et de contingence, en même temps que de l'autre, elle place l'individu immédiatement au centre de lui-même, au fondement de la société, et dans une position de surplomb virtuel absolu vis-à-vis de la nature (c'est-à-dire, nous allons le voir, vis-à-vis de toute détermination objective positive, et par là « universelle »). Ces deux mouvements s'impliquent mutuellement, puisque c'est seulement dans la mesure où l'individu parvient à s'émanciper à l'égard de la tradition normative-expressive, comprise comme pure contingence, qu'il peut concevoir un univers purement objectif et entièrement soumis à une nécessité qui lui est alors strictement immanente ; mais inversement, c'est fort de cette prétention qu'il se donne ainsi de parvenir par ses propres moyens – ou par le moyen de sa seule liberté – à une certitude fondée sur la reconnaissance de la seule nécessité objective que le même individu peut formuler le projet d'une reconstruction de la société sur la base exclusive de sa Raison. C'est l'émancipation à l'égard de la norme sociale qui permet à l'individu de découvrir en dehors de lui cette autre loi qu'est la nécessité naturelle, en laquelle il finira par reconnaître la seule loi légitime à laquelle il puisse se soumettre selon sa raison et ceci également dans le domaine de la vie sociale. Toute norme pour être reconnue légitime devra donc être soumise par la Raison à l'aune de la nécessité.

La « Raison », avant d'être finalement conçue comme une faculté abstraite et universelle à valeur transcendantale, fut donc, comme toute autre chose humaine, le résultat d'une genèse historique : elle ne fut pas tant « découverte » que « produite ». En négligeant toutes les nuances et précisions qu'il faudrait apporter à un tel propos, nous dirons que la Raison est née de l'abstraction, que le « pouvoir », en s'érigeant au-dessus de toutes les « puissances » appartenant en propre aux personnes et aux actions qu'il se subordonnait, a du même coup opéré à l'égard de toutes les « raisons » qui étaient immanentes au caractère intrinsèque-ment significatif-normatif de celles-ci. Ajoutons que toutes ces « raisons » résultaient déjà elles-mêmes de l'abstraction et de la générali-sation interpersonnelles que la symbolisation, par la « reconnaissance » qui la fondait, avait opérée à l'égard des « intentionnalités affectives » immanentes au comportement biologique (et que l'on s'est alors contenté de comprendre sous le concept « des passions », lorsqu'on ne les a pas réduites d'une manière mécaniste à la « pulsion »)[4].

Originellement, *ratio* signifie la part, la « juste part » qui est impartie à un être particulier dans la totalité où il cohabite avec une multitude d'autres êtres eux aussi particuliers, ayant chacun sa propre part, grande ou petite ; elle signifie la « mesure », c'est-à-dire la « juste mesure » de l'attribution à chaque être singulier de ce qui convient à sa nature, la reconnaissance de la « puissance » propre d'être et d'action que comporte la réalisation (l'actualisation) effective de sa nature. C'est à ce *ratio*, à cette mesure, à cette « raison » particulière que se réfère le concept aristotélicien de la justice distributive. Le *ratio* originel est cette justice, et si sa négation par autrui peut entrer encore dans notre concept moderne d'injustice, nous avons par contre perdu le sens de la « démesure », de *l'ubris* qu'accomplit de manière immanente et immédiate, de par soi-même, l'être ou l'acte singulier qui l'outrepasse subjectivement. Or, cette raison concrète, qui ne peut exister que dans la diversité de ses attributions, c'est précisément la norme qu'il appartient à chaque être particulier de suivre dans *l'universum,* où il a sa place parmi tous les autres, et non pas la loi qui est pareillement commune à tous. On comprend alors la raison de notre incompréhension de la normativité, qui vient de ce que nous la mesurons à l'aune de la Raison universelle, et que la Raison universelle n'en représente pas la généralisation « abstraite », mais bien plutôt, historiquement, la dénégation concrète. Elle s'y est susbtituée, historiquement et concrètement, ou du moins elle a prétendu pouvoir le faire au niveau de la légitimation de toute action pratique. La Raison est née contre les raisons, politiquement d'abord, épistémologiquement ensuite et, enfin, par un effet de retour, éthiquement, dans le concept d'une « Raison pratique » qui détiendrait elle aussi, sous le mode d'un impératif catégorique universel, un fondement transcendantal pur, à partir duquel elle pourrait se réclamer, idéalement, d'une nécessité purement déductive – hors toute contingence.

L'abstraction universalisante (et la substantialisation) de la Raison vis-à-vis des raisons correspond ainsi au procès d'abstraction, lui aussi universalisant, à travers lequel le « pouvoir » (fondamentalement : le « pouvoir d'État » propre à la modernité) s'est lui même constitué non seulement pour établir sa « domination » au-dessus des actions

---

4. Sur cette genèse de la Raison moderne, voir mon article « La Raison contre les raisons ». Sur le « principe de raison » moderne, voir Heidegger.

communes, mais aussi pour s'arroger le monopole de la « reconnaissance » vis-à-vis de toutes les « autorités ». Cette « reconnaissance » est alors de deuxième degré : le pouvoir se fait reconnaître le monopole de la capacité de reconnaître la validité des normes, et donc le monopole de l'attribution des « parts » *(rationes)* de « puissance » reconnues aux personnes, aux choses et aux actions dans la société. Il affirme et établit la transcendance (sociale) de sa Raison vis-à-vis de toutes les raisons particulières, que l'on peut se contenter, à ce niveau d'analyse, de désigner comme traditionnelles. Mais en soumettant ainsi l'action au seul impératif de sa loi positive, que chaque sujet peut désormais appréhender en dehors de soi, objectivement-réflexivement, le pouvoir libère aussi l'action et l'individu de leur dépendance directe à l'égard de toutes les normes traditionnelles, c'est-à-dire à l'égard de toutes les structures particulières de « reconnaissance » et de réciprocité, d'autorité et de hiérarchisation dans lesquelles ils étaient toujours déjà insérés par la médiation « irréfléchie » de leurs propres orientations normatives intériorisées.

Ainsi, la « Raison » du pouvoir reste-t-elle encore proche du concept traditionnel de raison, puisqu'elle signifie toujours encore d'abord la « part » du pouvoir, cette part qui désormais devient « unique », « exclusive » et « universelle », puisqu'elle est la capacité même de faire la loi, comme l'exprime le concept d'*imperium*. Et dans ce sens, elle reste aussi encore une raison positive concrète (l'universel concret de Hegel), dont le contenu est précisément l'exercice reconnu, c'est-à-dire légitime, de la domination. Mais la part qui échoit alors à l'individu, compris comme sujet lui aussi abstrait et universel, n'est plus de son côté définissable qu'en termes négatifs, dans la double négativité de la soumission à l'*imperium,* compris comme nécessité transcendante formelle, et de l'émancipation, de l'autonomie, de la liberté à l'égard de toute norme concrète particulière en autant qu'elle ne se laisse pas déduire formellement à partir des lois positives établies par le pouvoir, et qu'elle ne s'impose donc pas selon l'unique mode légitime de la menace d'une sanction purement extérieure et conditionnelle. La contradiction entre ces deux formes, positive et négative, concrète et abstraite, de la Raison se trouve alors résolue (théoriquement et virtuellement) par la doctrine politique libérale-démocratique qui fait reposer le pouvoir et son *imperium* sur la libre volonté des sujets, redéfinis en tant que citoyens. Mais cette résolution comporte une aporie fondamentale, dont le dévoilement coïncidera justement avec la « crise de la modernité » : c'est que cette « libre volonté », qui n'aurait comme seule racine que le postulat du « libre arbitre » et de la totale autonomie de son exercice idéal face à toutes les normes concrètes et contingentes (puisque fondées sur le seul état de fait d'un « héritage » et sur la seule autorité d'une « tradition »), est condamnée en son essence même à rester sans contenu déterminé. Car, par définition, elle ne peut trouver un contenu qu'en dehors d'elle-même, dans une « nécessité objective », une « pure positivité », et ce contenu ne peut alors en tant que tel valoir à priori, normativement.

Le constat de cette aporie, de cet « abîme de la liberté » comme l'a désignée Hannah Arendt, a été longtemps repoussé par l'attribution d'une « valeur » concrète et donc immédiatement positive à l'«émanci-pation » de l'individu, en tant qu'elle se présentait comme un idéal dont la réalisation impliquait une lutte effective, souvent acharnée, contre la puissance établie de la tradition (aussi bien politique qu'idéologique et culturelle) et de toutes les « autorités » particulières qui en étaient investies. Cette lutte pour l'émancipation de l'individu (ou de la « personne », puisqu'elle impliquait la reconnaissance et se déroulait sur le plan du droit et non seulement sur celui du fait) a pu alors conférer pendant longtemps – pendant toute la période historique de la « modernité » comprise dynamiquement comme procès agonistique – un contenu positif à la raison individuelle, et c'est ce contenu positif qui a pu servir du même coup de référence concrète au principe fondamental abstrait de légitimation du pouvoir d'État, compris comme réalisation positive de la Raison formelle et universelle. Remarquons déjà qu'avec l'épuisement progressif – et qui ne vaut sans doute pas autant pour les femmes que pour les hommes – de ce fondement positif, on passera de l'«individualisme » abstrait, universaliste et transcendantal caractéris-tique de la modernité, à un « individualisme personnaliste » concret et empirique, dont la société et la culture américaines offrent l'exemple depuis la Révolution, laquelle préfigure déjà sous de nombreux aspects cette postmodernité à laquelle nous nous sentons maintenant obligés de nous référer, et dont Tocqueville avait déjà pressenti si fort la venue (voir Freitag, 1994a).

Les ressources de positivité fondées sur la lutte contre la tradition étaient donc vouées à s'épuiser (et ceci, selon les circonstances, soit spontanément à travers le succès même de la démocratisation – c'est-à-dire par la réalisation de la démocratie comprise comme incarnation même du principe de l'autonomie individuelle – soit, de manière inverse ou plutôt symétrique puisqu'on reste à l'intérieur de la même logique structurelle, à travers le totalitarisme auquel conduit la volonté d'une réalisation directement positive de la Raison, qui ne passe pas par la médiation fondatrice de l'émancipation des individus à l'égard de la tradition, et qui prétend donc pouvoir court-circuiter le moment négatif de la raison, et en supprimer l'aporie). Mais le vide normatif sur lequel débouchait le moment négatif de la raison à également été comblé, tout au long du XIXe siècle et jusqu'à la crise présente de la modernité, par une idéologie naturaliste qui permettait de conférer à l'intentionnalité et à la finalité inhérentes à toute activité humaine une valeur immédiatement positive : celle de la « satisfaction des besoins » et de la « réalisation du bonheur » (se référer au préambule de la Constitution américaine).

Il n'est pas nécessaire de préciser ici comment divers courants de pensée dans les sciences humaines (libéralisme, marxisme, psychanalyse, psychologie béhavioriste, pragmatisme) ont pu contribuer à cette réduction naturaliste du problème de la normativité, qui permettait de conférer un fondement purement positif à la raison : en somme, toutes les formes de l'utilitarisme, dominant aussi bien dans la conscience commune moderne que dans les sciences sociales, ont participé à ce mouvement (voir Caillé, 1986). Et c'est la « réalisation » sociale effective – qui est sensée aller de pair avec l'accession politique à l'autonomie – de ce fondement naturel compris comme « besoin » et comme « désir de bonheur » auxquels toute finalité de l'action humaine pouvaient être assimilée en dernière instance – qui va faire apparaître la pure négativité intrinsèque de la Raison abstraite. Et c'est alors aussi que commencera la « crise de la modernité » sur le plan idéologique (voir Nietzsche, par exemple).

La Raison ne tombe donc pas tout de suite dans le vide lorsqu'elle se constitue en sa négativité. S'identifiant à l'arbitraire de la subjectivité, elle éprouve non pas en soi, mais en face de soi une double nécessité objective : dans le monde social, celle de la loi positive et, dans le monde extérieur, celle de la régularité universelle des phénomènes naturels. Cela signifie qu'en s'accomplissant elle va progressivement réduire toutes les significations normatives projetées jusque-là sur le monde extérieur, social et naturel, en une seule et même contrainte purement objective, dont la reconnaissance réfléchie est alors elle aussi comprise comme seule « rationnelle » : cette contrainte, comprise comme nécessité positive, c'est finalement la science et tout particulièrement la physique classique, plutôt que le droit positif, qui en élaborera le concept pur (voir Kant à ce sujet : l'impératif catégorique, dans lequel réside le fondement à priori de toute socialité, se réduit en fin de compte au respect de la liberté d'autrui. Le reste, tous les autres contenus de la normativité, peuvent être versés au compte des « mœurs » purement empiriques, que seule leur contingence arbitraire permet de distinguer du déterminisme de la nature).

Au terme « idéal-typique » de ce développement de la Raison moderne (et faut-il rappeler que ce terme ne fut jamais atteint sinon « idéologiquement » !), on aboutit donc à une parfaite bipartition ontologique dans laquelle ne s'opposent plus que deux termes substantialisés : d'un côté, le moment de la réflexivité de l'action, détaché de toutes les conditions concrètes et contingentes de son exercice et absolutisé en « liberté transcendantale », à caractère ontologiquement négatif et correspondant au mode spécifique d'activité d'une pure subjectivité elle-même entièrement indéterminée (la « volonté qui veut son propre vouloir », dira Kant, reprenant d'ailleurs une formule scholastique qui définissait l'être de la liberté divine créatrice), et de l'autre, la nécessité universelle positive dont se trouvent revêtus désormais la totalité des phénomènes objectifs. Et c'est alors cette réalité objective régie par le principe de nécessité que l'on assimile ontologiquement à la « réalité » tout court, qui est comprise en totalité selon le modèle de la réalité physique. Entre l'arbitraire propre à l'autonomie subjective de la raison, et la nécessité inhérente à l'être objectif, s'efface ontologiquement la contingence déterminée de tout ce qui n'est advenu que par soi-même, et ne se maintient en l'existence que par « fidélité » à une identité particulière. Tout cela tombe dans l'inconsistance ou l'irrationnel : *exit* la normativité !

Ainsi, l'universel de la Raison n'est rien d'autre que le solipsisme, le postulat de l'auto-nomie individuelle érigée en loi naturelle. Au regard d'une telle Raison émancipatrice, tout le symbolisme n'était plus d'emblée que l'expression ou le témoignage d'une structure « irrationnelle » et « contre-nature » de dépendance et d'asservissement. Symbolisme et domination se confondaient donc pour une telle Raison dans une même « irrationalité », et c'est d'abord dans sa lutte contre cette irrationalité qu'elle trouva la preuve concrète de son existence.

À partir de là, le développement de la modernité peut être interprété de deux manières complémentaires. La première, à caractère plus continuiste et plus empiriste, met plutôt l'accent sur la crise de la société traditionnelle qui se serait produite à la fin du Moyen Âge, et à laquelle les innovations individualistes qui allaient ouvrir le chemin à la modernité auraient répondu en quelque sorte « techniquement », adaptativement, pour rétablir, au fur et à mesure, empiriquement, la cohésion d'un ordre social et significatif menacé d'éclatement, depuis l'intérieur. La seconde, plus théorique et discontinuiste, insiste au contraire sur l'effet dynamique autonome qu'a eu, dans le contexte des communes urbaines marchandes et artisanales (« bourgeoises »), l'émancipation relative de certaines pratiques, surtout économiques et politiques, à l'égard des formes traditionnelles de régulation et d'intégration. On met alors en évidence le caractère formel des « logiques autorégulatives » qui avaient toutes en commun de placer (dans le cadre de règles abstraites à caractère universaliste) l'individu réflexif au point de départ des rapports sociaux, compris désormais comme un système dynamique d'interactions. C'est donc aussi l'individu qu'elles posaient au fondement ontologique d'un projet global de redéfinition de la socialité, de reconstruction de la société et d'instauration de l'historicité ; et ce projet possédait en même temps un caractère théorique et praticoconcret, puisqu'il recentrait toutes les luttes sociales autour du concept de l'« intérêt », et qu'il érigeait la « poursuite de l'intérêt » en principe normatif et en fondement de légitimité ultime.

Mais dans un cas comme dans l'autre, on doit admettre que le développement de la modernité impliquait l'effacement progressif des structures normatives (culturelles, idéologiques et autoritaires) propres à la société traditionnelle, au profit de nouvelles modalités « individualistes », « rationalistes » et « universalistes » de régulation de l'action et de légitimation de la société. En tant que procès historique plurisé-culaire, la modernité peut ainsi être entièrement comprise comme un projet d'émancipation de l'individu à l'égard de la complexe structure des régulations normatives et idéologiques traditionnelles. Or, dans son rapport antagoniste à la tradition, la modernité requérait un nouveau discours de légitimation : cette émancipation vis-à-vis de la tradition impliquait en effet une reconstruction systématique de l'ordre social, réalisable déductivement à partir du postulat de l'existence transcendantale d'une raison formelle à caractère universel, raison à laquelle l'individu en tant que tel, considéré de manière abstraite, aurait directement et « naturellement » accès.

C'est précisément à cette exigence que répondit l'élaboration du discours doctrinal des sciences sociales, comprises au sens large, mais dans le respect du sentiment de spécificité qu'elles ont elles-mêmes éprouvé dès leur origine à l'égard de la tradition et des autorités dogmatiques, ainsi que des humanités qui voulaient seulement se rapporter à cette tradition et à ces autorités de manière critique et réfléchie. Elles ont érigé, non pas empiriquement, mais idéalement, contrafactuellement et à titre de postulat à priorique, le principe de la « rationalité » de l'ordre « naturel » de la société en principe ultime de légitimation, principe auquel bien entendu toutes les autorités et coutumes traditionnelles ne pouvaient qu'avoir dérogé en leur arbitraire constitutif. Par ordre naturel rationnel, elles entendaient un ordre normatif qui pouvait se laisser déduire du libre exercice d'une raison individuelle « éclairée », consciente en même temps de sa propre liberté fondatrice et de l'existence de lois universelles et immuables régissant la totalité du monde objectif extérieur à elle. Les sciences humaines ont donc fait du postulat de la raison positive un mot d'ordre polémique tourné contre la tradition, et le fondement normatif d'un ordre social virtuel, ou projectif, réalisable par émancipation à l'égard de l'arbitraire traditionnel et par reconnaissance d'une valeur normative authentique à la seule soumission, réalisée réflexivement, aux lois universelles de la nature (c'est peut-être Sade qui a poussé au plus loin la logique inhérente à ce nouveau mode de légitimation, et cela n'est pas entièrement paradoxal : il n'avait pas les pudeurs, ni l'attachement humaniste, de Kant !).

Dès lors, un paradoxe fondamental va accompagner tout le développement des sciences sociales, à qui échoit, structurellement-historiquement, la tâche d'établir normativement le caractère ou le fondement positif des rapports sociaux, de la société et de l'histoire[5]. Ce paradoxe ne deviendra toutefois explicite que dans le positivisme du XIXe siècle (Comte, etc.). Du XVIe au XVIIIe siècle, l'approche essentiellement rationaliste ne fait pas encore apparaître cette contradiction, puisque la Raison est d'emblée posée comme instance en même temps positive et normative souveraine : ces deux dimensions ne sont pas encore distinctes, elles coïncident immédiatement dans le concept de Raison. Ce n'est qu'à la fin du XVIIIe siècle, lorsque la « science économique » prend le relais de la doctrine politique comme modèle dominant de la connaissance de la société, que les sciences sociales se présentent comme des sciences positives, alors même qu'il leur est interdit de prendre directement pour objet la réalité telle qu'elle se présente empiriquement ; il leur faut l'appréhender seulement telle qu'elle doit être pour devenir conforme au projet rationaliste qui est en même temps le leur et celui du modèle de société qu'elles expriment idéologiquement.

---

5. On peut se référer à de nombreux classiques : le « Tableau historique des progrès de l'esprit humain » de Condorcet, la « Loi des trois états » de Comte, la typologie des sociétés de Morgan, les interprétations historicistes de Spencer et de Maine, le « matérialisme historique » de Marx et même le schéma historique de la « Division du travail social » de Durkheim. Pour une relativisation de cet « historicisme » des sciences sociales, voir plus bas le paragraphe consacré à l'historiographie.

En un mot, le projet théorique des sciences sociales est condamné à être tout à la fois normatif et dogmatique sur le plan idéologique, positif et réflexif sur le plan épistémologique. Et c'est pourquoi aussi l'empirisme vers lequel elles évolueront dans leur dernière période, qui sera marquée par la prédominance de la sociologie, signifiera finalement pour elles le renoncement à toute prétention théorique, et les engagera dans une voie où elle ne seront plus que de simples techniques de gestion des rapports sociaux. Dès leur naissance, les sciences sociales sont donc destinées à assumer la légitimation du projet et du procès modernes de transformation de la société, et elles ne peuvent ensuite y renoncer – ou faire semblant – qu'en procédant elles-mêmes à la dissolution de l'objet qu'elles s'étaient donné sous ce nom et ceci, non seulement sur le plan théorique, mais d'abord sur le plan pratique, puisqu'elles vont finir par substituer à la société, à la socialité et à l'historicité leur propre gestion « technocratique » du « système social ».

L'idée même de « projet de société », qui est cosubstantielle à la modernité (et qui maintenant commence à perdre son sens au déclin de celle-ci), s'identifie donc aussi au projet cognitif-normatif des sciences sociales, car ce sont elles qui furent porteuses de l'expression théorique de ce projet. Par conséquent, ce sont les péripéties qui marquèrent la réalisation du projet de société de la modernité qui ont scandé aussi l'histoire épistémologique et idéologique des sciences sociales et qui ont tracé les contours des enjeux changeants autour desquels elles affrontaient la tradition et finirent par s'affronter entre elles, académiquement, quoique ce ne fût pas alors, comme nous allons le voir maintenant, à hauteur égale, puisque c'est tour à tour seulement qu'elles furent porteuses, idéologiquement et scientifiquement, de cette fonction de légitimation de la modernité dont elles ont représenté chacun un « moment historique ».

LES DOCTRINES POLITIQUES, ÉCONOMIQUES ET SOCIOLOGIQUES EN TANT QUE MOMENTS HISTORIQUES DU PROJET DE LA MODERNITÉ

Comme elles répondaient à la nécessité de fonder normativement la modernité, face à la tradition, sur le nouveau postulat ontologique de l'autonomie de l'individu, et non pas d'abord à une volonté de connaissance objective de l'ordre social existant qu'elles rejetaient d'emblée comme « irrationnel » et « oppressif », les sciences sociales sont nées au singulier, et elles ne sont devenues plurielles qu'au fur et à mesure que se déplaçait historiquement en même temps le *momentum* de la réalisation de la modernité, et le front de sa lutte contre la tradition. La dynamique idéologique des sciences sociales « progressistes » suscita d'ailleurs, par réaction en même temps idéologique et épistémologique, la naissance d'un discours « réactionnaire » qui prit justement le parti de la tradition et du conservatisme sur la base d'une argumentation « positiviste », « empiriste » et « réaliste », qui s'exprime par exemple, après la Révolution française, dans les œuvres des théoriciens contre-révolutionnaires, comme nous le verrons plus loin.

La philosophie

La première-née parmi les sciences sur le terrain laissé vide par la mise en doute ou la crise de la tradition fut la philosophie qui, à son début, portait en son sein toutes les autres sciences, naturelle, humaines et sociales, aussi bien que purement formelles, puisqu'elle s'est posée initialement comme science de l'être, comme ontologie, et que c'est seulement après Descartes qu'elle se redéfinira comme épistémologie, en faisant ontologiquement retraite face aux sciences positives.

En Grèce déjà, la philosophie répond à une mise en doute de la validité immédiate de la tradition supportée par la mythologie. Elle correspond à la volonté de retrouver, face à la prolifération des opinions contradictoires fondées en même temps sur le fractionnement dogmatique de la tradition (la *doxa*) et sur l'arbitraire des intérêts individuels qui se sont déjà émancipés d'elle (la *sôphrosunè*), une certitude normative sur laquelle l'« homme juste » puisse fonder son action, et la « cité libre », établir des lois susceptibles d'imposer, au nom d'une instance commune et suprême – celle du *logos* – leur légitimité à l'encontre de l'arbitraire, de la violence et de *l'ubris* auxquels sont conduits les individus « émancipés » (ces individus « violents » qui, à l'instar d'Alcibiade, font déjà de la poursuite de leur « intérêt », de l'assouvissement de leur « désir de jouissance » et de leur « volonté de puissance » la règle suprême de leur conduite). Mais en Grèce, le fondement de la tradition se déroba toujours à la critique radicale. Les pratiques particulières qui s'étaient autonomisées en quelque sorte à leur propre compte dans la contestation de la tradition ne parvinrent jamais à tirer vers elles le principe ou le fondement de l'ordre sociopolitique, et à formuler légitimement le projet d'une reconstruction systématique de la société à partir de l'à priori de leur autonomie. L'émancipation y resta toujours attachée à l'ordre qu'elle contestait, et celui-ci ne devint jamais vraiment un ordre historique.

Dans la mesure où, en Grèce, ce ne sont pas encore les hommes qui créent la loi de la Cité, ils ne peuvent pas non plus reconnaître aux lois de la nature le caractère d'une nécessité purement positive et fonder en retour sur la capacité de la reconnaître pour s'y soumettre d'une manière réfléchie et par « calcul », l'autonomie propre d'une Raison en même temps individuelle et universelle. La sagesse *(sophia)* est encore associée à la reconnaissance d'une « dépendance ». Les lois humaines restent subordonnées chez les Grecs à la législation suprême des dieux, du cosmos et du destin auquel les dieux eux-mêmes sont soumis, en tant que simples garants de l'ordre social. Ainsi, personne ne peut prétendre à la connaissance du destin ; c'est en lui, et non dans une nécessité positive impersonnelle et universelle accessible à une Raison raisonnante ou « ratiocinante », que sont fixés l'ordre et les normes ultimes auxquels les hommes doivent se soumettre, lorsque vacillent toutes les raisons, significations et valeurs particulières dont la tradition avait investi leurs actions, le monde et les dieux. La Grèce classique n'a pas connu la royauté, qui ne figure d'ailleurs pas dans la typologie aristotélicienne des régimes constitutionnels ni, du même coup, la religion proprement dite. Le pouvoir y est toujours resté immanent à la communauté, et sa légitimation, par conséquent, n'a pas été confiée aux prêtres et aux théologiens, mais aux poètes et aux philosophes. L'idéologie n'y a pas encore été séparée de la culture, de telle sorte que sa critique n'a pu s'y faire que dans le déchirement même de cette culture ; et c'est à ce déchirement de la culture normative que voulurent répondre, pour y remédier, les philosophies classiques de Platon et d'Aristote.

Si la Raison moderne et le *logos* grec sont nés tous deux d'une crise de la tradition, ils ont adopté pour y répondre des attitudes inverses. La première va inventer un nouveau fondement ontologique et une nouvelle légitimité qui impliquent la suppression de la tradition, sa destruction. Le *logos* grec va tenter au contraire de sauver la tradition en la surplombant par la réflexion. Il ne vise pas à en abolir le principe, mais il cherche plutôt à le rejoindre par un détour, pour en restaurer la validité sur une base plus ferme. Si, face à la théologie et à la légitimation traditionnelle de l'autorité, la philosophie moderne sera « progressiste », comme le seront après elle les sciences sociales, elle représente plutôt en Grèce, en son moment classique, la recherche d'une synthèse conservatrice. La Raison grecque intègre encore en elle, immédiatement, l'homme et le monde, la Cité et les dieux, la réflexion et la normativité. Pour elle, le vrai, le bien, le juste et le beau restent « Un » dans l'Être, comme ils doivent le devenir dans la « conscience » qui ne s'est pas encore détachée d'eux. La Raison grecque intègre encore tout cela, ou plutôt elle s'efforce de le réintégrer, face à l'éclatement qui en menace l'unité ontologique. Mais du même coup, la raison philosophique grecque peut encore rester une raison positive – une ontologie –, puisqu'en elle se dévoile ou se confirme en fin de compte l'accord possible de l'individu avec le monde dans la Cité, en une même soumission ultime au destin. Le maintien d'une légitimation traditionnelle dans la Cité grecque, dont l'histoire est d'abord celle d'un déchirement, n'est d'ailleurs certainement pas étranger à la persistance de l'esclavage, non seulement comme mode de fonctionnement économique, mais comme référence existentielle ultime de la « liberté » et de l'« identité » du citoyen. Le « miracle grec » consista peut-être dans la réalisation d'une synthèse entre les deux principes antinomiques de l'autorité et de la liberté, de la tradition et de la réflexion critique, qui furent chacun projeté sur un plan différent. On comprend alors pourquoi le « calcul[6] » est exclu du *logos* grec. La dimension de l'effectivité et de l'efficacité instrumentale de l'action est restée avant tout associée à l'activité des esclaves et non à celle des hommes libres : elle ne peut donc être comprise dans l'exercice même de la liberté.

La doctrine politique

Les historiens contemporains font généralement remonter les origines de la modernité jusqu'au mouvement d'émancipation économique des bourgeoisies marchandes et artisanales dans les villes de la fin du Moyen Âge, qui a précédé d'au moins deux siècles l'époque de la Renaissance, des « Grandes Découvertes » et de la naissance de la science moderne. Le développement économique se voit alors souvent conférer un rôle moteur dans le vaste procès « révolutionnaire » auquel on identifie les Temps modernes. Mais on risque ainsi, à l'envers des contemporains de cette genèse de la modernité – et au contraire aussi de Max Weber (notamment 1964 et 1982) –, de laisser dans l'ombre les conditions politicojuridiques et éthico-idéologiques qui ont créé l'espace institutionnel et motivationnel de ce développement économique, d'emblée compris et aménagé comme un espace d'émancipation. Dès la fin du XIIe et au début

---

6. Par contre, les Grecs plaçaient les mathématiques au sommet de leur estime intellectuelle, mais les mathématiques ne servaient pas d'abord à faire des calculs, en elles s'exprimaient au contraire – esthétiquement – l'harmonie et l'ordre transcendants de l'univers.

du XIIIe siècle, en Italie d'abord, puis dans d'autres régions de l'Europe médiane (la *City-Belt Europe* de Stein Rokkan, 1975), l'essor de la vie urbaine, marchande et artisanale va de pair avec une émancipation politique des communes urbaines, et avec un mouvement de « recouvrement du droit romain », qui s'opère d'abord dans les universités italiennes, puis en Allemagne et en France, alors que l'Angleterre s'engage déjà dans la voie parallèle de l'édification procédurale et jurisprudentielle de la *Common Law*. Or, ces deux mouvements, dont l'un vise la réalisation de l'autonomie politique des communautés, qui se définissent déjà par la libre association de leurs membres, et dont l'autre conduit à l'établissement – sur une base souvent d'abord prépolitique, conventionnaliste – d'un droit commercial cosmopolite, s'opposent directement à l'ordre social patrimonial du Moyen Âge, dont ils mettent en question la légitimité.

Ainsi, c'est par opposition directe au régime patrimonial traditionnel de la « possession » régie par les « us et coutumes », que le droit de propriété fait sa réapparition, sous la forme même qu'il avait déjà connue dans la Rome tardive, comme *ius usus et abusus*. N'étant formellement rien d'autre qu'un droit abstrait et universel à l'« exclusion de la possession d'autrui », la propriété s'oppose donc déjà à la possession exactement de la même manière que la valeur d'échange s'opposera à la valeur d'usage (« *ab-usus* ») dans les analyses qu'en feront au XIXe siècle Hegel puis Marx, en s'appuyant d'ailleurs sur une longue tradition critique, puisque Thomas Moore avait déjà su donner à cette opposition une expression parfaitement claire intuitivement sinon conceptuellement, dans sa célèbre formule « le mouton mange l'homme. » La reconnaissance du droit de propriété à l'encontre des complexes hiérarchies traditionnelles de la possession, tout en libérant l'activité individuelle dans son rapport aux biens, pose alors nécessairement un problème fondamental de normativité de l'action sociale. Ce problème atteindra son point culminant dans la Réforme, lorsque celle-ci affirmera au niveau théorique le plus élevé, c'est-à-dire alors au niveau théologique, le principe de l'autonomie de l'individu dans son rapport à Dieu, et lorsqu'elle rejettera en conséquence la valeur ontologique de toutes les médiations politiques et ecclésiastiques. Du même coup, la Réforme accomplit la subversion idéologique de la religion, qu'elle reformule en une éthique individualiste. Soit directement, soit indirectement (en passant par le relais de la contre-réforme catholique et du classicisme humaniste), c'est cette éthique qui va représenter pour les siècles suivants le principal ressort idéologique du développement de la modernité.

Cependant, la Réforme triomphe idéologiquement en même temps que commence à s'effondrer presque partout le système des autonomies communales qui en avait représenté le fondement pratique. Là où elle sera laissée à elle-même, comme ce sera notamment le cas du luthérianisme en Allemagne, la Réforme tendra à se replier sur un piétisme qui perdra toute connexion directe avec le mouvement politico-idéologique européen et qui se contentera d'accumuler pour les siècles suivants des réserves d'intériorité, qui finiront par être mises en mouvement, beaucoup plus tard, dans l'idéalisme et le romantisme, l'herméneutique et la phénoménologie, et même dans le marxisme qui est né à la confluence de tous ces courants et dans leur rencontre avec le rationalisme français et le positivisme empiriste anglais (dans l'océan desquels il finira d'ailleurs par se perdre).

Mais il n'en ira pas de même avec le calvinisme en Angleterre et en Hollande, ou encore en France où, après la révocation de l'Édit de Nantes, l'influence calviniste s'exerce fortement à travers le jansénisme et le gallicanisme. Dans tous ces pays, les énergies individualistes libérées par l'éthique protestante pourront dès le XVIIe siècle se reconvertir laïquement dans le développement de l'utilitarisme et du rationalisme. Après le XVIe siècle, en effet, le mouvement d'émancipation de l'individu à l'égard des structures normatives traditionnelles va changer en même temps de terrain et d'échelle, pour se poursuivre non plus dans le cadre des communautés bourgeoises, mais dans celui de la formation des États nationaux sous l'égide des grandes royautés absolutistes.

C'est dans ce nouveau contexte que les problèmes de la normativité et de la légitimité propres à la modernité vont se poser expressément comme des problèmes politiques, face au « despotisme » de la royauté absolue, alors que celle-ci ouvre cependant au profit des individus un espace d'autonomie abstraite que la mobilisation culturelle et politique viendra structurer progressivement en « espace public ». C'est ainsi que la première théorie moderne de la société est formulée sous la forme des nouvelles doctrines éthicopolitiques et politicojuridiques du droit naturel et du contrat social ainsi que dans les débats portant sur la légitimité de la résistance à la tyrannie. Ces débats doctrinaux, dans lesquels la science politique moderne reconnaît toujours encore son origine lorsqu'elle pense à la rechercher, ne prétendent pas décrire la réalité telle qu'elle existe empiriquement, ils visent au contraire explicitement à établir les bases normatives d'une reconstruction fondamentale de l'ordre sociopolitique, en s'appuyant sur une conception universaliste et substantialiste de la « Raison naturelle » dont les êtres humains seraient investis par essence. C'est ce mouvement en même temps théorique et pratique qui va culminer, au XVIIIᵉ siècle, dans la philosophie des Lumières, ainsi que dans les révolutions anglaise, américaine et française.

Je voudrais faire maintenant un bref retour vers la philosophie. Il est en effet important pour notre propos de relever que lorsque Kant parvient à conférer à la Raison théorique une base positive, en appuyant ses prétentions à la connaissance objective sur les formes à priori de l'intuition sensible, c'est à la condition d'en limiter le champ d'exercice à la connaissance du monde naturel auquel précisément l'intuition sensible donne accès. La Raison pratique, telle qu'il la reconstruit sur le fondement de l'à priori formel de l'« impératif catégorique » (qui coïncide avec le concept même de liberté), reste de son côté entièrement négative concrètement parlant, comme cela a été maintes fois relevé à propos du formalisme kantien. Une telle Raison pratique ne pouvait dès lors être invoquée pour fonder la légitimité d'un ordre social concret que dans la mesure où elle permettait de légitimer la lutte engagée contre une tradition autoritaire à laquelle elle conférait *ipso facto* valeur d'irrationalité.

Mais alors, c'est le succès même de l'entreprise moderniste de reconstruction individualiste-rationnelle de la société qui était voué dès le début à dissoudre le contenu même de la normativité qu'elle invoquait pour établir sa légitimité, au fur et à mesure de sa réalisation : de la société, elle ne pouvait plus laisser subsister, en fin compte, qu'une forme vide, qu'un « espace de discussion » ou de « communication sans entrave », comme dira beaucoup plus tard Habermas. C'est alors cette forme vide que le concept d'« utilité » pourra venir également sans entrave remplir de son contenu, jusqu'à ce qu'il succombe à son tour à la critique. C'est ici l'occasion de relever que, dans la dynamique de son œuvre orientée vers la recherche d'un fondement rationnel de l'activité pratique, Habermas procède à l'envers du mouvement historique. Il part de la critique – notamment marxiste puis « frankfortienne » – de la raison instrumentale, liée à la dominance des intérêts propres à la propriété bourgeoise, pour rechercher au-delà de la particularité de ces intérêts un fondement vraiment universel à la Raison pratique. Mais la forme « quasi transcendantale » de la communication sans entrave, qu'il découvre alors, est précisément celle que les mêmes intérêts particuliers étaient venus remplir au fur et à mesure qu'elle se constituait, pour y acquérir eux-mêmes leur propre caractère abstrait d'« intérêts », où les dimensions normatives et expressives de la vie commune avaient déjà été refoulées et éliminées. De toute façon, le concept même d'une « pure communication » est un concept vide, qui ne peut recevoir d'autre contenu que celui que lui assigne une théorie formelle de la communication, à savoir celui de l'« information » comprise comme forme logico-analytique d'une description. Telle est bien la forme que prend l'information dans les machines informatiques, mais aucunement dans l'échange symbolique intersubjectif. Là, il n'existe de communication que sous la condition de l'existence à priori d'un référent commun, qui représente l'horizon commun des intentionnalités de l'action, et possède donc toujours déjà un caractère normatif et expressif. La démarche d'Habermas doit donc toujours présupposer cela même à quoi elle voudrait trouver un fondement (voir à ce sujet Quéré, 1982, et Cossette, 1988).

Le principe formel-abstrait de la liberté devait donc se révéler incapable aussi bien d'orienter normativement l'action de manière concrète que de fonder l'existence de la société et de la socialité que l'on avait voulu reconstruire déductivement à partir de lui. La société et la socialité (l'intersubjectivité, pour parler le langage contemporain) y perdaient en effet toute valeur d'à priori transcendantaux de l'existence subjective individuelle dès le moment où celle-ci devait se voir attribuer une signification réelle-concrète, c'est à dire une identité (voir Apel, 1973, et Gadamer, 1979). Car cette existence subjective, une fois détachée de la dépendance ontologique à l'égard de Dieu (où l'avait maintenue Kant), ne pouvait plus trouver d'autre fondement que dans une réduction naturaliste où s'abolissait toute dimension criticoréflexive, et où finissait donc par sombrer le concept même de liberté dont on était parti et que l'on avait voulu affirmer ou « sauver » de manière absolue.

L'intersubjectivité elle-même ne pouvait plus être pensée que comme une simple résultante empirique de l'exercice des subjectivités individuelles solipsistes (Apel) et naturalisées ; ou encore, à l'inverse, se voir directement dissoute dans une conception strictement formaliste des « médiations » dans lesquelles elles s'exerce (le « langage », la « culture », les « textes »). Mais de telles « médiations », en l'absence de sujets autonomes et réflexifs, à vrai dire n'en sont plus : elles se trouvent immédiatement « réifiées », comme ce fut explicitement le cas dans le structuralisme. Mais cela impliquait aussi que l'on prenne acte de la « mort du sujet ». C'est donc cette « mort du sujet », si chère à un important courant de la philosophie contemporaine (avant celui, bien sûr, du « retour du sujet » !) qui représente le véritable point d'arrivée logique du procès pluriséculaire d'émancipation du sujet et de reconstruction individualiste de la société. Toute la littérature consacrée à la « crise d'identité », au « narcissisme », à la « nouvelle solitude » témoigne d'ailleurs de la même chose.

Je reviendrai dans le seconde partie de ce chapitre sur la question du « dépérissement de la Raison ». Mais je relève déjà que c'est précisément dans la négativité de la Raison moderne, celle des Lumières, que va finir par s'épuiser au XXe siècle la légitimité de la modernité. Et cela va se manifester même – et peut-être surtout – dans les critiques dont elle fera l'objet, dans la mesure où ces critiques continueront elles-mêmes à s'appuyer sur le projet spécifiquement moderne de la « libération de l'individu », comme c'est le cas dans la « dialectique négative » de l'École de Francfort et chez Habermas, et qu'elles ne parviendront à énoncer, sur cet base, aucune solution de rechange normative positive à la crise de la modernité contemporaine.

L'économie politique

La réalisation effective de la doctrine politique classique dans l'État moderne libéral et démocratique, à laquelle correspondent les trois grandes révolutions bourgeoises (anglaise, américaine et française), et la naturalisation de l'ordre politique libéral qui s'ensuit, tendent à désamorcer la valeur normative quasi transcendantale que la doctrine politique classique conférait au principe de la liberté politique ; mais en même temps, l'exercice pratique de cette liberté politique, encore restreint au bénéfice de la bourgeoisie, se concrétise par la mise en place de tout un système institutionnel abstrait et universaliste qui coïncide essentiellement avec l'établissement du droit de propriété comme institution faîtière de la société civile, dont le concept même coïncide pratiquement avec le champ d'application de ce droit fondamental. La « société civile » économique institutionnalisée se double du même coup, sur le plan culturel, d'une nouvelle forme de socialité également émancipée à l'égard des complexes structures normatives concrètes propres à la culture traditionnelle. C'est à cela que correspondra le développement d'un idéal de « civilité » comme nouvelle forme de relation entre des individus libres, égaux et « étrangers » les uns aux autres sur le plan de leur « vie privée », « professionnelle » et normative (voir Sennett, 1979).

La création, pour la première fois dans l'histoire, d'un espace social – d'un champ d'action – strictement et exclusivement « économique », pouvant se définir comme l'espace du libre exercice du droit de propriété, entraîne alors un déplacement des problèmes de la normativité et de la légitimité de l'ordre social moderne, celles-ci étant assurées (pour un temps !) par la société civile. Ces problèmes y seront reformulés dans une affirmation de la rationalité et de la naturalité intrinsèques de l'économie de marché, qui sera dès lors proposée comme le paradigme de toute organisation sociale rationnelle. C'est alors aussi sur ce terrain que va se déplacer la contestation globale de l'ordre social, contestation dont c'est désormais l'ordre bourgeois libéral plutôt que l'ordre traditionnel qui sera la cible à mesure qu'il se convertit lui-même en système capitaliste (voir le babeuvisme, le socialisme puis le marxisme). Ceci est bien sûr dit d'une manière très schématique. En dehors de l'Angleterre, des États-Unis et de la France, la réalisation de la modernité politique va rester au centre des luttes sociopolitiques dans le reste de l'Europe et en Amérique latine au XIXe siècle, puis dans le reste du monde durant la première moitié du XXe siècle. Mais ce sera alors en se chargeant de plus en plus d'un « contenu social », qui comporte déjà la contestation de l'ordre non plus tellement « bourgeois » que capitaliste et colonial-impérialiste. Par ailleurs, même en France, la légitimité de la modernité politique issue de la Révolution va se heurter à une tenace résistance traditionaliste, qui ne finira par se résorber dans l'acceptation du régime politique et social qu'avec de Gaulle. Il faut encore ajouter à cela que la crise contemporaine de la modernité, conjuguée avec les mouvements anti-impérialistes et tiers-mondistes, suscite un regain de traditionalisme au sein des traditions non occidentales que la modernité – y compris le marxisme – avait un peu vite versées dans « les poubelles de l'histoire ».

C'est donc à la légitimation directe de l'économie de marché, et à l'apologie d'une forme de société, qui serait virtuellement entièrement fondée ou centrée sur elle, que va se consacrer la deuxième-née des sciences sociales, l'économie politique. Du même coup, la science politique devra, dès le début du XIXe siècle, lui céder son statut de science théorique générale de la société : la science politique devient alors une « discipline spécialisée » – comme l'était déjà le droit – qui se consacre à l'étude empirique des institutions politiques, et qui a une fonction praticoprofessionnelle plutôt que proprement théorique et idéologique. Cette transformation idéologique et épistémologique va se trouver, en fait, voilée par diverses circonstances. D'une part, l'inachèvement, presque partout dans le monde, du projet de la modernité maintiendra bien vivante la portée normative et idéologique de la théorie politique. D'autre part, l'essor d'une épistémologie positiviste, au XIXe siècle, non seulement légitimera ce genre de repli empiriste et spécialisé auquel la science politique ouvre le chemin parce qu'elle y est condamnée, mais jettera le voile sur toute la fonction idéologiconormative généralement jouée par les « sciences » et, en premier lieu, par les « sciences sociales » et tout spécialement maintenant par l'économie politique. Pour l'ensemble des sciences sociales, un tel quiproquo a ainsi pu s'étendre sur tout un siècle, d'autant plus que la contestation marxiste est venue relancer de l'intérieur tout le débat idéologique, tout en se plaçant pour l'essentiel en concordance épistémologique avec les théories adverses.

Dans le champ « libéré » de l'économique, le calcul des « agents » se substitue aux normes socioculturelles concrètes et différenciées ainsi qu'aux interventions « directes » de l'autorité sociopolitique. Ces normes et cette dépendance prennent du même coup la valeur d'un « irrationnel » en même temps « arbitraire » et « répressif ». Alors, la science économique peut aussi se présenter en même temps comme l'énoncé normatif qui vise à l'émancipation de l'ordre naturel de la société, et comme une discipline purement rationnelle et positive, puisqu'elle ne se propose pas d'autre objet que de « calculer les calculs » de manière conditionnelle, d'en décrire la logique immanente et d'en prédire déductivement les conséquences nécessaires[7]. La normativité paraît donc sortir de la science de la société en même temps que cette science impose à la société la légitimité exclusive d'une nouvelle normativité instrumentale-individualiste. L'œuvre d'Adam Smith joue à cet égard un rôle charnière entre la doctrine de légitimation éthicopolitique et la nouvelle « science économique » de la société. Elle se présente encore elle-même à l'intérieur de la problématique propre à la première (d'où la qualification de « politique » que conservera la nouvelle « science ») tout en la transposant sur le terrain formel abstrait d'un calcul généralisé de l'intérêt. C'est alors derrière ce caractère formel ou formalisable que le postulat normatif qui lui sert de fondement et qu'elle véhicule avec soi va se trouver occulté – même pour Marx dont la critique en fin de compte se contentera de réfuter le caractère « naturellement harmonieux » du libre jeu des intérêts. Mais la naturalité de l'« intérêt » compris comme fondement de l'action humaine en société ne sera pas remise en question, et c'est encore dans leur « satisfaction » (« à chacun selon ses besoins ») que la société communiste devait trouver aux yeux de Marx sa légitimation ultime (voir Rosanvallon, 1979).

---

7. Voir Caillé, 1986, particulièrement le chapitre VIII, « La rationalité économique n'existe pas ».

La sociologie

La sociologie va naître, vers le milieu du XIXe siècle, en héritant en tant qu'objet des conséquences du développement autonomisé de la logique économique et de sa généralisation dans le capitalisme ; elle se donne alors pour tâche, soit d'établir théoriquement-normativement les conditions du maintien de l'intégration sociétale face aux forces dissolvantes qui sont libérées par la subordination de la société à la logique économique individualiste, soit de fournir une expression scientifique et systématique à la contestation croissante dont fait l'objet la légitimité d'un ordre sociétal fondé idéologiquement et pratiquement sur le libre jeu des lois du marché. Elle sera donc aussi la première « science sociale » à naître d'emblée et explicitement sous la forme d'un antagonisme théoriconormatif. Si la doctrine politique libérale-démocratique avait déjà suscité une puissante réaction conservatrice, surtout après qu'elle se fut « incarnée » dans la Révolution française, une branche de la sociologie naissante va en effet se consacrer explicitement à la critique directe de l'ordre économique libéral et de sa légitimation. Reprenant en quelque sorte les préoccupations théoriques et doctrinales d'auteurs comme Burke, de Maistre et de Bonald, qui avaient déjà énoncé une théorie conservatrice de la société s'appuyant sur la fonction médiatrice de la normativité et de l'idéologie, la sociologie se présentera donc d'abord sous la forme d'une « critique de l'économie politique ». Mais une autre branche de la sociologie va au contraire s'efforcer de (re)penser les conditions d'intégration d'ensemble de la société, en se contentant de replacer l'économie dans la position d'une dimension « fonctionnelle » particulière. Le marxisme, en plaçant essentiellement sa critique de la société capitaliste sur le terrain d'une « critique de l'économie politique », s'est d'ailleurs lui-même maintenu en grande partie dans le champ d'une problématisation économiciste de la société : il a donc adressé à la sociologie, qualifiée du même coup de « science bourgeoise », une fin de non recevoir, et continué à centrer toute sa polémique théorique sur l'économie politique.

En détrônant l'économie politique de sa prétention d'être une science théoriconormative générale de la société, la sociologie la réduit à son tour au statut d'une discipline spécialisée et essentiellement praticopratique (et cela même si le Prix Nobel des sciences sociales semble devoir, par conservatisme, rester pour toujours attaché à l'économie politique – la dimension normative de la société trouvant alors sa reconnaissance extrascientifique dans le Prix Nobel de la paix). Face aux conséquences d'une dynamique sociale fondée sur la logique autonome de l'« économique », une sociologie de l'intégration sociétale va donc répondre à une théorie de la révolution et l'une comme l'autre chercheront à fonder leur essentielle normativité sur une prétention à la scientificité. À la prédiction « scientifique » d'une crise et d'un éclatement inexorables, faite par l'une, l'autre va répondre en invoquant la « nécessité objective » d'une action politique et pédagogique visant au maintien de l'intégration et de la « solidarité sociale » à l'encontre des tendances à l'atomisation et à la conflictualisation des rapports sociaux qui résultent de la mise en œuvre d'une logique individualiste-utilitariste dans l'économie libérale.

La sociologie va donc reprendre en charge, positivement, et dans une perspective non plus « réactionnaire » mais « progressiste », toute la dimension culturelle-idéologique et la référence unitaire-identitaire impliquées dans la vie sociale, et ceci d'autant plus que ces références sont lourdement mises à contribution dans un contexte historicopolitique qui est dominé par la figure concrète de l'État-nation, et où le nationalisme et les conflits internationaux acquièrent une ampleur sans précédent (développement des économie nationales, compétition coloniale pour les matières premières et les marchés, etc.) ; bref, dans une situation dominée par la contradiction inhérente à la conjonction du caractère formel, abstrait et universaliste de l'« État » et de l'« économie », et du caractère concret et particulier de la nation, comprise comme référence ultime de la solidarité collective concrète. L'enjeu a d'ailleurs été perçu par les protagonistes aussi bien sur le plan politicopratique que théorico-idéologique : les modèles antagonistes de la « lutte de classes internationaliste » et de la « solidarité communautaire dans la mobilisation nationale » leur parurent pour longtemps irréconciliables, et ceci (sauf chez Weber et Simmel), dans un même oubli ou une même méconnaissance du champ historique et sociétal particulier dans lequel se déroulait leur affrontement : celui du développement d'une société individualiste-utilitariste en Occident moderne.

Sur le plan théorique, la sociologie de l'intégration sociétale (et plus tard de l'intégration sociale) va développer le paradigme classique du « fonctionnalisme », qui déplace la référence normative utilitariste de l'individu à la société comprise comme un tout, à connotations organicistes, culturalistes et anthropologistes. Mais dans ce dernier cas, il s'agira principalement d'une anthropologie a-historique, dans la conceptualisation de laquelle l'étude des « lointains sauvages » pourra fournir une inépuisable ressource d'analogies peu compromettantes aussi bien pour l'universalisme scientifique que revendique la sociologie que pour le particularisme historique-national au service duquel sa problématique même tend à la mettre, et ceci d'autant plus facilement que la sociologie classique se constitue dans le contexte de l'historicisme.

Si la société « capitaliste-industrielle-étatiste-nationale » du XIXe siècle et du début du XXe siècle, née sous l'égide de l'autonomisation de la logique économique de la société civile, porte en elle le développement d'une « contradiction de classes » qui tend à miner la légitimité de son mode de reproduction formel, les aménagements qui lui seront progressivement apportés par les politiques « réformistes » mises en œuvre dès la seconde moitié du XIXe siècle (notamment sous la pression du mouvement ouvrier qui prend de l'ampleur au fur et à mesure de l'industrialisation et de la démocratisation politique), vont démentir aussi bien la doctrine du caractère naturel et rationnel de l'économie de marché et du laisser-faire que les prédictions catastrophiques des théories révolutionnaires. La société moderne industrielle va progressivement acquérir sa légitimité en tant que société de croissance (ou de développement) naturellement conflictuelle. Aux utopies libérales-capitalistes et socialistes-révolutionnaires, va se substituer, idéologiquement et politiquement, un pragmatisme fondé sur le concept d'adaptation. L'intégration sociétale perd donc le caractère problématique qu'elle avait dans la sociologie classique, au profit d'une multitude de problèmes locaux ou sectoriels d'intégration sociale des individus, groupes ou catégories.

C'est dans la sociologie américaine que va se refléter d'abord ce changement de problématique qui, sans rompre directement avec le paradigme organiciste-fonctionnaliste, va orienter surtout l'activité disciplinaire professionnalisée vers des « études sociales » et des « recherches sociologiques » à caractère purement empirique. Le « fonctionnalisme » dès lors ne fonctionnera plus tellement comme une « théorie » au sens propre, mais simplement comme le langage commun (la *lingua franca* ou la « langue de bois ») de toutes les recherches spécialisées (et le marxisme viendra un peu plus tard le rejoindre dans cette fonction, lorsqu'il aura lui-même abandonné ou perdu toute portée proprement théorique). Le maintien d'un usage non réflexif de la conceptualisation fonctionnaliste (puis marxiste) témoignera donc de la décadence ou de la désuétude de toute forme de théorisation en général. Les clichés que véhicule ce langage commun rendent à priori significatives toutes les recherches spécialisées effectuées selon les lignes de découpes institutionnelles de la société, ou directement centrées sur l'étude de problèmes définis pragmatiquement. La sociologie n'étudie plus la société que par le détour des problèmes (d'adaptation ou de gestion) qu'elle pose :

problèmes de la déviance, de la marginalité, des mobilités différentielles et des contradictions statutaires, de l'inertie des normes et des valeurs face à un « changement » compris de manière immédiatement positive, etc. Désormais, ce qui fait problème et prend immédiatement valeur d'objet, ce sont l'ensemble des différences et des résistances qui se manifestent à l'encontre du mouvement général de la société, qui est maintenant conçu de manière purement positive, comme un procès naturel, ou du moins « normal » de croissance. En un mot, la sociologie devient « américaine » dans sa problématique dominante, et cela la conduit à se redéfinir essentiellement à partir de la méthodologie de la recherche empirique, orientée vers la satisfaction de n'importe quelle demande sociale *(problem solving)* plutôt que par la cohérence de ses objets et leur place dans l'ensemble du savoir.

Relevons en passant que cette conception de la « croissance » ou du « développement » au service desquels se sont mises les sciences sociales contemporaines, doit être distinguée de l'idéologie classique du « Progrès ». Celle-ci pointait vers un terme idéal (la « Liberté » ou la « satisfaction des besoins ») qui avait valeur de norme contrafactuelle vis-à-vis du procès empirique de transformation de la société. L'idéologie de la « croissance » et du « développement » s'est au contraire installée dans une conception entièrement positive, quoique exponentielle, du « mouvement historique », auquel aucune finalité idéale n'est plus assignée. Dès lors, elle ne conçoit plus la « société », mais seulement le « social », compris comme un milieu entièrement empirique et immédiatement quantifiable en toutes ses dimensions ou « variables », selon le sens que Hannah Arendt donne justement à ce terme.

Ainsi s'amorce un mouvement de « spécialisation » et de « professionnalisation » fondé sur la fragmentation pragmatique et méthodologique des objets de recherche, dans l'étude desquels toutes les sciences sociales finissent par se ressembler. Un tel procès, amorcé avec le réformisme dès la fin du XIXe siècle, s'est trouvé ensuite accéléré par le développement de l'état interventionniste de type keynésien, le fameux *Welfare State,* couplé à la croissance de la société corporative et à la prolifération des instances « décisionnelles » qu'elle comporte (voir la seconde partie de ce chapitre). Cependant, en même temps qu'il impliquait la disparition de la théorie de la société, il a aussi suscité une réaction théoriciste prenant pour objet précisément le « social », compris de manière formelle et abstraite. Cette réaction s'est elle-même produite selon deux orientation opposées, selon qu'elles s'enracinaient dans la tradition rationaliste ou au contraire dans la tradition empiriste. La première s'est présentée sous la forme du structuralisme et la seconde sous celle d'une théorie de l'action centrée sur l'acteur et son rapport subjectif à l'« environnement ».

À l'encontre du procès de décomposition théorique de la sociologie et plus généralement des sciences sociales empiristes, le structuralisme a en effet recomposé théoriquement l'unité de l'objet, mais en se plaçant sur un plan purement formel qui le vidait de toute sa substance concrète, pratique, subjective. Dans un sens, il a ainsi déplacé le problème de l'intégration du niveau des rapports sociaux concrets vers celui des relations structurelles sous-jacentes et de leur « logique » purement formelle. Partant de cette intuition fondamentale, qu'avait déjà contournée le fonctionnalisme et dont s'était complètement détourné l'empirisme, selon laquelle les actions et les rapports sociaux sont toujours préstructurés significativement, ce qui implique toujours la référence à une médiation symbolique ayant pour les acteurs valeur de totalité à priori, le structuralisme s'est contenté de réifier directement cette médiation comme « langage », « texte », « graphie », etc., de manière à pouvoir en donner des descriptions formelles purement positives.

À l'envers du formalisme rationaliste du structuralisme, l'autre tentative de reconstruction théorique a focalisé son objet sur l'acteur – et même plus généralement sur l'acte significatif appréhendé en situation d'objectivation ou d'interaction. C'est le pragmatisme philosophique qui a fourni à ce courant (initialement presque exclusivement américain), sa principale inspiration ; mais il s'était lui-même développé à la confluence du néo-positivisme logique et de la philosophie du langage, d'un côté, et de la phénoménologie, de l'autre. Ce que cette approche théorique perd de vue, c'est la société comprise comme une totalité, qui comporte en elle-même ses propres conditions d'intégration et de reproduction ayant valeur d'à priori vis-à-vis de toutes les actions et acteurs particuliers, conditions qui sont déjà mises en concepts dans les médiations significatives ou politiques auxquelles se réfèrent les activités sociales particulières. C'est du même coup le problème de l'historicité sociétale qui se trouve décomposé dans l'histoire des sujets particuliers ou encore, dans la simple temporalité inhérente à toute action intentionnelle. Finalement, c'est dans la théorie cybernétique des systèmes (physiques, biologiques et sociaux, comme l'a si bien dit Bertalanffy) que sera dépassée l'opposition du structuralisme et de la théorie de l'action. Mais ce nouveau développement théorique, dans lequel le concept même de science humaine et sociale tend à perdre toute signification objective spécifique, appartient déjà entièrement à la période contemporaine qui sera examinée dans la seconde partie.

L'histoire

Les sociétés traditionnelles ne connaissent pas d'historiographie, parce que précisément, chez elles, l'histoire est la tradition, et parce que pour elles, en conséquence, l'écriture de l'histoire se confond avec l'ensemble des rituels par lesquels elles s'assurent de la conservation et de la recollection de cette tradition, de son maintien en vie. Les archivistes fixent les actes du pouvoir, auxquels le pouvoir lui-même fait techniquement référence dans son exercice actuel, ou encore ils concourent directement à assurer symboliquement sa pérennité et sa légitimité, ainsi que celle des droits qu'il incombe au pouvoir de faire respecter par tous. Les chroniqueurs veillent pareillement à sauvegarder dans la tradition toutes les actions qui l'ont « augmentée » (conformément à cette étymologie du mot « acteur » que rappelle Hannah Arendt dans *La crise de la culture*) ou qui plus simplement ont concouru à la maintenir ou à la rétablir. La narration et l'écriture de l'« histoire » se fondent donc immédiatement dans le discours de légitimation de la société traditionnelle ; elles y représentent simplement le moment déjà objectivé de sa « conscience-de-soi » réflexive, dans lequel s'exprime déjà la distance qui s'est établie entre la société et ses dieux ou ses ancêtres, la séparation qui s'est opérée entre les pratiques sociales et les normes (ou le pouvoir) qui les régissent.

Le projet historiographique est donc lui aussi lié à la modernité et d'ailleurs, il s'efface maintenant avec elle pour redevenir constitution d'archives. En tant que moment immanent de la conscience sociale, il naît avec l'abandon de la tradition, dont le « contenu » ne devient « objectif » qu'à mesure qu'il perd la valeur normative qui lui était immédiatement associée. Nous venons de voir comment toute la modernité a déplacé la légitimité de la société – et finalement le sens de toute action – vers la réalisation d'un projet, comment les sciences sociales précisément sont nées pour assurer la légitimation de ce projet, et comment leur problématisation de la société s'est alors déplacée au fur et à mesure que se transformait aussi la nature des problèmes ou des obstacles que sa réalisation faisait surgir devant lui. Disons alors, peut être un peu brutalement, que c'est tout cet enracinement de la société et de l'action dans la tradition que l'historiographe a reçu en héritage, au fur et à mesure que cette tradition perdait son sens normatif, et qu'elle prenait même une valeur purement négative d'« irrationalité » et d'« arbitraire » vis-à-vis de la nouvelle légitimation individualiste et rationaliste qu'élaboraient les sciences sociales.

L'historiographie a donc hérité, en tant qu'objet positif de « recherche », de tout ce que, dans la socialité, l'identité et l'historicité des pratiques sociales, les sciences sociales rejetaient normativement derrière elles et qui prenait dès lors valeur de fait accompli, de fait passé. Du même coup, l'historiographie se voyait aussi attribuer une fonction idéologique fondamentale, qui était la complémentaire inverse de celle qu'assumaient les sciences sociales et sans laquelle elles n'auraient jamais pu prétendre être de leur côté aussi réalistes : la fonction qui consistait à veiller au maintien de l'identité en tant qu'elle est toujours collective, particulière, et, finalement, contingente, dans un procès de développement sociétal entièrement orienté vers la réalisation de valeurs individualistes, universalistes et rationalistes. C'est ainsi la raison universaliste qui a créé la passion de l'histoire ; et c'est la normativisation de la raison qui a créé l'objectivité purement positive de la tradition.

On peut dès lors, logiquement ou « dialectiquement », faire correspondre à chaque moment du développement historique des sciences sociales, un moment complémentaire dans la transformation de la problématique historiographique. Dans la première période, où la science de la société se présente sous la forme de la doctrine politique de légitimation de l'état rationnel universaliste, et que cette doctrine s'oppose directement à la légitimation traditionnelle de la royauté en contestant l'arbitraire de cette forme de domination, c'est précisément cette assise traditionnelle de l'autorité et de l'identité politique qui va être « récupérée » par la conscience historique et l'historiographie sous la forme de la tradition nationale, et c'est ainsi précisément que le concept de nation va progressivement acquérir son sens moderne de « communauté politique », fondement de l'identité collective des citoyens autonomes. En même temps échoit aussi à l'historiographie la tâche nouvelle de créer une pédagogie de la normativité concrète et particulière propre à l'action sociopolitique, cette normativité positive dont, par définition, faisait abstraction la légitimation éthicorationnelle de l'État universaliste fondée sur la « liberté du citoyen ». L'histoire se conçoit donc comme un « recueil d'actes exemplaires » qui doit servir à l'édification morale et politique du « prince éclairé » et des citoyens (comme en témoigne déjà toute l'œuvre de Machiavel). La pédagogie, comprise comme enseignement moral comportant l'objectivation de la normativité, n'apparaît donc plus dans cette optique comme une modalité universelle ou « catégorique » de l'action sociale. Dans les conditions typiques de la société traditionnelle, la normativité adhère si fortement à l'action et à ses objets que sa transmission ne se différencie pas, réflexivement, de la socialisation en général. C'est seulement avec la dissociation que la modernité introduit entre les finalités idéologiques abstraites à caractère essentiellement négatif, et la normativité « traditionaliste » positive des pratiques sociales concrètes, que cette dernière en vient à faire l'objet d'une pratique particulière et spécialisée de socialisation, qui est précisément la pédagogie. Or, l'historiographie prend justement la valeur d'une « pédagogie des citoyens », parallèle à la pédagogie spécifiquement orientée vers l'éducation des enfants dans l'école.

La deuxième période du développement de la science historique correspond au déclin de la théorie politique et au déplacement du discours de légitimation vers l'économie politique libérale. À l'idée nouvelle d'une justification strictement individualiste et utilitariste de l'ordre social et de son mouvement, l'histoire va opposer (pour l'y intégrer) la conception d'une finalité universelle prédéterminée, en même temps efficiente et connaissable : on assiste alors, vers la fin du XVIIIe siècle, à l'essor des philosophies naturalistes ou idéalistes de l'histoire. C'est cette conception historiciste qui va dominer la recherche historique du XIXe siècle, et son universalisme tendra à marginaliser les historiographies nationales propres à la période précédente (ces dernières ne disparaîtront pas pour autant : en effet, tout le procès de la modernité se trouve désormais contesté par le romantisme, et celui-ci concourra dans certains cas à la fusion de l'historiographie nationale traditionnelle avec un historicisme universaliste dans une idéologie nationaliste).

Enfin, le développement de la sociologie comme science de l'intégration sociétale, puis tout simplement sociale, va conférer à la tradition la valeur d'une simple inertie propre aux différents éléments fonctionnels ou segments concrets de la société, et le positivisme ambiant pourra aisément convertir de telles inerties en « déterminismes ». La science historique s'orientera donc de plus en plus vers l'étude des déterminismes sociaux particuliers dont l'histoire offre le témoignage et, comme la sociologie, c'est sur la méthodologie utilisée dans des investigations empiriques et de plus en plus ponctuelles qu'elle va mettre l'accent. Mais du même coup, l'historiographie, comme aussi la science politique, tendra à se confondre de plus en plus avec la sociologie dans le même complexe des « sciences sociales positives », et elle ne se différenciera plus que par la tradition académique qui lui réserve encore l'étude des phénomènes sociaux appartenant au passé. Mais on verra plus loin que, même cette différence, finira par perdre sa signification lorsque l'historien rejoindra le sociologue dans l'accomplissement d'un minutieux travail de constitution d'archives – supposément destinées à des interprètes futurs dont on espère peut-être encore qu'ils sauront un jour découvrir objectivement à notre société le sens qu'elle a renoncé à vouloir encore se donner elle-même subjectivement.

Mais pour le reste, les sciences sociales, qui ont perdu en même temps toute visée cognitive et normative, se contentent d'aider, technocratiquement, la société à fonctionner ; et c'est seulement lorsqu'elles se permettent de ne servir vraiment à rien qu'elles mettent leur habileté méthodologique au service d'une savante muséologie destinée à l'avenir, grâce à laquelle, nous sentant déjà morts, nous pouvons encore espérer ressusciter ou du moins sortir un jour de l'oubli dans lequel nous sommes tombés vis-à-vis de nous-mêmes. Mais une telle historiographie est sans doute victime de ses illusions, comme le sont les individus qui font congeler leur cadavre dans l'espoir d'un futur miracle technologique ; car jamais interprète n'aura, comme ces hypothétiques historiens de l'avenir, trouvé si peu de sens dans autant de témoignages si bien conservés, jamais il n'aura eu à comprendre symboliquement si peu de choses en autant de signes ou de traces laissées volontairement pour lui en inventaire. Et s'il existe encore quelque Bachelard ou quelque Bourdieu pour lui apprendre les règles de son métier, il sera peut être conduit à juger que tout ce que nous lui avons ainsi façonné comme preuves de notre existence avec le souci d'objectivité qui caractérise notre démarche scientifique, représente finalement le principal « obstacle épistémologique » qu'il lui faut vaincre sur le chemin qui mène à la connaissance.

COHÉRENCE IDÉOLOGIQUE
ET INCONSÉQUENCE ÉPISTÉMOLOGIQUE DES « SCIENCES SOCIALES »

De ce bref tour d'horizon, dans lequel nous n'avons pu mettre aucune nuance, on peut conclure que les sciences sociales classiques ont essentiellement fonctionné comme les idéologies de légitimation propres à la modernité, qui furent aussi toujours tournées contre la tradition. Mais elles pouvaient néanmoins revendiquer avec un certain bon droit le statut de sciences rationnelles, voire empiriques, puisqu'elles exprimaient, tout en lui assurant une promotion idéologique, une démarche historique réelle de « rationalisation » de la société (au sens wébérien), ce qui signifie un procès d'assujettissement des rapports sociaux à des « logiques de régulation » institutionnelles, à caractère formel, universaliste et déductif. Dans les champs autonomisés (et « atomisés ») des pratiques sociales qu'elles régissaient (l'économie et les échanges, le travail et la production, la science et la technique, la participation politique, et même certains aspects de la vie familiale et culturelle), ces logiques se substituaient effectivement aux anciennes structures normatives de régulation à caractère synthétique, et à leur légitimation traditionnelle ou « autoritaire ». Et elles assuraient cette relève de la tradition en même temps sur le plan idéologique et sur le plan pratique, c'est-à-dire aussi bien comme mode opératoire effectif de la régulation des rapports sociaux que comme référence ultime de légitimation.

La « satisfaction des besoins », l'« autonomisation de l'intérêt subjectif », le « calcul rationnel des moyens » dans le champ économique ; l'« autonomie de la personne », l'« égalité devant la loi » et la « liberté de participation politique » dans le champ politique ; la « souveraineté de la conscience réflexive » et l'« universalité de l'intuition sensible » prise comme fondement de l'objectivité dans le champ cognitif, tous ces thèmes ne furent pas seulement des « mythes », ils ont fonctionné réellement dans le champ des pratiques sociales en même temps comme « opérateurs » ou « régulateurs » normatifs, et comme expression de finalités transcendantes, qui assuraient la légitimité et conféraient sens à tout le projet de la modernité dont nous sommes issus. D'un côté, toutes les institutions mises en place par l'état libéral démocratique, de l'autre, l'idéologie des Lumières et l'idéalisme transcendantal (surtout celui de Kant), sont là pour l'attester, de même que la puissance de motivation que l'idée du Progrès a acquise au niveau populaire. Toute cette structure, caractéristique de la modernité, n'évacuait donc pas la transcendance comme beaucoup sont maintenant portés à le croire, au contraire, elle en avait énoncé une version abstraite, formelle, épurée, susceptible d'être intériorisée dans chaque individu sous la forme d'une conception ontologique extrêmement forte de l'identité personnelle, à valeur éthiconormative très contraignante (le « surmoi » puissant de la psychanalyse, au déclin duquel on assiste maintenant sur tous les divans de l'Occident !).

Si la modernité était portée à ne reconnaître partout que des individus, encore s'agissait-il d'individus forts et amples dans lesquels l'idée de la liberté ne devait cohabiter qu'avec le plus large degré de conscience du monde et d'autrui, considéré comme *alter ego*. Et une telle structure ne supprimait pas non plus l'unité à priori de la société, elle en projetait seulement dans l'avenir l'idée utopique, celle de la réalisation parfaite d'une société entièrement unie par la « Raison » et rendue en elle et par elle virtuellement transparente à elle-même, non sur le mode de l'inquisition, mais sur celui de la lucidité que possède la conscience de soi. Mais en même temps que cette utopie, la modernité avait créé aussi les mécanismes de régulation sociale susceptibles d'y conduire, croyait-on, dans le maintien d'un ordre minimal, de manière pratique (« ordre et progrès ! » proclamait la devise saint-simonienne).

Mais c'est aussi tout cela qui est en train maintenant de basculer irrémédiablement dans le passé, en commençant par le concept même de l'avenir qui était avec celui de l'individu la clé de l'autocompréhension que la modernité avait d'elle-même. L'individu est devenu pour lui-même un problème sans fond, et l'avenir s'est retourné contre nous en un futur menaçant. La Raison n'a donc pas tenu ses promesses pourtant si rationnelles – et c'est peut-être parce qu'elle n'était pas, d'emblée, assez raisonnable. Je voudrais donc terminer cette première partie en montrant que les sciences sociales, si elles possédaient une éminente pertinence pratico-idéologique à l'intérieur du projet de la modernité, ne transcendaient cependant en rien – fût-ce seulement par la réflexion – les limites propres à ce projet, et qu'elles y étaient attachées, non par la Raison, mais par une raison normative particulière qui comportait en elle-même une fondamentale inconséquence épistémologique (la mise en lumière de cette inconséquence nous permettra ensuite, éventuellement, de ne pas avoir à faire retraite vers le rétablissement de la tradition après la critique).

Or, dans la présente période de dissolution théorique des sciences sociales, où la rationalité réflexive de la science classique est en train de se perdre dans l'opérativité immédiate de la technique, c'est peut être justement cette inconséquence épistémologique et ontologique qui pourrait être fatale au projet de connaissance qu'elles avaient porté, aussi bien qu'à la visée normative qui les avaient soutenues, non pas à leur insu mais à leur corps défendant, car elle est de nature à leur interdire maintenant tout retour vers la réflexion lorsque cette réflexion ne doit plus et ne peut plus porter d'abord sur l'objectivation du monde extérieur (ou sur l'illusion d'une pure objectivité du social), mais sur les fondements ontologiques de la normativité à laquelle toute identité subjective est attachée. La nature de cette inconséquence ou de cette méprise épistémologique et ontologique est simple à énoncer : c'est que les sciences sociales, tout en assumant l'idéologie de légitimation, les enjeux normatifs et les finalités à priori propres à la modernité, ont néanmoins toujours prétendu pouvoir s'identifier au modèle de scientificité purement positive propre aux sciences de la nature, qui appréhendaient celle-ci de manière instrumentale. Or, si ce double jeu (où, comme on dit, la main gauche – épistémologique – feignait d'ignorer ce que faisait la main droite – idéologiconormative) pouvait bien, durant l'essor de la modernité, servir en quelque sorte de redoublement à leur engagement idéologique effectif, il entre maintenant directement en contradiction avec la tâche qui leur échoit de s'engager explicitement dans la recherche d'un fondement normatif qui puisse orienter l'action, privée et publique, dans la postmodernité où nous entrons et qui est précisément caractérisée par la perte non seulement de toute la normativité traditionnelle, mais aussi de toutes les finalités abstraites et formelles que la modernité avait assignées à l'action.

Cela revient à dire que les sciences sociales doivent maintenant changer de fondement épistémologique si elles veulent encore exercer dans la postmodernité le rôle de légitimation idéologique et d'orientation normative qu'elles ont toujours joué jusqu'à présent au service de la modernité. Le maintien de leur orientation positiviste signifie à présent leur immédiate dissolution dans leur objet technologisé et technocratisé, leur immédiate confusion dans le mode opératoire purement objectif de celui-ci, bref la perte de toute distance réflexive entre elles et la société. À cela correspondrait donc aussi un total désengagement cognitif, éthique, normatif, politique, en deux mots, critique et réflexif des sciences sociales devenues de pures et simples techniques de gestion « opérationnelle » du « social ». Vis-à-vis de ce risque, la question de l'« orientation positiviste » des sciences sociales prend un nouveau sens et acquiert une urgence toute particulière. Elle ne possède plus seulement une valeur épistémologique et méthodologique, elle devient directement « politique » et « anthropologique », c'est-à-dire ontologique et existentielle. Car, après tout, si les sciences sociales ne portent pas en elles-mêmes le « plus haut niveau de conscience », c'est qu'alors nécessairement elle lui font – socialement et historiquement, idéologiquement et politiquement – obstruction.

Deux mille cinq cents ans après que l'Occident se soit identifié au passage de la *doxa* mythique au *logos* réflexif, peut-on croire qu'il n'existe pas d'autre solution à la « perte de sens » qu'un retour à la tradition non réfléchie dont la modernité, maintenant épuisée, avait fait la promesse de nous libérer ? La modernité ne serait-elle parvenue à faire « table-rase » de la tradition effective que pour nous laisser errer à la recherche de traditions imaginaires, parce qu'elle aurait supprimé en même temps la possibilité de penser le problème normatif que pose l'existence humaine-sociale-historique, et donc aussi la possibilité de lui imaginer encore maintenant une issue, un prolongement, un dépassement ? Le positivisme des sciences sociales classiques était au service d'un projet de société « rationnelle », dans lequel la « Raison » s'identifiait à l'idée d'une « libération » de l'individu compris comme « personne humaine souveraine ». Il est aisé maintenant de critiquer la naïveté de telles conceptions, mais on ne peut leur dénier la vertu d'avoir possédé, pendant une période irréversible de l'histoire ou de l'aventure humaine, valeur de transcendance unissant les hommes (les femmes peut-être un peu moins, puisqu'elles y furent toujours un peu laissées en arrière, et c'est pourquoi leur attitude est si hésitante maintenant entre une volonté d'appropriation du modèle universaliste de la modernité au nom de l'égalité et de la justice, et sa dénonciation radicale au nom de leur différence). Ce sont ces conceptions, et les principes sur lesquels elles prétendaient reposer, qui ont orienté les actions (et pas seulement les « comportements » !) en leur donnant un sens historique. La naïveté et l'insuffisance anthropologique et ontologique que nous sommes maintenant obligés de reconnaître à ces conceptions idéologiques doivent-elles nous conduire au cynisme et au nihilisme, plutôt que de nous orienter vers la recherche de leur dépassement ?

Ou encore, en d'autres termes, faut-il que la postérité contemporaine des sciences sociales classiques se fasse l'héritière de ce qu'elles n'ont jamais été, des « sciences positives », au risque alors de se perdre elle-même en perdant toute possibilité de se donner encore un objet significatif, ou ne devrait-elle pas, au contraire, se reconnaître encore plutôt dans ce que les sciences sociales furent réellement : une entreprise systématique d'orientation normative réfléchie de l'action humaine ? Il leur reviendrait alors encore la tâche de penser les conditions d'une vie « humaine », juste et désirable dans la situation postmoderne où nous sommes entrés ; celle d'inventer ou de découvrir ou d'élaborer, comme on le voudra, la « pédagogie » normative qui nous permettra d'entrer dans cette vie-là sans nous y perdre ni comme personne ni comme espèce consciente ni comme membre d'une « communauté d'existence » qui nous dépasse parce que d'abord elle nous a de si loin précédé dans l'être ; qui nous aide à prendre pied humainement, en y trouvant sens, dans l'avenir que nous faisons, parce qu'elle nous enseignerait le sens de la justesse et la volonté de la justice.

Au terme de cette première partie consacrée à une description rétrospective très schématique du développement des sciences sociales s'impose ainsi la conclusion suivante :

À travers leur histoire qui coïncide avec celle de la modernité, les sciences sociales ont essentiellement assumé le discours de légitimation de cette modernité, dans la mesure où celle-ci s'identifiait à une dynamique de développement sociétal à caractère projectif ; c'est alors principalement par leur référence normative à un fondement rationaliste puis positiviste qu'elles ont exercé cette fonction idéologique de légitimation.

Le lecteur a certainement déjà compris que ce n'est pas par purisme épistémologique que nous avons été conduits à faire ce constat critique, et que nous n'avions nullement l'intention de doubler les sciences sociales sur la voie de leur prétention scientifique pour leur proposer, encore une fois, une « nouvelle fondation » plus rigoureuse ou à tout le moins mieux adaptée aux caractéristiques « particulières » de leur objet. Et s'il nous fallait en un mot caractériser la crise qu'elles traversent maintenant, après quatre cents ans d'existence au sein d'une société en changement rapide, nous serions plus portés à parler d'une crise de vieillesse que d'une crise d'adolescence. Si on peut se permettre une telle comparaison, je dirais que si la constitution du pouvoir dans les sociétés traditionnelles a représenté le moment œdipien dans le développement des sociétés, dans lequel s'est constitué leur surmoi, les sciences sociales classiques ont depuis bientôt quatre siècles tenté de surmonter la crise d'adolescence dans laquelle la modernité cherchait à se donner une identité propre et autonome. Plutôt qu'à la maturité où cette identité s'affirmerait avec confiance (quand l'avons nous traversée ?), la crise actuelle correspondrait plutôt au moment de la sénilité où l'identité s'embrouille et où, parfois, le sujet retombe dans une enfance pré-œdipienne. Là, il n'y a plus que faire du surmoi normatif ni de l'identité autonome, il faut des soins et une prise en charge, et c'est à quoi semblent se consacrer les nouvelles sciences sociales gestionnaires et technocratiques.

LE PROBLÈME DE LA NORMATIVITÉ
DANS LA SOCIÉTÉ POSTMODERNE

La première partie a été consacrée à une interprétation rétrospective du développement des sciences sociales et de la fonction de légitimation normative qu'elles ont assumée dans la dynamique caractéristique de la modernité. En abordant maintenant la période contemporaine, comprise non comme un simple prolongement de la modernité mais comme une mutation vers une nouvelle condition sociétale postmoderne dans laquelle les références normatives font place, systématiquement, à un mode de régulation pragmatique et opérationnel de la réalité sociale, qui tend du même coup à prendre elle-même la forme d'un système, notre propre perspective critique va changer de sens. Cette mutation sociétale en effet n'est pas (encore) tout simplement un fait accompli, elle représente seulement l'enjeu le plus global de l'ensemble des pratiques sociales contemporaines, tout spécialement des sciences sociales considérées du point de vue de leur engagement pratique dans la société. Or, la nature de cet engagement pratique des sciences sociales subit une mutation qui coïncide exactement avec celle de la société et ceci, précisément parce qu'elles ne sont plus, majoritairement, orientées vers la compréhension et la justification intellectuelle et idéologique des transformations sociétales, mais engagées directement dans leur production.

La thèse que je défendrai est en effet que le mouvement dominant dans les sciences sociales non seulement les associe de plus en plus étroitement aux nouvelles instances technocratiques de régulation, mais qu'elles tendent de plus en plus à se confondre avec ce qu'on pourrait désigner comme la nouvelle forme des « appareils de domination », si cette notion restait pertinente. Mais justement elle ne l'est plus, puisque la séparation du « pouvoir » et de la « société » tend à s'abolir dans un système de contrôle et de gestion généralisée du social, où il ne s'agit plus tellement de la reproduction de la société que directement de sa production, de son engendrement continu. Et c'est à cette activité non seulement de « prise en charge », mais de production du social sous sa nouvelle forme organisationnelle, technobureaucratique, procédurale, dans laquelle toutes les entités synthétiques sont réduites en variables et en paramètres, toutes les fins et projets en programmes, toutes les sanctions en évaluations et en révisions, que les sciences sociales vaquent sans relâche : dans le plus commun, le plus quotidien, le plus massif et le plus directement fonctionnel ou opérationnel de leurs pratiques, les sciences sociales travaillent à la dissolution continue de la société, si l'on entend par là non pas un système auto-opératoire, mais une entité morale régie par des normes, porteuse de valeurs et d'identité (qu'elle se réfléchisse ou non comme telle chez ses membres ou que ceux-ci en projettent la nature essentielle sur une transcendance extérieure).

Au milieu d'une telle mutation de la réalité, il ne suffit plus d'être seulement « critique » : il faut s'engager normativement de manière positive, plaider positivement la « cause de la société » et donc de la normativité dans laquelle elle consiste en son essence même. L'engagement ne peut plus être seulement critique, il devient nécessairement polémique et agonistique ; c'est la nature de la réalité, notre nature, qui est en jeu, et l'enjeu, c'est perdre ou gagner sur le plan de la normativité elle-même, sur le plan des valeurs et des fins, sur le plan de l'orientation donnée à l'histoire et du sens donné à la vie, sur le plan de la place de maîtresse ou de servante conférée ou laissée aux technologies de toutes sortes, aux mécanismes autorégulateurs de toutes natures, comme l'économie, comme les médias informatisés, comme les procédures de contrôle pragmatiquement programmées, planifiées et opérationnalisées en attendant d'être cybernétisées. Il faut donc enfin entrer dans le vif du sujet, dans sa substance, qui est notre nature de sujets humains et notre place collective et individuelle dans le monde. Face à la perte de normativité caractéristique de la postmodernité, il faut réaffirmer que la normativité, la référence à des normes objectives subjectivement assumées, représente le fondement ontologique de la vie humaine et la condition constitutive de l'existence sociale, et faire de la « défense et illustration » de cette condition ontologique la tâche intellectuelle et pédagogique première des « sciences humaines » dans un moment historique de crise virtuellement radicale où il ne suffit plus d'être ce que nous sommes, ni même de le « comprendre », mais où il faut l'enseigner consciemment à tous, comme savoir réfléchi et comme vouloir-être, si nous voulons que survive notre nature même. Car au milieu du procès de la dénaturation de l'homme et du « monde » qu'il habite, il faut désormais enseigner la nature humaine et enseigner le monde, leur valeur et leur consistance ontologique, comme jadis on enseignait aux enfants une langue et une culture qui englobaient alors tous les « savoir faire » plus circonstanciels qu'on leur apprenait, ou qu'ils apprenaient spontanément.

Même si une postmodernité triomphante signifiait en quelque sorte – comme on l'a dit dans divers sens – la « fin de l'histoire » ou du moins l'abandon de toute historicité réflexive, le passage de la modernité à la postmodernité dans lequel nous somme engagés est par contre encore historique. C'est donc en restant encore dans une perspective historique que je vais maintenant en examiner les aspects les plus saillants en ce qui concerne l'évolution des sciences sociales, avant d'aborder directement, dans les deux derniers paragraphes de ce texte, le problème ontologique de la normativité et la vocation pédagogique que sa reconnaissance confère aux sciences humaines dans l'époque présente.

LE DÉCLIN DU MODE DE REPRODUCTION POLITICO-INSTITUTIONNEL ET DE L'UNIVERSALISME ABSTRAIT DANS LA « MODERNITÉ TARDIVE »[8]

La raison pratique (ou normative) qui a donné une orientation systématique et un caractère cumulatif au développement de la modernité fondait sa légitimité transcendantale sur deux principes complémentaires : d'une part, sur le postulat ontologique négatif de la liberté individuelle (qui faisait de l'émancipation et de l'exercice du libre arbitre la finalité ultime de la vie sociale) et, d'autre part, sur le postulat de la « naturalité des passions » ou du moins de certaines passions et de certains désirs, dont l'universalité pouvait alors servir de fondement à un ordre social positif non « arbitraire », mais en même temps possible et « nécessaire », et dès lors également « fondé en raison » selon le double sens objectif et subjectif du concept de « Raison ». Un ordre social ainsi fondé est alors aussi le seul légitime, puisqu'il était sensé permettre pour tous la libre réalisation du « bonheur ».

Le premier postulat ne pouvait trouver sa confirmation pratique que d'une manière négative, en légitimant la lutte contre toute tradition et toute domination arbitraire et oppressive. C'est donc seulement le second postulat qui pouvait conférer à l'action un fondement et un contenu positifs et universels, dans la mesure où il faisait référence à une nécessité naturelle dont la Raison, réflexivement, devait reconnaître la légitime, parce qu'inévitable, contrainte. L'existence d'un ordre social fondé sur une « donnée naturelle », soumise comme telle aux « lois universelles de la nature », pouvait alors être invoquée soit directement et positivement, comme chez Locke et Rousseau (selon une conception alors « optimiste » de la nature humaine dans l'état de nature), soit indirectement et négativement, comme chez Machiavel et Hobbes (selon une conception « pessimiste » de la nature humaine, où la raison de l'association est fondée sur une passion négative, la « peur de la mort »). Mais dans un cas comme dans l'autre, la nature ontologique de la référence de légitimation restait fondamentalement la même, quoiqu'il faudrait peut-être mettre ici Rousseau à part, puisqu'il conférait au langage une valeur ontologique et que la première passion, ou plutôt disposition « naturelle » de l'être humain, était pour lui la « compassion », qui implique d'emblée la reconnaissance d'autrui et la

---

8. Sur l'interprétation présentée dans cette section et la suivante, voir Freitag (1986), vol. 1 et particulièrement vol. 2, 3e partie. Voir également Gagné (1983a et 1986).

solidarité sociale ou communautaire : Rousseau anticipait ainsi sur le romantisme et sur Hegel, beaucoup plus que sur Kant, qui s'est pourtant explicitement référé à lui.

Le procès de développement sociétal cumulatif qui était orienté par ces deux postulats « philosophiques » devait trouver au XIXe siècle son type idéal dans la formulation de la doctrine de l'État libéral démocratique couplé à une société civile régie de manière immanente par le principe du marché. Sous la seule condition formelle de sa reconnaissance et de sa garantie par le pouvoir d'État, le postulat transcendantal de la liberté subjective était donc sensé trouver sa réalisation immédiate dans la société civile en autant que celle-ci serait simplement comprise et aménagée sous la forme d'un « espace » neutre et vide, entièrement ouvert au « libre jeu des intérêts », puisque le concept même de ce « libre jeu » se rapportait autant à l'autonomie « expressive » des individus qu'au bannissement de tout recours à la violence (l'État « gendarme »). Dès lors, la liberté individuelle s'identifie à la « liberté des échanges contractuels », et celle-ci ne peut aboutir par définition qu'à l'échange d'« équivalents ». C'est alors ce principe d'équivalence formelle qui peut servir – par-delà la multiplicité des désirs et des passions naturelles des hommes – de fondement transcendantal purement formel à la rationalité de l'ordre social.

Si de telles prémisses étaient vraies, et si l'ordre ontologique de la société pouvait être conçu comme un ordre strictement logicodéductif, il faudrait admettre que le « libéralisme » est parvenu d'une manière magistrale et définitive à résoudre la difficile équation de l'institution d'un « ordre social rationnel » et, dès lors, légitime. Car la « main invisible », depuis Adam Smith, n'a plus besoin d'être une Providence extérieure : le marché réalise de lui-même l'équivalence de tous les rapports d'échange, qu'il n'a donc plus besoin de postuler. La seule norme nécessaire et suffisante à la constitution de la société devient alors celle de la soumission des rapports sociaux au marché. Cette « justice » fondée sur l'échange d'équivalents, qui a besoin de l'État pour pouvoir régner sur la société civile, domine aussi la constitution de ce dernier et donc la formation du « monopole de la violence conditionnelle », dans la mesure où le pouvoir d'État est formellement subordonné à la « libre expression politique » de la volonté des citoyens, et qu'il a pour corrélat logique que toute norme ayant socialement valeur impérative et bénéficiant à ce titre de la sanction exclusive du pouvoir d'État doit être énoncée sous la forme d'une règle abstraite et universelle, applicable de manière purement déductive et impersonnelle.

Or, on peut observer que dès la seconde moitié du XIXᵉ siècle, avec le développement du capitalisme industriel, toute cette logique universaliste, formaliste et naturaliste du développement institutionnel, correspondant à la société bourgeoise et à la petite propriété individuelle, commence à générer massivement des effets qui échappent à son mode de régulation et surtout de légitimation spécifique (le modèle de la « domination rationnelle-légale » de Weber). En se réinscrivant, conformément à la logique du système libéral, à la base de tout le procès dynamique de régulation et de reproduction, les « conséquences imprévues » du développement économique vont alors entraîner une inflexion, elle aussi cumulative, de la logique du développement de la modernité, et une dissolution progressive des finalités transcendantales qui en assuraient la légitimation. Ce *feed-back* politique des conséquences du développement économique a entraîné en même temps une « économisation » directe de la vie politique ainsi qu'une politisation systématique des activités économiques, et donc aussi la dissolution progressive du rapport d'extériorité formelle qui existait entre l'État et la société civile.

Bien avant que la « modernité » n'ait été réalisée dans l'ensemble des champs de la vie sociale, même dans les sociétés les plus « avancées », comme l'Angleterre et la France, et sans parler de toute la dynamique de « rattrapage » dans laquelle vont s'engager les pays « retardataires », deux procès historiques vont ainsi se superposer, depuis la deuxième moitié du XIXᵉ siècle jusqu'à nos jours : la poursuite du développement de la modernité d'un côté, et la subversion interne progressive des modalités formelles de régulation et des principes transcendantaux de légitimation caractéristiques de celle-ci, de l'autre. On comprend donc que l'on puisse encore être tenté d'interpréter la situation contemporaine, comme le fait par exemple Habermas, à partir du concept normatif d'« inachèvement de la modernité ». Mais cette manière de voir interdit alors d'appréhender aussi conceptuellement l'orientation qu'a prise depuis un siècle le développement des sociétés contemporaines, et de saisir finalement la cohérence et la force de la nouvelle « logique » de reproduction qui tend à s'imposer non pas tellement dans les « sociétés industrielles avancées » que dans un univers « post-industriel » de plus en plus technologisé et technocratisé. Et on ne parvient pas à saisir du même coup la nature entièrement nouvelle, « postmoderne », des problèmes normatifs qui se posent désormais, existentiellement, autant au niveau collectif qu'au niveau individuel.

> *Le développement de la modernité, fondé ou légitimé idéologi-*
> *quement sur l'autonomie transcendantale de l'individu et sur*
> *son émancipation, a en effet libéré l'individu empirique, et*
> *ceci non seulement sur le plan de ses « intérêts », mais aussi et*
> *surtout sur le plan de son identité psychologique, sociale,*
> *communautaire, affinitaire. Or, comme l'individu abstrait était*
> *au fondement non seulement de l'activité économique, mais*
> *aussi de tout le système politico-institutionnel et de sa*
> *légitimation, c'est l'unité même de ce système qui s'est*
> *fractionnée, qui a perdu son caractère subjectif, et est*
> *devenue problématique.*

Tout le réformisme sociopolitique qui a marqué l'évolution des sociétés modernes entre la fin du XIXe siècle et le milieu du XXe est caractérisé par cette perte progressive de l'universalisme formel abstrait. Pendant cette période, les sciences sociales, sous la forme dès lors dominante de la sociologie, ont perdu progressivement leur fonction de légitimation idéologique à priori et ont assumé de plus en plus une fonction d'intégration et d'intervention pratique directe. C'est à propos de cette transformation que l'on finira par parler, dans les années 1950, de la « fin des idéologies », et que l'idée des sciences sociales tendra à s'identifier à celle d'une « autoproduction de la société par elle-même », qui n'est plus médiatisée que par les conflits dont elle est devenue en même temps le terrain nutritif et l'enjeu de plus en plus fractionné.

Du même coup, les conflits perdent aussi leur caractère de simples « conflits d'intérêt » pour se redéfinir comme des conflits d'« orientation », puis comme des « conflits d'identité ». On passe alors du « conflit de légitimité », où la modernité s'opposait à la tradition, à la « légitimité des conflits », où elle finit par se « mobiliser » de manière purement empirique, et où elle perd toute unité transcendantale à priori, au profit d'un mode de fonctionnement purement pragmatique avant de devenir un système de gestion directe par expertise, où le problème de la légitimité tend à disparaître complètement au profit de l'efficacité immédiate. La société se comprend alors comme *going concern* (Parsons), comme société de « mobilité » ou d'« affluence » (l'empirisme sociologique américain), comme « système d'action » (Touraine), comme « société ouverte » (Popper), comme « société active » (Etzioni), etc. Une telle société répond essentiellement à des problèmes d'orientation normative pragmatique et d'intégration à posteriori. En fin de période, c'est la même conception et la même réalité que vont exprimer la « révolution pédagogique », les « révolutions sexuelles et culturelles »,

les mouvements « anti-institutionnels » et « anti-autoritaires », qui ont tous en commun de ne plus situer dans la tradition l'origine de l'autorité et de l'oppression contre lesquelles ils luttent ; ce sont plutôt les principes formels et les formes d'organisation universalistes que la modernité avait justement dressés contre la tradition qui représentent désormais la cible de leur volonté libératrice. En d'autres termes, on assiste à la répudiation systématique des régulations institutionnelles universalistes au profit de la reconnaissance directe de l'autonomie normative des acteurs sociaux, qu'il s'agisse des individus ou des groupes particuliers. On verra dans les paragraphes suivants que l'appel à une telle « normativité immédiate » avait quelque chose de contradictoire, et qu'elle allait entraîner un problème dont la solution sera cherchée dans deux directions diamétralement opposées.

Revenons brièvement à la « contradiction politique » propre à la modernité, contradiction qui va apparaître dès le moment où la dynamique du développement de la société moderne cessera d'être polarisée et animée (ou encore catalysée) par la lutte contre la tradition et deviendra essentiellement endogène. Schématiquement, on peut dire que le capitalisme libéral et l'État de forme démocratique[9], produits typiques d'une bourgeoisie qui n'était, dans les sociétés traditionnelles où elle s'est affirmée, qu'une classe particulière et peu nombreuse mais qui affichait à l'encontre de l'ordre féodal une prétention à l'universalité, ne produisirent pas, dans leur logique de fonctionnement propre, une extension tendanciellement universelle de cette même bourgeoisie dont ils étaient issus. Le développement systématique du capitalisme et de l'État démocratique produit plutôt, non de nouveaux bourgeois, mais d'un côté des « capitalistes » et des « prolétaires » inégaux et antagonistes, et de l'autre, des masses de citoyens formellement « égaux en droits », sinon de droits égaux. Dès lors, la logique politique de l'État démocratique va formellement entrer en contradiction avec la logique économique libérale capitaliste.

La formation progressive – d'abord aux États-Unis, puis dans l'ensemble des sociétés « libérales, démocratiques et capitalistes » – d'une « classe moyenne » de plus en plus vaste, qui se pose à son tour en lieu et place de la bourgeoisie comme représentante virtuelle de l'ensemble de la société, ainsi que l'apparition de son complément négatif sous la forme nouvelle d'une catégorie toujours plus nombreuse de « laissés-pour-compte », ne sont donc pas directement le résultat du

---

9. Rappelons qu'il s'agissait toutefois d'une démocratie restreinte.

capitalisme libéral (dont Marx avait décrit correctement la logique formelle de développement), ni directement de la généralisation de l'État démocratique (compris lui aussi selon son principe d'opération formellement égalitaire). Ce sont là les produits de la contradiction entre les deux[10] et du mouvement réformiste qui y répond. C'est ce mouvement réformiste qui conduit, pragmatiquement, à la hiérarchisation croissante des conditions et des statuts sociaux, par suite du « libre-jeu », non plus immédiatement des « intérêts », mais des « rapports de force » qui tendent à devenir l'ultime instance de régulation et de légitimation dans une société qui se conçoit de plus en plus elle-même à travers les notions empiriques de « chances » et de « mobilité ». Le caractère structurel et dynamique de l'inégalité économique (la « lutte des classes » au sens marxiste) tend ainsi à ruiner l'idée d'un « libre jeu des intérêts » dans un système fondé sur l'« échange d'équivalents » et, par conséquent, l'idée corrélative d'une « communauté naturelle d'intérêt » entre les membres de la collectivité. Dès lors, au moins aux yeux de la majorité, le principe de l'autonomie des individus dans le champ de la société civile se trouve progressivement vidé de tout son contenu normatif positif à caractère encore universaliste, et le domaine de la participation politique devient le champ naturel où se forment toutes sortes de « coalitions d'intérêts » concrets, substantiels et particuliers, entre lesquels ne jouent plus que des rapports de force mobiles.

Cela entraîne donc aussi une décomposition du sujet politique formel, abstrait et universaliste, qui servait de référence de légitimation ultime au monopole de la contrainte revendiqué par l'État libéral démocratique. Dans les faits comme en droit, ce monopole tend donc aussi à s'effriter face à ce qu'on a appelé, à la faveur d'une analogie superficielle, une nouvelle féodalisation de la société. Une inflexion formelle et cumulative de la logique de développement politique et économique

---

10. Joseph Schumpeter, tout en reconnaissant l'impossibilité d'un retour aux formes traditionnelles de légitimation, fut un des premiers à bien saisir le caractère structurel et systématique de cette perte de légitimité résultant inexorablement du développement d'une contradiction entre les deux fondements du système : le libéralisme économique et la démocratie politique. Voir notamment *Capitalisme, socialisme et démocratie* (1979). Daniel Bell a développé une thèse analogue dans *Les contradictions culturelles du capitalisme* (1979). On peut ajouter, à l'occasion de ces références, que cette contradiction tend actuellement à être « résolue » dans l'identification idéologique immédiate de la « démocratie » avec le « libéralisme » économique capitaliste, qui ne comporte rien de moins que la disparition pure et simple du politique. Mais c'est une autre histoire !

caractéristique de la modernité va donc se produire au moment où la société en viendra à reconnaître, en lieu et place de ses postulats transcendantaux, le caractère naturellement et légitimement divergent des intérêts et des stratégies propres aux différentes catégories sociales elles-mêmes purement empiriques (à la différence des « ordres » et « états sociaux » des sociétés d'Ancien Régime), et donc irréductiblement particularistes en leur identité même.

Il faut remarquer à cet égard que la contestation révolutionnaire de l'ordre capitaliste libéral, telle qu'elle fut notamment énoncée par le marxisme sur le plan théorique, n'impliquait pas encore une telle reconnaissance de la « naturalité » des conflits dans la société ; elle lui faisait plutôt directement obstacle, puisque c'est au nom d'un universalisme prolétarien qu'elle dénonçait le particularisme des intérêts « bourgeois » et du même coup le « pharisaïsme » d'un système qui prétendait fonder sur eux sa prétention à l'universalité (c'est d'ailleurs encore le même argument qui sera invoqué par Habermas cent ans après Marx, lorsqu'il voudra substituer à l'universalisme idéologique des intérêts liés à la propriété, l'universalisme réel inhérent aux à priori « quasi transcendantaux » de la communication). La volonté qu'a Marx de donner à sa critique un fondement universaliste est aussi évidente dans l'« humanisme » de ses œuvres de jeunesse que dans le scientisme positiviste du *Capital*. Eu égard à la transition qui s'opère ainsi d'une situation caractérisée par un conflit de légitimité à une nouvelle structure sociétale fondée sur la légitimité des conflits, le facteur historique décisif a été, en Europe, l'échec de la mobilisation révolutionnaire du prolétariat, au profit d'une orientation réformiste pragmatique du mouvement ouvrier.

Chaque pays capitaliste a bien sûr eu son histoire propre. Cette réorientation s'est opérée très vite en Angleterre, avec le mouvement chartiste, et elle fut confirmée par le développement d'un puissant parti travailliste-unioniste à caractère réformiste. En France, on pourrait invoquer la révocation de la Loi Le Chapellier et la reconnaissance du droit d'association comme point tournant, mais la scission entre socialistes et communistes au Congrès de Tours viendrait alors rappeler que la réorientation réformiste du mouvement est longtemps restée problématique dans ce pays. Le mouvement ouvrier italien paraît être resté « révolutionnaire » jusqu'au « compromis historique », mais il faut, en en jugeant ainsi, faire la part de la rhétorique. En Allemagne, c'est la politique sociale autoritaire et intégrationniste de Bismarck qui représente le point tournant de cette reconversion de la société au réformisme social pratiqué ici « par en haut », mais elle est ensuite confirmée par l'échec d'une révolution communiste et conseilliste à la fin de la Première Guerre mondiale, et par l'orientation gestionnaire et participationniste adoptée bien avant par la social-démocratie. Finalement, ce sera partout le « modèle américain », fondé sur l'action syndicale plutôt que politique, et sur les rapports de force concrets et localisés, qui l'emportera en Occident. Aux États-Unis, c'est en effet plus directement dans le champ de la société civile que cette transition vers une nouvelle structure sociétale s'est opérée. Si le développement presque exclusif d'un syndicalisme de *bargaining* a joué à cet égard un rôle important, c'est surtout la forme de la reconnaissance juridique qu'a acquise la « propriété corporative » qui s'est avérée déterminante non seulement dans l'économie proprement dite, mais aussi comme modèle général d'action sociale[11] ; c'est beaucoup plus tard, avec le *New Deal*, que ce mouvement a pénétré directement dans le champ politique, mais alors massivement.

Le point formel de rupture d'avec la logique universaliste et abstraite de la modernité a donc été atteint lorsque l'intérêt politique négatif, orienté vers l'autonomie de l'individu, a cédé devant l'expansion purement empirique des intérêts positifs divergents et concurrentiels propres aux « catégories sociales » (ces catégories qui parvenaient de leur côté à acquérir, avec l'aide des sciences sociales, une visibilité sociale et un statut d'« objectivité scientifique »), et lorsque la « satisfaction de leurs revendications » a été progressivement reconnue comme le nouveau fondement de la légitimation de l'ordre social. En conséquence, le principe politique de la représentation démocratique s'est lui aussi converti en un nouveau principe de la représentation de toutes les demandes sociales « légitimes », cette « légitimité » tautologique ne référant plus désormais, essentiellement, qu'à la capacité sociale, également-ment purement empirique, de les satisfaire (la légitimation et l'institu-tionnalisation des « groupes de pression » et des *lobbies* n'a pas d'autre base). La société politique tendait ainsi à devenir directement un vaste marché régi par l'offre et la demande sociale de reconnaissance des prétentions « influentes » converties en « droits », où c'est justement l'« influence » publicisée par les « médias » qui servait désormais de moyen d'échange généralisé (comme l'avaient bien vu Daniel Easton et

---

11. Voir surtout à ce sujet Jouvenel (1933), ainsi que Berle et Means ([1939] 1968). Sur le même sujet, on peut aussi rappeler la perplexité que Marx avait lui-même éprouvée à la fin de sa vie face au développement des sociétés par actions.

Talcott Parsons, qui eurent cependant le tort de confondre, de manière typiquement américaine, cette tendance propre au déclin de la modernité avec un paradigme universel de la vie politique).

Il me faut enfin encore attirer l'attention sur un aspect du développement du capitalisme industriel et corporatif qui a lui aussi joué un rôle déterminant dans la dynamique de transition des sociétés politico-institutionnelles modernes aux sociétés décisionnelles-opérationnelles, communicationnelles-pragmatiques postmodernes. On a assez relevé que l'entreprise industrielle capitaliste s'est développée, pour l'essentiel[12], dans le cadre juridique qu'établissaient le droit de propriété privée et le contrat de travail, qui furent immédiatement couplés l'un à l'autre par la reconnaissance de la « propriété » du travailleur sur sa force de travail, identifiée à la propriété qu'il détenait sur sa propre personne. Dans sa « forme », le contrat de travail était une institution typiquement moderne, puisqu'en lui se réalisaient les principes universalistes de la propriété et de la liberté contractuelle[13].

Ainsi, les rapports que l'« entrepreneur » capitaliste entretenait juridiquement avec la société (et qui s'appuyaient sur les rapports politiques qu'il avait avec elle) se résumaient d'un côté à l'achat contractuel de travail, de biens et de services, et de l'autre, à la vente de marchandises, de telle sorte que juridiquement, l'« entreprise » comme telle « n'existait pas ». Mais cela ne l'empêchait pas d'exister socialement, et les rapports sociaux qui se déroulaient et se développaient en son sein furent d'abord et longtemps tout simplement régis par le principe de l'autorité discrétionnaire que le propriétaire exerce sur ses « biens » et le « maître » sur ses « subordonnés » et ses « dépendants » (jusqu'à la fin du XIXe siècle, le Parlement et le « droit du travail » britanniques utiliseront les termes de *master* et de *servant* pour désigner les patrons et

---

12. Les entreprises capitalistes de la première révolution industrielle – et même plus tard – eurent recours également à diverses autres formules juridiques pour s'assurer les services du travail, certaines héritées de la tradition et d'autres inventées de manière pragmatique : travail à la tâche, louage de services, contrat d'entreprise, et parfois même des rapports de dépendance directe confinant à l'esclavage. Cependant, on doit reconnaître que c'est le contrat de travail et le salariat qui ont constitué le cadre idéal-typique du rapport du capitalisme industriel avec la main-d'œuvre.

13. Je n'ai pas à revenir ici sur le caractère « léonin » qu'a presque toujours possédé le contrat de travail dans les conditions concrètes qui présidaient à sa conclusion durant la période originelle du développement du capitalisme industriel, conditions sur lesquelles la société fermait les yeux (c'est un euphémisme, puisqu'elle a longtemps tout fait pour y enfermer de force les travailleurs tant sur le plan politique que juridique et administratif).

leurs employés !). Le contrat de travail, au caractère formellement bilatéral, régissait donc bien l'engagement des ouvriers par l'entrepreneur, ou encore le seuil par lequel ils pénétraient dans l'entreprise, mais ce rapport contractuel bilatéral se convertissait immédiatement, une fois passé ce seuil, en un rapport unilatéral de domination, ce qui signifie que toute la vie du travail (ce que Marx nomme le procès concret de la conversion de la force de travail en travail productif) et l'essentiel de la vie de l'ouvrier se déroulaient entièrement hors de lui. Les conditions sociales et les rapports sociaux internes de l'entreprise, où s'accomplissait réellement l'activité industrielle capitaliste, échappaient donc entièrement au droit moderne pour être régis par des conditions de dépendance archaïques ou « féodales » qui n'étaient plus, par ailleurs, tempérées par aucune coutume, aucune limitation statutaire, aucune réglementation corporative, etc. L'activité industrielle comprise en elle-même, et non seulement dans son articulation marchande et contractuelle à la société extérieure, échappait donc aux lois, règles et principes modernes, universalistes, qui régissaient aussi bien la société civile bourgeoise que la société politique dominée par l'État de droit démocratique. Dans l'entreprise, point de liberté, point de contrat, point d'égalité formelle, point de négociation, point de droits ni, plus généralement, de Droit. Elle était, juridiquement et politiquement, un *no man's land,* où disparaissait même la propriété de la personne sur elle-même, puisque celle-ci avait été vendue temporellement au patron, puisqu'elle appartenait à l'entreprise.

Or, c'est dans ce *no man's land,* dans cette enceinte réservée (sorte de « Cité interdite » nouveau genre), qu'a été réalisée progressivement cette autre dimension de la révolution industrielle qu'on peut appeler la révolution organisationnelle[14]. Ici encore, on peut mettre en relief, idéaltypiquement, deux mécanismes distincts quoique directement couplés l'un à l'autre. Le premier a son origine dans l'arbitraire même qui préside à l'exercice de l'autorité patronale, et qui va de plus en plus systématiquement s'exprimer dans une volonté autonome de « rationalisation » du procès productif englobant l'ensemble des conditions, techniques et humaines, de la production, dont la complexité échappait de plus en plus à l'emprise d'un exercice direct ou indirect du principe traditionnel d'autorité. Le second tient dans la volonté des « employés », immédiatement soumis à cette autorité discrétionnaire et archaïque, de se « faire

---

14. Voir aussi à ce sujet Manfred Bischof (1995), ainsi que la thèse de doctorat que Rollande Pinard prépare à l'Université du Québec à Montréal sur la transformation du travail dans les sociétés contemporaines.

reconnaître des droits » à l'intérieur même de l'entreprise, soit en suivant la voie « externe » de la recherche d'une protection politique et législative, soit au contraire en s'efforçant de « contractualiser » directement leurs rapports avec l'entrepreneur dans l'entreprise et, donc, de devenir collectivement partie dans la mise en place d'une structure juridique interne à l'entreprise, participant ainsi directement à la constitution de celle-ci en tant qu'entité sociojuridique effective. En somme, les luttes ouvrières, tant dans l'entreprise qu'au-dehors d'elle, visaient à faire pénétrer en son sein aussi bien la société civile que la société politique (à la « civiliser » et à la « policer » en même temps qu'à la « politiser »), puisqu'elle échappait initialement entièrement aux principes, règles et procédures caractéristiques de la vie collective moderne, créant ainsi, dans le cœur dynamique du développement socio-économique de la modernité, ce nouvel espace proliférant de « sauvagerie primitive » qui a été si fréquemment et si violemment dénoncé par les critiques les plus engagés de la nouvelle condition ouvrière née de la conjonction du capitalisme économique et de la révolution industrielle. Mais du même coup, la nouvelle réalité organisationnelle qui émergeait de ces stratégies, affrontements et compromis, représentait, aussi bien formellement que matériellement, une subversion des principes politiques et juridiques universalistes qui avaient orienté tout le développement historique de la société moderne. En effet, ce qui s'y trouvait en même temps reconnu et positivement réalisé, c'est, d'un côté, la validité en soi et pour soi du principe d'efficacité, et de l'autre, la fragmentation particulariste et conjoncturelle de la prétention au droit et à la détention de droits, l'accord entre ces deux « parties » du nouveau « contrat social industriel », à caractère purement local, étant désormais arbitré par les rapports de force dynamiques et circonstanciels qui s'établissaient entre elles.

L'entreprise capitaliste ne fut pas le seul lieu où s'est opérée cette « révolution organisationnelle » dans laquelle s'opposaient formellement et se conciliaient pragmatiquement les deux visées séparées et largement antagonistes de la rationalisation autoritaire de la production ou de la gestion, et celle de la participation démocratique négociée ; elle s'est manifestée également dans le fonctionnement de l'État, à mesure que sa fonction juridico-politique classique s'ouvrait à de nouvelles responsabilités gestionnaires ; elle s'est aussi diffusée du domaine des « entreprises économiques » vers des organisations diverses orientées vers la réalisation d'objectifs de toutes sortes ; et enfin, elle s'est imposée même sous la forme d'une structuration organisationnelle du « marché », qui avait été au développement des entreprises capitalistes ce que l'eau est au poisson, ce marché comprenant non seulement le marché du travail dont nous avons déjà parlé, mais l'ensemble des rapports que les entreprises entretiennent avec leurs concurrentes et leurs clientèles. Ainsi est né un nouvel espace économique organisationnellement structuré, dont les concepts de « libre marché » et de « lois du marché » ne font plus que masquer la réalité de plus en plus impériale.

Le caractère fondamental de cette rupture dans la logique de régulation et de reproduction de la société a longtemps été masqué (surtout en Europe) par le fait qu'elle s'est amorcée d'abord dans un contexte encore fortement dichotomisé par la « lutte des classes », à caractère universaliste, où les intérêts particuliers des classes en présence tendaient à être représentés politiquement par des « grands partis » qui se réclamaient tous, quoique de manière différente, de la tradition universaliste moderne (progrès, justice, égalité, liberté), voire de la tradition tout court pour les partis conservateurs. Mais le nouveau principe de la représentativité des intérêts particuliers et antagonistes une fois admis et ayant, comme on dit, fait son lit dans la nouvelle réalité des organisations, son application systématique et désormais légitime n'allait pas tarder à déborder hors des cadres constitutionnels, institutionnels et procéduraux propres à l'ancienne logique de reproduction de la société, pour finir par submerger l'ensemble de la vie sociale, économique, politique et culturelle. On s'est ainsi acheminé logiquement vers la reconnaissance d'« intérêts légitimes » de plus en plus fractionnels, presque aussitôt convertis en la revendication d'autant de « droits » particuliers à la seule condition de bénéficier d'un appui publicitaire et promotionnel suffisant de la part des sciences sociales et des « médias », et tous mesurables en dernière instance à cette aune. La référence universaliste n'a pas immédiatement disparu pour autant, mais elle a reflué vers les procédures régissant l'action politique, et l'exercice du droit légitime à la revendication d'une reconnaissance de droits.

En d'autres termes, les règles régissant les contrats sont elles-mêmes devenues progressivement contractuelles – non plus au sens de la référence à un *Grand Contrat Social* fondateur, mais au sens de la pratique quotidienne de la négociation et de l'arbitrage. Dès lors, elles sont aussi devenues en principe révocables en tout temps, selon l'évolution des rapports de force. Quiconque a un tant soit peu agi dans les « organisations », ou en a subi les procédures et les décisions, comprend immédiatement de quoi il s'agit. Le terme de l'évolution que nous avons examinée ici sous le point de vue du « déclin de la modernité » consiste alors dans la transformation de la société elle-même en une structure complexe d'organisations. Toutefois, cette vision, qui est d'ailleurs celle à laquelle se sont adonnées presque toutes les sciences sociales empiriques après les années cinquante, reste unilatérale : elle permet d'assister à la disparition du mode de reproduction universaliste, à priorique, abstrait, de la société, qui avait caractérisé la dynamique de la modernité. Ce qui lui échappe encore, c'est la constitution d'un nouveau mode de régulation et d'intégration unitaire de l'ensemble des pratiques sociales, ou plutôt, des activités et des comportements organisationnels, auquel correspond maintenant le concept de « système » et les technologies qui lui sont associées. C'est à un bref examen formel de cette nouvelle logique, postmoderne, de constitution d'une totalité purement objective, que nous allons procéder dans la section suivante.

LA DISPARITION DE TOUTE NORMATIVITÉ « TRANSCENDANTALE » DANS LA SOCIÉTÉ INFORMATIQUE, CYBERNÉTIQUE ET SYSTÉMIQUE, ET LA RÉDUCTION DES « SCIENCES SOCIALES » EN PURES TECHNIQUES DE « GESTION OPÉRATIONNELLE »

La démarche suivie dans la section précédente appréhendait la période contemporaine de transition en l'examinant encore essentiellement selon le point de vue formel du « mode de reproduction politico-institutionnel », qui caractérise la modernité, et elle se contentait en quelque sorte d'en constater le déclin. L'analyse était en somme placée sous le signe de l'« anomie », du « pluralisme », de la « décentralisation » et de la multiplication des « autonomies », notions auxquelles il nous faudra maintenant opposer celles de l'« a-nomie », de la « complexité », de l'« autorégulation par *feed-back* » et de la « perte d'identité ». À toutes ces tendances qu'elles observaient, les sciences sociales répondaient alors en devenant de plus en plus « interventionnistes », « pragmatiques » (sous le couvert de l'« engagement » et de l'« utilité »), « spécialisées » et « professionnalisées ».

Par une sorte de polymérisation des interventions, des contrôles et des prévisions, l'évolution des sociétés contemporaines est ainsi allée vers la constitution progressive d'un nouveau mode de régulation et d'intégration d'ensemble de la « société », à caractère strictement technique et opérationnel[15], et qui met en œuvre systématiquement des principes opératoires qui sont formellement opposés à ceux qui

---

15. Je l'ai « baptisé » formellement « mode de reproduction décisionnel-opérationnel » ! Voir Freitag, 1986, vol. 2, troisième partie.

régissaient le précédent mode de reproduction historique : intégration latérale plutôt que verticale, inductive et à posteriorique plutôt qu'à priorique et déductive, pragmatique et non plus pratique, excentrée et non plus centralisée, particulariste et non plus universaliste, « collectiviste » et non plus « individualiste » (ni non plus « holiste »), préoccupée d'effectivité et d'efficacité, et non de valeurs, de vérité et de finalités. C'est alors la société elle-même qui tend à perdre toute dimension subjective, et qui cesse d'être représentable sous le mode de l'identification pour se présenter comme une totalité purement objective, dynamique, opérationnelle, en un mot comme un système.

> *D'un côté, la société contemporaine tend à se fractionner en des entités sociales (en principe encore identitaires et subjectives, mais qui, en fait, sont essentiellement des organisations impersonnelles) de plus en plus particulières et de plus en plus enchevêtrées, qui interagissent alors en extériorité les unes sur les autres selon un modèle de stratégies, de rapports de force, d'informations, de prévisions, de programmations, de décisions et d'évaluations. Les différents « intervenants » ne représentent plus alors, les uns pour les autres, que des « variables d'environnement ». Mais de l'autre côté, la coordination dynamique des « éléments » mobiles de cet ensemble s'opère de plus en plus selon une logique d'intégration systémique qui procède de manière purement technique, de proche en proche et à posteriori, grâce à la mise en place informatique et cybernétique de tout un système de feed-back. C'est alors cette nouvelle structure opérative qui tend à jouer le rôle de médiation généralisée entre tous les éléments « autonomisés » du système. Dans cette nouvelle condition sociétale, les « sciences sociales » sont portées à s'identifier directement à la fonction de gestion technocratique du social et de production de l'unité de la société, en même temps que le « techno-logisme » devient leur discours d'autolégitimation immédiat, en ce sens qu'il s'identifie désormais aussi au discours de légitimation de la société. Toute distance entre la normativité épistémologique des sciences sociales et la normativité idéologique de la société tend alors à disparaître, en même temps que la distinction classique entre science (cognitive), technique (instrumentale) et normativité (expressive). Toute référence transcendantale tend à s'effacer, hormis celle qui est faite à l'état de fait systémique (au niveau sociétal) et au « désir immédiat » (au niveau individuel).*

La tendance à laquelle se réfère cette description a alors une portée historique, politique, anthropologique et ontologique (ou existentielle) fondamentale, puisqu'elle pointe – de loin seulement, pouvons-nous encore espérer ! – vers la disparition de toute la dimension subjective au niveau de la société comprise comme « totalité », et qu'en conséquence, elle tend du même coup à rendre problématique la dimension de l'intersubjectivité symbolique au niveau même des individus, puisqu'en l'absence de tout référent normatif commun à priori, ceux-ci ne seraient plus confrontés – au dehors d'eux-mêmes – qu'à l'« insoutenable légèreté de l'être ».

En effet, l'unité de la société, comme celle de l'individu, n'est pas d'abord une unité de fait, empirique, elle est d'ordre « idéal », subjectif et identitaire (on disait jadis précisément qu'elle était d'ordre moral, et on ne pouvait mieux dire !). C'est seulement en tant que fait moral que la société représente une totalité concrète réelle (alors que l'individu dispose, à la limite, de son être biologique pour exister, mais certes pas alors vraiment en tant qu'« être humain »). À ce titre, la société existe donc, comme l'individu, « en elle-même et pour elle-même » et elle reste d'ailleurs toujours représentée comme telle par les individus qui trouvent alors dans cette représentation commune le fondement de leur propre identité symbolique personnelle, parce que celle-ci n'existe pour eux, vis-à-vis d'eux-mêmes, que dans la mesure où elle existe en même temps « pour autrui » dans la reconnaissance. La « connaissance de soi » comme « identité » (et non seulement comme « sentiment immédiat de soi ») est donc toujours déjà une « re-connaissance » dans le miroir d'autrui qui, dans le contexte d'un langage, d'une culture, d'une société, est un « autrui généralisé », comme l'a si bien dit George Herbert Mead. Il est une représentation intériorisée de la totalité dans laquelle se trouve fondée l'intersubjectivité (voir Freitag, 1994b).

Du même coup, l'unité de la société est d'abord, essentiellement et fondamentalement, une unité « simple », comme celle du sujet individuel pour lui-même et pour autrui (le « nom », en tant que singulier). Il n'y a en effet que la subjectivité, la présence à soi-même, qui puisse être vraiment simple, indécomposable et non multipliable, même si la sociologie classique a toujours eu du mal a reconnaître cette donnée existentielle fondamentale. Durkheim, par exemple, y a certainement été sensible lorsqu'il a créé le concept de « conscience collective », mais ce concept, comme bien d'autres chez lui, reste ambigu : s'agit-il de la « communauté de conscience » ou de la « conscience de communauté » ? Le rôle qu'il attribue à l'objectivation de la conscience

collective, aux « représentations de soi de la société » fait pencher dans
le sens de la seconde solution, mais tout son propos méthodologique lui
interdit d'être clair et ferme sur ce point. Lévi-Strauss, quant à lui, fait
des structures symboliques communes le fondement sous-jacent mais
« inconscient » de toute pratique sociale significative, et donc le
véritable « sujet » de toute action, mais le terme n'est plus qu'une
métaphore négative. On a le même problème chez Weber, dont le
« nominalisme » méthodologique se défie de tout réalisme sociétal, mais
dont toute l'œuvre témoigne d'une très vive sensibilité contraire. Et Marx
lui-même, s'il ne voit dans la société qu'une superstructure strictement
instrumentale, semble changer d'attitude lorsqu'il lui faut parler, plus
concrètement, des classes, de l'humanité ou de la nation.

Nous avons vu que le principe transcendantal de l'unité et de
l'identité subjective – en même temps normative et expressive – des
sociétés traditionnelles est objectivé (ou « réifié ») par sa projection hors
d'elles-mêmes. La modernité n'abolit pas cette extériorisation ou cette
transcendantalisation : elle lui confère seulement une forme abstraite,
universaliste, idéale ; elle en épure ainsi, si l'on peut dire, le caractère
subjectif et « moral », de telle manière que désormais, chaque individu
peut singulièrement s'identifier à elle et non plus seulement participer
d'elle de manière toujours particulière. Chaque individu prend alors lui-
même par là, en son principe d'identité, valeur universelle (alors que dans
les sociétés traditionnelles, il participait de l'*universum*). Et nous avons
vu aussi que les sciences sociales ont participé directement à la création
de cette idéalisation abstraite et universaliste de la référence transcendantale : on peut dire que ce sont elles, spécifiquement, qui l'ont assumée en
se substituant à la religion. Si donc elles procédaient à la « dissection
analytique » de la totalité sociale traditionnelle et de sa valeur normative,
elles en opéraient de l'autre une nouvelle synthèse projective et idéaliste,
ayant elle aussi valeur transcendantale. Elles opéraient même ainsi,
comme ne l'avaient jamais fait avant elles les sociétés traditionnelles,
une séparation formelle du moment transcendantal et du moment
empirique de l'existence sociale. C'est en cela qu'elles ont participé au
« désenchantement du monde ». Toutes les luttes idéologiques qui ont
déchiré la modernité entre la fin du Moyen Âge et le XIXe siècle témoignent que les enjeux n'étaient pas seulement situés sur le plan des
conditions empiriques de la vie sociale, mais qu'ils gravitaient autours du
statut de la transcendance.

Sans qu'aucune rupture explicite ne soit intervenue sur le plan
théorique et pratique, mais au terme d'un long procès évolutif de

décomposition de la référence universaliste qui fondait le mode de reproduction politico-institutionnel, l'instauration contemporaine d'un mode de régulation systémique tend maintenant à dissoudre directement et formellement toute référence transcendantale, aussi bien concrète qu'abstraite, et donc à supprimer du même coup toute la dimension subjective inhérente à la société. L'unité et l'« identité » de la société se confondent alors avec la simple interdépendance de fait de toutes les « pratiques sociales » (le concept de « pratique » à la limite y perd son sens, comme en témoigne d'ailleurs toute la rhétorique de la « mort du sujet », qui n'« agit » pas, mais « est agi » par la structure – formulation « ancienne » encore universaliste – ou qui « réagit » à l'environnement, etc.).

Pour abréger la description phénoménologique de ce mode « opérationnel » d'existence de la société, je me contenterai d'en relever quelques caractéristiques marquantes du point de vue du problème de la normativité, de l'identité et de la légitimité qui nous intéresse ici, à commencer par la disparition de l'unité à priori de la société à caractère expressif-normatif. À ce mode d'unité transcendantale se substituent des « procédures » techniques (« technocratiques ») d'intégration des « éléments de l'ensemble », par adaptation, programmation, prévision, etc. Les « éléments » en question sont alors essentiellement conçus comme des « décisions » et c'est l'« information » qui devient la médiation générale, mais au sens d'une intégration « médiatique » elle-même strictement positive.

L'unité de la société perd ainsi toute valeur subjective-identitaire, elle est simplement objectivable comme « système », et l'opérativité du système (ainsi que l'opérativité dans le système) devient la référence de légitimation ultime, purement immanente. Cela implique une « perte d'orientation », où le succès même de l'intégration dynamique de tous les procès entraîne le système dans une dérive globale. À la limite, la temporalité elle-même devient négative : elle n'est plus appréhendée que sous la forme d'un « temps de réaction », d'une dimension d'imprévisibilité, d'une « opacité » des éléments les uns pour les autres dont l'opérativité optimale du système exige la réduction continue (et à la limite, cette « opérativité optimale » finira donc par coïncider avec la « survie » même du système considéré comme tel, et l'« efficacité » s'identifiera à l'« effectivité »).

La dissolution de l'unité subjective transcendantale de la société entraîne aussi la perte de l'unité transcendantale des sujets les uns pour les autres, et, dans la mesure où ils ont du mal à se laisser dissoudre individuellement par la théorie de la dissolution du sujet, leur propre identité subjective devient pour eux problématique, structurellement schizophrénique et par réaction, « narcissique ». Chaque sujet, individuel et collectif (il faudrait dire « catégoriel ») tend à n'être plus reconnu par les autres que comme un centre « obscur » d'imprévisibilité relative, comme un « foyer d'opacité et d'incertitude » dans le champ environnemental de chaque autre lieu « autonome » de décision qui élabore ses stratégies vis-à-vis de toutes les autres. On assiste alors à l'apparition d'une nouvelle et étrange contradiction entre l'accroissement de l'« autonomie » des particules subjectives irréductibles, et la nécessité aussi bien formelle que matérielle de la consolidation des procédures techniques d'intégration systémique à posteriori, fondées elles-mêmes sur la reconnaissance de ces « autonomies » et entièrement tournées vers leur réduction, une réduction qui coïnciderait avec la disparition du temps dans une opérativité « en temps réel » ou une parfaite prévision.

Il en résulte, de la part des sujets et par réaction, une recherche continue d'identité par participation à des « différences », une quête incessante d'*alter ego* « sectoriels », dont la reconnaissance est anxieusement recherchée sur toutes les lignes de découpe et d'intersection catégorielles où se marquent les franges de la visibilité statistique et médiatique, où s'accumule l'énergie mobilisable dans les rapports de force, et où s'inscrivent les spécificités convertibles en stratégies. Cette problématisation et cette « extraversion » de l'identité sociale des individus (dont le concept de la personnalité *other-directed* de Riesman nous donnait déjà un avant-goût) produit alors son contraire dans l'introversion de l'identité personnelle, vécue immédiatement sur le mode affectif du désir, de la passion, de la « jouissance », de l'intensité expériencielle immédiate. C'est de cela que s'empare, on l'a dit, la « psychologie des profondeurs », qui y loge la dernière transcendance normative qu'il soit encore donné aux sciences sociales de tendance classique de découvrir et de promouvoir.

En tant que totalité, la société n'existe plus que comme résultante de l'intégration, réalisée à posteriori et de proche en proche, des multiples composantes autonomisées de la vie sociale, identifiables par leurs stratégies et leurs *outputs* décisionnels. La société s'identifie du même coup aux réseaux complexes des appareils systémiques qui opèrent cette régulation et cette intégration, et elle tend à devenir, pour elle-même, une réalité « hypercomplexe ». En effet, la nécessité structurelle de l'identification particulariste, du jeu des rapports de force, de la prise de décision, de la programmation, de la prévision et du contrôle de l'environnement, qui échoit à chaque unité décisionnelle particulière, lui fait apparaître tous les centres analogues d'autonomie relative comme des lieux objectifs d'imprévisibilité, qui vont se multipliant au fur et à mesure que se développent et se raffinent les techniques de la prévision. La société devient ainsi, d'un bout à l'autre des réseaux cybernétisés qui la constituent en s'entrecroisant, pour elle-même son propre environnement intérieur. Et, à vrai dire, toute opposition entre intérieur et extérieur disparaît alors pour elle. La maîtrise de soi à laquelle tend une telle société coïnciderait avec une situation où elle serait devenue entièrement étrangère à soi en chacune de ses molécules ou de ses fibres et où la « transparence » qu'elle aurait acquise vis-à-vis d'elle-même grâce aux mécanismes d'ajustement ou de *feed-back* quasi instantanés qui la régiraient de part en part, « en temps réel », ne signifierait rien d'autre que la disparition conjointe de la subjectivité et du temps. On ne peut alors s'empêcher d'évoquer, pour décrire une telle transparence, l'idée de « transcendance noire » suggérée par Gilbert Hottois (*Le signe et la technique,* 1984).

La logique de la régulation et de la reproduction systémique implique l'« internalisation » tendancielle de toutes les « externalités » (ce qui est une manière symptomatique de ne pas dire « extériorité », puisque l'extériorité est déjà virtuellement incluse dans le système, et qu'elle n'existe que de son point de vue « opérationnel », et non plus « en soi » d'aucune manière ni subjectivement ni objectivement). Mais l'extériorité (ou l'« externalité ») type du système est justement l'autonomie subjective : pour la nouvelle logique opérationnelle s'efface donc la distinction ontologique du subjectif et de l'objectif. On assiste ainsi à un étrange renversement : toute subjectivité, qui était le lieu fondamental de la « lumière » et de la « transparence », est maintenant remplacée par une « boîte noire », qui est alors sommée de « livrer son secret ». Les sujets ne sont plus situés en face d'un monde objectif, naturel, social et historique ; c'est plutôt le système purement positif qui découvre maintenant en face de soi, c'est-à-dire dans tous les interstices d'imprévisibilité que multiplie la complexification de son fonctionnement, la pure extériorité des sujets qui l'habitent, mais dont il lui faudrait idéalement réduire l'autonomie à l'état d'une simple « énergie » calculable en sa quantité et prévisible en sa qualité (c'est-à-dire en l'orientation de son déploiement).

N'étant plus attachée ni objectivement ni subjectivement à rien de fixe, le temps n'étant plus pour elle que le « temps de réaction » (un temps que les techniques de gestion ont alors pour mission de réduire), et le passé n'étant plus rien d'autre que la description actuelle de l'« état du système », qui précède immédiatement, à n'importe quel « moment », toute « décision », l'objectivité de ce passé finit par culminer dans son identification au futur tel que l'opère la prévision. La société cybernétisée est alors une société en dérive globale immédiate, quasiment a-temporelle. Ramenée à son idéal immanent de « fonctionnement », elle ne peut plus connaître de différence entre une condition d'homéostase « immobile » structurellement, et un mouvement explosif de réaction en chaîne : simple question d'échelle, mais il n'y a plus justement de référence temporelle pour fixer l'échelle. Comme pour l'univers en effet, la question de l'implosion ou de l'explosion ne pourrait être décidée que par un observateur extérieur, capable de se fixer à lui-même une échelle de temps et d'espace.

Dans tout cela il ne s'agit que de tendances, mais ce sont des tendances qui ont déjà trouvé leur articulation formelle et dynamique, par laquelle elles deviennent autocumulatives. Elles ont aussi déjà trouvé leur porte-parole dans le discours techno-logique, pour le temps où elles ont encore besoin de parler, de convaincre, de mobiliser (et d'endormir la résistance !). C'est pourquoi il est temps – pendant que le temps « existe » pour les moindres sujets que nous sommes – de nous (re)poser la question de savoir ce que nous sommes, ce que nous voulons rester, ce que nous voulons devenir, ou laisser advenir de nous. Faire ou ne pas faire. Laisser faire ou ne pas laisser faire.

LA NORMATIVITÉ COMME FONDEMENT ONTOLOGIQUE DE TOUTE EXISTENCE SUBJECTIVE ET DONC CONTINGENTE

Pour répondre adéquatement à la « menace » que représente la « technocratisation » de la société pour la subjectivité, la socialité et l'historicité, il faut comprendre que ce développement sociétal, même s'il reste porteur et promoteur d'intérêts subjectifs propres – ceux des techno-crates et de la technocratie, mais ce n'est alors justement pas en eux que réside le sérieux du danger –, répond d'abord à un besoin structurel de régulation et de coordination intégrative des pratiques sociales. Il nous faut comprendre que ce besoin est né de manière « impersonnelle » et « objective », avant d'être développé de manière autopromotionnelle par l'idéologie techno-logique de ceux auxquels la conversion de la société en système permet de se constituer en une nouvelle élite sociale fortement hiérarchisée ; ce besoin résulte directement de la désintégration des régu-lations normatives traditionnelles, « consommées » par le développe-ment de la modernité, puis de l'épuisement des mécanismes de régulation et des références de légitimation universalistes propres à cette dernière. La technocratisation apparaît donc en premier lieu comme une réponse, techniquement ou opérationnellement adéquate, à une situation de crise dont elle ne parvient ensuite à amplifier la portée et à changer la nature que dans la mesure où elle lui trouve d'abord une solution transitoire, qui déplace les problèmes sur un terrain nouveau où ils deviennent l'objet d'une approche et d'un traitement purement technique.

Un tel constat ne signifie pas, cependant, que le développement en question soit l'expression d'une fatalité à laquelle la « Raison » même qui avait présidé au procès de la modernité nous enjoint maintenant, nécessairement, de nous soumettre, tout en restant elle-même au-dessus de tout soupçon. Cela ne veut pas dire que la conquête par la technique d'une totale suprématie sur l'action soit devenue inévitable, mais seulement que toute solution de rechange qu'on voudrait opposer à une telle tendance objective est tenue de répondre elle aussi aux mêmes conditions historiques d'effacement de la tradition « vernaculaire » et d'épuisement de la modernité universaliste, et qu'il lui faut satisfaire aux mêmes exigences touchant à la régulation des activités particulières et à la reproduction d'ensemble de la société. Telle est du moins la conclusion à laquelle il faut en venir si l'on se refuse à croire qu'il suffirait de simplement résister au technologisme et au technocratisme pour sauver les acquis de la modernité, ou encore qu'un retours à la tradition puisse apporter une réponse satisfaisante à la crise dans laquelle est entrée cette modernité, de telle sorte que nous pourrions encore faire l'économie de la « postmodernité », de ses incertitudes et de ses dangers autant que des promesses nouvelles qu'elle comporte, et qu'il faille renoncer aux espoirs qu'elle soulève pour éviter les menaces plus graves qu'elle fait peser sur l'humanité et sur le monde.

En adoptant cette position, nous suivons donc Heidegger sur le chemin qu'il ouvre en affirmant, par la bouche de Hölderlin, que « là où il y a danger croît aussi ce qui sauve ». Mais nous ne le suivrons pas jusqu'au bout de ce chemin, puisqu'en fin de compte il ne « mène nulle part », si ce n'est à un voyage de retour vers un quelque part d'où nous serions une fois venus, et d'où il n'y aurait pas de revenir qui vaille encore la peine ; comme si notre propre existence, ici et maintenant, définitivement, ne valait plus rien et que seule nous restait encore la nostalgie et le désir d'aller nous perdre dans la forêt (et c'est pourtant vrai que la forêt est belle quand on s'y perd !). En suivant son chemin de retour vers l'origine, Heidegger ne se soucie pas de revenir « ici » en suivant la trace qu'il a rencontrée lorsqu'il est repassé par la croisée des chemins ; cette trace pourtant n'a jamais cessée d'être elle aussi fréquentée, même si ce ne fut jamais par le plus grand nombre, ou en tout cas, par ceux dont les actes eurent le plus d'effets et dont la parole fut le mieux entendue. Quand on ne parcourt les chemins que dans un seul sens, ils mènent tous à Rome, mais jadis, cependant, ils avaient aussi été construits pour sortir de Rome. Et même si le chemin était maintenant perdu, nous ne serions pas nous-mêmes perdus pour autant, puisque nous sommes « ici » (référence non heideggerienne empruntée par Bell à une légende tibétaine, dans *The Winding Passage*).

S'il est un « Être » qui nous échappe dans le développement technocratique de la société, ce n'est pas seulement l'être du monde, c'est d'abord, comme l'avait vu Arnold Gehlen (1980), l'être même de l'action, de la socialité, de la société et de l'historicité ; c'est le caractère subjectif de notre « être-dans-le-monde » par lequel le monde lui-même est notre monde, un monde qui nous accueille et que nous habitons dans la connivence. Nous voudrions donc montrer maintenant que toute existence subjective, par contraste au concept scientifique de la réalité objective, est régie normativement, par autorégulation réflexive, plutôt que d'être conforme à des lois universelles ; qu'elle est investie de contingence, plutôt que « nécessaire » selon des lois et par conséquent déductible à partir de la connaissance de celles-ci.

La normativité de l'action humaine n'est pas un résidu que l'objectivation positive de la réalité, comprise sous le mode ontologique de l'extériorité et de la nécessité (de la régularité universelle), aurait simplement laissé provisoirement derrière soi (en attendant de parvenir à le réduire lui aussi méthodologiquement). Elle est plutôt le mode ontologique originel de toute existence subjective et donc, éminemment, de l'existence humaine symbolique, sociale et historique. Or, toute subjectivité est contingente par définition du fait même qu'elle est née et qu'elle est toujours appelée à mourir, et qu'en ceci, elle est aussi irréductiblement singulière tant en son individualité qu'en son genre (car chaque *genus* est lui aussi singulier relativement à tous les autres, en tant qu'il est concrètement unifié par le lien insécable de l'engendrement qui attache entre eux sans discontinuité tous les individus qui lui appartiennent et dans lequel seulement il existe de manière réelle et concrète). Ainsi, chaque individu vivant et chaque genre de vie « se tient d'abord en soi-même », n'existe qu'en accomplissant une « auto-nomie » qui est irréductible à toute régularité ou nécessité « universelle ». Chaque individu et chaque genre existent ainsi d'abord, spécifiquement, selon leur différence qui est elle-même advenue singuliè-

rement à sa propre existence telle et telle. Toute réduction de la normativité inhérente à l'existence subjective (qu'il s'agisse d'une réduction
déterministe, formaliste ou, maintenant, « cybernétique ») implique donc
une dénégation de son mode d'être propre et, à la limite, sa pure et simple
destruction, lorsque cette dénégation cesse d'être seulement théorique,
mais qu'elle devient immédiatement « pratique », comme cela advient
avec la technique. La perte d'auto-nomie de ce qui existe par soi et pour
soi est la mort.

La science moderne a conçu la réalité fondamentale (l'« Être »)
sous le mode de la nécessité et de l'universalité, et pour exprimer celles-
ci, c'est le terme de « loi » et non celui de « norme » (qui veut dire
« modèle ») qu'elle a emprunté à la société. Ainsi, les « lois de la
nature » expriment une « nécessité » (qui s'impose partout et toujours),
et les normes – qu'on pense dès lors être seulement sociales –, une
contingence ou un arbitraire toujours particuliers. Les unes permettent
une déduction logique et la « certitude »[16], les autres seulement des
imputations pratiques et la « conviction ».

Pourtant, les Grecs qui, dans la métaphysique, ont conçu l'« être
en tant qu'être » sous le mode de la nécessité, n'ont jamais compris cette
nécessité sous la forme d'une légalité purement formelle et
« universaliste » et ceci, parce qu'ils n'ont jamais non plus vraiment
produit la « loi de la Cité ». Leurs lois (nomoi) ne s'opposaient ni aux
« lois divines » ni aux « lois du cosmos » ni enfin aux « décrets du
destin » ; aussi restaient-elles pour eux des normes, insérées dans la hiérarchie ontologique des normes humaines, divines et cosmiques toutes

---

16. Cette opposition, en ce qu'elle a d'absolu, cache un oubli de l'origine
et du fondement. La déduction (ou la nécessité) logique, en tant qu'elle porte
sur des jugements de réalité, a un fondement normatif. Les principes d'identité, d'inclusion et d'exclusion (le syllogisme, la classification) n'ont valeur
ou correspondance ontologique qu'en tant qu'ils dérivent de l'identité de
l'individu vivant à lui même comme totalité indivisible, et de son appartenance au genre qui est fondée sur la naissance, la « reproduction » du genre
en lui comme identique à lui-même ; de même, le principe de non-
contradiction repose sur une norme que tout jugement se donne par référence à
autrui, c'est-à-dire par référence à la nature intersubjective du langage (c'est la
dette que le jugement a contractée vis-à-vis du langage, pourrait-on dire). Mais
cela n'empêche pas que l'on puisse se contredire, bien qu'il ne faille pas ! Les
lois de la logique ne valent que par la norme de s'y soumettre. C'est pourquoi
la logique moderne, à la différence de la logique « naturelle », ne se présente
plus que comme un système de « normes opérationnelles » portant sur la
manipulation de « signes artificiels » ou conventionnels (algorithmes), et
non de symboles.

dominées par le destin, qui peut faire et défaire tout ce qui est et qui, par conséquent, soutient tout dans la contingence. Et ces normes, en leur hiérarchie, possédaient toutes encore leur propre *logos,* leur propre capacité « dé-monstrative » de dévoilement. En séparant *nomos* et *logos,* l'Occident moderne a aussi opéré une inversion. C'est par contraste avec l'« arbitraire » de la loi de la Cité que va se manifester la soumission de la nature à des « lois nécessaires et immuables ». Et pourtant, il aura fallu que le pouvoir prétende imposer sa volonté comme souveraine pour que l'absolue souveraineté des lois naturelles puisse être conçue comme une « nécessité ».

Ce qu'annonce le « principe de raison (nécessaire et) suffisante », c'est alors la mort des normes et des « autonomies », et cette mort finira par être comprise comme la « mort de Dieu » et enfin comme la « mort du sujet » et la « mort de l'homme ». Mais la proclamation de cette mort-là est alors d'emblée ambiguë. Sous sa forme ou dans son style romantique, elle exprime, comme chez Nietzsche, le refus de la domination de la raison souveraine, le refus du « pouvoir absolu » contre lequel se soulève la « volonté de puissance » particulière, l'affirmation de soi de chaque volonté et de chaque identité contingente et singulière, sa volonté immanente d'existence dans l'accomplissement de ses normes propres. Mais sous sa forme positiviste et toujours encore métaphysique, elle annonce au contraire que toute autonomie subjective doit se dissoudre devant l'arbitraire de la technique, elle proclame la souveraineté et la toute-puissance de l'arbitraire technologique et technocratique, dont l'immanence radicale prend la place de la nécessité transcendante. C'est pourquoi le monde de la contingence normative nous apparaît maintenant difficile à comprendre, puisqu'il est ontologiquement marqué de négativité. Il se présente à nous comme le complément inverse, à caractère résiduel, du monde réel substantiel et positif dont s'est emparé la science et qui, parce qu'il est soumis à la nécessité, est accessible à une Raison universelle, et lui est en droit soumis.

La normativité est le mode d'être de tout ce qui existe non par nécessité objective (ou encore par « hasard »), ni non plus par l'effet d'un pur arbitraire subjectif, mais « en soi et pour soi » de manière déterminée (spécifique) et contingente, ce qui veut dire alors de manière relative à son propre procès de genèse cumulative accomplie dans le rapport subjectivement assumé, c'est-à-dire « vécu », à d'« autres » (c'est-à-dire dans le rapport au « monde » phénoménal propre à l'existant en question, et non seulement sous la dépendance de « lois naturelles » universelles). Exister en même temps de manière contingente et déterminée (non quelconque), c'est précisément exister par normes, c'est-à-dire par soi-même et par adhésion à un mode d'être (un « genre ») déjà existant en sa particularité advenue dans le monde, par « reproduction ». Sur le plan le plus général, la normativité, l'existence par accomplissement de normes, se laisse alors comprendre comme le mode d'être spécifique de tout ce qui est vivant – et par là existe précisément « en soi-même, par soi-même et pour soi-même », fut-ce de manière discontinue, éparpillée, « infinitésimale » comme chez les vivants inférieurs. Elle est donc toujours liée à la réflexivité du vivant, mais elle apparaît explicitement dans la réflexivité du deuxième degré à laquelle accède l'action symbolique, en tant qu'elle comporte toujours, au moins virtuellement, l'objectivation de la médiation significative-normative-expressive, puisque celle-ci n'y existe que par référence à autrui compris comme *alter ego*, c'est-à-dire « sous le regard d'autrui ».

Il est cependant important de comprendre que l'animal déjà ne se définit plus ontologiquement par la soumission « aveugle » et « insensible » à une nécessité purement extérieure (universelle ou non) et qu'il n'agit pas non plus, dans l'accomplissement de son être, par simple hasard : l'animal « joue » déjà avec la nécessité et le hasard, il possède déjà, pour parler comme les Grecs, sa propre *métis*. Tout animal est d'abord une existence singulière, qui reproduit en elle-même un genre particulier. La condition fondamentale de sa reproduction – et donc de sa vie – est alors qu'il se subordonne, au moins partiellement, hasard et nécessité extérieurs, dans l'affirmation de son identité particulière et contingente. Tout être animal n'existe que par la contingence de la transmission d'un mode d'être déterminé de génération en génération, et la détermination de ce mode d'être particulier fut elle-même accomplie au cours des générations, en rapport avec le monde, par le concours des individus qui ont participé à sa reproduction, fut-ce encore une fois, pour chacun, de manière seulement infinitésimale. C'est donc dans la spécificité « générique » de tout existant appartenant au monde de la vie que se manifeste déjà la rupture vis-à-vis d'une ontologie de la nécessité et de l'arbitraire, telle qu'elle fut construite par abstraction, extrapolation et contraposition par les sciences d'une nature objective comprise comme « inanimée ». On peut encore admettre, métaphoriquement, que le chien « obéit à ses instincts » d'une manière qui ne lui laisse qu'une très faible autonomie individuelle. Mais rien n'explique la « nécessité du chien », ou plutôt de la « caninité » : cette dernière renvoie au devenir contingent de l'espèce, réalisé par la médiation cumulative des agirs singuliers de tous ses membres. Pour simplifier, on peut donc dire que, dans le comportement et la reproduction animales, l'« instinct » est déjà la norme particulière de l'espèce, comme telle contingente et non nécessaire, et cependant non arbitraire, puisqu'elle est advenue effectivement dans le monde en intériorisant une structure de rapports au monde effectif. Inversement, on peut aussi dire que la contingence déterminée, qui est l'être même d'une espèce, ne se maintient dans l'existence que par l'accomplissement de sa norme spécifique par les individus qui lui appartiennent du point de vue du procès de reproduction. La normativité serait alors définissable comme ce qui protège toute existence synthétique et pour cela contingente de la dissolution dans le hasard ou dans la nécessité d'une loi universelle. Or, cette dissolution, comme on l'a dit, est la mort.

On peut rappeler, avec Hannah Arendt, qu'agir vient de *augere* qui signifie « augmenter », et qui implique la référence à une « fondation », à une « origine continuée ». Le contingent ainsi n'existe jamais que dans la « fragilité » de cette continuation, et par l'affirmation d'une « puissance », qui est d'abord la puissance de se maintenir contre la dissolution (la mort), puis de se tenir dans sa différence, dans sa forme singulière, dans l'accomplissement de sa « posture ». Mais cela précisément est l'être dans sa puissance d'être multiple, et non la frange où se dissoudrait un être contenu dans le pouvoir absolu de son unicité formelle et de sa nécessité. La contingence est la « puissance du subjectif », le « négatif » par lequel tout est advenu (Hegel). On peut donc dire, avec Heidegger, que l'être est « en abîme », mais à condition de ne pas penser encore l'abîme comme l'absence de l'être : ce n'est qu'une image de rhétorique tournée contre l'argument de l'adversaire, pour le prendre par surprise ! On peut dire aussi que tout ce qui « ex-iste », selon ses normes propres, comme être ou existant autonome, n'existe que sous le mode de la distance qui le sépare et le protège, dans sa « différence » advenue par la « différance » (Derrida). Mais il faut alors aussi ajouter que tout existant en se retirant en soi-même pour se construire sur soi-même doit, dans la même mesure, entrer en rapport avec les autres existants hors de lui, pour se faire accorder une « place » parmi eux, et contracter du même coup vis-à-vis d'eux une dette de reconnaissance, comme dans le modèle de l'échange-don décrit par Mauss et Bataille. La multiplication des « distances », des « auto-nomies » est donc en même temps la multiplication des rapports, que, de proche en proche (et non d'abord par « surplomb » comme dans le langage), chaque existant entretient avec tous les autres. La multiplicité des êtres « autonomes » est donc en même temps l'unité d'un *universum*. Et cette unité alors n'est pas celle de la substance (celle d'un « plein » commun, d'un universel), mais l'unité d'un espace d'agir, construit ou tissé par tous et par chacun : l'espace du « temps » déployé dans la différenciation et qui y reste entièrement présent[17], la « co-existence » de toutes les durées fondatrices (les « différances ») dans l'existence de la différence et de la richesse du multiple. Ainsi, tout ce qui « est », depuis chaque singulier existant jusqu'à la singularité d'un *universum,* existe par normes, c'est-à-dire par la puissance de l'affirmation et du maintien de soi d'une contingence, qui existe par elle-même et non par un « autre », qui est spatiotemporelle par déploiement, plutôt que d'être « dans le temps » et « dans l'espace ».

Mais en essayant de repenser l'être comme « être-devenu » (ou comme « existence »), et donc comme être tenu dans ses normes, nous courons toujours le risque de le penser d'une manière abstraite, et alors de le comprendre comme l'abstraction d'une abstraction. Et ceci, de la même manière exactement que la « synthèse », après Kant et par oubli de Kant, fut pensée comme une « opération » venant après l'analyse, comme un acte à posteriori (et dont Kant lui-même ne pût penser le caractère à priori qu'en le figeant dans un formalisme abstrait et universel, tenant lieu de toutes les formes « auto-nomes » concrètes). La pensée (scientifique) moderne ne comprend plus l'être que sous le mode de la nécessité et de la substance. L'être est « positif » parce qu'il est universel, et la pensée qui pense l'être ainsi ne peut plus se penser elle-même que comme liberté, comme l'indétermination absolument vide de la pensée et du « libre-arbitre », qui ne connaît plus en dehors de soi qu'une nécessité surplombant le hasard (ou encore, selon les goûts, qu'un hasard partout sous-jacent à la nécessité ou à la régularité observable).

La doctrine kantienne des à priori synthétiques (qui comme toute doctrine est une pédagogie), nous conduit, en son abstraction même, au cœur du problème ontologique de la normativité. L'espace et le temps, ces à priori synthétiques de l'esthétique transcendantale, sont le « champ d'action » que se donne l'« étant tout puissant » (l'homme qui est « à l'image de Dieu »), et dans lequel il s'accorde du même coup la possibilité de découvrir en face de soi, comme « monde phénoménal », la totalité de l'être auquel une « auto-nomie » semblable à la sienne a été à

---

17. Voir le développement de cette même idée, concernant l'historicité, dans Busino (1986). On peut aussi se rapporter à la conception de la « temporalité » comme profondeur ontologique (la dialectique du « caché » et du « manifeste ») telle qu'elle est décrite par Whorf dans son étude de la langue hopi, *Linguistique et anthropologie* (1969).

priori déniée. L'homme (et pour une fois il n'y a pas besoin ici de féminiser le vocabulaire !) se donne le monopole absolu de la normativité (la « vérité »), comme le pouvoir s'est donné le monopole de la puissance (légitime). Dès lors, « espace » et « temps » deviennent abstraits et vides, pures et simples communes mesures de tous les champs d'action qu'a monopolisés pour soi-même l'« être tout puissant ». (Chez Kant, cela se fait encore par délégation divine, mais il n'y a déjà plus rien autour de « l'Homme » – dans la nature – qui puisse le retenir d'exercer le pouvoir à son propre compte, sinon la liberté d'un autre homme ou celle de dieu. La « raison théorique » est coupée de la « raison pratique », le « phénomène » du « noumène »). L'homme détient le monopole ontologique de la « forme » et de la « synthèse » (celles qu'opèrent l'intuition sensible et le jugement) ; et cet « homme » par surcroît efface encore en son unité formelle et abstraite toute l'humanité concrète, qui n'est unifiée que par son mode d'existence langagier, mais qui est en même temps, sur ce nouveau plan, (re)divisée par la multiplicité des langages, des cultures, des mœurs, des traditions : car pour « l'homme » aussi, le seul langage qui compte encore pour ce qui est de la vérité, de la reconnaissance de l'être, n'est plus désormais que le langage universel de la science.

Et pourtant, tout existant (à la différence de « l'être en général », de l'« être » commun à tous les êtres) n'est que par synthèse ; il n'existe que par le maintien de sa spécificité, par la singularité de sa « forme ». Et c'est bien pour cela que le verbe « être » est à double sens, qu'en lui se rejoignent l'acte synthétique du jugement et l'affirmation existentielle. Car cette dernière n'est autre chose que la reconnaissance, dans le jugement existentiel, de la synthèse qu'un « autre » accomplit en soi-même, pour soi-même. Alors, l'« Être » tout court n'*existe* pas, il ne peut exister que comme le résultat d'une abstraction. N'existe que ce qui est « tel et tel », et « être » ne désigne que la « communauté » d'espace produite par le double et réciproque déploiement des autonomies et des rapports, de l'identité à soi-même advenue dans la « dette » contractée vis-à-vis de l'« autre ». La modernité comporte ainsi, et a cultivé, une illusion ontologique de l'universel, selon laquelle la « loi commune » serait tout (les existants particuliers et singuliers ne représentant que des épiphénomènes), alors qu'elle est seulement ce qui s'est trouvé « gardé en commun », puis « mis en commun » dans et par tout ce qui s'est différencié au cours de l'ontogenèse. Et tout ce qui s'est ainsi différencié en s'individualisant et se spécifiant, comme existants effectifs, n'a pu le faire que dans le déploiement d'une origine commune, qui était en elle-même plus pauvre ontologiquement, et qu'en tombant ou en entrant dans la dépendance vis-à-vis de tous les autres existants analogues à travers le procès même de la différenciation.

Cela nous amène donc à renverser la hiérarchie ontologique que la modernité a établie entre le nécessaire et le contingent, entre le « vivant » et l'« inanimé », entre le « subjectif » et l'« objectif », entre l'origine (ce qui est « au point de départ » ou ce qui est « au-dessus » ou encore « derrière » ou « au-dessous »), et ce qui existe en acte dans la multiplicité et la diversité solidaire, et qui « incarne » en chacune de ses parts participantes une « raison d'être » singulière, un héritage, une durée immanente à son existence en tant qu'« être-devenu et en devenir », un espace d'identité et de différence dans l'extension duquel s'est incarnée, actualisée la durée ; et c'est de l'intérieur de cette durée mise en commun par tous dans le symbolisme que les êtres humains peuvent alors projeter derrière eux et devant eux le temps ; c'est du milieu omniprésent de cet espace mis en commun qu'ils peuvent projeter tout autour d'eux l'horizon de l'être objectif.

La pensée contemporaine a bien pris acte de ce changement de perspective ontologique qui coïncide avec l'avènement de la postmodernité, mais faute de le penser ontologiquement à son propre compte (et faute aussi d'être encore restée sensible aux ontologies prémodernes et plus particulièrement à celle qu'avait élaborée la Renaissance au moment de la transition vers la modernité : voir Eckart, Cuse, Bruno, Kepler et Copernic, plus tard Vico, puis finalement Hegel[18]), elle est restée attachée, ne serait-ce que par une référence purement négative ou négatrice, à la conception ontologique moderne et, devant le déclin de celle-ci, elle a dès lors manifesté une tendance à se complaire dans un mode de penser paradoxal. C'est ainsi qu'elle s'est contentée d'opposer une ontologie du hasard à l'ontologie de la nécessité qu'elle répudiait, et que pour elle le « deuxième principe de la thermodynamique » a pris la place

---

18. Cette pensée hégélienne dont on a largement souligné, pour des raisons biographiques évidentes, les racines théologiques luthériennes, mais dont on a peu mis en lumière à quel point elle s'abreuvait aussi, non seulement dans la culture de l'Antiquité, mais dans la pensée de la Renaissance (ce moment de synthèse « prémoderne » dans lequel l'Occident n'a reconnu son héritage que dans la dimension de l'art et de la culture, mais dont il a largement rejeté la pensée philosophique et scientifique en même temps qu'il se détournait de ses réalisations politiques cosmopolites en s'engageant dans la construction de l'État national). Hegel représente peut-être sur le plan de la pensée l'unique tentative majeure de « continuer la Renaissance ».

occupée antérieurement par le « principe de raison ». Ainsi, l'ontogenèse normative des formes, et leur « autonomie », a été pensée, de manière non dialectique, à travers une négation purement logique de la négativité, comme « neg-entropie », ou encore à travers cette réflexivisation elle aussi non dialectique de la mécanique que comporte le concept d'« autopoièse » (Varella, Maturana et Luhmann). C'est de la même manière que la nécessaire reconnaissance ontologique de la subjectivité – déjà effectuée par Hegel – s'est transmuée en une affirmation paradoxale de la « mort du sujet » à partir du moment où l'on devait admettre, après la « mort de Dieu », sa contingence existentielle. Accrochée à une compréhension substantialiste de l'ontologie, cette pensée contemporaine s'est dont laissée entraîner vers le nihilisme et envoûter par lui plutôt que de se convertir à une ontologie dialectique. La subjectivité, la normativité concrète, la richesse effective du monde, parce que marquées ontologiquement de contingence, n'ont plus été entendues par cette forme contemporaine de la pensée que comme des « bruits », perçus comme tels sur le fond d'une nécessité même lorsque celle-ci est finalement devenue inaudible en elle-même. C'est alors le réel tout entier qui a été compris comme « bruits », « tourbillons », « cristaux et fumée ». On ne peut alors s'empêcher de penser qu'une telle « postmétaphysique », coïncidant avec une conception « postdéterministe » de la nature, à caractère non pas « négatif » mais « nihiliste », se consacre encore très positivement à l'accomplissement d'une tâche idéologique : celle qui consiste à « faire place nette », ontologiquement, à l'arbitraire pragmatique et à l'a-nomie opérationnelle du technologisme et du technocratisme ; effacer le monde et l'histoire, le sujet et l'objet en leurs médiations, le Temps et sa « dette » devant le « tout est possible » qui est leur maître-slogan.

Le « principe de raison », lorsqu'il s'énonce chez Leibniz, signifie la prise de conscience réflexive de l'universalisation de la Raison humaine qui, en s'unifiant par dessus l'abstraction faite de toutes les raisons particulières, subjectivement et localement situées, produit aussi l'objectivité et la détermination absolues de la nature. La nécessité objective, ainsi conçue par la pensée, ne trouve alors plus rien d'autre en face de soi que la liberté même de la pensée qui la pense, que l'indétermination absolue et la déterminabilité vide de la pensée. C'est alors que tout ce qui lui échappe dans le monde objectif devient pour elle pur « hasard », ce hasard qui n'est fondamentalement que le nom positiviste négatif que la Raison abstraite donne aux « normes », lorsqu'elle a pris sur elle-même, en son abstraction, toute la négativité de l'existence, et qu'elle supprime ainsi, dans la négation de son propre commencement, la contingence de tout commencement. Mais la pensée positiviste – rationnelle – universaliste n'a guère pris garde alors au fait que toute chose qu'elle découvre encore dans le monde ne peut plus « être », en sa singularité et son unité existentielles, qu'un fruit du hasard ou alors un simple effet de son arbitraire propre. Car la nécessité dont elle a fait son trésor ontologique ne sépare rien et ne divise rien par elle-même. En toute chose, elle ne saisit et n'explique plus que « le même », l'uniforme, elle n'atteint plus que la pauvreté absolue de l'existence : sa « loi ». Cette pensée n'a pas été alarmée par le soupçon que « tout est par nécessité » puisse signifier exactement la même chose que « tout n'est que par hasard », dès le moment où par « être », on entend désigner ce qui existe, puisque les choses n'existent jamais que singulièrement. Toutes choses, sauf les lois bien sûr, dont on ne peut pas, sauf en Dieu ou dans le pouvoir, concevoir l'existence concrète (c'est-à-dire réelle). À moins qu'il n'y ait de lois que de la pensée !

À la limite, il faut aussi comprendre – rétrospectivement – les « lois universelles de la nature » comme les normes de l'*universum,* parce qu'on ne peut pas, ontologiquement, les comprendre autrement. Les « lois » ne seraient rien d'autre que les « normes communes à tous les êtres », qu'ils partageraient du fait de leur genèse, de leur interdifférenciation réciproque. Elles seraient les normes du « champ commun » qui s'est déployé entre les êtres du fait de leur solidarité, de la réciprocité qui les lie, de proche en proche, les normes de cet « entre tous » que peut abstraire finalement celui parmi les êtres qui parvient à s'en donner, par le langage puis par la science, une vue de surplomb (et qui du même coup peut aussi s'imaginer que de tout ce qui est lui est échue une possession souveraine et sans dette. Mais on sait maintenant où cette idée nous a conduits).

C'est le langage qui nous donne ce surplomb sur le multiple, et qui nous en assure la mise en commun. Dans le langage symbolique est réalisée l'unité dialectique de l'analyse et de la synthèse, de l'universel abstrait et de l'*universum* concret ; de l'universel, puisque chaque nom subsume dans l'unité d'un genre particulier la multiplicité de tous les singuliers qui le « réalisent » ou le reproduisent « identiquement », de telle manière que le genre leur est un concept commun, objectivable sous le regard commun de tous les sujets du langage, qui s'identifient euxmêmes en leur genre compris comme une *universitas* (qui est aussi le premier nom que s'est donné la société dans sa mutation médiévale vers la modernité) ; mais aussi de l'*universum,* puisque le langage permet de saisir ensemble, en leurs différences, la totalité des genres, et ceci *formaliter,* c'est-à-dire non pas « formellement » au sens moderne, mais selon la forme propre à chaque chose, et dans la reconnaissance (esthétique) de son irréductible singularité. Ces deux dimensions, l'analytique et la synthétique, qui sont unies dialectiquement dans le déploiement d'une culture, se trouvent dissociées dans le développement de la science moderne. L'analyse y réduit le multiple au simple et le différent au même, la qualité à la quantité. Alors, il appartient à l'art de s'approprier toute forme singulière, contingente et synthétique, et la cohabitation des multiples formes dans l'« harmonie » d'un *universum.* Et c'est tout ce que nous avons retenu de la Renaissance : une esthétique détachée de l'ontologie. En effet, il y a longtemps qu'on ne pense plus que l'art est un mode de connaissance du monde : il ne fait plus qu'exprimer le sujet en son souverain arbitraire, après l'avoir, chez Kant encore, lié au monde et à autrui dans l'universalité d'un jugement « désintéressé ».

Malgré la dominance de la conception scientifique de la nature, la pensée et la sensibilité communes n'ont pu se défaire jusqu'ici de l'évidence intuitive que le « monde réel » ne consiste pas dans ce « commun uniforme ou universel » auquel participent de par leur origine tous les existants et auquel correspond le concept de « loi », mais que la réalité se manifeste ou se dévoile plutôt dans le multiple, dans la richesse des différences et des genres, dans la fragile singularité de chaque chose et de chaque être concret. Si le mouvement de la pensée moderne est allé, par l'analyse, de la multiplicité des normes vers l'unicité de la loi, le mouvement réel de l'être au contraire s'est déployé vers la multiplication des synthèses singulières, étendant entre elles ses espaces de co-existence. Pour le sens commun, l'être est d'abord la richesse du multiple hétérogène plutôt que la pauvreté du simple et de l'homogène, l'harmonie des variétés et non l'identité du même. L'être se déploie dans l'étendue des différences, plutôt qu'« en abîme » comme dit Heidegger. Ainsi, le mouvement de la connaissance des lois est-il allé en sens inverse de l'attention attirée par la diversité des formes et portée vers la reconnaissance de leurs normes immanentes, formes et normes qui, par l'effet de la réflexion, deviennent l'objet de l'étonnement esthétique ; mais cet « étonnement » depuis longtemps a été séparé de la vie commune réelle, relégué dans un domaine existentiel purement « privé » ou réservé socialement à l'« esthète », au « connaisseur ».

La connaissance spontanée, commune de la réalité comprise en sa normativité propre, en son autonomie, s'effectue donc toujours sous le mode de la reconnaissance esthétique. C'est seulement après la

Renaissance que l'art s'est épistémologiquement séparé de la science, en même temps qu'il se séparait sociologiquement du travail. Et ce dernier est alors devenu seul « productif » dans la mesure justement où il ne reproduisait plus rien. L'être a été privé de la forme et est devenu pure « matière » en même temps que l'action, en ne produisant plus que des utilités qui avaient leurs « raison d'être » en dehors d'elles-mêmes, cessait du même coup de reproduire et d'augmenter une identité, et abandonnait donc elle aussi ses normes pour tomber sous la loi d'une nécessité étrangère. Alors s'efface la « dette de reconnaissance » normative et esthétique contractée non seulement par tout « être dans le monde » vis-à-vis du monde (c'est-à-dire de tous les autres êtres au monde), mais aussi par toute identité vis-à-vis d'elle-même, de son être propre. Et alors disparaît aussi la fonction pédagogique de la conscience de soi et de la connaissance du monde, puisque la pédagogie est essentiellement le mode réflexif de la transmission de la normativité et de l'expressivité.

LA VOCATION PÉDAGOGIQUE DES SCIENCES HUMAINES

La normativité, en tant que mode d'être de ce qui doit se maintenir par soi-même dans une existence singulière, est d'essence réflexive. Mais l'exercice de la réflexivité implique toujours déjà l'existence d'un sujet, ou d'une entité subjectivement individuée, dont le mode d'existence est lui-même fondé sur l'accomplissement des normes qui le constituent en sa singularité. Chez l'animal, les normes propres à un genre sont fixées dans la forme organique et dans l'instinct, et c'est de ce fond « transcendantal » qu'elles sont tirées pour être mises en œuvre ou en acte subjectivement. Chez l'être humain, les normes coïncident d'abord avec un héritage culturel (puis avec une tradition politique reçue comme « légitime »), et il n'existe pas pour nous non plus de « sujet pur », de pure identité indéterminée, sinon comme point d'évanescence mystique de la conscience de soi. Le sujet formel et universel est donc une abstraction, une extrapolation projective, et chaque sujet humain concret, au plus haut niveau de sa liberté, n'agit librement par devant soi et autour de soi qu'en autant qu'il reste attaché à une identité déjà déterminée en de-dans de lui-même par un « héritage », et cet héritage, il ne l'a pas acquis biologiquement, mais culturellement-symboliquement par apprentissage. C'est alors seulement à partir de cette identité déterminée normativement qu'il peut occuper subjectivement une position dans le monde et vis-à-vis d'autrui, qu'il y peut prendre une « posture ».

C'est dans une dialectique de la « formation normative » (où l'on retrouve le sens originel du mot culture) et de l'autonomie (qui deviendra la « liberté » lorsqu'elle sera conçue et cultivée en elle-même et pour elle-même, et en quelque sorte synthétisée) que s'accomplit et s'exerce l'existence proprement humaine, et dans cette dialectique, chacun des moments n'existe concrètement qu'en se rapportant à l'autre : lorsqu'elle tire tout d'un côté cela donne le dogmatisme, lorsqu'elle se porte tout de l'autre elle verse dans l'esthétisme. Mais ces deux termes représentent les deux extrêmes d'une objectivation de la normativité dont le moyen terme est la pédagogie, troisième réponse possible à la perte de l'évidence normative immédiate qui est inhérente à la transmission simplement vernaculaire d'une tradition et de sa légitimation avant qu'elles ne soient « mises en question ». En effet, la pédagogie peut être définie comme l'activité qui vise de manière pratico-réflexive à la formation d'un sujet à l'auto-nomie, c'est-à-dire qui tend consciemment et explicitement à lui faire intérioriser les normes à partir desquelles il agira ensuite librement. Dans ce sens, elle est l'épistémologie de la pratique normative, qui correspond dans le champ de la constitution normative de l'action à l'épistémologie classique, qui est une pédagogie de l'activité spécifique-ment cognitive. On pourrait en déduire déjà que, dans la mesure où l'action humaine qui fait l'objet des sciences sociales est intrinsèquement normative, ces « disciplines » (et l'on retrouve ici aussi le sens originel du terme) sont de nature spécifiquement pédagogique[19]. Et c'est d'ailleurs pédagogiquement que les sciences sociales ont assumé la légitimation de la modernité et la formation des sujets individuels qui correspondaient à son développement ; elles ont alors oscillé tantôt vers le dogmatisme, tantôt vers l'esthétisme dans l'accomplissement de cette tâche. Mais après le marxisme, cet engagement pédagogique a été abandonné par les sciences sociales contemporaines, sauf sur le plan d'une moralisation très rudimentaire de la « conscience sociale » dans les « manuels de sociologie » destinés aux étudiants des collèges américains, qu'on peut déjà assimiler à la *political correctness.*

On a vu en effet que le projet de la modernité s'était développé sur un double front : d'un côté dans une lutte menée contre toutes les formes concrètes de la normativité traditionnelle, et de l'autre, dans la poursuite

---

19. Au Québec, c'est dans l'œuvre théorique et didactique de Fernand Dumont que cette orientation pédagogique me paraît être la plus manifeste, en tant qu'il est question bien sûr d'une « pédagogie de la société », à valeur normative et expressive et non d'une pédagogie de l'apprentissage discipli-naire, à caractère purement instrumental.

d'un idéal qui était suspendu à l'idée, kantienne en sa formulation la plus radicale, de la possibilité d'une dérivation purement rationnelle des normes devant régir l'action pratique. Ainsi, c'est la foi dans l'existence de la raison pratique qui a servi d'illusion motrice à la modernité sur le plan de la légitimation transcendantale. Or, la transition vers la postmodernité coïncide, sur le plan idéologique le plus élevé, avec la perte de cette foi, et avec la découverte – cynique ou nihiliste – du vide auquel conduit la raison pratique lorsqu'elle est parvenue au terme de sa tâche négative qui consistait dans la critique de la tradition et de ses références religieuses de légitimation. Les régulations des rapports sociaux perdent alors progressivement le caractère normatif et à priorique qui était le leur dans le mode de reproduction politico-institutionnel et se trouvent remplacées par la prolifération de procédures excentrées de gestion à caractère pragmatique. La société perd ainsi progressivement – comme l'individu – sa dimension ontologique de totalité subjective, son unité et sa « simplicité » transcendantales, liées à son mode d'existence réflexif à travers la représentation (voir la « perte de sens », la « mort du sujet », la « crise de légitimité », la « fin des idéologies », etc.).

À ce processus, les sciences sociales participent directement dans la mesure où elles se reconvertissent en « recherche », entendue de plus en plus en termes « opérationnels ». Pour l'essentiel, elles ont en effet délaissé, depuis une vingtaine d'années, leur fonction de légitimation sociétale et de formation pédagogique générale pour s'impliquer directement dans la gestion technocratique de la société, s'occupant alors de plus en plus, idéologiquement et pédagogiquement, de leurs propres autolégitimation et autorecrutement (ce qu'on a appelé la « formation à la recherche »). Toutefois, c'est l'aspect négatif de l'évolution contemporaine des sciences sociales qui est le plus frappant : il réside dans l'abandon presque généralisé de toute réflexion fondamentale, à caractère ontologique, normatif et esthétique, historique et pédagogique sur leur objet, l'action humaine, la société et l'historicité. Seuls des journalistes, des essayistes, et des autodidactes marginaux réfléchissent encore sur les grands problèmes pratiques qu'affronte l'humanité contemporaine. Les sciences sociales, tout en revendiquant toujours encore le monopole de la connaissance effective, ont fait de la « recherche » spécialisée leur leitmotiv presque exclusif ; maintenant que les miroirs transcendantaux sur lesquels s'effectuait l'autoréflexion de la société se sont brisés, les sciences sociales qui se sont pourtant présentées comme les héritières de cette réflexion ne réfléchissent plus la globalité, elles ne pensent et ne jugent plus rien. Elles se sont complètement perdues dans la complexité du système qu'elles ont concouru à engendrer, et elles s'abandonnent avec lui à la même dérive globale, pendant que les milliers d'équipes de spécialistes qu'elles ont formées se consacrent, chacune dans son coin, à accroître le « contrôle » qu'elles peuvent exercer sur les quelques variables qui constituent leur environnement objectif sans horizon.

On pourrait alors dire qu'elles perdent (enfin !) leur dimension idéologique pour devenir immédiatement pratiques. Cela est sans doute vrai, mais ce constat possède cependant un double sens. Car la fin de l'idéologie devient alors la méta-idéologie de la postmodernité, c'est-à-dire l'idéologie de légitimation immédiate de la perte de la normativité, de la réduction de l'action au comportement, d'une culture de l'immédiateté où la vie perd toute référence à son propre passé et toute orientation vers l'avenir, où le sujet, reporté sans cesse vers son désir, ses frustrations et son environnement immédiats, finit par n'être plus, pour lui-même et pour autrui, qu'une « chose » complexe et imprévisible, qu'il appartient à une multitude de spécialistes de sonder, d'adapter, d'intégrer morceau par morceau à lui-même et à autrui.

L'image ainsi brossée n'est qu'une caricature unilatérale, et pourtant les pas faits dans la direction de la réalisation effective de cette image, avec l'assistance des sciences sociales, sont déjà nombreux et irréversibles, et la cadence, depuis cinquante ans, depuis vingt ans, depuis cinq ans s'accélère sans cesse. Face à ce mouvement, l'effet premier de la méta-idéologie de la fin des idéologies est alors de désamorcer tout débat autour du développement de la société postmoderne, et de rendre à priori illégitime toute référence à une normativité à priori : il faut laisser faire et laisser aller, toute volonté normative n'est qu'une illusion dogmatique dangereuse, qu'un rêve passéiste irréaliste, qu'une inefficace nostalgie. Laisser faire et laisser aller la technique, laisser faire les spécialistes, les organisations fonctionnelles, les rapports de force, les rétroactions aménagées dans les circuits informatiques, décisionnels, prévisionnels, programmatiques. Laisser faire les médias, laisser aller en même temps toutes les cultures vers le *melting pot* et chaque identité vers son solipsisme, laisser faire surtout l'économie, laisser venir à nous le futur, puisqu'il a toujours déjà été prévu comme une conséquence inéluctable de ce qui a déjà été fait, de ce qu'on a déjà laissé faire et laissé aller. La seule norme, la seule idéologie qui subsiste encore comme norme et comme idéologie collective légitimes est alors une norme, une idéologie du refus ou de la peur, de la violence. N'importe quoi, mais sans violence ! Ou du moins, pour nous qui sommes au centre du mouvement vers la postmodernité, que la violence s'exerce seulement du centre vers la périphérie, du connu vers l'inconnu, de manière impersonnelle, involontaire, irresponsable, inconsciente, purement objective, idéalement statistique. Et c'est peut-être pour ne pas oublier sa dernière norme que la société postmoderne non violente aime tellement se faire peur avec la violence subjective et archaïque, et qu'elle en voit partout où elle se regarde encore.

Caricature. Et pourtant menace réelle vis-à-vis de « quelque chose », l'identité normative de la société, de la personne et de l'action, qui est une réalité fragile, puisqu'en la perdant on en perd aussi le souvenir ; une chose délicate, puisqu'elle n'existe que si l'on y tient, si on la « cultive » ; une chose qui n'est rien d'autre que l'idée que nous nous faisons de nous-mêmes : action, individu, société, civilisation, histoire, humanité. Tout cela dont rien n'a jamais été nécessaire. Tout cela qui n'existe que par normes, par fidélité à ce que nous sommes de manière contingente, et par désir d'être, singulièrement, en nous « augmentant », et n'a pas de fondement ailleurs, ni de refuge, de lieu sûr, d'abri. Et pas plus qu'il n'y a d'abris antinucléaires, il n'existe d'abris contre la disparition normative d'une personne ou de notre espèce. Positivement, objectivement, homme ou fourmi, c'est la même chose, sujet ou chose, c'est pareil. Et c'est devenu un choix – à moins, dira-t-on, que ce ne soit qu'une question de goût. Un choix aussi et d'abord pour les sciences sociales.

Puisque la société fonctionne désormais à l'information et à la décision, on n'empêchera pas les sciences sociales de faire carrière dans la recherche opérationnelle : il n'y a pas de sot métier, pas plus maintenant qu'avant. Mais la question n'est vraiment pas là. Les sciences sociales sont nées en occupant une place – et il faudrait dire plutôt qu'elles ont pris cette place de haute lutte – celle de la « connaissance de la société », celle de la « réflexion », celle du « miroir », celle de la définition de l'identité, celle, en un mot, de la légitimation de la normativité et donc, de l'idéologie, de leur constitution et de leur transmission réflexives. Formellement, l'exercice de la fonction propre à cette place, c'est le magistère dogmatique ou pédagogique, la différence tenant alors seulement dans le degré de réflexion (de réflexivité critique) mis en œuvre. On ne peut pas alors blâmer les sciences sociales de quitter cette place, d'abandonner cette fonction ou cette vocation qu'elles ont exercée depuis plusieurs siècles, à la condition toutefois qu'elles ne prétendent pas la prendre avec elles, la mettre dans leur poche comme un bien propre et exclusif. Aussi, la question normative et idéologique, relativement aux sciences sociales, ne se pose-t-elle pas d'abord en considération de leur carrière, mais en rapport au destin de la société, compris dans sa dimension dogmatique et pédagogique. Les sciences sociales se sont imposées et ont été reconnues comme les pédagogues des Temps modernes, mais le droit ne leur appartient pas de détruire l'école lorsqu'elles déménagent vers les bureaux et ceci, même si elles peuvent se prévaloir d'avoir elles-mêmes jadis remplacé les églises par des écoles. Même la clé ne leur appartient pas.

Le problème qui se pose, à travers la crise contemporaine des sciences sociales sur le plan théorique et par conséquent normatif et idéologique, est donc un problème qui ne se pose littéralement qu'à travers cette crise, et non en elle : c'est le problème de la reproduction (et de la « production », marginalement) de la normativité et de la référence transcendantale de légitimation dans notre société. C'est seulement après que la question ait été ainsi posée qu'il peut devenir évident que toute la réflexion qu'elle exige et que toute solution qu'elle appelle, doivent elles-mêmes être enracinées dans le projet classique des sciences sociales, puisqu'il fut précisément un projet de connaissance et d'orientation normative-réflexive de la société et de son développement historique. Or, il ne faudrait sans doute pas accepter de revenir en arrière de cette exigence de réflexivité dont elles procédèrent et qu'elles mirent en œuvre, même si elles sont maintenant en passe de l'abandonner, au profit d'une efficacité technique plus immédiate.

On assiste donc, dans les sociétés contemporaines, à une perte de la formation synthétique, de la réflexion et de la capacité d'orientation normative au niveau global ou, pour le dire autrement, à une perte de la capacité d'action, qui coïncide cependant avec un accroissement sans précédent de la capacité de faire. Mais alors comment juger de ce qu'il faut faire et ne pas faire parmi tout ce qu'il est devenu possible de faire ? Au nom de quels principes, de quelles valeurs, en vue de quelles fins ? En fonction seulement des « rapports de force », fussent-ils de plus en plus « démocratisés » (ce qui veut dire maintenant d'abord fractionnés et éparpillés) ? On connaît le principe idéologique immanent à la technique : « tout ce qu'il est possible de faire, il faut le faire ! » Mais les choses qu'on va ainsi laisser faire et laisser aller risquent maintenant – à la différence de l'ancien « laisser faire, laisser aller » de l'économie libérale dont on sait pourtant où il menait (voir Polanyi, [1944] 1983) – de n'être plus retenues par rien, puisqu'elles ne se tiennent plus d'avance dans aucune limite institutionnelle, mais sont « libres » de proliférer dans la mouvance organisationnelle ou dans la mobilité décisionnelle, et qu'elles ne sont plus cantonnées dans aucun champ formellement prédéfini de la vie sociale, comme celui de l'économique.

Certes, on peut dire que précisément tout est maintenant « sous contrôle », puisque c'est à l'exercice du contrôle que se consacrent les sciences sociales technocratisées, et que, grâce à la cybernétisation, l'efficacité et la cohérence d'ensemble de ce contrôle doivent s'accroître constamment. Mais, comme on l'a vu, cette activité de contrôle n'a plus ni centre ni pôle où s'orienter ; selon son principe même, elle n'agit plus, de manière croissante, que par réaction, pragmatiquement, de façon « décentralisée », à partir d'une multitude de « lieux autonomisés ». Dès lors, le nouveau système nerveux constitué par tous ces contrôles entrecroisés et enchevêtrés tend lui-même à se confondre de plus en plus dans la société avec ses systèmes « digestif », « circulatoire », « respiratoire », « reproducteur », etc., et plus rien virtuellement – sauf l'ordinateur – ne contrôle plus les contrôleurs : ni dieu, ni raison, ni peuple, ni même aucune mémoire commune.

Notre société est en passe de perdre tout ancrage, toute amarre, tout pôle d'orientation à valeur transcendantale. Or, la question est de savoir si elle peut durablement naviguer ainsi sans catastrophe (militaire, écologique, sociale, psychologique et, en fin de compte surtout, « morale ») ; bien plus, elle est d'abord de savoir si nous sommes réellement sans attaches et sans amarres, et si celles-ci, en nous (re)tenant d'un côté à notre être-advenu, ne nous imposent pas de l'autre une orientation, en autant du moins que nous voulions que l'à-venir soit encore le « nôtre » ; elle est de savoir si nous sommes réellement déliés de toute obligation ontologique à priori vis-à-vis de tout, à commencer par nous mêmes et notre simple identité d'« êtres humains », et si nous n'avons réellement plus d'autre référence que notre état de fait et les conditions immédiates d'opération du système qui nous englobe ?

Poser de telles questions, c'est aussi adopter une position normative vis-à-vis des sciences humaines, de leur orientation présente, de leur vocation. Après tout, celles-ci ont toujours prétendu connaître la réalité humaine, sociale, historique telle qu'elle existe réellement, et elles ont toujours invoqué cette connaissance « objective » comme fondement de la légitimité de leur propre intervention normative dans l'orientation et la régulation de l'action pratique. Elles ont donc toujours eu la prétention de se substituer à l'« idéologie » dans l'exercice du « magister ultime » dans la société. Seulement, elles ont pensé aussi pouvoir se fonder elles-mêmes sur une démarche épistémologique et méthodologique positiviste (rationaliste et/ou empiriste) pour justifier cette prétention, alors que leur objet était, ontologiquement, de nature contingente et normative, et toute leur réussite historique consista alors dans le fait qu'elles parvinrent effectivement, durant l'essor de la modernité, à conférer une valeur normative et expressive générale à leur projet, qui s'identifia dès lors à celui de la société. Et c'est toujours encore le même projet épistémologique et méthodologique qui les conduit, maintenant que la modernité entre en déclin, à œuvrer directement à la transformation ontologique de leur objet en réalité positive, et à s'y dissoudre en devenant « immédiatement » le mode d'opération purement technique de celui-ci.

Or, la connaissance d'une réalité normative, nous l'avons vu, est nécessairement réflexive et normative elle aussi, et la réalité existentielle que vivent les « simples êtres humains », malgré la menace de mutation technologiste et technocratique qui pèse sur elle, reste pour eux une affirmation normative-expressive de soi, qui implique toujours encore la référence positive ou négative à une totalité comprise comme foyer de leur identité ou comme enjeu dernier des rapports polémiques ou antagonistes qui les lient les uns aux autres. Telle est donc encore, par-delà l'idéologie technicienne à laquelle nous sommes pressés de nous soumettre, notre réalité effective, qui implique pour subsister que nous fassions collectivement un « choix de contingence », qui ne saurait à proprement parler être « rationnel », mais qui peut néanmoins être « raisonné » ou non, « raisonnable » ou non.

Les sociétés traditionnelles n'avaient pas besoin de « réfléchir » sur leur destin et de le « choisir » ; la réflexion qu'elles se donnaient d'elles-mêmes dans la transcendance les fixait presque à leur insu dans une fidélité à l'égard d'elles mêmes qui n'avait d'autre choix que la « trahison » : elles appartenaient à un ordre de sens qui n'avait pas d'autres frontières que celles du non-sens. Elles n'avaient donc pas besoin de « pédagogie réfléchie », puisque la religion qui les liait à elles-mêmes *(re-ligere)* était leur pédagogie d'une manière immédiatement dogmatique et/ou esthétique. Elles s'enseignaient en se montrant et en montrant leurs dieux, en parlant et en faisant entendre la parole des dieux, en agissant et en faisant voir l'œuvre des dieux. En parlant allemand, on pourrait dire d'elles que leur *Bildung* était leur *Bindung,* que leur « formation » était leur « lien », et que ces deux sens originels du mot culture chez elles n'avaient pas encore été séparés.

La modernité ne fut pas non plus fondée sur la réflexion, mais d'abord spécifiquement sur une projection idéologique : ayant à s'affirmer et à s'imposer contre la tradition, elle n'avait que faire de réfléchir. Et comme elle ne coïncidait plus en son projet avec la réalité à l'encontre de laquelle elle se construisait affirmativement, elle fut essentiellement une pédagogie volontariste. Sa légitimité n'a pas reposé sur une connaissance, mais sur l'affirmation d'une volonté : spécifiquement, sur l'affirmation de la « liberté » comprise comme « volonté qui se veut elle-même ». Mais cette pédagogie de la liberté, comme elle n'était pas fondée sur la réflexion concrète, elle se porta aussi presque exclusivement vers les extrêmes : soit vers le dogmatisme du principe de raison *(nihil est sine ratione),* soit vers l'esthétisme de la volonté de puissance. Ces deux orientations ne purent être conciliées expressivement que dans le loisir d'une « élite ». Partout ailleurs, elles ne purent se rejoindre que dans l'instrumentalisme érigé en norme suprême, c'est-à-dire dans une éthique du travail.

Malgré son inachèvement, la modernité, pour l'essentiel, structurellement a fait son œuvre, tant et si bien que nous découvrons maintenant que son meilleur – la liberté – peut rejoindre son pire – la dissolution de toute autonomie et de toute identité – dans un système « autorégulé » à caractère ni subjectif ni objectif, mais « cybernétique » et purement positif. C'est alors que commence la « postmodernité » en même temps comme une condition de fait, mesurable à la perte de foi dans les valeurs universalistes qui avaient soutenu l'essor de la modernité et orienté systématiquement tous les efforts qui ont fait d'elle une « société de développement » et, en même temps, comme une nouvelle problématique sociétale. Car nous avons le choix de nous installer collectivement dans une société où l'action normative orientée par la référence à une identité transcendantale se voit partout substituer des procédures automatisées de gestion, de programmation et de décision dans l'accomplissement du rapport au monde et de la reproduction de soi. Cela revient alors à accepter la perte de sens et la perte d'identité comme le fondement d'une nouvelle condition humaine dans les « Temps postmodernes ».

Mais nous avons également le choix, pour la première fois, à la suite du déclin des projections idéologiques transcendantales concrètes (religieuses) et abstraites (rationalistes-universalistes-individualistes), de découvrir et de reconnaître directement le fondement normatif transcendantal inhérent à ce mode d'existence contingent, subjectif et singulier qui ne nous appartient que dans la mesure où nous lui appartenons d'abord, comme il appartient lui-même à la place qu'il occupe dans l'*universum.* C'est dans ce fondement normatif transcendantal que réside notre « être » ou notre « essence », notre puissance de sentir, d'agir, de penser, de vouloir et de connaître, c'est en lui que sont fixées les limites dans lesquelles se tient notre fait d'être comme « existants-en-nous-mêmes-et-pour-nous-mêmes », dans le monde qui nous accueille et à l'abri du monde qui nous est offert. Les miroirs idéologiques qui nous réfléchissaient notre propre être normatif et qui nous enseignaient, malgré nous, le respect de sa contingence singulière, se sont brisés, mais non pas ce dont ils nous renvoyaient l'image.

Parvenus maintenant, si l'on peut dire, à l'âge adulte, nous sommes seulement appelés à réfléchir par nous-mêmes, non pas en notre arbitraire « u-topique », mais en notre contingence existentielle concrète et dans la position ou la place qu'occupe dans le monde la « mesure » ou la « retenue » de notre action. Aussi devons-nous d'abord re-découvrir la vérité normative du mythe, qui est la dette contractée vis-à-vis des « ancêtres » et vis-à-vis de tout ce qui cohabite avec nous dans le don et l'échange réciproques, l'altérité comprise non seulement comme *alter ego,* mais comme impliquant concrètement la différence et l'autonomie de l'étranger ; puis redécouvrir la vérité normative qui se tient dans le respect de la « mesure » parmi la possibilité permanente de la « démesure » ; puis redécouvrir la vérité normative de la volonté d'être comprise comme fondement du devenir de l'« être-existant » en soi et pour soi ; puis redécouvrir aussi la vérité normative de la raison comme principe de l'ouverture du regard sur tout l'horizon de l'être et comme principe de l'unité et de la transparence à soi-même de la conscience. Rien de cela, en notre condition-d'être, n'est « supprimé » par un « dépassement ». Il appartient donc aux sciences humaines d'être la conscience réfléchissante de l'humanité postmoderne, c'est-à-dire un « humanisme » ! Leur vocation « cognitive » est donc inséparable de leur vocation « normative », puisqu'il s'agit de nous connaître nous-mêmes tels que nous sommes réellement, en tant qu'êtres normatifs ; leur « théorie » alors est vraiment aussi leur « pratique », qui est une pratique pédagogique à valeur transcendantale, une anthropologie normative.

Dans l'accomplissement de cette tâche sociétale, les sciences humaines peuvent et doivent se dissocier des activités d'intervention pragmatique-technocratique avec lesquelles elles tendent maintenant à se confondre et dans lesquelles elles risquent de se dissoudre et ceci, précisément parce que ces activités sont devenues techniquement nécessaires au fonctionnement sociétal et parce qu'il est alors du même coup devenu ontologiquement nécessaire de leur donner sens, orientation et mesure si toute identité et toute subjectivité, individuelles et collectives, ne doivent pas, progressivement, être entraînées par elles dans l'errance, le mélange de tout et la perte.

Les sciences sociales ne pourraient-elles pas retrouver un sens théorique, c'est-à-dire idéologiconormatif, et redevenir les « humanités » de notre siècle ou du siècle à venir : une anthropologie, une cosmologie, une éthique et une politique, une métaphysique raisonnées (plutôt que rationnelles) ? Les sciences humaines n'ont produit, jusqu'à présent ou du moins jusqu'à récemment, d'autre anthropologie que celle des « sauvages », laquelle bien sûr ne pouvait avoir pour nous aucune valeur normative (je ne parle pas de l'ethnographie purement descriptive : on ne fait plus que cela avec la nouvelle fascination pour le « quotidien » et les « histoires de vie » que crée justement le déclin de tout sens collectif). N'est-il pas temps de découvrir la nécessité d'une anthropologie générale, théorique et, par conséquent, normative – ce qui veut dire alors aussi polémique ? Et de constater sa possibilité, que tant d'ouvrages ou d'œuvres récentes ont commencé à explorer et à construire, en marge de toutes les disciplines traditionnelles ? Une telle anthropologie, non pas tant dans ses « résultats » que dans sa démarche même, pourrait alors servir de centre à un nouveau projet normatif et pédagogique, animer la formation, la *Bildung* de l'« honnête homme » et de l'« honnête femme » du siècle qui vient, et qui auront besoin de connaissances réfléchies et aussi de sagesse.

Pour conclure, je voudrais résumer les réflexions amorcées dans ce paragraphe. Le fondement transcendantal de la normativité inhérente à la nature subjective et identitaire de l'action, de la société et de l'historicité avait été assuré dans les sociétés primitives par la référence mythique faite à l'« origine » ; dans les sociétés traditionnelles par la référence à la « volonté des dieux » ; durant la modernité par la référence à la toute-puissance de la Raison universelle abstraite. La postmodernité paraît s'inaugurer dans le refus de toute transcendance et dans la constitution technocratique d'une totalité purement positive, qui implique, en sa logique de régulation opérationnelle, la disparition de toute médiation normative-expressive, et la perte de l'altérité, de l'identité et du sens dans une référence immédiate à l'état de fait systémique lui-même, d'un côté, et à l'état du désir subjectif, de l'autre. Mais ce même procès de transformation sociétale fait apparaître aussi l'exigence et la possibilité d'une reconnaissance directe et sans miroir de la transcendance normative qui habite l'être advenu à l'égard de chaque acte existentiel qui procède de lui, l'exprime, le prolonge et possède en propre la puissance d'un enrichissement. C'est précisément parce que cette transcendance, vis-à-vis de laquelle nous sommes redevables de notre existence, repose maintenant dans nos mains du fait de la puissance de la technique, qu'il nous est devenu possible aussi de la découvrir par la seule réflexion et la seule contemplation, et de comprendre par nous-mêmes le respect que nous lui devons en tant qu'elle est la condition de notre existence. La normativité et l'expressivité comprises enfin comme modes de l'être ne sont plus alors questions de foi ou d'esthétisme, elles deviennent directement l'objet ontologique d'une tâche de formation pédagogique accomplie de manière réfléchie, non plus « rationnelle » mais toujours « raisonnable ».

L'alternative à la « crise théorique des sciences sociales » est donc déjà présente à elles, et elle l'est directement en elles-mêmes : dans la reconnaissance de leur nature normative, qui s'identifie à la vocation qu'elles ont d'assumer la formation pédagogique dont dépend le maintien et le développement d'une existence proprement humaine dans la postmo-dernité. Mais alors aussi, les figures historiques anciennes de la transcen-dance apparaîtront pour ce qu'elles sont : des moments formateurs dans la prise de conscience de soi et dans l'apprentissage du respect de soi, de l'être subjectif et contingent, qui dans sa fragilité contient pourtant en lui-même l'inépuisable richesse de l'Être-advenu en sa diversité existentielle, son unité dialectique transcendantale, et son indéfinie ouverture.

CHAPITRE III

La dissolution de la société dans le « social »

La crise sociétale que nous traversons présentement dans la transition de la modernité à la postmodernité s'accompagne d'un quiproquo sémantique qui nous fait parler du social à propos de la société. Ce glissement de vocabulaire ne me paraît pas fortuit : il accompagne lui-même cette crise en ce qu'elle comporte de plus profond, à savoir la dissolution de la société et de son mode d'existence propre, de sa dimension en même temps unitaire et réflexive. En tentant ici de mettre en évidence, de manière tout à fait générale, le caractère ontologiquement réaliste de la société, comprise alors par antinomie au concept nominaliste du social, je tenterai de montrer que ce quiproquo contribue en fait à nous aveugler sur les enjeux de cette crise. À partir de là, il me sera possible de m'engager dans une critique du « déni ontologique de la normativité » qui a caractérisé le développement des sciences sociales depuis plus d'un siècle, à mesure qu'elles s'engageaient de plus en plus directement dans le contrôle, la gestion et la production du social, et qu'elles en oubliaient leur objet originel : l'étude et la critique des structures normatives de la société.

Le point de départ de mon argumentation sur la nature du social est emprunté à Hannah Arendt. On sait que cet auteur s'inquiète d'une tendance à la « suprématie du social » dans l'évolution des sociétés modernes[1]. Dans le cadre d'une anthropologie où elle oppose tout d'abord la *vita contemplativa* à la *vita activa*, pour distinguer ensuite en cette dernière trois niveaux hiérarchiques de l'activité humaine, le *labor*, le *work* et l'*action*, le « travail » correspond pour Arendt à l'activité simplement reproductrice, celle qui pourvoit aux nécessités répétitives de la vie « organique ». Son jugement s'appuie sur le constat suivant : alors que dans les sociétés traditionnelles – et tout particulièrement dans la Grèce classique qui lui sert de modèle – le *labor* se trouve refoulé dans

---

1. Voir Arendt (1961 et 1981-1983).

la sphère privée (en Grèce, celle de l'*oikos*), laissant au moins idéalement aux hommes (libres !) le loisir de se consacrer entièrement à l'*action* dans la sphère publique (ce n'est pas le lieu ici de parler de l'esclavage comme condition de ce loisir), on assisterait dans la modernité à une subversion de l'espace public par la problématique de la satisfaction des besoins. C'est ainsi que la sphère publique politique se serait progressivement convertie en une sphère publique simplement sociale, dans laquelle les finalités inhérentes aux activités plus « élevées » auraient fini par être ignorées ou étouffées, pour tomber à leur tour, en une sorte de renversement des valeurs, dans la sphère privée.

Pour enraciner ma propre critique chez un auteur que l'on peut maintenant considérer comme un classique, je m'en tiendrai ici à l'intuition fondamentale d'Arendt concernant la nature du social, tel qu'il se déploie ou s'est déployé dans les sociétés modernes, et je ne me sentirai guère attaché à la manière dont elle a conceptualisé cette intuition. Il me paraît ainsi évident que le « social » défini par Hannah Arendt ne coïncide pas directement avec la réalité historique dont s'occupe maintenant par exemple le « travail social[2] », puisqu'elle en ignore entièrement la dimension originellement normative. En effet, et quoi qu'il en soit de l'évolution contemporaine des interventions publiques et privées dans le « domaine social », on ne saurait oublier que celles-ci ont eu, avec la notion elle-même, leur origine dans une nouvelle conception de la solidarité sociétale, et donc de l'identité collective, qui s'est exprimée dans un nouveau concept de la *Justice* comprise justement comme *justice sociale*. Que ce nouveau concept de la justice ait été progressivement formulé en réponse à la désintégration des formes communautaires et hiérarchiques de solidarité propres aux sociétés traditionnelles – et tout spécialement en réponse au développement d'une sphère économique autonomisée et à la généralisation du « travail » que cela impliquait – n'enlève rien à sa portée fondamentale relativement à la constitution normative d'un nouveau type de société et d'un nouveau mode de socialité.

La position critique adoptée ici à l'égard d'Arendt ne me conduira pas pour autant à répudier son intuition touchant à la nature du social et de son hégémonie, mais seulement à en déplacer le champ historique

---

2. Une première version de ce texte avait été originellement rédigée à l'occasion d'un colloque sur le thème de « L'éclatement du social », organisé en 1987 par le Centre de recherche en travail social de l'Université de Caen, en collaboration avec l'École de travail social de l'Université de Montréal.

d'application, qui ne coïnciderait plus avec la modernité en général, mais plus précisément à la transition contemporaine vers la « postmodernité ». La « crise du social » sera alors comprise ici comme une « crise de la société », qui coïncide – tout particulièrement dans le champ de la perception objective propre au « travail social » – avec la perte progressive de la dimension transcendantale que représentait la référence normative à la Justice, et donc avec la constitution effective d'un champ purement empirique du social tel que l'a compris Arendt.

Mon argumentation prendra donc le tour suivant : le « social », au sens arendtien, est, *ab origine*, l'effet de la décomposition de la société comprise en sa dimension de totalité subjective et identitaire à priori, à laquelle il se substitue réellement comme un nouveau mode de l'« être et de l'agir ensemble », de la « socialité », tendanciellement purement empirique et pragmatique. Mais il ne se présente pas d'emblée comme tel : il apparaît d'abord plutôt comme un avatar « scientifique » de la société, comme la manifestation de son empiricité ultime, avatar qui reste néanmoins porteur de tous les attributs essentiels, aussi bien « traditionnels » que « modernes », de la société.

Ainsi, dans la représentation « objective » qu'on se donne de la société lorsqu'on y « travaille » le « social », qu'on y intervient et qu'on s'en occupe de mille manières, l'image originelle ou traditionnelle de la société comprise comme *universitas* ne disparaît pas d'emblée : elle fait partie, de manière centrale, de ces « réserves de tradition » dont parle Habermas et qui mettent si longtemps à disparaître, même lorsqu'elles ne sont plus renouvelées. La reconnaissance d'un ordre *sui generis* de la société n'implique donc pas sa réduction immédiate au « social ». Si, comme concept, la société est née – en même temps que les « sciences sociales » – de la séparation d'une unité subjective à priori et de la détermination objective empirique (à travers la différenciation de l'« État » et de la « société civile »), cette détermination objective s'est d'abord manifestée sous la forme de l'« économie » et elle ne s'est annexée et appropriée la « culture » que dans un deuxième temps seulement. Parallèlement au maintien de cette représentation culturelle – à caractère synthétique – de la société, l'appel à la Justice, qui avait servi de référence fondamentale à la nouvelle identité collective universaliste (pendant que la référence à la Raison fondait le mode également universaliste de la régulation institutionnelle propre au pouvoir d'État – tout spécialement dans le champ instrumentalisé de l'économie), paraît continuer à fournir la finalité dernière des interventions en « travail social ». Dans ce double sens, le social est ainsi d'emblée encore appréhendé comme sociétal.

C'est bien ce qu'exprime tout le courant « utopiste » qui a accompagné le développement de la modernité, tant sur le plan idéologique que politico-institutionnel, et ceci depuis sa plus lointaine origine dans le mouvement des communes bourgeoises, jusque dans les grandes révolutions des XVIIᵉ et XVIIIᵉ siècles – sans parler bien sûr de tout le mouvement ouvrier jusqu'au milieu du XXᵉ siècle. Mais c'est précisément cela qui s'épuise dans la ligne d'évolution dominante du monde contemporain, entraînant la perte de la dimension identitaire-subjective de la « société ». Celle-ci se transforme alors en simple « système objectif », en même temps que le « travail social » devient, lui aussi, une simple activité technique de gestion (d'encadrement, de contrôle, de régulation, d'aménagement, de dynamisation, de mobilisation) du social.

Dès lors, le sentiment actuel d'« éclatement du social » coïncide avec le double épuisement de cette image « sociétale » traditionnelle et de cette référence à la Justice et à la solidarité, chargées – notamment au niveau politique – de subjectivité transcendantale, et qui avaient encore été projetées sur « le social » tout au long de la période de transition. Il coïncide ainsi avec l'avènement du social en tant que tel et la réalisation sans partage de sa nature propre, purement « objective » d'abord, et finalement seulement « opérationnelle ». Loin d'éclater, le social manifesterait seulement maintenant, enfin, sa vérité, qui est d'être un pur et simple « système opérationnel » qui sert d'« environnement » complexe mais unidimensionnel aux individus et aux organisations de toutes sortes. Mais parler ainsi d'une crise de la société, ce n'est pas encore constater sa mort, qui serait d'ores et déjà survenue sous la forme de son irrémédiable dissolution dans le social : le « maintenant » désigne ici, par anticipation, la « postmodernité », vers laquelle pointe seulement, de manière unilatérale, le mouvement historique contemporain, dans une situation où nos traditions de modernité sont loin d'être vraiment épuisées, et où se dessine déjà une alternative.

Il ne sera pas possible de justifier ici en quelques pages un tel argument, ni conceptuellement ni historiquement. Je me contenterai donc d'en désigner les trois moments principaux : celui de la modernité, qui est devenue notre tradition la plus proche avec tout ce qu'elle charriait encore de traditions plus anciennes ; celui de son déclin ou de son épuisement contemporain, lié au dynamisme de ce qu'elle avait engendré à son niveau le plus terre à terre, le plus quotidien, mais qui était déjà à l'œuvre en elle depuis plus d'un siècle ; enfin, celui du choix normatif au pied duquel ce déclin nous a convoqués. Mais pour commencer, il convient de donner quelques brèves indications sur la nature ontologique de « la société » comprise comme totalité réelle, à caractère subjectif[3], et en cela distincte de la simple somme empirique de ses membres et de ses « éléments » ou de la simple structure objective de toutes les actions et interactions sociales qui se déroulent en elle, mais ne suffisent pas à la composer.

LE CARACTÈRE « TRANSCENDANTAL » DE L'UNITÉ DE LA SOCIÉTÉ

À la différence aussi bien de la réalité physique inanimée que du comportement purement biologique, la « vie sociale » est constituée d'actions subjectivement signifiantes, médiatisées symboliquement, et ordonnées normativement en « rapports sociaux » ayant en même temps un caractère objectif (catégorique et structurel) et un caractère (inter)subjectif concrets (ce qui les distingue des simples « relations objectives », statistiques par exemple). Au niveau le plus fondamental, c'est la référence à un système symbolique commun qui oriente les actions particulières et réalise, en quelque sorte depuis l'intérieur de chacune d'elle, leur intégration structurelle globale.

À cette « régulation symbolique » (ou « culturelle ») intériorisée des pratiques sociales se superpose d'ailleurs (et se substitue partiellement), dans les sociétés plus « complexes », une modalité de régulation extériorisée, à caractère « politico-institutionnel ». Le système symbolique intériorisé (l'apprentissage du langage, l'éducation des enfants, la socialisation, etc.) et le système politico-institutionnel extériorisé (la « domination »), quoiqu'ayant chacun été développés historiquement, représentent alors la condition à priori de la socialité des pratiques, aussi bien au niveau de leur signification particulière qu'à celui de leur intégration d'ensemble.

De la même manière qu'il n'existe de « parole » signifiante que par référence à un « langage » qui lui préexiste (même si chaque parole, à la condition d'être « entendue », est aussi susceptible de contribuer à la

---

3.   Voir à ce sujet mon article « Pour un dépassement de l'opposition entre "holisme" et "individualisme" en sociologie », dans la *Revue européenne des sciences sociales* (1994b).

transformation du langage), chaque action n'a elle-même d'existence sociale que par référence à la culture ou à la superstructure politico-institutionnelle qui en spécifie pour autrui, et dans l'anticipation de son accomplissement, la signification, la valeur et le sens. La société, comme unité et totalité concrète et non seulement comme ensemble d'activités sociales discrètes, correspond donc d'abord à ce caractère à priori des médiations culturelles et politico-institutionnelles des pratiques sociales, qui élèvent de simples « comportements » singuliers en « actions significatives », à prétention d'intelligibilité « universelle ». Et il ne s'agit pas ici d'une universalité formelle et abstraite, mais de la participation à l'*Universum* concret que représente en lui-même et pour lui-même (par la valeur identitaire qu'il possède) chaque champ culturel et/ou politique d'intégration sociétale.

Au sens le plus général du terme, les médiations culturelles et politico-institutionnelles des pratiques sociales – qui sont constitutives de l'unité réelle de la société – ont une valeur normative à l'égard des actions et des acteurs sociaux. C'est par l'accomplissement de cette normativité attachée ou imposée à l'action que chaque acte particulier concourt à la reproduction de la structure d'ensemble de la société, et donc à l'existence même de celle-ci comprise comme totalité. Si chaque action particulière est ainsi médiatisée par la référence (intériorisée ou imposée de l'extérieur) à l'ordre d'ensemble, l'existence même de cet ordre, qui coïncide avec sa reproduction, se trouve inversement médiatisée par toutes les actions « autonomes » qui assurent sa réalisation effective. La « société » apparaît ainsi d'emblée marquée d'une double contingence : la contingence inhérente à la spécificité – advenue historiquement – de l'ordre normatif particulier qui l'institue et la constitue, et la contingence existentielle qui affecte sa reproduction effective, du fait de la dépendance dans laquelle celle-ci se trouve à l'égard de toutes les actions particulières, ou même singulières, qui participent à son accomplissement.

C'est en raison de cette contingence ou de cette précarité existentielle de l'ordre normatif d'ensemble de la société que cet ordre lui-même se trouve toujours représenté normativement en tant que tel, selon des modalités (« idéologiques ») formelles qui varient historiquement (mythe, cosmologie, religion, etc.). Le caractère transcendantal (à priorique) immanent à la société se voit ainsi en quelque sorte « repris en charge » subjectivement-réflexivement sous le mode d'une transcendanta-lisation (« réification transcendantale ») de l'identité commune à priori : c'est sous la dépendance et sous la protection de celle-ci que la reconnaissance commune de chaque identité particulière (ainsi que de la signification, de la valeur et du sens de chaque action) se trouve alors assurée. En tant qu'unité à priori de toutes les pratiques sociales, la société prend donc valeur ontologique de totalité à caractère subjectif et identitaire. Une telle unité n'exclut pas les « conflits », puisque c'est en elle et par référence à elle qu'ils prennent eux-mêmes sens de conflits sociaux et sociétaux.

La suite de ce texte vise à montrer que cette unité transcendantale de la société, à caractère subjectif-identitaire, est présentement menacée d'« éclatement » ou de « dissolution », et que cette menace prend précisément la forme d'une progressive réduction ontologique de la société dans du social qui « opère » de manière purement objective et empirique, et qui est d'ailleurs explicitement conçu comme tel par les sciences sociales, qui assument de plus en plus directement cette opérationalisation. Je voudrais donc montrer aussi comment les « sciences sociales » modernes ont concouru directement à cette réduction ontologique aussi bien au niveau le plus général de leurs principes épistémologiques et méthodologiques qu'à celui de leurs modalités particulières, bureaucratiques-technocratiques, d'intervention dans la société ou sur le social.

LA DOUBLE CONSTITUTION, IDÉALE ET EMPIRIQUE, DE LA SOCIÉTÉ DANS LA MODERNITÉ

Ontologiquement, la « société » a donc toujours, jusqu'à présent, existé *en soi*. Son existence en tant que totalité réelle-concrète coïncide avec l'existence symbolique de l'humanité et c'est en elle, comme dans le langage, que peut être identifiée la différence spécifique du genre humain. Pour aller droit à l'essentiel et couper court à de très longues argumentations, disons que la société existe fondamentalement de la même manière à priorique, relativement à tous les sujets et à toutes les actions sociales particulières, que le langage existe toujours lui aussi à priori relativement à toute parole signifiante. Et ceci, bien sûr, nonobstant le fait que la société est elle-même le « produit » des actions individuelles, et qu'elle s'est progressivement constituée ou consolidée en dehors (ou plutôt en même temps, en arrière, au-dessus et en avant) de chacune de celles-ci prises singulièrement. Seule l'existence effective des normes peut alors fonder ou asseoir, ontologiquement, le caractère « réel » des catégories de la vie sociale qui paraissent objectives à tous (comme la famille, l'économie, etc.). Le problème examiné ici et la solution proposée concerne donc directement le problème philosophique des universaux, tel qu'il a été posé et débattu en Occident depuis le

Moyen Âge, et tel qu'il a été réanimé dans la sociologie moderne, tout particulièrement chez Weber. Malheureusement, dans le contexte de l'individualisme et de l'utilitarisme dominants, la portée ontologique de l'opposition entre le réalisme et le nominalisme est passée largement inaperçue et le problème a été réduit au plan purement méthodologique.

Phénoménologiquement, la société n'a par contre pas toujours existé *pour soi* ou, du moins, elle n'a pas toujours possédé, dans la représentation idéologique réflexive qu'en avaient ses membres, une existence autonome, clairement distincte de celle du « monde » et de celle des « dieux ». Pour ne rien dire ici de son mode d'existence et de représentation dans les sociétés « primitives » et « traditionnelles » hors de l'Occident, ou encore dans l'Antiquité occidentale classique, rappelons seulement que le Moyen Âge chrétien, jusqu'à la Renaissance, concevait fondamentalement la réalité dans le cadre d'une opposition entre le créateur et la création, et qu'au sein de cette dernière, on n'y faisait guère de différence essentielle (ontologique) entre le monde social et le monde naturel, dans la mesure où l'un comme l'autre se trouvaient immédiatement ordonnés par la même volonté divine. Seul, dans le monde, faisait contraste le sujet humain, créé individuellement « à l'image de Dieu », dont le destin (le salut) n'était justement pas « de ce monde ». Dans ce contexte, la « société » ne signifiait rien de plus que « la bonne société », ou encore « la bonne compagnie ». Et pour ce qui est de l'*Universitas* à laquelle on vient de faire allusion, c'est d'abord au collectif ou au corps « mystique » de la Chrétienté qu'elle se référait.

Le regard sociologique rétrospectif peut maintenant comprendre que la référence à la divinité représentait précisément le mode de la constitution transcendantale (à priorique) des sociétés traditionnelles, la manière spécifique qu'elles avaient de fonder leur ordre normatif particulier en le projetant en dehors d'elles, pour se placer alors, par un effet de miroir, sous sa dépendance ontologique[4]. Mais ce ne fut pas de cette manière, en même temps critique et compréhensive, que la modernité, à partir du XVIe siècle surtout, a conçu le mode d'existence de la tradition à laquelle elle s'opposait et dont elle visait à s'émanciper. Elle n'a pas vu dans la tradition une forme parmi d'autres de la société, mais, au contraire, l'expression d'un arbitraire, d'une irrationalité et d'une inconsistance ontologique fondamentales. Partant de l'idée de l'autonomie « naturelle » de l'individu (son « libre arbitre », en particulier, mais aussi l'autono-

---

4. Voir la notion de « dette du sens » proposée par Marcel Gauchet (1977 et 1985).

mie revendiquée dans la poursuite de ses « intérêts » relativement à toutes les prescriptions normatives de la tradition), la modernité a conçu le projet d'une reconstruction « rationnelle » de l'ordre humain : en face de l'individu émancipé, c'est ce projet, ce dessein d'un nouvel ordre humain, produit par les hommes eux-mêmes dans le libre exercice de leur raison, qui prit pour elle figure de « société », et qui fonda son autonomie ontologique.

La « société » au sens moderne – et c'est ce sens qui tend maintenant à se dissoudre dans la transition vers la postmodernité – est plus précisément issue de la jonction et de la fusion de deux mouvements, étroitement corrélatifs l'un à l'autre structurellement. D'un côté, au niveau « culturel », il s'est produit, au fur et à mesure de l'émancipation des individus à l'égard des normes et des autorités traditionnelles régissant leurs identités et leurs actions, un élargissement et une abstraction du concept de « bonne société », qui se transforme progressivement en « espace public » régi par la « civilité »[5]. Mais cet espace public de civilité s'est lui-même converti en « espace public politique » en servant de lieu où s'énonçaient, avec une légitimité croissante, la critique de l'autorité traditionnelle et la revendication d'une reconstruction rationnelle-démocratique de l'ordre sociopolitique. Le même espace public s'est progressivement converti en « société civile », au fur et à mesure que se réalisaient effectivement ses revendications politiques, et donc qu'était établie, à la vue de tous et s'imposant pareillement à tous, une structure unifiée de régulations rationnelles-légales, possédant un caractère formel et universaliste (concept libéral d'État de droit).

C'est à travers ce mouvement d'institutionnalisation dans lequel la société se divise, en elle-même, en corps instituant et en ordre institué à mesure qu'elle agit réflexivement et politiquement sur soi pour se transformer, qu'elle prend aux yeux de ses membres valeur de totalité objective. La modernité est ainsi le premier ordre ou régime sociétal qui, en se concevant et en se produisant lui-même expressément, en vient à se représenter lui-même comme société, c'est-à-dire comme une réalité *sui generis* unifiée, et ceci dans la mesure où cette réalité y apparaît idéalement – et donc d'abord contrafactuellement – comme le projet et le produit virtuel de la libre volonté agissante des individus inspirés par une même raison universelle, à caractère transcendantal. Cette conception

---

5. Voir à ce sujet, entre autres, Richard Sennett (1979) et Jürgen Habermas (1978).

idéaliste de la société va ensuite se convertir progressivement en une conception empirique, à mesure que l'ordre social moderne se trouve effectivement établi et légitimé sous la forme d'un système politico-institutionnel commun (l'État de droit) qui régit objectivement l'ensemble de la société civile, tout en émanant idéologiquement et « praxiquement » de celle-ci.

Ajoutons que le concept moderne de société prend également corps, à contre-courant et en réaction au mouvement politique d'institutionnali-sation « révolutionnaire » dont on vient de parler, dans tout le mouvement de résistance conservatrice qui s'est opposé à lui. Car il s'agit bien ici aussi d'un mouvement et non d'une simple inertie, et ce mouvement « réactionnaire » va lui aussi, politiquement et idéologi-quement ou doctrinairement, objectiver réflexivement la société comprise par lui comme son ordre traditionnel, dont la naturalité normative sera affirmée à l'encontre de l'arbitraire volontariste du libéralisme révolution-naire. Mais ces deux manières opposées et cependant complémentaires et solidaires de concevoir la société, la manière « politico-révolutionnaire » et la manière « culturelle-conservatrice », vont finalement à leur tour être partiellement dépassées dans une troisième perspective, purement positive, qui ne concevra plus la société que sous la forme de l'ensemble cohérent des régularités à valeur de lois objectives régissant, à leur insu, les êtres humains dans toutes leurs actions, dans tous leurs rapports et même dans toutes les idées qu'ils s'en font.

Le statut et le contenu de ce nouveau concept moderne de société doivent maintenant être précisés, très sommairement, en relation avec l'évolution historique des sociétés modernes. Il faut souligner en premier lieu que, durant toute la période où l'essor de la modernité s'accomplit d'abord à travers la lutte contre la tradition, la société ne représente pas, pour elle-même et pour ses membres, une réalité empirique positive (cela n'adviendra qu'au XIXᵉ siècle), mais tout au contraire une réalité idéale à caractère essentiellement normatif, à l'égard de laquelle la Raison (associée comme on l'a vu à la Justice) joue désormais le rôle de la référence fondatrice transcendantale. Dans la lutte d'émancipation de la modernité contre la tradition, on n'assiste donc pas directement à une perte de la référence transcendantale de légitimation de l'ordre social (cette référence qui prend d'abord de manière implicite et non réflexive la forme du « sens »), mais plutôt à son abstraction et à son universalisation formelles.

La transcendance religieuse possédait en effet encore, au niveau de sa représentation, un caractère essentiellement concret (la volonté des dieux), et c'est à ce titre qu'elle pouvait être projetée – selon une métaphore spatiale alors très significative – à l'extérieur et au-dessus de la réalité intramondaine, avec laquelle elle entretenait d'ailleurs encore mille rapports directs, « quasi empiriques ». C'est cette concrétude de la représentation divine – à laquelle correspond sa représentation institutionnelle sous la forme de l'autorité ecclésiastique – que va d'abord rejeter la réforme protestante, qui réinterprète d'une manière éthique l'idéologie religieuse[6] (intériorisation subjective du « devoir » abstrait, suppression de la médiation institutionnalisée, *deus absconditus,* passage du principe de la « fidélité » à celui de la « foi », du principe de la « soumission » à celui de la « responsabilité », etc.) : le procès de l'abstraction de la référence transcendantale pourra par la suite s'achever sur un plan laïc dans la triple figure idéologique de l'empirisme utilitariste anglais, du rationalisme des Lumières, et de l'idéalisme allemand qui en opère la synthèse.

C'est alors que naissent les « sciences sociales », ou du moins les discours doctrinaux qui leur servent directement de précurseurs et dans lesquelles elles reconnaissent encore maintenant l'origine de leur tradition. La première discipline qui apparaît ainsi sous la forme d'une théorie normative de la société est la doctrine juridico-politique du droit naturel et du contrat social qui, dans sa double forme, vise à fonder l'ordre social nouveau sur une raison abstraite et universelle, invoquée contrafactuellement pour légitimer par anticipation le type nouveau de société vers la réalisation duquel tend la « révolution bourgeoise ». Or, la transcendantalisation de la Raison correspond ontologiquement à l'individualisme fondamental qui anime ce procès révolutionnaire, puisque chaque individu est sensé avoir immédiatement, ou « naturellement », accès à cette raison abstraite et universelle, et participer d'elle. C'est donc la doctrine politique qui élabore formellement le discours de légitimation de la société moderne et qui lui sert explicitement de référence transcendantale dans sa lutte contre la tradition, ceci jusqu'au moment de son triomphe institutionnel dans les révolutions anglaise et française, et, dans une certaine mesure, américaine[7].

Le succès de la révolution politique bourgeoise, qui tend à assurer comme une évidence la légitimité de l'ordre politique constitutionnel, a

---

6. On pourrait reprendre ici, mais en l'historicisant radicalement, l'opposition typologique wébérienne du prêtre et du prophète (voir en particulier dans *Economy and Society,* vol. 1, chap. VI (p. 439ss de l'édition des Presses de l'Université de Californie, Berkeley, 1978).

7. Voir à ce sujet Freitag (1994a).

pour effet de déplacer le problème fondamental de la légitimation sociétale du niveau formellement politique au niveau du mode d'organisation concret de la société civile. On va ainsi passer, à partir de la fin du XVIIIe siècle, du problème de la légitimation de la forme de gouvernement (la monarchie traditionnelle *versus* l'État constitutionnel) au problème du contenu des institutions de la société civile. C'est à ce moment que l'économie politique, notamment avec Adam Smith, va prendre la relève des doctrines politiques comme discours de légitimation fondamental de la société moderne et être promue du même coup en « science ou doctrine sociale dominante » sur le plan théorique[8].

La « société », comprise en tant que totalité, sera alors perçue d'abord sous la forme de la « société économique », puisque c'est désormais au niveau de son organisation institutionnelle que vont se définir les principaux enjeux sociopolitiques (le libéralisme économique contre le volontarisme étatique, puis contre le socialisme révolutionnaire), alors que la référence de légitimation se déplace progressivement du thème normatif de la « Raison » à celui de la « naturalité positive » de la réalité sociale. Mais il faut bien voir que la référence à la « naturalité des lois économiques » – et tout spécialement à la naturalité des « lois du marché » – conserve fondamentalement une valeur normative-idéologique et qu'elle n'intervient donc pas sur la scène historique au titre d'une simple description objective de la « réalité sociale empirique », mais bien sous le statut d'une nouvelle référence transcendantale de légitimation de la société capitaliste, qui par là même se détache alors du modèle de la société moderne simplement « bourgeoise ». L'œuvre de Marx, sous-titrée « critique de l'économie politique », illustre bien cette dimension normative-idéologique : c'est d'ailleurs là que le concept de « bourgeoisie » subit le plus clairement sa mutation, mais comme celle-ci n'y est pas opérée de manière réflexive et que le nouveau concept s'y trouve amalgamé avec l'ancien, son usage se chargera d'un équivoque dont profitera abondamment la polémique politique, au détriment de la conceptualisation théorique.

Nonobstant l'existence d'un mouvement révolutionnaire anticapitaliste, le XIXe siècle va être caractérisé globalement par le succès de la forme d'organisation capitaliste de l'économie, qui parvient à s'associer au fonctionnement de la forme politique de l'État « libéral-démocratique » et à y intégrer, pour l'essentiel, les « masses populaires », au fur et à mesure de leur mobilisation politique, qui va de pair avec leur

---

8. Voir à ce sujet Rosanvallon (1979).

« prolétarisation », c'est-à-dire justement avec l'assujettissement de leur « force de travail » aux lois du marché. Il y a bien sûr des exceptions, qui se manifestent d'abord sous la forme de la reconversion – et du renforcement – directe de certaines structures de domination traditionnelles en « autoritarisme d'État[9] » et en « bonapartisme », lesquels accomplissent « par en haut » la révolution industrielle-capitaliste (la Prusse de Bismarck en fournit peut-être le meilleur exemple), cette révolution qui avait été réalisée « par la base » (bourgeoise) en Angleterre et, dans une moindre mesure, en France ; le développement des fascismes, dans la première moitié du XXe siècle, participera également de la même dynamique. Mais l'intégration d'une société « régie par l'économique » et d'une société « fondée sur la liberté politique de l'individu » demeure la dynamique sociétale la plus massive au XIXe siècle et comporte une double conséquence (chacune étant, originellement, attachée à l'un de ces pôles). C'est la « nécessité » de la recherche d'une synthèse normative de ces deux pôles qu'exprimera alors la naissance de la sociologie[10].

Le développement autonomisé de l'économique sous le régime du capitalisme a pour effet de dissoudre progressivement toute forme de solidarité sociétale, aussi bien traditionnelle (la solidarité communautaire et la responsabilité hiérarchique) que moderne (où la solidarité impliquée dans l'identité collective nouvelle prend la forme de l'exigence de justice sociale). À cet égard, on peut se référer non seulement à Marx – qui reste lui-même captif de l'économisme positiviste et naturaliste dominant au XIXe siècle –, mais surtout à cet ouvrage en même temps simple et majeur que constitue *La grande transformation,* de Karl Polanyi[11]. C'est donc le problème de la « solidarité sociale » et celui du « mode de constitution de l'unité de la société », en tant que totalité à caractère subjectif, que va soulever, en première ligne sur le front de la « légitimation sociétale », le développement du capitalisme. Et ce problème va être

---

9. Dans les pays libéraux, il faudrait souligner alors que les mêmes structures d'autorité despotique traditionnelle fleurissent également, mais ici à l'intérieur des entreprises, et que l'État a longtemps mis toute sa puissance au service de cet arbitraire patronal qui s'exerce sous le manteau légal du contrat de travail.

10. Pour un examen un peu plus attentif de cette « genèse idéologique des sciences sociales », voir le chapitre II du présent ouvrage : « La crise des sciences sociales et la question de la normativité ».

11. L'édition originale anglaise, datant de 1944, ne sera publiée en traduction française qu'en 1983, aux éditions Gallimard.

posé dans une situation où la participation démocratique à l'exercice du pouvoir politique d'institutionnalisation représente un acquis idéologique-identitaire « irréversible » de la révolution bourgeoise.

La sociologie va donc à son tour hériter de la question des conditions « normatives » et « symboliques » de l'intégration de la société, telle qu'elle est posée de manière nouvelle par le succès même du « régime économique capitaliste ». Et il ne faut pas, dans l'interprétation des conditions historiques de la naissance de cette nouvelle « science sociale », négliger le fait que les sociétés qui ont accédé au statut politique moderne de l'État universaliste restent en fait divisées en « États nationaux » distincts, en raison de la particularité historique des procès de mobilisation politique dont elles résultent. Par-dessus l'affrontement des intérêts strictement individuels, le développement du capitalisme va donc lui-même entraîner ces entités collectives politiquement autonomes dans une « concurrence internationale » qui conférera progressivement aux modalités nationales de l'identification collective la valeur d'un « nationalisme » fortement « communautariste ». C'est ainsi que le nationalisme prend, pour un temps qui représente historiquement un moment charnière, la valeur ontologique d'une référence transcendantale.

De l'autre côté – plus spécifiquement politique – de cette équation, il faut invoquer le fait que la participation démocratique à la constitution du pouvoir d'État (partis ouvriers, syndicalisme, etc.) a engagé les sociétés modernes industrielles dans la voie d'un « réformisme social-démocratique » (droit du travail, droit social, législation économique, etc.) dont l'enjeu essentiel était précisément constitué par les conditions institutionnelles de fonctionnement du capitalisme. Ainsi s'implantait une contradiction cumulative entre le développement autonome du capitalisme et l'exigence de justice sociale dans laquelle s'exprimait l'essentiel de la nouvelle solidarité collective à caractère politique. En même temps qu'elle héritait du problème global de l'intégration sociétale dans les sociétés industrielles capitalistes, la sociologie se trouvait aussi confrontée à la question de la légitimation des conflits, puisque c'est sur la capacité de leur résolution empirique qu'allait désormais se déplacer la question de la légitimité fondamentale des sociétés réformistes-démocratiques : d'où aussi, sur le plan idéologique, cet affrontement caractéristique d'un unanimisme nationaliste et d'un conflictualisme démocratique qui, loin de s'exclure, se développent plutôt parallèlement (sauf dans les totalitarismes où la dimension conflictuelle est entièrement extravertie, du moins idéologiquement-officiellement).

Dans l'exercice de sa fonction normative théorico-idéologique, la sociologie s'est donc transportée du problème de l'intégration sociétale (les conditions d'intégration à priori de la société) vers le problème de l'intégration sociale des multiples catégories identitaires et des multiples revendications particulières qui concouraient à la dynamique de la société progressiste et ceci, au fur et à mesure que se développait le réformisme dont elle représentait elle-même un moment essentiel. Cela nous amène à notre troisième point ou à notre deuxième moment de mutation historique.

L'« ACCOMPLISSEMENT EMPIRIQUE » ET L'« ÉPUISEMENT IDÉOLOGIQUE » DE LA MODERNITÉ

La sociologie a ainsi hérité, à sa naissance, des « contradictions du capitalisme », c'est-à-dire, d'une manière plus large que ne l'avait peut-être perçu Marx (ou du moins qu'il ne l'avait conçu après les *Manuscrits de 1844*), du problème de l'intégration normative de la société[12], une intégration qui n'assurait plus un procès de développement sociétal dominé par une logique économique autonomisée. La sociologie, du moins à son origine chez les classiques, a donc aussi conçu la société comme une totalité concrète dont l'unité effective était cependant devenue problématique.

Cependant, à partir de la seconde moitié du XIXᵉ siècle, le développement sociétal n'a pas suivi le cours que lui aurait imposé la logique rigoureuse d'un économisme « libéral » souverain, et qui aurait sans doute confirmé les conclusions révolutionnaires que Marx avait voulu fonder théoriquement dans son analyse du Capital. Au-delà de toutes les variations locales, la raison de cette « déviation historique » peut être résumée en un mot : le réformisme.

Les conclusions de Marx, auxquelles il vient d'être fait allusion, coïncidaient d'ailleurs pour l'essentiel, à une révolte et à une stratégie politique près, avec celles des économistes classiques anglais. En effet, ce qui différencie fondamentalement Marx de Ricardo n'est pas tant sa théorie économique que les conclusions politiques qu'il en tire. En s'engageant politiquement, Marx maintient l'appel à un principe transcendantal de la Justice, que l'économie classique avait répudié comme non

---

12. C'est cette question globale de l'intégration de la société que Marx désigne par « la question sociale », qui déborde pour lui aussi bien la question politique que la question économique.

scientifique, c'est-à-dire comme étranger à la nécessité qui était sensée régir une société rationnelle (et dès lors idéale parce que rationnelle et naturelle). Mais c'est alors également sur ce point, où il se différencie le plus radicalement de l'économie politique classique, que Marx sera lui-même le plus confus, parce qu'il adhère lui aussi à une conception épistémologique et ontologique positiviste et scientiste de la société et de la science sociale – dont la version d'époque en sciences sociales est fournie par l'« économisme » et le darwinisme social. Ainsi, Marx n'est pas parvenu à assumer théoriquement, de manière explicite et réflexive, son engagement éthique et sociologique.

C'est pour la même raison qu'une compréhension adéquate du politique lui a échappé. Il a persisté, comme la philosophie politique anglaise, à saisir théoriquement le politique d'une manière instrumentale, ce qui chez lui, à la différence des anglais individualistes, était en contradiction non seulement avec ses propres « motivations » normatives, mais avec le fondement transcendantal de toute sa démarche critique – comme cela apparaît déjà si visiblement dans sa *Critique de la philosophie du droit de Hegel*. C'est dans cette incompréhension du politique, et dans ce refoulement du caractère transcendantal de son propre engagement social, que se trouve sans doute le talon d'Achille de son impressionnante construction théorique. Et c'est pourquoi le réformisme n'apparaît toujours, dans la perspective de Marx, que comme une « errance » relativement au développement rigoureux de la logique marchande et capitaliste, qui doit d'elle-même conduire à une crise finale.

Pour comprendre la nature et la portée historique de ce réformisme, il faut se souvenir que la société bourgeoise libérale n'était pas seulement une société économique, mais aussi une société politique fondée sur l'idéal, transcendantal, non seulement de la réalisation de la Raison formelle, mais aussi de la Justice matérielle. Sur le plan économique, la légitimité « transcendantale » de la société bourgeoise était certes fondée sur l'idée universaliste, formelle et abstraite de la « Liberté individuelle » appliquée tout spécialement dans le champ de la propriété privée et de la capacité d'agir sans restriction que celle-ci comporte. Mais ce même principe servait aussi de base à la constitution politique du droit, puisque le concept déjà plus concret du « citoyen » – c'est-à-dire de l'individu rationnel participant directement en tant que membre de la nation à la constitution du pouvoir et donc au partage de la souveraineté de l'État – en dérivait directement ; mais surtout, ce principe en quelque sorte négatif de la liberté, fondement du « droit naturel moderne », était doublé sur le plan politique par la référence à une exigence positive et collective de réalisation de la Justice et du « bonheur commun ».

Si l'idée fondamentale de la liberté incluait tout autant le concept de l'égalité politique formelle que le principe de l'autonomie des individus dans le champ économique (sous la forme d'une absolutisation du « droit de propriété »), celle de la Justice maintenait au contraire l'exercice de cette autonomie de l'individu dans le champ d'une solidarité sociétale positive et active, de type « communautaire ». C'est donc aussi cette exigence de solidarité qui conférait à la dynamique sociétale « spontanée » et « impersonnelle » déclenchée par l'autonomisation de l'individu économique une finalité normative à priori, à caractère collectif et identitaire, et qui s'exprime dans la référence sans cesse faite au « bien commun ».

Or, dans le cadre de ce double principe de légitimation transcendantale, ce sont précisément – à mesure qu'elles se manifestaient empiriquement dans la paupérisation et l'aliénation – les conséquences de l'exercice sans entraves de la liberté économique qui ont été ressaisies dans le champ de la liberté politique formelle, pour y entraîner, au nom d'une revendication positive ou matérielle de la Justice, le développement d'un mouvement de réformisme social. Celui-ci avait alors pour objectif essentiel la transformation politique des règles institutionnelles qui régissaient une société civile qui avait été comprise d'abord comme une société économique entièrement dominée par l'institution « naturelle » de la propriété.

Dans une première phase, le réformisme s'est maintenu dans le cadre de la légitimation universaliste formelle de la société bourgeoise moderne, et c'est donc sur le plan de la législation commune qu'il a formulé et réalisé au nom de la liberté politique et de la justice sociale ses principales revendications : élargissement de la participation politique et de la liberté d'association, droit du travail, droit social, éducation, etc. Ce premier mouvement, bien qu'il s'accordât encore aux modalités de régulation universalistes abstraites qui caractérisaient la société bourgeoise, introduisait cependant une rupture dans la conception des intérêts susceptibles de reconnaissance sociale universaliste.

Pour dire les choses brièvement, ce mouvement imposait l'idée que ces intérêts étaient substantiels, non seulement formels : il s'appuyait d'ailleurs, pour ce faire, sur une dénonciation de l'hypocrisie impliquée dans la présentation et la légitimation de l'intérêt de propriété comme un intérêt purement formel et universel, et par cela même supérieur à tous les autres. Cette hypocrisie devenait d'autant plus évidente que, dans les sociétés désormais dominées par la bourgeoisie, la propriété comme « *ius usus et ab usus* » ne pouvait plus apparaître comme un moment fondamental d'émancipation de la sphère d'action individuelle à l'égard de toutes les « normes » et « autorités » traditionnelles. Elle s'y affirmait au contraire comme une forme nouvelle de tyrannie. La « liberté » inhérente à la propriété avait été un bon argument bourgeois contre la société d'Ancien Régime, mais il était devenu difficile de faire admettre la valeur absolue et transcendantale du même argument aux catégories sociales qui, ayant de tout manière déjà chuté hors du communautarisme hiérarchique de la société traditionnelle, se trouvaient maintenant mis directement à la merci des possédants, avec des droits formels « égaux », mais sans contenus concrets dans la nouvelle société bourgeoise-capitaliste.

L'appel à ces intérêts substantiels pouvait certes encore s'investir d'une « valeur transcendantale » en se réclamant du caractère naturel et universel du besoin. Conformément à l'esprit positiviste de l'époque, c'est dans la référence « empirique » faite au « besoin » et à la « nécessité » naturelle de la satisfaction que le principe normatif transcendantal de la Justice a commencé à se dégrader. Dès lors, c'est la légitimité naturaliste attachée à la satisfaction même des « besoins » qui allait se charger de transformer progressivement toutes les exigences sociétales effectives en données purement empiriques et contingentes. Mais par là, la dernière formulation, naturaliste, d'une référence transcendantale universaliste de légitimation de l'ordre sociétal a fini par être emportée, elle aussi, lorsque le développement même de la société (la croissance de la production et de la participation à la répartition) a fini par révéler l'évidence du caractère à la limite purement contingent, ou purement « social », voire « arbitraire », de tous les besoins.

L'exigence transcendantale de la Justice ayant ainsi été convertie en une prétention empirique de participation à la satisfaction, on entrait dans l'ère des « rapports de force » non médiatisés transcendantalement, mais seulement gérés médiatiquement, bureaucratiquement puis technocratiquement. On pourrait d'ailleurs suggérer que la recherche habermassienne d'un fondement rationnel à priori de la normativité pratique, dans sa théorie de l'agir communicationnel, en revient toujours encore à ce moment-là : la référence à la naturalité du besoin devient en effet le dernier argument « matériel » auquel puisse se soumettre la raison discursive, une fois que chaque participant au « dialogue » a accepté de renoncer à toute « contrainte » (autant politique que culturelle) pour se conformer aux impératifs « quasi transcendantaux » qui sont inhérents, de manière purement formelle, au concept même de « communication ».

Cependant, la dissolution de la référence transcendantale universaliste propre à la modernité allait surtout être opérée le long d'un autre procès de développement institutionnel qui, d'origine essentiellement américaine, va s'imposer partout en Occident dans la seconde moitié du XXe siècle. Cette circonstance n'est pas fortuite. Lorsqu'elle effectue sa « révolution nationale », l'Amérique fixe et conserve dans la « culture commune » des immigrants les acquis politiques de la révolution anglaise, qui s'y trouvent d'une certaine manière spontanément « naturalisés » sans qu'il y soit besoin de grandes phrases et de savantes théories. C'est alors une certaine idée de la liberté individuelle concrète, comprise de manière non politique comme naturelle (il est question « des droits » plutôt que « du droit »), qui sert de référence transcendantale à la société américaine. Ainsi, c'est à partir de la dynamique des « droits particuliers » que les revendications sociales s'énonceront en Amérique, et c'est essentiellement en dehors du champ politique que les luttes sociales se développeront dans ce pays, en y restant d'ailleurs longtemps caractérisées par un recours non médiatisé à la violence. C'est alors par le biais de contrats ou de conventions collectives de droit privé que cette violence sera progressivement endiguée, et ceci jusqu'au *New Deal,* dont le nom même reste pourtant encore révélateur.

La dissolution de la référence transcendantale universaliste passe ainsi par la reconnaissance et la légitimation de la capacité de production conventionnelle du droit, dont les trois moments « forts » sont constitués par le développement des « conventions collectives », par la reconnaissance de la « propriété corporative », et par la transformation de l'État de droit, fondé sur l'*imperium,* en un « État gestionnaire » ou un « État arbitre » fondé sur la « compétence ». Cet État, dans l'exercice et l'élargissement continu de ses nouvelles fonctions, perd alors progressivement mais inexorablement son unité formelle à caractère transcendantal au profit d'une autonomisation de ses multiples agences exécutives orientées désormais de manière purement empirique vers l'« efficacité », l'« efficience », l'« effectivité », bref vers le *management* de ce *going concern* systémique (Parsons) qu'est devenue la société, dans le fonctionnement de laquelle il se fond lui-même.

Au dualisme vertical classique – à fondement « transcendantal » – de l'État et du « citoyen », de la sphère de l'*imperium* et de la sphère de la liberté privée et de la responsabilité contractuelle de la société civile, va alors se substituer progressivement un pluralisme « horizontal » dans lequel tous les intérêts particuliers, agglomérés au gré des circonstances en « partenaires sociaux », s'affrontent « pacifiquement » et donc

« légitimement » dans le respect des règles désormais purement procédurales, qui finissent par représenter l'instance ultime de légitimation du système, et qui sont à ce seul titre encore garanties par l'État, compris selon son concept proprement moderne. Cette horizontalité n'a bien sûr rien à voir avec l'égalité (qui exige une référence transcendantale verticale !), car on trouvera au contraire, sur le même plan, toutes sortes d'intérêts, puissants et faibles, toutes sortes d'identités particulières, grandes et petites, discrètes ou médiatiquement tapageuses, à caractère « micro ou macromoléculaire » : c'est alors le principe purement négatif de l'absence de violence qui devient le principe dernier de légitimation – et ceci jusque dans la théorie de Jürgen Habermas. On peut alors comprendre cette obsession de la violence subjective, aussi bien publique que purement privée, dans une société par ailleurs tellement pacifiée, du moins en son centre, puisqu'elle a si bien réussi a projeter sa violence objective à l'extérieur. La lutte contre le terrorisme sera peut-être le mythe fondateur de la postmodernité dépolitisée !

À mesure que s'effacent ainsi les distinctions classiques entre État et société civile, entre droit public et droit civil (voire entre ceux-ci et le droit pénal), entre droit collectif et contrats privés, entre fait et droit ; à mesure que la distinction entre l'*imperium* politique et la puissance privée fait place à une hiérarchisation purement contingente et pragmatique des « rapports de force », que l'« espace public » politique cède la place à un espace public « médiatique », que le pouvoir devient « influence », que la légitimité s'identifie à la capacité de mobilisation des « motivations », la société – entendue en son statut ontologique de totalité à priori à caractère identitaire et subjectif et à valeur transcendantale – se transforme en un « système social », dont la nature est purement empirique et dont l'unité n'existe plus qu'à posteriori. C'est alors que le social, compris comme l'ensemble empirico-statistique de tous les « rapports sociaux effectifs », considérés du point de vue exclusif des « acteurs », « agents », « partenaires » ou « mouvements » sociaux particuliers, prend la place de la société.

Mais il y a dans cela une aporie fondamentale. C'est que le « social » reste encore irréductiblement fondé sur la socialité, et que la socialité n'est pas une chose (ou un « attribut ») naturel, purement positif, qui puisse se diviser, se partager, circuler, s'accumuler, s'équilibrer et se compenser, comme le présuppose la conception typiquement américaine du pouvoir compris comme un « jeu à somme nulle », comme un pur système d'«influence» : Habermas lui-même n'est d'ailleurs pas loin d'une telle conception lorsqu'il pense la société comme système de communication !

La socialité est, en son essence même, un rapport à autrui qui est médiatisé à priori par une appartenance commune à la totalité, comme cela est vrai déjà, à l'origine, quand il s'agit de la signification nécessairement intersubjective de toute parole, qui ne peut être fondée que dans un rapport commun au langage. Le concept du « social » est donc en porte-à-faux ; il vit exclusivement de la subsistance des « réserves de sens », d'«identité», de «légitimité», de «transcendance» (ici formelle et abstraite) qu'il ne reproduit pas lui-même dans son mode d'opération et donc d'existence propre. La « crise du social » ne serait donc pas son « éclatement », mais, au contraire, sa pleine réalisation dans le perfectionnement indéfini des conditions de fonctionnement et d'opération du Système ! Il y a effectivement une certaine « crise du social », liée à court terme (on peut se permettre de le penser) aux politiques néolibérales : crise pragmatique de fonctionnement (ou crise d'un certain mode de fonctionnement déjà purement pragmatique, mais qui s'accomplit dans des formes qui ne le sont pas), autant que crise idéologique de légitimation des formes classiques d'intervention sociale centrées sur l'État. Mais ce n'est pas de cela qu'il s'agit, me semble-t-il, lorsqu'on s'interroge sur l'«éclatement du social», dans un contexte où toutes les sciences sociales ont le sentiment de vivre une crise théorique fondamentale, qui porte sur la nature de leur objet et la signification de leurs concepts, hérités de la modernité.

Bien sûr, la réalisation de cette perfection fonctionnelle et opérationnelle du « social » (« le Meilleur des Mondes » !) comprendrait alors aussi, nécessairement, la perte de l'illusion – voire de l'idée – qu'il faille ou qu'on puisse encore chercher et trouver dans le système quelque chose de « social », de subjectif et d'identitaire, d'éthique et de politique, bref un monde commun (*koinonia* ou, encore une fois, *universitas*) qui en sa nature même y transcenderait les conditions purement techniques de son effectivité et de son efficacité fonctionnelle et opératoire. Certes, il ne s'agit là encore que d'une perspective et d'un problème de science-fiction, mais c'est cette fiction qu'anticipe justement toute la pratique technocratique (aussi bien publique que privée, et cette distinction même y perd d'ailleurs tout son sens) et dont la science-fiction technologique, dans sa naïveté apolitique, nous a déjà peint de nombreux tableaux.

Un dernier mot pour rejoindre le destin des sciences sociales. La sociologie, qui était née comme une science de l'intégration sociétale, s'est progressivement transformée en science de l'intégration sociale au fur et à mesure que le réformisme, auquel elle s'identifiait idéologiquement, parvenait à conférer à la société une nouvelle légitimité fondée non plus sur les idées transcendantales de la liberté individuelle et de la justice sociale, mais sur les idées, d'emblée comprises de manière empirique et pragmatique, de l'autonomie personnelle et du progrès social. C'est alors que la sociologie, au fond, s'est muée en travail social, entendu au sens le plus large.

« Travail social » : les mots sont souvent plus lourds qu'il n'y paraît ! L'intention des « travailleurs sociaux » a sans doute (presque) toujours dépassé le concept de leur discipline, qui n'est rien d'autre que celui de la sociologie considérée comme un travail productif. Ce concept s'est alors servi d'eux, jusqu'au moment où il a fini, à leurs yeux mêmes, par se révéler plus fort que leurs intentions : alors, ce n'est pas ce concept qui éclate, mais les intentions dont il fut chargé ! Ce sont les idéaux normatifs qui chavirent dans le fonctionnement purement positif d'une société qui s'abandonne aux seules contraintes de son intégration systémique ; ce sont les rêves politiques et éthiques qui se dissipent dans la grisaille cybernétisée de la gestion quotidienne du « social », cette nouvelle conception de la société dont les travailleurs sociaux n'auront hérité, en fin de compte, que le « mauvais côté », celui où naissent sans cesse les « problèmes » parce qu'il y subsiste toujours encore des « personnes ».

Agissant dans le social-empirique, la sociologie y intervenait encore avec l'idée normative, héritée de son passé, d'un progrès et d'une solidarité collective . Mais la transformation même des conditions de régulation et de reproduction de la société, régie désormais par une multitude d'agents et de procédures décentralisés (« excentrés ») de décisions, de programmation, de prévision, etc., lui a fait perdre alors sur le terrain l'idée encore unitaire et normative qu'elle possédait théoriquement de son objet.

UNE ALTERNATIVE NORMATIVE
À LA « PERTE DE SENS » POSTMODERNE ?

On pourrait partir encore ici de la distinction qu'Arendt établit entre le « travail », l'« ouvrage » (ou l'« œuvre ») et l'« action », et poursuivre la réflexion qu'elle a amorcée en ressuscitant l'opposition conceptuelle de la *vita activa* et de la *vita contemplativa,* qui n'est pas identique à la distinction moderne de la théorie et de la pratique, laquelle possède un caractère essentiellement formel. On pourrait partir aussi de la critique heideggerienne de la technique, quitte à ne pas suivre ce philosophe dans sa retraite hors du politique et dans son fatalisme ontologique. Je me contenterai ici de faire allusion à une seule idée : celle de la nature ontologiquement normative de la société et de toute action sociale, qui comprend l'exigence d'un fondement transcendantal de cette normativité et la virtualité d'une reconnaissance réflexive de ce fondement transcendantal. Cette exigence et cette possibilité reposent en fin de compte sur l'autonomie que possède par définition toute action particulière ; en effet, une telle action, en autant qu'elle soit proprement humaine, ne se réfère jamais que réflexivement aux normes qui la régissent, et ceci à la différence d'un simple fait ou événement inséré dans une chaîne ou une structure de déterminismes, c'est-à-dire lié à une nécessité.

Lorsqu'on parle de l'éclatement du social, on reconnaît l'existence d'une crise sociétale. Mais en tant que système social, la société contemporaine n'est pas en crise : le système fonctionne plutôt bien que mal, il possède une remarquable capacité d'intégration et de reproduction – de plus en plus assurée de manière technique (technologique, technocratique), bien qu'il repousse loin de son centre un certain nombre de problèmes cruciaux qu'il aurait pourtant sans doute la capacité matérielle et formelle de résoudre, s'il s'en donnait la volonté, s'il pouvait s'en faire une norme fondamentale, une finalité essentielle. On peut penser d'ailleurs que l'aspect le plus menaçant du système est justement sa capacité de fonctionner tout en produisant un monde de plus en plus inhumain, parce qu'il parvient à gérer cette inhumanité et la révolte qu'elle suscite.

Il ne s'agit pas non plus, comme l'avait pensé Habermas, d'une crise de légitimité. On doit plutôt constater, au contraire, que les nouvelles modalités technologiques et technocratiques de gestion du social possèdent, à la différence des formes modernes et traditionnelles de domination (ou de « régulation », de « reproduction »), une très remarquable capacité d'autolégitimation, puisque leur légitimité coïncide avec leur efficacité, leur opérativité même et, à la limite, avec leur immédiate effectivité. On pourrait d'ailleurs discuter de cette « efficacité », en constatant que la société (comme « système ») s'alourdit sans cesse quant à ses conditions purement endogènes de fonctionnement, d'opérativité, un peu comme les dinosaures d'antan : mais plutôt que de masse et de poids, on parle maintenant à ce sujet de « complexité », puisqu'on est à l'âge de l'informatique et non plus à celui de la physique newtonienne. Cependant, il n'y a pas pour l'instant pénurie réelle de moyens (notamment informatiques) pour résoudre ce genre de problèmes, et pour le faire peut-être jusqu'à l'absurde : c'est donc là que réside le nouveau problème, lié à un excès de capacité plutôt qu'à une impuissance (et c'est pourquoi il faut réviser aussi le concept classique de la « crise »).

S'il y a une crise, elle se situe sur le plan des orientations normatives de l'action sociale et de la vie commune : elle réside sur le plan de l'identité collective et individuelle, elle touche au sens même de l'existence humaine-sociale-historique, à la conscience commune des fins. En somme, ce qui est en crise, c'est dans la société ce que les sciences sociales avaient cru pouvoir et devoir mettre entre parenthèses. Et il s'agit là, alors, d'une forme de crise qui tend précisément à s'aggraver dans la mesure même où le système devient plus efficace, plus « compétent », plus « effectif », plus « opérationnel » dans son fonctionnement et dans sa capacité d'intégration et de légitimation.

On a parlé de désenchantement du monde, de perte de sens, de la vie devenue absurde. On a proclamé la mort de Dieu et, à peine cinquante ans plus tard, la mort du sujet. Sommes-nous vraiment morts en tant que sujets, ou seulement affaiblis, « débilisés » ? Qu'était donc ce Dieu maintenant défunt ? On nous dit que nous avons perdu nos illusions : mais qu'étaient donc ces illusions ? Étaient-elles vraiment illusoires ? Si le « fondement » n'était pas là (toujours cette métaphore spatiale et ultimement réaliste, substantialiste, positive) où les sociétés du passé l'avaient conçu et situé, du côté des dieux ou dans l'intimité fuyante de la conscience individuelle, dans la Raison qui habiterait le centre de cette conscience, cela signifie-t-il que nous soyons vraiment tombés sans fondement, en *Abgrund,* en abîme ?

Le problème que nous affrontons maintenant n'est guère « compliqué » : chaque adolescent a dû le résoudre pour devenir un être adulte. Conceptuellement, il se ramène à la question de la réalité de la « transcendance », qui comprend celle de la validité des normes, puisque ces dernières tiennent leur justification de leur enracinement en une dimension transcendantale de l'existence, et qu'elles fondent sur cette dimension ontologique leur prétention à une validité à priori relativement à l'autonomie formelle des pratiques sociales particulières. La question est donc celle du fondement, ou du mode de constitution de cet à priori sociétal, qui n'est rien d'autre que la société elle-même, comprise en sa dimension normative et identitaire, c'est-à-dire en sa nature de totalité réelle, en même temps objective et subjective. À la différence du prophète, il n'appartient pas au sociologue ou au philosophe de dire quelles sont les valeurs. Mais il lui appartient de montrer quelle est la valeur des valeurs, la grandeur des fins, parce que c'est précisément ce qu'il peut voir lorsqu'il exerce son regard réflexif sur l'action humaine, sociale, historique, lorsqu'il regarde ce qu'est le mode d'existence de la société et de la personne...

Il s'agit d'une question ontologique, qui porte sur le mode d'être irréductiblement normatif de toute réalité humaine et donc contingente, sur le mode d'être de la valeur. Or, il faut d'abord constater à cet égard, que ce n'est pas ce mode d'être (notre mode d'être comme êtres sociaux) qui a changé, mais seulement notre manière de nous le représenter. Toutes les sociétés jusqu'à maintenant s'étaient donné, par la « dette du sens », une vision indirecte de leur propre constitution transcendantale, et donc de ce qu'elles étaient effectivement ontologiquement. Or, en projetant ainsi au-dehors d'elle la conscience intime, d'abord concrète puis abstraite, qu'elles avaient d'elles-mêmes, elles ne s'illusionnaient pas – quoi qu'on en ait dit – quant à leur nature : elles reconnaissaient au contraire d'une manière absolument réaliste le caractère ontologiquement transcendantal de leur existence. Elle se regardaient seulement en miroir. Certes, les miroirs se sont brisés, mais ils n'étaient justement que des miroirs, et ce qu'ils reflétaient n'a pas volé en éclats avec eux. Or, qu'étaient ces miroirs ? Rien d'autre, au fond, qu'une « réification » de la réflexion. Cette réflexion nous reste, entière, comme la capacité immanente et fondatrice de notre regard, de notre pensée, de notre liberté.

Il ne s'agit donc pas de ressusciter des valeurs « anciennes », ni de « produire » de nouvelles valeurs, mais d'établir un nouveau rapport aux valeurs, qui ne serait plus médiatisé par la réification de la réflexion ; il s'agit d'accéder à une nouvelle conscience directe de notre réflexivité, qui n'ait plus besoin d'être garantie par son aliénation, c'est-à-dire en fin de compte par l'aliénation de nous-mêmes en tant qu'êtres réflexifs. Plutôt que de succomber au « nihilisme », qui n'est rien d'autre que l'« illusion de l'illusion » (c'est-à-dire l'illusion de son caractère seulement et arbitrairement illusoire), nous pouvons établir un nouveau rapport aux valeurs qui ne soit plus prophétique et dogmatique, mais réflexif et pédagogique, et dans lequel la « valeur de la valeur » serait immédiatement connue et reconnue ontologiquement, et expérimentée existentiellement. Mais cela implique, par rapport aussi bien à la modernité qu'à la tradition, que soit opérée une sorte de révolution idéologique, si l'on entend désigner par ce terme non plus directement la manière dont l'être est, mais celle dont il est conçu (et l'on pourrait ajouter, pour se rapprocher un peu de Hegel : dont il advient à la conception de soi).

Il nous faut constater l'irréalisme ontologique de l'opposition du « fait » et du « droit » qui, dans la modernité, a finalement (une fois réalisé le mouvement contraire contre la tradition) donné au « fait » une prééminence ontologique sur le « droit », puisque l'un s'y trouve directement et inconditionnellement nommé « être », alors que l'autre n'est jamais qu'un « devoir-être » hypothétique, qui n'est pas vraiment ou pleinement, puisqu'il n'existe pas de soi, par soi et pour soi, mais seulement sous la condition de sa reconnaissance et de son accomplissement subjectifs. Il nous faut de même constater l'irréalisme épistémologique de l'opposition de la théorie et de la pratique, car l'objet le plus immédiat et le plus pressant de notre connaissance, la réalité humaine-sociale-historique appréhendée en son assise objective (on peut se souvenir ici du « connais-toi toi-même » socratique) est normative dans sa constitution existentielle même, puisqu'elle n'existe que dans l'affirmation de soi et donc qu'elle épuise son être propre dans la contingence de ce qui existe par soi-même et pour soi-même, et puisque c'est en la réalisation de cette contingence qu'elle réalise sa plénitude d'être : alors, c'est comme telle directement qu'elle peut être connue et doit d'abord être reconnue.

Cette conception implique l'affirmation que l'« être » n'est pas « ce qui est », mais « ce qui existe » – en quoi l'être en son concept englobe nécessairement ce qui est pluriel, et alors nécessairement « co-existant », ou « convivial ». On pourrait dire qu'il s'agit d'une ontologie qui refuse la distinction entre l'essence et l'existence, en tant que cette distinction appartiendrait à l'être lui-même, et non seulement à notre façon de parler, à notre manière – subjectivement inévitable – de mettre entre ce qui existe et nous (y compris nous-mêmes lorsque nous parlons de nous) une distance en parlant et en agissant, pour le fixer hors de nous, le temps que la parole fasse sens, et que l'action prenne effet, le temps donc que la parole et que l'action « prennent sens », comme on dit que le ciment « prend ».

La contingence n'est ni la nécessité, ni l'arbitraire : elle est le mode d'être de ce qui, n'étant pas « nécessaire », n'étant pas fondé, en particulier dans sa forme et son mode d'être spécifique ou générique, en une autre chose hors de soi, existe cependant par soi-même et pour soi-même ; de ce qui existe d'être advenue par soi-même et pour soi-même non selon des « lois » extérieures et objectives (« nécessaires »), mais selon des normes intérieures, assumées subjectivement dans la continuité de cet advenir temporel. On comprend alors pourquoi la science est devenue le sens commun étendu, mais aussi appauvri de la modernité. Pour elle, le « réel », ou le plus éminemment réel, est ce qui se

conforme à des lois universelles, ce qui est dans ce sens-là « nécessaire », et donc aussi parfaitement prévisible de droit, déductible à partir
de ses conditions.

Mais je me réclame ici du sens commun prémoderne, pour lequel le
« vrai monde » est celui qui se présente à nous comme « richesse du
monde », comme le monde de la multitude contingente des êtres, celui de
l'inépuisable diversité des formes particulières, de leur fascinante
harmonie, un monde qui possède ontologiquement la beauté, un monde
qui nous offre épistémologiquement l'accueil. Or, dans ce monde, rien de
particulier, et encore moins de singulier, n'est à proprement parler
« nécessaire ». Cela est d'abord vrai, évidemment, pour les êtres
humains, avec la diversité de leurs sociétés et de leurs cultures, et l'irréductible unicité de chaque personne comprise dans la conscience qu'elle a
de soi et les rapports de reconnaissance qu'elle entretient avec autrui ;
mais cela vaut également déjà pour chaque espèce particulière d'êtres
vivants et même, à la limite, pour chaque grain de sable, en autant qu'il
s'est trouvé singularisé dans son existence par l'attention d'un être doué
de conscience. Rien, dans ce monde de la particularité des formes vivantes
et de la singularité des existants individués et de leur expérience, n'a son
existence garantie par « autre chose » qui ait valeur d'un absolu, et tout
peut donc aussi, en tant que particularité et singularité, disparaître,
comme on le sait bien désormais (et c'est peut-être pour cela que ce
monde – le « vrai monde réel » – avait, dans l'esprit des hommes, été
placé sous la protection des dieux ou de Dieu).

N'est-ce pas précisément tout cela, dont l'existence est contingente,
qui possède dans l'être le plus grand degré d'être, la plus haute dignité
d'être, la valeur ontologique la plus éminente ? L'universel dans l'univers objectif, correspondant au strict concept de la matière (attraction,
pesanteur, masse, énergie, mouvement...), n'est que le plus petit
commun dénominateur de ce qui existe, et non le fond et la limite ontologique de tout ce qui est. La diversité est le déploiement et l'enrichissement de l'être, et non son fractionnement, sa limitation et/ou son
appauvrissement.

C'est ainsi qu'existe l'être-advenu de chaque espèce vivante, l'être
advenu de chaque langage et de chaque culture, l'être-advenu de chaque
personne en sa liberté dans la société, l'être-advenu du « monde »
compris comme espace ontologique de la diversité des existants et de leur
cohabitation, de leurs rapports, de leur « harmonie ». Tout cela nous lie
par normes, et non par quelque nécessité extérieure, et du même coup
nous attache immédiatement à tout ce qui est et à nous-mêmes, à tout ce

que nous pouvons connaître en sa fragilité existentielle, et à l'être de quoi nous pouvons néanmoins adhérer ontologiquement, c'est-à-dire, comme il convient mieux de le dire désormais, existentiellement, par reconnaissance (et alors les deux sens de ce terme ici se confondent) et par affirmation d'un « vouloir-être », d'un « vouloir-vivre » dont la richesse implique un respect de l'être, des autres êtres, un « laisser-vivre ». On peut d'ailleurs se permettre, me semble-t-il, d'interpréter l'intuition nietzschéenne de la « volonté de puissance » – qu'il invoque par ailleurs d'une manière si ambiguë – dans le sens du respect du vouloir vivre, plutôt que dans celui de son arrogante affirmation singulière, individuelle. Parallèlement, on peut aussi élargir ainsi la portée ontologique ou existentielle de la critique gadamérienne du « préjugé moderne de l'absence de préjugés ».

Bref, nous n'existons que dans l'héritage d'une tradition (ce qui veut dire simplement par une transmission), et cette tradition n'existe elle-même que d'avoir été transmise et reçue sans relâche, sans rupture absolue, à l'intérieur ou dans les marges de sa propre ouverture réflexive, critique, puisque c'est toujours dans cette ouverture qu'elle s'est constituée à force de s'augmenter en se poursuivant et en se prolongeant, pour se déployer jusqu'à nous et en nous comme la durée indéfinie d'un « présent », de quelque chose qui perdure à soi-même, dans la profondeur de son être, à travers la transmission et la réception d'un « don », qui est justement le « don de l'être » qui crée une dette ontologique normative, qui ne le « paie » que par la mort. Car on ne se « fait » pas soi-même, et on ne « fait » pas la vie, mais on peut la donner, et, de la vie reçue, « faire sa vie », l'augmenter, s'en faire alors également l'« auteur »[13]. Et c'est pourquoi toute tradition figée, dogmatisée, fermée sur sa seule transmission, devient lentement une « chose morte », une chose « passée », un obstacle à sa transmission vivante.

Cette « connaissance reconnaissante » est peut-être la tâche cognitive-normative de toute réflexion et de toute « recherche » présente

---

13. J'emprunte encore à Hannah Arendt ce rappel à l'étymologie romaine des mots « auteur » (*auctor* et *auctoritas*) qui vient de « *augere* », qui signifie « augmenter ». Émile Benveniste conteste que le premier sens de *augere* soit celui d'accroître, d'augmenter : « Dans ses plus anciens emplois, *augeo* indique non le fait d'accroître ce qui existe, mais l'acte de produire hors de son propre sein ; acte créateur qui fait surgir quelque chose d'un milieu nourricier et qui est le privilège des dieux ou des grandes forces naturelles, non des hommes » (1969 : II, 100). Dans la perspective d'une ontologie vitaliste, ces deux interprétations ne sont toutefois pas contradictoires puisque la création *ex nihilo* est inconcevable.

sur la société, si cette recherche veut se comprendre comme héritière des « sciences sociales ». Car les sciences sociales se sont mises en devoir de faire sens de la société, pour la société, en son nom, lorsque non seulement la religion n'y pourvoyait plus, mais lorsqu'encore les références idéologiques transcendantales de la modernité (la liberté, l'égalité, la justice, le progrès) déjà mises à mal dans les faits, finirent par être aussi contestées de manière frontale sur leur terrain même, idéologique (je pense en particulier à la critique nihiliste de la modernité). Mais ce que les sciences sociales ont tenté de mettre à la place de cette référence à soi médiatisée par des principes transcendantaux, à savoir la pure et simple positivité de l'interdépendance fonctionnelle des « faits sociaux », l'immédiate objectivité des « processus sociaux », n'a pu tenir lieu à son tour de référence de légitimation que pour le temps où l'idéologie de la science, celle de la nécessité et de la vérité positives, a pu conserver, résiduellement, une valeur transcendantale. C'est donc avec la « crise de la science » et sa conversion en technologisme ou techno-cratisme (crise marquée, politiquement, par le passage à l'« État keynésien » strictement « utilitariste », « opérationnel », purement « gestionnaire »[14]), que survinrent l'« éclatement » et la « perte de sens » vécus présentement.

Mais il ne s'agit pas là non plus d'une pure donnée, d'un simple fait, mais encore une fois d'un enjeu existentiel, qui consiste à ressaisir normativement la valeur transcendantale ou à priorique de l'identité, à comprendre à nouveau le social, normativement, dans l'unité de la société, et dans le rapport de celle-ci au monde. Cela consiste en premier lieu à replacer l'usage des techniques (devenues, par leur autonomisation, fondamentalement une capacité mesurable, vérifiable, « testable » de faire virtuellement n'importe quoi), et tout spécialement l'usage des techniques de gestion du social, sous la dépendance de notre adhésion désormais réfléchie à des fins communes, établies de manière réfléchie et donc d'abord informée. Car il ne s'agit pas de s'attaquer, avec des valeurs posées dogmatiquement comme absolues, à la technique et à la science, puisque celles-ci constituent notre savoir-faire et notre pouvoir-faire dans notre rapport pratique et critique au monde et à nous-mêmes, et que c'est dans leur développement que réside justement la part la plus neuve et la plus vivante de notre tradition propre, notre propre apport ontologique à ce procès continu d'augmentation qu'est l'existence subjective.

---

14. Je ne parle pas ici de Keynes lui-même, qui était personnellement attaché à un idéal de solidarité communautaire et démocratique – et pas seulement aux conditions sociales de la croissance économique.

Ce qui est en jeu, c'est d'assumer pour la première fois à notre propre compte la responsabilité de l'« autorité », dans cette condition toute nouvelle qu'instaure la puissance de la technique, aussi bien lorsqu'elle est tournée vers la transformation du monde « extérieur » que lorsqu'elle est orientée vers l'« autoproduction de soi » de la société, c'est-à-dire en fin de compte de nous-mêmes ; et cette responsabilité, parce qu'elle est nôtre en dernière instance et parce que nous le savons désormais, ne pourra pas être assumée en dehors d'une nouvelle conscience de la valeur ontologique de ce qui existe, objectivement et subjectivement, et donc de la hiérarchie immanente de l'être, où l'affirma-tion de l'identité ne vaut que dans le respect de la différence, qui est lui-même enraciné dans la reconnaissance d'une commune appartenance, par laquelle nous sommes au plus profond de nous-mêmes déjà englobés dans tout. Car c'est toujours des racines que monte la sève qui nourrit les branches et les feuilles, et qui permet l'éclosion des fruits. Toute religion (*religere* – relier) est d'abord l'expression d'un sentiment de piété, qui associe à la reconnaissance de soi la reconnaissance du tout (quelle que soit la forme historique et conceptuelle ou catégorique de la représentation de ce tout), et qui s'exprime alors dans l'attitude de la « prière », dans une demande de reconnaissance, qui est à l'opposé de l'arrogance.

Ce qui est neuf relativement à toute religion du passé, c'est que nous sommes devenus, relativement à toutes les choses humaines et sans doute aussi à toutes les choses vivantes – à la totalité du monde sublunaire ! – les maîtres du destin. Notre respect, notre piété, notre prière ne s'adressent pas à un Autre, mais à nous-mêmes, compris dans tout ce qui nous fonde et nous lie, les trois milliards d'années de notre émergence dans le monde, qui est l'émergence de ce monde à sa multipli-cité d'êtres, à sa richesse, et à cette conscience de soi qu'humainement, pour lui, nous avons de lui, et qui est en elle-même intemporelle, puisqu'elle comporte aussi en soi la production du temps et des manières, toutes très récentes pour nous et donc objectivement aussi très tardives, de le mesurer et de le compter. Ce qui nous lie à l'être dans cette « religion réfléchie », c'est l'être lui-même, saisi directement comme richesse et comme beauté, et le sentiment d'y être accueillis, malgré tout l'effort et toute la peine que cela nous coûte pour nous y faire une place par nous-mêmes ; et la réalité de ce monde et de cet accueil est alors réfléchie d'abord dans l'appréhension de l'irréversibilité du temps de la genèse, ce temps dont nous ne disposons pas, et dont nous ne dispose-rons jamais rétroactivement, tant que nous resterons encore des mortels qui ne peuvent rien s'approprier définitivement ni du monde ni d'eux-mêmes et qui sont impuissants à créer à partir de rien, mais qui peuvent pourtant tout recevoir, transmettre et accroître ou, au contraire, tout laisser perdre.

En « inscrivant » ainsi la richesse, la multiplicité, l'harmonie et la beauté dans le champ ontologique de l'« être » et du « vrai », je ne fais que dire, de manière pompeuse et appuyée, ce qu'a toujours su et reconnu spontanément le sens commun. Mais ce sens commun a justement été ontologiquement déclassé par la science, puis par la prétention « créatrice » de la technique. C'est donc là que réside peut-être l'essentiel du problème : comment peut-on justifier que ce savoir, cette intuition, cette certitude du sens commun aient pu se laisser entièrement marginaliser, ontologiquement, c'est-à-dire cognitivement, esthétiquement et normativement, par un savoir et une certitude qui ne rejoignaient pourtant la « réalité » du « vrai monde » qu'en s'appuyant encore entièrement sur eux, puisque c'est sur eux qu'était opéré le travail négatif de l'abstraction ? Le sens commun, avec l'affirmation immédiate de la valeur non seulement cognitive mais normative et esthétique de tous ses jugements, a été refoulé dans le domaine ontologiquement inessentiel de la « vie privée », quitte à y être alors exalté par l'idéologie personnaliste et psychologiste contemporaine. Quitte même à ce que cette idéologie revendique finalement, pour elle-même et pour son objet, la singularité de la subjectivité personnelle, la vérité ontologiquement ultime de l'être.

Mais ce n'est pas dans le champ de la singularité de la « personne » et de l'arbitraire « individuel » qu'il convient de réhabiliter cette appréhension esthétique et normative du monde, puisque, ontologiquement, tout particulier est sous la dépendance d'un rapport au tout dont il s'est seulement distingué, et que tout singulier dépend de son espèce propre, naturelle ou symbolique, pour ce qui constitue la possibilité même de son identité. Cette réhabilitation ne peut au contraire avoir de sens et de portée que si elle est effectuée dans le « domaine commun », c'est-à-dire dans une société qui comprendrait les jugements normatifs et esthétiques comme les critères fondamentaux de la recherche et de l'expression de ses finalités collectives, et donc aussi de son identité et de ses limites.

De la critique du « social » au rappel de la société, de ce rappel à la reconnaissance réfléchie de l'être (de ce qui existe) : je m'excuse de ce double décrochement. Mais peut-être est-ce en cette reconnaissance que se trouve, pour nous maintenant, la nécessité, en tant qu'elle aussi n'est plus représentable comme une chose extérieure, comme une loi objective ou subjective, mais qu'elle se présente pour la première fois vraiment comme un choix ontologique qu'il appartient à nous seuls de faire, qu'elle se révèle sous le mode de l'alternative d'« être ou de ne pas être » ; comme un choix dont la conscience s'acquiert par la réflexion cognitivement informée, et s'enseigne par la conviction assumée dans sa portée normative. Comme sciences, les sciences sociales, pures et appliquées, ont peut-être fait leur temps (il leur reste une place comme techniques, en autant que des fins « légitimes » puissent être proposées à leur application). Il faut plutôt devenir conscients de la réalité ontologique que leur critique des réifications idéologiques nous a « dévoilée ». Car il s'agit bien, là encore, par derrière le mode purement critique selon lequel il fut opéré et à travers lui, d'un « dévoilement de l'être » qui, dépendamment de nous et du resaisissement ontologique que nous saurons faire, pourra prendre à son tour sens et valeur d'« accroissement de l'être » à l'intérieur du procès immémorial et indéfini de la transmission de l'être.

CHAPITRE IV

La société informatique et le respect des formes

Nous vivons à l'heure ou dans l'instant[1] du développement et de l'usage généralisés de la macro et microinformatique, et les « autoroutes électroniques » sont en voie de mettre fin à l'éparpillement des banques de données et des systèmes de traitement d'informations (scientifiques, techniques, administratifs, gestionnaires et même ludiques) en assurant le branchement communicationnel et opérationnel de toutes les micro et macromolécules informationnelles les unes sur les autres. Ainsi est en voie de se former un méga-réseau continu, tentaculaire et hiérarchique d'information, de traitement et d'analyse, de décision et de contrôle, à caractère systémique, dont les sujets opérateurs, encadrés dans des « organisations » de toutes grandeurs, ne seront plus eux-mêmes que des *inputs* et des *outputs* circonstanciels, des petites boîtes noires interstitielles, aléatoires et toujours provisoires, puisque l'essentiel de leur tâche consistera dans la mise en place des « programmes », des « procédures » et des *feed back* qui doivent les remplacer. On assiste pareillement, cette fois-ci par en bas, à la généralisation et à la « démocratisation », elle aussi hiérarchique, des cartes à puces, du crédit informatique (voir Haesler, 1991 et 1996), et d'une multitude de formes de branchement « personnalisées » et « réactives » sur les méga-réseaux dans lesquels les différentes modalités de l'action sur autrui et sur le monde, tant individuelles que collectives, tendent elles-mêmes vers leur confusion. Une unique « réalité virtuelle » formera l'hologramme universel dans lequel notre réalité quotidienne la plus personnelle, la plus réelle et la plus concrète prendra place. Je décris ainsi les choses un peu

---

1. Comme nous ne savons plus guère ce que signifie l'« avenir » (et pas seulement ce qu'il nous réserve) à moins de le prendre en main normative-ment, il vaut mieux parler, lorsqu'il est question des déterminations techniques de la vie, *de l'heure et de l'instant présents* plutôt que d'anticiper une *ère* qui reste trop fluide face à notre analyse et trop incertaine devant nos prévisions. Le sens du temps et de l'espace s'arrête lorsqu'on entre ici.

brutalement, de manière très synthétique et sans doute trop sommaire en son caractère exponentiel, mais chacun peut à loisir ajouter des figures et des contre-figures dans ce tableau légèrement surréaliste (mais guère plus que la réalité dans laquelle nous vivons déjà), en retoucher les formes et les traits, et multiplier les plans sur lesquels s'étagent les brumes dont émergent ces instants de réalité que sont les « choses » ou les « êtres », comme dans un paysage chinois.

J'avoue donc d'emblée que dans cet essai critique j'irai sans nuances, en suivant directement le sens de la « tendance ». Bien sûr, il restera (toujours ?) dans un tel système ou un tel régime, des lieux « secrets », « protégés », « blindés », y compris « éthiquement ». Et le premier de ces « systèmes » protégés, blindés, secrets, restera bien sûr notre propre « système existentiel personnel », qui précisément n'est pas un système mais un être. Toutefois, il se passe ici aussi quelque chose aux implications radicales, à savoir que de telles entités seront de plus en plus fermées les unes aux autres dans la mesure même où elles ne communiqueront plus et ne seront plus mises en communication que dans le système médiatique et par son intermédiaire (alors que la communication linguistique comportait à priori leur ouverture les unes aux autres par l'intérieur, avant même qu'elle se déploie en extériorité, en altérité), et que chacune de ces mises en relation opérationnalisée contribuera à leur fragmentation existentielle en arrachant, pour prendre une image shakespearienne, un peu de chair à la substance du sujet.

Mais on peut penser aussi que tous les blindages finissent par être percés, et que les immunisations les plus raffinées sont un jour vaincues par quelque nouveau virus biologique ou électronique. S'agissant de ce système « communicationnel-informationnel » qui s'impose à nous, on peut donc s'attendre, le déclin de l'autorité publique aidant, à ce qu'on s'en remette, ici comme ailleurs, à la loi économique comme mode ultime de régulation, de sélection et de hiérarchisation, ce qui ne fera qu'en accentuer le caractère dynamique et impersonnel. L'information en effet se paye encore à l'entrée (par un droit d'accès et d'usage, comme le téléphone) aussi bien qu'à la sortie (puisqu'il faut disposer d'une organisation pour la traiter et en tirer profit : elle a un prix selon son volume et sa qualité). Dans la nouvelle république informatique et communicationnelle, l'argent qui blanchit tout (à condition bien sûr qu'il l'ait été lui-même) pourra donc servir en même temps de certificat d'identité, de visa d'entrée, de carte de séjour et de permis de travail (ou d'existence).

Inversement, l'ouverture technologique de l'information et de la communication engendre une course stratégique au secret, l'une se développant en même temps que l'autre, suivant une même logique. Une société de l'information est donc aussi, plus que toute autre, une société du secret et de l'ignorance ; une société de la communication est ainsi également une société de l'isolement et de l'exclusion cognitive, pratique et participative, puisqu'à la différence de la médiation du langage commun, le « penser », le « dire » et le « faire » s'y séparent du « voir », du « toucher », et même du « temps » et de l'« espace » synthétiques et existentiels (par voie de délocalisation généralisée et d'opérationnalisation en « temps réel », cette nouvelle forme processuelle de l'instantanéité), et ceci dans une mesure que n'avait encore atteint jusqu'ici aucun ésotérisme idéologique et discursif. L'accumulation illimitée des données et des flux et la multiplication des points d'entrée et de sortie détruisent toute possibilité de connaissance synthétique et donc véritablement partageable, toute vue de surplomb qui exige la fixité d'un lieu d'observation : la connaissance de la moindre « chose » devient une tâche infinie dans la mesure ou toute chose se trouve décomposée en une multitude de variables déjà interlacées dans le « système », alors même qu'il devient possible d'agir partout en petit ou en grand dans le champ opératoire généralisé, toujours en même temps sur lui et à travers lui. On imagine immédiatement la valeur de vérité et de réalité immédiate que prendront – cela a déjà commencé – l'ensemble des « informations » ainsi interconnectées : du point de vue de la connaissance comme du point de vue de l'action, elles seront en même temps le monde et la conscience du monde, devenues indiscernables puisqu'il s'agira d'un monde construit dans l'« immatérialité » des signes et de leurs circulations, et d'une conscience faite d'opérations matérialisées dans des machines sans désirs.

Deux types d'attitudes me paraissent s'être développées face à l'ensemble de ces phénomènes qui ont d'ores et déjà pris place et valeur d'évidences positives dans nos vies professionnelles et privées, dans notre « travail » comme dans nos « loisirs », dans l'économie, le politique, la science, l'éducation comme dans la culture et le jeu, et, comme tout y devient pareillement « recherche » et « opération », de toute façon, ces dimensions tendent de plus en plus à se confondre dans un même « fondu ».

Les premières de ces attitudes, déjà anciennes et auxquelles je me contenterai d'attacher ici, à titre exemplaire, les noms de McLuhan (« le medium, c'est le message », « le village global », etc.) et de Gehlen[2], saisissent le phénomène de la révolution communicationnelle et informatique de manière globale dans la continuité du développement moderne des technologies de toutes sortes, pour y attacher l'image, présentée de manière généralement prospective ou même « prophétique », dans une perspective souvent positive et euphorique, mais parfois aussi catastrophique ou « nihiliste », d'une mutation inévitable parce que « naturelle » de l'expérience existentielle des êtres humains, de leur culture et de leur vie sociale, économique et politique.

Les secondes s'efforcent de répondre normativement de manière locale et diversifiée aux « effets pervers » des nouvelles technologies de la communication et de l'information, tels qu'ils peuvent apparaître au regard des règles et des procédures classiques du droit, des principes de l'éthique individualiste et des valeurs de la moralité collective. Il s'agit ici d'un ensemble d'attitudes à la fois réactives et adaptatives qui cherchent tantôt à réinscrire, dans les formes habituelles du « contrôle social », telle ou telle conséquence du développement technologique, tantôt à l'endiguer localement, en en soumettant les applications à certaines balises définies à priori en fonction des règles, principes et valeurs qui ont caractérisé jusqu'ici la modernité. Mais ce qui distingue avant tout ces attitudes, c'est leur caractère toujours local, ponctuel et particulier, où s'exprime une vision encore traditionnelle du rapport entre les techniques mises en œuvre, les objectifs poursuivis et les fins collectives qui en assurent la légitimité. De là découle le caractère également technique des solutions recherchées à des « problèmes » qui ne sont envisagés, selon

---

2. Voir Arnold Gehlen, *Die Seele im Zeitalter der Technik* (1946), repris plus tard sous un nouveau titre, *Der Mensch in einem technischen Zeitalter* (traduction anglaise *Man in the Age of Technology*) ainsi que *Der Mensch, seine Natur und seine Stellung in der Welt* (1958). Partant de la thèse du déficit instinctuel de l'être humain, Gehlen comprend les différents âges de la technique à travers le paradigme anthropogénétique d'une « substitution d'organes », l'outil se substituant à la main et à ses gestes (l'ouvrage et l'œuvre), la machine au corps et à sa force musculaire (les procès de production et les produits), et, enfin, les technologies informatiques, communicationnelles et cybernétiques aux activités intellectuelles ou cérébrales de la volonté et du jugement (les informations et les décisions), dans un procès général d'extériorisation et d'artificialisation de la nature humaine elle-même, qui rappelle le concept d'« être générique » de Marx, mais le projette sur le plan non plus des rapports sociaux, mais immédiatement sur celui de la technique. Mais Marx n'avait-il pas déjà commencé à le faire, dans sa métaphore du moulin à eau et de la machine à vapeur qui produisaient respectivement la société féodale et la société capitaliste ? Vieille histoire donc, à laquelle Gehlen ne fait qu'ajouter le dernier épisode, qui pourrait aussi en être l'ultime.

leur qualification juridique, politique, sociologique ou éthique, que du point de vue d'une expertise particulière, et en fonction d'une variété de références normatives et d'intérêts eux-mêmes particularisés, comme le respect de la vie privée[3], la protection de la propriété intellectuelle, la garantie de la liberté d'expression en droit, ou la dignité de la personne humaine, le libre accès à l'information et le droit à la vérité, tels que des comités d'éthique peuvent être appelés à en juger. (Mais toutes ces expressions fonctionnent aujourd'hui comme des clichés et des slogans – *the supersedure of meaning by function,* comme l'écrit Zijderveld (1979).

Deux types opposés ou contrastés d'attitudes sont ainsi adoptées à l'égard des nouvelles technologies de l'information et de la communication. Il y a d'un côté celles qui procèdent de la recherche intellectuelle d'une vue d'ensemble objective sur une transformation majeure de la vie sociale voire de la nature humaine ; elles sont généralement marquées par une vision fataliste de la technique, vision dans laquelle s'est réinvesti ce qui reste de l'historicisme moderne, qu'il soit idéaliste ou matérialiste. Et il y a, de l'autre côté, celles qui répondent d'une manière directement pratique ou même pragmatique à des problèmes particuliers posés par les mêmes développements technologiques, et dans lesquelles s'exprime encore les idées, elles aussi modernes bien que souvent antinomiques, de l'existence des « droits » (désormais déployés dans les « chartes ») ainsi que d'une responsabilité sociale et sociétale critique à l'égard du cours de l'histoire. Ces deux types d'attitudes s'appuient cependant mutuellement dans la même éviction du rapport politique et normatif global que nous pourrions et devrions peut-être établir à l'égard des développements technologiques en question, puisqu'il s'agit de l'essence même de notre civilisation et de notre humanité. En effet, si les premières se complaisent, en un sens, à magnifier la portée historique des novations technologiques qui font l'objet de leurs spéculations, elles le font dans un esprit positiviste et déterministe qui tend à justifier le désengagement de toute responsabilité à l'égard de leur développement, et donc plus généralement à l'égard de l'histoire, qui lui est assimilée. Et si les deuxièmes s'efforcent au contraire d'éveiller et de mettre en œuvre diverses réactions normatives et critiques, elles ne le font que par référence à des règles, des valeurs et des principes dont la substance histo-rique même est vouée à être détruite par des développements dont la

---

3. Voir par exemple René Côté et René Laperrière (1994).

portée « épistémologique » et « ontologique » globale dépasse complètement les horizons toujours particuliers et limités dans lesquels les
confinent leurs engagements pratiques et pragmatiques.

Ajoutons ici que chacune de ces attitudes typiques possède déjà de
puissants alliés idéologiques dans l'évolution récente de la réalité tant
théorique que pratique qu'elles prennent pour objet de référence tout en lui
appartenant intimement. Dans la description et la compréhension de son
objet, la perspective globalisante se sert en effet d'un vocabulaire conceptuel qui est en grande partie le simple reflet de la mutation technologique,
politique et culturelle qu'elle prétend mettre en lumière et étudier. Je
pense ici tout spécialement aux concepts et aux paradigmes qui ont été
développés par les théories contemporaines de la communication et de
l'information, par la cybernétique et la théorie des systèmes, par la philosophie analytique et la philosophie du langage, par les divers courants de
la linguistique, de la sémantique et de la sémiologie structuralistes et
poststructuralistes, par l'« intelligence artificielle » et les « sciences
cognitives », etc.[4]. Tous ces concepts et paradigmes, en tant qu'ils sont
déjà des produits et des expressions fonctionnels et opératoires, non
réflexifs, de la mutation technologique et organisationnelle des sociétés
contemporaines, ne permettent par de saisir la contingence historique de
cette mutation, et ils ne peuvent que nous y enfermer pratiquement et
normativement, culturellement et politiquement, en redoublant idéologiquement l'emprise qu'ils exercent déjà pratiquement sur la réalité sociétale
et existentielle. Ainsi prennent-ils, à l'égard de la mutation technologique
en cours, valeur de propagande. De leur côté, les attitudes qui se veulent
critiques, normatives et pratiques tendent de plus en plus à s'enfermer
dans une problématique de défense des « droits et libertés de la
personne » qui représente elle-même, en sa dispersion, un effet en même
temps compensatoire et fonctionnel-opérationnel des mêmes transformations sociétales, comprises cette fois-ci plutôt sous leur versant négatif,
où elles impliquent la dissolution progressive de toute référence
normative et identitaire synthétique à la société comprise comme
totalité ; le « monde de la vie » évoqué par de telles attitudes

---

4. Pour une vue synthétique pénétrante et critique sur les rapports qu'entretiennent entre eux le développement de la technologie des ordinateurs, les
critères « opérationnels » de la connaissance, tels qu'ils sont redéfinis par
les « sciences cognitives » et par l'« intelligence artificielle », et les nouveaux réseaux organisationnels à travers lesquels se constitue une société
postmoderne, voir John Bowers (1992) et Bruno Latour (1987) auquel il se
réfère.

(Habermas), à l'encontre du « monde du système », tend alors à être rabattu presque exclusivement sur l'univers existentiel des individus, de leurs relations interindividuelles, et sur leurs identités « communautaires-affinitaires » particulières, telles qu'elles sont désormais reconnues par le « droit à la différence ».

Ce qu'il s'agit pour nous maintenant de « questionner », ce n'est pas seulement l'évidente portée historique, ontologique et épistémologique de ce qu'on appelle les « nouvelles technologies de l'information et de la communication », dont le couplage de plus en plus étroit avec le monde de l'économie entraîne un déploiement dynamique qui paraît « autonome » et « spontané ». Il s'impose à nous au contraire, tout en restant en relation directe avec cette nouvelle situation historique, de rejeter et de renverser ces modèles interprétatifs qui érigent les développements de la technique et de l'économie en forces objectives, autonomes et toutes puissantes à l'égard de l'histoire humaine ; il est de notre devoir de réaffirmer, à leur égard, l'indépendance normative de la réflexion critique sur les fins de la vie humaine et sur les formes de la vie collective, ainsi que la possibilité de l'action historique, que celle-ci s'exerce ou non selon les formes classiques de l'action politique ou selon le mode culturel traditionnel de la recherche d'un sens commun synthétique à caractère concret. C'est nous qui produisons les techniques et leurs applications : personne d'autres que nous, si ce n'est alors la technique laissée à elle-même, ne définira les fins qu'elle doit servir, les aspects de la vie et du monde qu'il lui sera permis de bouleverser et ceux, au contraire, qu'il lui faudra respecter et protéger.

UNE NOUVELLE RAISON PROCESSUELLE ET OPÉRATIONNELLE

Les « nouvelles technologies médiatiques et informatiques » ne sauraient être comprises comme de simples développements des formes instrumentales de la « communication » et de l'« information » identifiées, par-delà les néologismes qui les expriment, aux conditions anthropologiques les plus générales de l'échange symbolique, de l'interaction significative et du rapport cognitif et pratique au monde. Elles sont plutôt constitutives d'une réalité *sui generis* et inédite, que désigne l'expression unique et indécomposable que je viens de mettre entre guillemets et qu'il conviendrait par conséquent, aux fins de son usage conceptuel, d'écrire avec des traits d'union. Car, malgré McLuhan et tant d'autres après lui, l'unité et la radicale nouveauté du phénomène ainsi désigné nous échappe encore trop souvent. McLuhan est d'ailleurs lui-même partiellement responsable de notre cécité et de notre confusion, puisqu'il avait déjà conféré au concept de « média » une portée universelle, abstraite et purement formelle en l'appliquant non seulement aux nouveaux moyens de communication de masse que sont la presse, la radio et la télévision, mais aussi, rétrospectivement, à l'imprimerie (Gutenberg), à l'écriture et à la parole même. À travers le retentissement que connurent ses thèses, il a ainsi lui-même contribué à en atténuer la valeur historique et la portée virtuellement critique, noyant ainsi son propre poisson dans l'eau.

De l'autre côté (j'arrêterai ici ce mouvement de balancement qui finirait par faire tourner la tête au lecteur), il ne suffit pas non plus de réagir adaptativement ou critiquement au même phénomène en se contentant d'en saisir les effets pervers dont on pourrait se défendre alors en leur opposant, point par point, divers correctifs locaux (un peu comme la médecine procède à l'égard des divers symptômes de la maladie). La question cruciale qui se pose à nous, du fait précisément de la portée ontologique et épistémologique radicale que possèdent les nouvelles technologies informatiques, communicationnelles et médiatiques, c'est de savoir au nom de quoi et en vue de quoi il peut être encore possible et justifié de remettre en question l'autonomie qu'a pris leur développement, et la place qu'elles ont acquise et que nous leur laissons prendre dans notre réalité sociétale et individuelle, sous le prétexte tautologique que l'« on n'arrête pas le progrès technique », et qu'il suffirait d'en contrôler certaines conséquences et usages particuliers. Ce dont il s'agit ici, c'est d'élaborer une alternative anthropologique normative à la compréhension technologique positiviste de l'histoire humaine et donc de l'essence de l'homme et de la société.

Pour bien saisir la spécificité de la nouvelle réalité médiatique, informatique, cybernétique et systémique, il ne convient donc pas de la comparer, sur le plan technique, à d'autres « vecteurs » ou à d'autres « moyens » de l'échange symbolique et de la connaissance du monde, comme la parole ou l'écriture, mais au mode même de la constitution du symbolique compris comme mode spécifiquement humain d'être au monde. Cela implique aussi une comparaison avec le mode symbolique, puis politique, de la constitution de la société, puisqu'il reste admis que nous sommes, en tant précisément qu'êtres humains, des êtres sociaux et plus précisément des être politiques (comme l'entendait déjà Aristote, même s'il réservait alors aux Grecs cette accession à la plénitude de l'essence humaine). Car ce n'est plus tellement à l'intérieur de l'espace ontologique et conceptuel de la parole et du symbolique, ni dans celui de la société et des rapports sociaux, qu'interviennent les technologies de la communication et de l'information, du contrôle cybernétique et de la régulation systémique, des sciences cognitives et de l'intelligence artificielle (ces technologies que l'on ne dit « nouvelles » que par redondance, pléonasme et euphémisme). Ce n'est pas non plus d'abord au niveau des échanges significatifs et pratiques entre des personnes que ces techniques agissent, c'est sur la nature du langage, compris comme mode essentiel de la représentation commune du monde, de l'identité et de l'altérité, et plus encore sur le mode de constitution de la socialité et de la société, dont elles deviennent, en tant que telles, dans leur mouvance et leurs déploiements « spontanés » et globalement incontrôlés, le mode de régulation fondamental, avant que celui-ci ne s'impose lui-même immédiatement comme leur substitut.

Or, la représentation symbolique et la constitution cognitive, normative et expressive de la socialité et de la société sont aussi, par-delà notre rapport sensible et « animal » au monde, les seuls modes synthétiques sous lesquels toute réalité, objective et subjective, toute identité et toute altérité, prennent pour nous consistance, sens et position d'être (et je ne fais ici que répéter la position critique de Kant en en élargissant l'énoncé). C'est donc la consistance objective du monde que nous habitons et l'identité dans laquelle nous nous appréhendons et sous laquelle nous nous présentons à autrui dans une reconnaissance réciproque en tant que personnes, qui se trouvent ici mises en jeu[5]. C'est ce que montre bien l'article de Bowers (1992) que j'ai cité, touchant aux nouveaux critères « opérationnels » de factualité et de vérité qui sont imposés par le recours à la technologie de l'ordinateur et qui sont repris sans réflexion dans les théories de l'intelligence artificielle et de la science cognitive, notamment lorsque celles-ci établissent une équivalence opérationnelle entre la connaissance ou l'action humaine significative et les opérations de codification, d'analyse, d'« engrammation » (puisqu'il faut s'interdire de parler ici de synthèse) et de transmission qu'effectuent les machines informatiques. Tout acte de synthèse vivant, tout acte cognitif ou pratique, est extérieur aux machines : il n'est jamais accompli qu'à leurs entrées et à leurs sorties, mais ces lieux proprement humains d'entrée et de sortie disparaissent justement à travers les branchements directs des machines, des programmes, des systèmes, des

---

5. Voir Freitag (1992a et 1993).

réseaux les uns sur les autres et, plutôt que d'en contrôler encore en surplomb les opérations, nos actes cognitifs en deviennent captifs comme des myriades de bulles d'air prises dans une sphère de verre.

Par-delà la différence ontologique qui sépare les actes humains synthétiques impliquant l'engagement du moment phénoménologique de la conscience subjective, et toutes les opérations qu'accomplissent les systèmes informatiques, il existe une autre différence radicale entre la communication et l'information médiatique et informatique et le langage commun, qui touche au mode d'intégration des « informations » et des « significations » qu'ils comportent, régissent, structurent et « transmettent » respectivement. Car dans le langage commun, ce n'est pas seulement chaque « acte signifiant » particulier qui possède la valeur d'un accomplissement synthétique, c'est la structure sémantique globale du langage lui-même, qui n'existe jamais que sous la forme d'une langue de culture concrète, déterminée et historique, dans laquelle la totalité d'une forme d'expérience humaine collective se trouve en quelque sorte incorporée ou déposée, conservée et transmise, tout en étant indéfiniment susceptible d'être elle-même transformée, enrichie ou appauvrie, au fur et à mesure que se transforment les activités individuelles et les pratiques sociales qui sont reliées entre elles par de multiples formes de solidarité et d'interdépendance, de domination et d'« exploitation » dans le cadre d'une « société ».

C'est pourquoi, justement, le langage commun, en tant que médiation universelle de la représentation et de la communication symbolique, est la condition première absolue du partage d'un monde signifiant commun et donc de toute communication significative à valeur ou à portée objective entre les personnes, et ceci non seulement au sujet du monde, mais d'abord en lui, non seulement au sujet de la société, mais d'abord en elle, non seulement au sujet de l'identité, mais d'abord en elle et à partir d'elle. Ce partage à priori comporte bien sûr toujours des franges d'incertitude et des interstices de malentendus et de conflits, des lignes internes de fissure et de rupture, et c'est justement sur ces franges, dans ces interstices, le long de ces lignes que s'opère continuellement la poursuite du procès « historique » de la construction intersubjective du monde comme monde symbolique et, par conséquent, la production sociale du langage lui-même, toujours compris comme langue culturellement et historiquement déterminée. Il en va essentiellement de même en ce qui concerne les superstructures politiques et institutionnelles qui, dès l'apparition du pouvoir dans les sociétés traditionnelles et de façon systématique dans les sociétés modernes, ont régi de manière réflexive, puis universaliste les droits reconnus aux membres de la société, et ont par là-même établi leur statut de sujets disposant formellement, vis-à-vis d'autrui, d'une puissance ou d'une capacité définie et socialement sanctionnée d'agir non seulement de manière significative, mais encore de manière « libre » ou autonome.

La réalité médiatique ne comporte par contre, en elle-même, aucune exigence propre d'intégration sémantique à priori de l'ensemble des références significatives sur lesquelles, par lesquelles et dans lesquelles elle opère ; en effet, à la différence des êtres humains agissant significati-vement les uns à l'égard des autres par référence à des médiations cognitives, normatives et expressives partagées (en principe) à priori, en rapport à un monde objectif lui aussi commun à priori, elle ne consiste pas à « comprendre » quoi que ce soit, mais à traiter des informations et à les convertir en opérations. Elle n'implique pas non plus, spécifique-ment, une prédéfinition juridico-institutionnelle des statuts subjectifs des « personnes » et de leurs capacités légitimes d'action telles que détermi-nées par une exigence d'intégration et de participation à une forme déterminée et cohérente de la vie collective. La réalité médiatique se présente plutôt comme un simple tissu, réseau, ou mieux comme un ensemble de flux – dont les sources émettrices sont indéfiniment mul-tiples et changeantes – qui interfèrent les uns avec les autres en n'opérant que de manière circonstancielle et latérale les uns sur les autres, à travers les signes qui les constituent, pour produire à toutes leurs intersections des champs, des impacts et des apparitions de « réalités », elles aussi purement circonstancielles, locales, fugaces et arbitraires. Tout cela tend finalement à se réduire aux effets produits par des signes sur d'autres signes, et c'est seulement en bout de ligne que des comportements humains finissent par en dépendre à leur tour, des comportements qui ne sont plus régis alors que de manière « béhavioriste », comme des réponses purement locales et immédiates à des champs ou à des faisceaux eux aussi localement focalisés de « signes-stimuli » et non plus de concepts signifiants[6].

---

6. On peut se référer à l'analyse d'Anton Zijderveld (1979), ainsi qu'à Louis Quéré (1982). Bien sûr, l'auditeur ou le spectateur « juge » encore en bout de ligne, selon le bon sens culturel et symbolique qui lui est propre, mais il le fait en se tenant (à l'exception de quelques-uns) à l'extérieur de réseau d'information et de communication qui s'adresse à lui et sur lequel il ne peut réagir que dans la mesure où il est directement sollicité par lui. Bien plus, ses « moyens » de jugement et de réaction sont de plus en plus façonnés par lui. Il est donc marginalisé dans la réalité sociétale qui l'englobe.

Ainsi, la société devient aussi l'objet (et bientôt le produit) des sciences sociales communicationnelles, informationnelles et systémiques, en même temps que l'activité humaine tombe ontologiquement dans le champ d'étude et dans la sphère d'action directe d'une psychologie béhavioriste (avec ses mécanismes d'« apprentissage », de « renforcement », de « sanctionnement », de « fixation », d'« évaluation » et de « correction ») et des diverses variantes des sociologies « phénoménologiques » du comportement interactif des individus avec leur « environnement ». La simple opérativité ponctuelle et passagère – et idéalement instantanée – des « signes » compris comme des « déclencheurs » dans les processus « technologisés » et « psychologisés » de l'information et de la communication, du codage, du *processing* et du décodage, de la rétroaction et de la prévision, de la programmation et de l'évaluation, s'est ici substituée à la fonction ontologique de la construction synthétique et représentative d'un monde commun, à l'élaboration de valeurs et de finalité partagées, à la constitution « dialogique » de sujets perdurant dans leur identité pour eux-mêmes et pour autrui à travers la diversité et la discontinuité de leurs actions, et, du même coup aussi, à l'existence de la société comprise comme référent ultime du partage d'une intersubjectivité transcendantale et d'un horizon commun d'objectivité et de réalité : habiter le monde.

En d'autres termes, le langage et les rapports politico-institutionnels, compris l'un et l'autre comme des médiations générales de la constitution et de l'orientation significatives de toutes les actions particulières des sujets humains, et tels qu'ils sont toujours déjà globalement donnés dans leur structure à tous les membres d'une communauté de sens, d'expérience et d'action, tendent, dans la régulation médiatique et informatique, systémique et cybernétique, à s'effacer au profit d'ensembles mouvants de moyens de « contrôle » du « comportement » dont les points d'impact (les « cibles ») comme les lieux de production sont toujours à caractère ponctuel, local, circonstanciel et immédiat, même lorsqu'ils sont finalement tous processuellement branchés en réseaux les uns sur les autres, et organisés ensemble en archipels ou en galaxies. Ce qui disparaît ainsi, ce n'est rien d'autre que l'action humaine, telle qu'elle a toujours existé et telle qu'elle a été comprise et définie, entre autres, par Hannah Arendt, et c'est exactement aussi ce qu'affirme Arnold Gehlen dans ses thèses anthropologiques.

Une appréhension « objective » des médias, réalisée uniquement du point de vue de leurs développements techniques et de leurs effets « opérationnels », s'avère ainsi incapable de saisir le problème ontologique, épistémologique et normatif qu'ils constituent en eux-mêmes, et ne font pas seulement que poser ou soulever à l'extérieur d'eux-mêmes. Les technologies de l'information et de la communication ne peuvent donc plus simplement être assimilées à un ensemble d'outils nouveaux dont l'emploi – pour le meilleur et pour le pire – resterait conditionné par des objectifs extérieurs, déterminés ou du moins déterminables par leurs « utilisateurs » en fonctions des finalités plus générales auxquelles ils adhéreraient sur le plan du sens général qu'ils donneraient à leur vie et à leur action. Cette vision anthropocentrique de la technique[7] ignore le fait brutal que le technologisme contemporain a pour effet premier de complètement « excentrer » l'homme et la société relativement au nouvel univers opératoire qu'ils instaurent, un peu comme la « révolution copernicienne » avait déjà « excentré » la terre et le monde humain relativement au système solaire et, du même coup, celui-ci relativement à l'univers (ce qui invalidait, virtuellement, en même temps tout « humanisme » et toute référence à un « Dieu » ayant « figure humaine, trop humaine »). Mais elle ignore en même temps aussi que d'un point de vue ontologique, et non seulement opérationnel ou encore « spatial », un tel excentrement ne va aucunement de soi et ne se justifie d'aucune façon immédiatement par lui-même.

Cette autofinalisation de l'action instrumentale, technologique, économique et gestionnaire dans les sociétés contemporaines résulte elle-même d'un « fait social global » (dans le sens de Mauss et de Gurvitch) au développement duquel nous contribuons tous consciemment ou inconsciemment, activement ou passivement : il s'agit de l'autonomisation ou de l'émancipation, non de la personne humaine (selon l'idéologie et le projet modernes), mais des « entités organisationnelles autofinalisées », d'un côté, et des mécanismes régulateurs, processuels et automatiques, de l'autre. Le « marché » et les « capitaux », la production médiatique, publicitaire et promotionnelle des besoins, en économie, le « développement de la recherche techno-scientifique » dans le domaine de la connaissance et de la culture, le développement de la techno-bureaucratie dans le domaine politique, le développement de la prise en charge gestionnaire de tous les champs de la vie sociale et personnelle, dans la vie tout court, apparaissent comme autant de formes prises par ces mécanismes. Ainsi se trouvent répudiées en même temps toutes les

---

7. J'ai procédé à un examen plus systématique et plus approfondi de cette portée ontologique de la technique dans un essai intitulé « Le statut ontologique de la technique », *Société*, n° 4, hiver 1989.

finalités cognitives, normatives et expressives qui régissaient l'action humaine, sociale et historique, et qui tenaient leur force d'être valables en elles-mêmes, c'est-à-dire pour tous, et ceci non seulement dans les sociétés traditionnelles, mais encore dans la modernité classique. Dans celle-ci, en effet, ce sens commun immédiat de l'expérience et de l'action ne se trouvait mis en suspens que pour être projeté et comme suspendu au projet idéaliste de l'émancipation de la personne à l'égard du besoin, et celle de la libération de la société ou de la socialité à l'égard de l'« oppression despotique » qu'exerçaient les autorités traditionnelles, tant politiques et religieuses que sociales.

Il ne s'agit pas ici d'un simple triomphe de la rationalité instrumentale *(Zweckrationalität),* conforme au modèle wébérien de la modernisation. La rationalité instrumentale et le calcul rationnel qui la caractérise présupposent toujours encore la possibilité d'une distinction des fins et des moyens à partir de laquelle un univers stable d'objectifs légitimes directs, généraux ou particuliers de l'action humaine peut être déterminé, reconnu et même hiérarchisé (et le mépris de cette hiérarchie passe alors lui-même pour « irrationnel », puisqu'elle est sanctionnée socialement). Ce qui s'est maintenant imposé progressivement, c'est au contraire l'immédiate opérativité des accomplissements technologiques, technocratiques, administratifs et gestionnaires qui représentent la substance du fonctionnement organisationnel, communicationnel, informatique et décisionnel. Dès lors, la société, avec sa structure normative, finit par ne plus être conçue que comme le « milieu généralisé » dans lequel se projettent tous les effets et où est recherchée et réalisée de manière purement empirique (et notamment par toutes sortes de *feed back*) l'intercompatibilité opérationnelle et procédurale générale et dynamique de tous les systèmes interconnectés. Regardée depuis le côté des autonomies dispersées qu'y conservent les pratiques existentielles des individus et des groupes particuliers, la société se présente alors sous la forme d'un résidu magmatique du social, mais qui prolifère cependant en même temps que lui, et d'où surgissent sans cesse une multitude de « problèmes » qu'il appartient alors justement à l'univers organisationnel de prendre en charge en s'efforçant de les recycler dans son propre fonctionnement. Ainsi, le simple développement du système lui-même devient sa propre fin, et il échappe globalement à tout critère de rationalité et à toute exigence de justification à mesure qu'il produit de plus en plus de « complexité » et qu'il se nourrit de la tâche indéfinie d'en assurer la réduction.

En effet, la prise en charge organisationnelle du social aussi bien que l'exigence d'interconnexion opérationnelle généralisée de tous les systèmes particuliers qui ne sont plus régis à priori par des normes communes, transforment progressivement l'ensemble de la réalité humaine en une multitude de flux et de procès objectifs indéfiniment décomposables et recomposables en toutes leurs « variables » et tous leurs lieux de production et d'intersection. Les « problèmes humains » ou « existentiels », individuels et collectifs, qui apparaissent encore dans l'univers organisationnel ont alors un caractère essentiellement résiduel et « interstitiel » : ils n'y possèdent, du point de vue du fonctionnement ou de l'opérativité, qu'une valeur « environnementale », et ils peuvent et doivent dès lors à leur tour être pris en charge de manière technique par des spécialistes (en « relations humaines », en « éthique », etc.) qui sont aptes à les gérer instrumentalement, à en « réduire la complexité » et donc l'« imprévisibilité ». Peut-être n'y aurait-il rien à redire contre une telle réalité si l'expansion et la prolifération indéfinies ne représentaient pas sa loi fondamentale et son mode d'existence même.

Les nouvelles technologies de l'information et de la communication et les procédures de programmation, de prévision, de décision et de contrôle qui leur correspondent et dans lesquelles elles opèrent, assument ainsi une fonction essentielle, constituante, dans l'existence même de la réalité nouvelle dans laquelle nous sommes entrés, et ceci tant sur le plan de l'opérativité interne de toutes les organisations autonomisées dans lesquelles s'est décomposée la société, que sur celui de l'intégration d'ensemble du système social organisationnel-opérationnel, et même, bientôt peut-être, sur le plan de la constitution ou de la survie des identités existentielles des individus. Ces technologies représentent ainsi en même temps le « moyen » et le « milieu » par lequel et dans lequel s'effectue cette « opérativité » et se développent indéfiniment cette décomposition et cette recomposition de la réalité, qui se substitue à toutes les formes de régulations normatives antérieures à caractère synthétique. En effet, ces dernières, qu'elles soient de nature culturelle ou institutionnelle, ne régissaient jamais les pratiques sociales de manière seulement ponctuelle, circonstancielle et stratégique, elles les instituaient de manière catégorique et souvent contrafactuelle, comme des réalités synthétiques qui avaient leur place dans la société même en l'absence ou dans la défaillance de leur accomplissement effectif. Du même coup, la société existait, comme structure normative globale, au-dessus de toutes les pratiques particulières dans lesquelles elle s'accomplissait concrètement, de telle sorte qu'elle possédait, à travers la distance que sa forme ou sa vérité idéale conservait vis-à-vis de son fonctionnement empirique, un contrôle réflexif sur elle-même – celui-ci étant orienté, dans les sociétés traditionnelles, vers la pérennité de la forme générale de la société, et dans les sociétés modernes, vers la réalisation d'un changement prédéfini par le projet « idéaliste » de la réalisation de certaines valeurs universelles fixées à priori. Or, c'est justement cela qui disparaît maintenant. Le pragmatisme, compris comme position philosophique et non seulement comme attitude pratique, a d'ailleurs largement contribué à masquer et à justifier cette mutation, qui est une ouverture indéterminée à la dérive.

Les technologies de l'information et de la communication acquièrent donc, avec leurs techniques de récolte, d'analyse et de traitement des « données », une portée régulatrice et intégratrice dans le cadre du développement contemporain d'un nouveau mode sociétal de reproduction, à caractère organisationnel, décisionnel et opérationnel[8]. Ce nouveau mode de reproduction implique le déclin ou la marginalisation des régulations culturelles-symboliques aussi bien que politiques et institutionnelles de l'action : ces médiations au sens propre du terme, qui se trouvaient intégrées à priori, sont alors remplacées par une multitude de procédures excentrées de gestion ou de contrôle du social. Ce nouveau mode de reproduction génère ou produit du même coup une fragmentation et une objectivation à caractère également technique des dimensions cognitive et normative-expressive impliquées aussi bien dans les activités humaines particulières et existentielles, que dans la structuration et la reproduction d'ensemble de la société.

C'est précisément dans les champs d'indétermination normative, cognitive et esthétique, tant culturelle que politique, qui s'ouvrent désormais sur toutes les frontières des organisations particulières et dans tous les « intervalles », « interstices » et « interfaces » d'interrelations mutuelles où se jouent leurs stratégies, que les mêmes techniques d'information et de communication se déploient ; elles prennent alors la forme spécifique des médias et des régulations systémiques, les modalités de traitement informatique constituant plutôt le mode opératoire interne des multiples unités organisationnelles, même si, comme on l'a vu, ces deux dimensions d'intériorité et d'extériorité tendent à disparaître à mesure que se déploient les systèmes généraux d'interconnexion (banques de

---

8. Pour être bref, je me permets d'utiliser sans trop de justification systématique une conceptualisation et une terminologie qui renvoient à l'analyse que j'ai faite de la mutation sociétale contemporaine dans le deuxième volume de *Dialectique et société*, intitulé *Culture, pouvoir, contrôle : les modes de reproduction formels de la société* (1986 : 313-357).

données, autoroutes électroniques, etc.). Ainsi, la société tend à se confondre avec l'« environnement social » de chaque lieu particulier d'emprise et de contrôle organisationnnel, et cet environnement social tend à se réduire à son tour en une sorte de simple « milieu conducteur » des diverses opérations « informationnelles » et « communication-nelles », dans lequel celles-ci prennent encore plus ou moins la coloration d'actes et d'échanges significatifs – c'est donc à ce statut de simple « corps conducteur » que tend à se réduire l'essence même du symbolique, et avec lui, celle de la vie humaine elle-même.

Parallèlement, ces mêmes médias, et toutes les opérations particu-lières qui les constituent ou qui les « remplissent », tendent à se substituer aux anciens concepts d'espace public et de publicité, qui y perdent leur dimension réflexive et critique. Cela n'empêche pas la nouvelle réalité médiatique de se réclamer encore de la fonction de légitimation démocratique et rationnelle-critique que la modernité avait attachée à l'espace public culturel et politique. Il s'agit là d'une circonstance « historiale » qu'Habermas ne semble pas vraiment prendre en compte dans l'élaboration de sa théorie de l'agir communicationnel, qui prend donc une allure tout à fait éthérée si l'on confronte les préten-tions normatives qu'il inscrit dans sa théorie et la condition du monde médiatique contemporain dans lequel elle est sensée pouvoir être réalisée. Tout cela signifie encore une fois que la société, comprise comme totalité à caractère subjectif et identitaire à laquelle la dimension normative et expressive la plus fondamentale de la vie collective se trouvait attachée, est en passe de se dissoudre dans le tissu, les réseaux et les flux du social purement « objectif », lequel ne possède plus d'autre unité réelle que celle que réalisent continuement, opérationnellement, les systèmes tech-niques de l'information, de la communication, de la programmation, de la décision et de la gestion qui encadrent de manière croissante et systématique toutes les pratiques particulières et qui s'emparent progres-sivement d'elles lorsque celles-ci n'en sont pas d'ores et déjà les produits.

Un tel « système de systèmes » (pour reprendre l'analyse de Niklas Luhmann), à mesure qu'il s'implante et s'impose dans la société, doit contrôler ses « entrées » et ses « sorties ». Côté *input* s'impose l'exi-gence d'une prise en charge « manageriale » des orientations normatives et expressives fragmentées inhérentes aux activités individuelles atomisées. En effet, c'est parce que, dans les sociétés « libérales et démo-cratiques » (Rorty), les activités individuelles restent en principe « autonomes » qu'il est indispensable, d'un point de vue d'ensemble, de les prendre en charge, en main ou en compte aux divers titres de l'information, de la prévision, de l'influence, de la manipulation par l'enquête, l'*advertizing,* le *marketing,* le *councelling,* etc. Et plus les boucles de cette prise en charge s'élargissent ici, plus elles se referment aussi sûrement sur elles-mêmes, car mieux elles sont en mesure de recycler informatiquement en elles aussi bien tout ce qui subsiste dans la « culture » en fait de lieux singuliers de synthèse et de « réserves non renouvelables de tradition » (Habermas), que tout ce qui apparaît sans cesse de neuf dans les « mouvements sociaux », les modes culturelles et la libération de l'expressivité immédiate des identités et des différences subjectives particulières.

Du côté des *outputs,* la nécessité paraît plus urgente encore d'assurer la coordination de tous les procès particuliers d'intervention sociale et de décision organisationnelle à l'intérieur d'un *going concern* non finalisé qui ne comporte en fin de compte plus d'autre contrainte interne que celle de la compatibilité dynamique de tous ses éléments autonomes eux-mêmes dynamisés. Dans tout cela, les nouvelles technologies de communication et d'information assurent, selon une problématique purement « cognitiviste » (à caractère principalement probabiliste et statistique), opérationnelle et pragmatique, toutes ces fonctions de détection, régulation, mobilisation, sélection, coordination, adaptation et intégration. Elles forment en même temps le sang, les nerfs, le cerveau et les mains du nouveau corps social compris comme système et qui, le mobile du désir en moins, ressemble à s'y méprendre au « corps sans organe » imaginé par G. Deleuze et F. Guattari (1972) dans un de leurs grands moments de projection désirante et d'invention conceptuelle. Elles sont partout, s'insinuent partout, et partout elles sont également centrales, comme l'est devenue la position de l'observateur dans la nouvelle vision einsteinienne de l'univers relativiste. Ce relativisme vaut d'ailleurs tout autant du point de vue temporel-historique : il y a perte d'historicité au profit d'une simple relativité temporelle comprise en terme de « temps de diffusion », de « réaction » ou « d'adaptation », que les techniques de communication visent idéalement à rendre instantanés (les opérations « en temps réel », ce « temps » dont la généralisation à l'action signifierait la disparition de la temporalité elle-même, puisqu'elle s'y trouverait dépossédée de toute intentionnalité propre, et réduite au statut de simple relais).

Ces nouvelles technologies de communication et d'information peuvent ainsi être comprises comme une réponse à la tâche, purement technique et fonctionnelle, d'immédiate opérationnalisation de la production et de la transmission réflexive des connaissances, motivations et orientations qui régissent l'interaction humaine dans une société systémique. Elles opèrent donc dans un lieu excentré où les pratiques sont émancipées de toute exigence normative-expressive assumée à priori dans l'identité collective et intériorisée dans les identités individuelles particulières. D'un autre côté, ces technologies participent aussi directement à la radicalisation illimitée de cette émancipation de l'activité humaine à l'égard de toute référence normative à priori – qu'elle soit culturelle ou politique – et elles concourent donc activement et systématiquement à l'élargissement indéfini de ce champ purement opérationnel dans lequel elles se déploient. C'est à cela que correspondent finalement les concepts mêmes de communication et d'information, tels qu'ils sont compris dans la nouvelle conscience commune et dans les disciplines qui en ont fait leur objet formel.

LA DISSOLUTION DE L'ESPACE PUBLIC CRITIQUE

Dans le moment historique où la société bourgeoise moderne cherchait à s'émanciper culturellement et politiquement des autorités traditionnelles, en soumettant l'exercice et la légitimité même du pouvoir à une nouvelle rationalité conforme aux exigences du développement d'une économie de marché autonome et à lui imposer le respect de la liberté des personnes, la sphère publique s'est autoconstituée à *l'extérieur* et *en opposition* aux pouvoirs établis, comme creuset d'élaboration de nouvelles valeurs centrées sur la rationalité instrumentale et le débat public à caractère critique.

Ce nouvel espace public (mais il s'agissait dans son concept même d'une réalité nouvelle) trouvait la justification de son rôle idéologique et pratique dans la référence qui y était faite à la valeur universaliste de l'individu compris de manière abstraite et impersonnelle. C'est sur cette base qu'il pouvait alors assumer sa prétention à se substituer lui-même, comme fondement formel de tout consensus libre et rationnel, aux rapports d'autorité hiérarchiques et aux modèles culturels traditionnels qui structuraient cognitivement, normativement et esthétiquement les sociétés d'Ancien Régime. Mais ce rôle et cette prétention avaient deux conditions qui étaient liées à la société bourgeoise et à ses conditions historiques de développement, et que la réalisation de la modernité, notamment sous sa forme capitaliste, devait finir par détruire. La première tenait dans la vérité pratique et empirique de l'autonomie personnelle du « bourgeois » dans le champ d'une économie marchande en voie de généralisation, et dans la rationalité instrumentale du

« calcul » qu'il devait sans cesse y effectuer comme condition même de sa participation. La seconde, non moins déterminante sur le plan politique, était celle de l'extériorité que le pouvoir avait acquis relativement à la société à mesure que des royautés absolutistes et autocratiques avaient succédé aux autorités patrimoniales proprement traditionnelles, jetant les bases de l'État moderne en unifiant l'*imperium* qu'elles revendiquaient et en multipliant systématiquement leurs prétentions et leur capacité d'intervention « souveraine » sur la société. De tels pouvoirs, déjà unifiés en eux-mêmes politiquement, juridiquement et administrativement, furent cependant jugés arbitraires tant par les tenants de la tradition que par ceux qui adhéraient au point de vue moderne, et ils eurent l'effet de catalyser et de polariser contre eux les critiques, en leur conférant du même coup, sous la notion nouvelle d'un intérêt public lui-même unifié, une consistance normative à caractère positif.

Mais ces deux conditions ont été abolies avec l'essor, non d'une société de petits producteurs marchands indépendants, mais du capitalisme et de la grande industrie, qui ruinaient l'autonomie pratique des individus au moins sur le plan économique en transformant le plus grand nombre des citoyens en salariés dépendants, ce qui conduisit à la formation des sociétés de masses, tant démocratiques qu'autoritaires ou populistes. Dans ces sociétés, ce sont les individus empiriques, dépendants de conditions de vie objectives sur lesquelles aussi bien eux-mêmes que leur « culture normative » n'ont plus guère de prise, qui sont devenus les porteurs en même temps de la légitimité et de l'arbitraire, et l'extériorité formelle du pouvoir s'y est présentée, non plus comme l'expression d'une liberté transcendantale et d'une raison universelle, mais comme un relais immédiat de la volonté, des besoins ou des désirs empiriques du peuple compris désormais sans majuscule (comme dans la Révolution française), c'est-à-dire comme la masse ou l'ensemble des « gens » (selon la signification qu'a l'expression anglaise *the people* ou tout simplement *people*), une masse ou un ensemble désormais divisible, au gré des points de vue et des intérêts, en toutes sortes de catégories plus ou moins fugaces. L'espace public a alors perdu tout fondement et toute portée transcendantaux en même temps que toute unité formelle, pour devenir simplement la somme ou l'interface commune de tous les champs d'influence, de tous les flux de communication et d'information, l'interstice commun de tous les jeux d'intérêts, l'espace de résonance (mais non plus de raisonnement et de réflexion, n'en déplaise à Habermas !) de tous les courants et mouvements d'opinion.

C'est alors ce nouvel espace purement stratégique, virtuellement informe par lui-même, que sont venus remplir, saturer, élargir et modeler de façon fluide les « nouveaux moyens de communication et d'information », compris selon leur double nature de nouvelles technologies de production et de transfert de « messages », et de nouveaux moyens de masse sociologiques, eux-mêmes producteurs d'effets de masse, et ceci au gré des multiples contrôles et influences qu'ils subissent eux-mêmes avant de les relayer dans leurs « publics », et dont ils sont finalement la matière première, la substance et la forme plutôt que les instruments. Ainsi, dans le champ sémantique d'un même mot *(flatus vocis)*, l'« espace public » n'est plus l'espace d'une « publicité » entendue comme *Öffentlichkeit* (et ceci d'abord par opposition au « secret » et notamment au « secret d'État »), comme espace comportant une dimension publique d'officialité et cependant ouvert au jugement commun, élaboré de manière ouverte, critique et raisonnée, dans le cadre d'un dialogue et d'une procédure argumentative ouverts à tous, comme le voudrait encore Habermas (et aussi Lefort). Il est devenu l'espace de la publicité comprise comme « pub », comme *advertizing,* comme *marketing* [9]. Pour résumer, disons que si, dans sa forme même, l'espace public classique était caractérisé essentiellement par une fonction politique et culturelle de légitimation, et qu'il trouvait donc fondamentalement sa source dans des idéalités normatives, la forme de l'espace public contemporain a désormais été entièrement assujettie à l'immédiate matérialité ou empiricité des flux communicationnels et informationnels qui le constituent dans leur mouvement même, et avec lesquels il s'identifie beaucoup plus qu'il ne leur fournirait un espace de diffusion, autre que technique. Dans ce sens, le lieu de la « transparence » que voulait être l'espace public est devenu entièrement opaque à mesure qu'il se convertissait en champ publicitaire, et sa définition n'est plus sujette à des débats de principes, elle n'est plus elle-même qu'objet de recherches purement empiriques.

Je me permets donc ici de contester la portée théorique et sociétale du modèle du *two steps flow of communication,* présenté d'abord par Eliu Katz et qui a ensuite été largement adopté sur la base de diverses évidences empiriques dans les théories sociologiques de la communication, en vue notamment de contester l'idée d'une manipulabilité générale de l'opinion publique par les médias. En effet, cette théorie ne touche

---

9. Voir Daniel J. Boorstin (1963), puis aussi les notions de simulacre et d'obscénité chez Jean Baudrillard.

même pas au problème qu'elle prétend résoudre, puisqu'elle montre seulement la résistance de certaines formes traditionnelles d'autorité, notamment symbolique (celle des « leaders d'opinion ») au nouveau mode de régulation et de contrôle communicationnel des perceptions, des désirs, des attitudes et des comportements, alors que le développement du nouveau système médiatique et informatique tend précisément à les dissoudre progressivement sur le plan du fonctionnement global de la société, même si elles peuvent renaître, ici et là, localement, sur une base personnelle, charismatique ou même organisationnelle. Mais il appartient précisément à la logique du développement du système lui-même, à sa nature ou à son mode opératoire en même temps technique et sociologique (sociotechnologique) de contourner ces résistances ou de les intégrer, en élaborant notamment des techniques de « ciblage » de plus en plus fines et de mieux en mieux contrôlées, dans la perspective idéale d'une adaptation rétroactive, de plus en plus précise et en temps réel, de la communication sur ses effets. Les nouvelles techniques de mesure de l'audience, qui ne procèdent plus par questionnaire mais par observation vidéo directe, sont très significatives à cet égard, surtout lorsqu'on sait qu'elles ne se contentent plus de compiler statistiquement des choix et des temps d'écoute ou de vision, mais qu'elles visent à capter et à analyser directement des réactions, notamment émotives et psychologiques.

Ce que la communication et l'information ainsi déployées et agissantes tendent finalement, objectivement, à dissoudre, c'est le fondement de possibilité d'une communication et d'une praxis interpersonnelles effectives orientées vers la recherche réfléchie d'une synthèse publique impliquant un engagement normatif commun et un partage collectif des objectifs légitimes de l'action sociale, et qui passe alors nécessairement par la forme politique entendue au sens large de la *politheia*. Les médias refoulent une telle communication et une telle action proprement symboliques dans le domaine de la vie et des relations interpersonnelles privatisées et, en tant que telles, indifférentes à l'orientation, au développement et à la régulation de la vie sociétale effective, qui se trouve régie de manière non critique, non dialogique et non réfléchie par une multitudes de « mécanismes autonomisés » dont les médias, au sens large que j'ai donné ici à ce terme, représentent en même temps le mode d'interconnexion, le moyen opératoire et la substance même. Cela comporte aussi, à terme, la dissolution de toute représentation commune à priori du monde, qui se trouve ainsi réduit à la multitude indéfinie des « informations » qui le concernent ; et ces informations, touchant au monde objectif, perdent progressivement toute différence de nature ou de statut ontologique et épistémologique par rapport à toutes celles, croissant de manière encore plus exponentielle, qui concernent l'agir humain, ses formes d'intégration organisationnelles et opérationnelles, et les modalités techniques de leur mise en œuvre.

Relativement à chaque processus de décision, toutes les informations concernant le monde naturel et l'univers social se confondent en effet sous le concept d'une même objectivité de l'« environnement ». L'artifice, à quelque genre qu'il appartienne, absorbe le réel, se confond avec lui, devient le réel, en même temps que, à la différence de l'œuvre caractérisée par sa durée et la recherche d'une pérennité dans le monde, les nouveaux artifices ont un caractère entièrement processuel, et que la nature apparaît de plus en plus comme un ensemble de processus, et non plus d'« êtres ». Comme je l'ai dit dès le début, il reste de l'expérience synthétique objective du monde extérieur, de l'expérience existentielle de soi et d'autrui, mille morceaux éparpillés, privatisés, personnalisés, communautarisés, différencialisés, mais il n'y a plus rien, ni culture, ni vie politique, qui fasse encore tenir le tout ensemble, sur les plans de l'être, du sens, de l'agir et du vouloir, de l'expérience et du désir. C'est pourquoi aussi chaque autonomie libérée, chaque droit proclamé ou revendiqué, ne conduit finalement qu'à la multiplication exponentielle des éléments subjectifs et objectifs disjoints dont le système se nourrit, qu'il mobilise, qu'il intègre, qu'il internalise. Dès lors, après le crépuscule des dieux (ou des idoles) se pose à nous la question : au nom de quoi fixer des limites à l'autoprolifération du système qui charrie nos vies et nous entraîne vers une situation ou une condition existentielle dont nous savons déjà, à travers la simplicité des extrapolations que nous savons faire, qu'elle sera non seulement inhumaine mais aussi antinaturelle, naturellement insupportable, parce que la nature elle-même ne la supportera pas sans y subir en même temps que nous une altération radicale ? Pensons seulement que le « monde », la terre en son aspect physique et esthétique, a déjà beaucoup plus changé depuis un siècle qu'il ne l'avait fait depuis des dizaines de millions d'années !

PROBLÈMES ÉTHIQUES OU ENJEU CIVILISATIONNEL ?

Jamais il n'a été autant question d'éthique qu'aujourd'hui, ni dans des sens aussi divers, ni dans des lieux aussi variés et même insolites. Partout des « comités d'éthique » ou de « déontologie » poussent comme, dit-on, les champignons après la pluie (les pluies de subventions, par exemple, dans le milieu de la recherche universitaire), et il

n'est guère d'activité organisationnelle tant soit peu « publique » qui ne
se fasse chapeauter ou plutôt chaperonner par un comité d'éthique idoine.
Je voudrais faire voir ici que les « problèmes éthiques » que soulèvent
les pratiques techniques ne sont fondamentalement rien d'autre que les
sous-produits de cette fragmentation et de cette réification de la normativité et de l'expressivité communes, tant culturelle que politique,
qu'engendre continuellement le mode de fonctionnement d'une société
technologisée et technocratisée, et c'est pourquoi ils ne peuvent eux-
mêmes être abordés et résolus que de manière spécialisée et technocratique
par le système général de prise en charge de l'action et de gestion du
social.

La réduction technique et finalement la dissolution des finalités
collectives synthétiques et à priori de l'action a pour effet de les faire
réapparaître, mais de manière désormais circonstancielle et fragmentée,
comme des problèmes d'inertie et de résistance qui prennent la forme de
contraintes « éthiques » extérieures aux activités des organisations et au
fonctionnement des appareils ; ces problèmes semblent alors surgir d'une
sphère éthique séparée et autonome et, en quelque sorte, elle aussi
« environnementale », qui, comme aucun principe ne la régit plus, peut
et doit faire l'objet d'une activité de recherche et d'une formulation
spécialisées. Mais on peut dire aussi la même chose en sens inverse : les
finalités stables, explicites ou implicites, qui fondent les normes
éthiques, et ces normes elles-mêmes (comme celles qui sont formulées
dans l'une ou l'autre version du décalogue) sont repoussées à l'extérieur
des systèmes toujours mobiles d'objectifs et de motivations qui régissent
les activités socio-organisationnelles, et c'est seulement à posteriori
qu'elles sont alors invoquées comme des limites à ne pas franchir,
comme des garde-fous mobiles qu'on peut et qu'il faut déplacer sans cesse
pour endiguer des flots dont le surgissement est imprévisible, comme ces
blocs de béton – à moins qu'il ne s'agisse plutôt de ces petits cônes de
plastique luminescent ! – qu'on déplace pour canaliser la circulation lors
des travaux routiers.

On assiste ainsi à une dissociation des modalités techniques de
régulation et de reproduction de l'action, tant collective qu'individuelle, et
des exigences de justification en finalité de l'agir commun, voire tout
simplement de l'exigence existentielle de « sens » que comporte toute
action humaine. Ces exigences se dressent alors, sous la forme de
« problèmes éthiques » autonomes et spécifiques (redevables à ce titre
d'un « traitement » ou d'une prise en charge technique et spécialisée), en
face des activités sociales habituelles régies technologiquement et techno-

cratiquement, comme l'ultime écho dans le système d'une nature humaine commune ayant en elle-même une valeur irréductible. La création procédurale, dans tous les domaines de l'action technologisée et technocratisée, de comités d'éthique, formés d'experts en éthique, c'est-à-dire en « nature humaine » ou, plus modestement, en « valeurs de civilisation », s'avère à cet égard extrêmement significative. La reconnaissance de ces « experts en transcendance » s'accompagne d'une multiplication des subventions pour la « recherche éthique », comme s'il s'agissait d'un contrepoids nécessaire au développement des autonomies organisationnelles et des « recherches opérationnelles », d'un côté, et à la libération constitutionnelle et judiciaire des « droits de la personne », de l'autre, ces deux choses allant par ailleurs parfaitement de pair, puisqu'elles représentent ensemble la nouvelle forme prise par les autonomies classiques, ou modernes, du public et du privé, du collectif et de l'individuel, lorsque de part et d'autre se sont dissipées les références universalistes qui les animaient.

Cette autonomisation de la dimension « éthique », son extériorisation relativement aux pratiques sociales qui sont de leur côté immédiatement régies par une « rationalité » technicosociale autorégulée (technocratique), soulève directement le problème de la nature et de la portée justificatrice des références invoquées pour baliser normativement les pratiques sociotechniques : quel est le « fondement » des garde-fous qu'il s'agit d'imposer au développement d'activités qui, sur fond de « marché », s'autorégulent et s'autojustifient de manière purement opérationnelle, une fois que la société s'est identifiée à celles-ci dans son fonctionnement ? On se trouve ainsi confronté à la situation quasi schizophrénique dans laquelle sont plongés les « éthiciens » (ou les « éthicologues » !), lorsqu'il leur faut, à titre de spécialistes agissant à l'intérieur de procédures quasi judiciaires, décider de la nature des valeurs ultimes auxquelles les diverses activités d'une société doivent (devraient, pourraient ou vont ?) rester soumises, alors même que cette société a renoncé à se référer elle-même à toute valeur ultime ou fondamentale dans ses modalités premières, formelles, « immanentes », réflexivement assumées, d'orientation, de régulation et d'intégration. En tant qu'experts, ils ne peuvent alors que se référer, de manière purement empirique, à tous les résidus de valeurs transcendantales qui restent charriés dans les diverses strates de la population ou de la « conscience collective », et particulièrement aux résidus normatifs et expressifs qu'ont pu s'approprier les multiples « segments » identitaires et, par définition, toujours « particularistes » de la collectivité dans lesquels cette identité collective s'est fragmentée et cette conscience collective décomposée en éléments étrangers les uns aux autres (société « plurielle », « droit à la différence » etc.).

La société, en s'identifiant à un « libéralisme » qui renvoie toute la substance identitaire et normative de la vie sociale aux « personnes individuelles » et, éventuellement, aux « collectivités identitaire et affinitaires » qui l'habitent comme un espace fluide et creux, nie du même coup toute sa substance et sa consistance propres. Cette consistance, c'est-à-dire l'existence même de la société, n'apparaît plus alors à ses membres que sous la forme des discours « idéologiques » qui traversent l'« espace public », mais celui-ci, n'étant plus ancré dans aucune idéalité, s'est déjà en réalité converti en un espace publicitaire et médiatique dans lequel résonnent (mais sans raisonnement ni argumentation) des sources d'émission multiples. L'espace public n'est donc plus qu'une grève où les vagues publicitaires et les modes discursives déferlent les unes sur les autres, et la société n'est plus elle-même que l'ensemble des galets qu'y remuent sans cesse vagues et marées.

La société se réduit ainsi à un espace ouvert à la mobilisation indéfinie de toutes les stratégies organisationnelles et à toutes les spontanéités expressives personnelles, qui sont également « légitimes » dans la mesure où elles opèrent selon les formes de « communication » propres au système et respectent seulement les règles de procédure qui les encadrent. Une telle « légitimité » tend alors à coïncider avec le renoncement à toute « violence » privée, subjective, particulière – d'où cette obsession de la violence qui caractérise nos sociétés, du moment qu'elle menace de surgir dans ses fibres. Et c'est encore aux médias qu'il incombe de la mettre en vue partout, puisqu'elle est inséparable des processus incessants de mobilisation que produit le système et dont il tire toute son énergie, en dehors de tout à priori normatif ou esthétique.

Bien sûr, on peut penser que c'est aussi dans le champ des médias que tout devra se passer si l'on espère encore que soit réalisé ou que survienne un « changement de civilisation » ou du moins un « changement de cap » dans ce que nous appelons le « développement » – et c'est bien ce qui paraît se produire dans le domaine de la prise de conscience écologique. Mais je pense au contraire qu'à défaut d'une reconversion normative, idéologique et « pédagogique » capable de reconstruire des structures hiérarchiques de valeurs et de fins possédant en elles-mêmes autorité et stabilité, il ne pourra rien s'y passer d'autre que ce qui s'y passe déjà. Le problème qui nous est posé me paraît donc être celui de la genèse d'un nouveau mode d'espace public qui se trouve à nouveau normativement et esthétiquement structuré de façon substantielle, la création (nécessairement agonistique) d'une *koinonia*, d'une *politheia* fondée sur un engagement commun vis-à-vis de normes *(nomoi)* substantielles. Cette nouvelle structure en même temps normative et identitaire, devrait alors, dans les conditions d'une vie collective mondialisée, comporter, en fonction des divers champs de problèmes et d'actions (écologiques, économiques, culturels, existentiels, etc.), une pluralité de niveaux hiérarchisés, dont aucun ne saurait revendiquer à lui seul la « souveraineté », du moins si la pluralité des cultures civilisationnelles qui résistent encore à la domination du système est appelée à être conservée. Ce qui s'impose à nous, c'est donc, il me semble, une réinvention du politique qui procède parallèlement à une rénovation pédagogique *(paideia, Bildung)* où le politique comme la pédagogie ne seraient plus ni publicitaires, ni opérationnelles, ni communicationnelles, mais parviendraient au contraire à se subordonner normativement ces formes de régulation processuelle. Je reprendrai ces questions à la fin de cette réflexion.

Je reviens maintenant à la question de l'expertise éthique. Dans tous les cas, l'empirisme qui préside à la sélection, par des experts, des valeurs ultimes et non transgressibles renvoie lui-même au service d'autres experts en information et en communication, plus précisément à des experts en « opinion publique ». Or, l'opinion publique, lorsqu'elle n'est pas simplement « silencieuse » et qu'elle n'est pas alors « passivement » scrutée et investie par les « sondages », trouve aussi dans les médias son principal mode d'expression, en même temps qu'elle se fait directement informer par eux – mais je fais encore une fois abstraction ici de tous les noyaux d'irrédentisme traditionnel qui se cachent et se développent dans les plis ou dans les « pores » de la nouvelle société organisationnelle, sur une base que l'on qualifie de « privée ». Cette quête « objective » des valeurs par des experts, qui les renvoie à l'auscultation d'une opinion publique qui est déjà elle-même dynamisée médiatiquement (à l'aide d'autres experts en *public relations*, en *marketing*, etc.), nous rappelle l'image classique du chien qui court après sa queue, sauf qu'ici, la queue court beaucoup plus vite que le chien ! Dès lors, il ne peut s'agir, pour les experts en valeurs, que de trouver, toujours circonstanciellement, le plus petit commun dénominateur dans le kaléidoscope des valeurs, ou bien d'en effectuer une quelconque sommation susceptible de recueillir momentanément (c'est-à-dire dans le *momentum* du problème posé, de l'opinion et des intérêts en cause), un consensus majoritaire lui aussi toujours circonstanciel et conjoncturel : parmi toutes les valeurs auxquelles le système médiatique fait écho, il est demandé aux experts de trouver la ligne de moindre tension, le champ de moindre énergie, la configuration possédant la plus faible différence de potentiel. Je n'ai pas besoin de chercher des exemples, tant ils abondent dans la vie publique et sociale, politique et juridique canadienne de ces dernières années (Oka, constitution, avortement, tabac, pornographie, langue, ouverture des commerces, biotechnologies, famille, pollution, etc.).

Il faut cependant s'interroger sur la nature et le statut des valeurs qui se présentent ainsi à la considération des experts, en faisant d'ailleurs abstraction ici de toutes celles que ces derniers peuvent avoir en propre à titre purement personnel, comme tout le monde. Ce qui caractérisera les « valeurs d'experts », par-delà l'attachement que des individus ou des groupes particuliers peuvent leur témoigner, c'est leur abstraction et leur dispersion vis-à-vis des conditions structurelles globales d'existence de la société, et donc, d'une certaine manière, leur « irresponsabilité » à l'égard de la réalité globale. Elles se présentent d'emblée aux experts sous le mode de l'opinion publique, de sa diversité et de ses fluctuations circonstancielles, bref de ce que les Grecs déjà définissaient négativement comme une simple *doxa* par rapport au *logos,* au savoir vrai. Certaines d'entre elles correspondent encore aux conditions des sociétés tradition-nelles, d'autres, à celles de la modernité, et d'autres encore, à la particularisation ou à la singularisation des références normatives dans la période contemporaine de transition vers la postmodernité ; toutes sont engagées alors vers une forme ou une autre d'aporie, de non pertinence. Ainsi se trouveront agglomérées toutes sortes de normes ressortissant tantôt des idéaux politiques de la Grèce ancienne et du judéo-christianisme, des traditions de fidélité, de respect de l'autorité et d'intégration communautaire propres au Moyen Âge, tantôt des principes éthicorationalistes et individualistes typiquement modernes, et tantôt enfin des références postmodernes à la réalisation personnelle de soi, au droit à la jouissance, au respect de la différence, à l'exigence de transpa-rence et d'authenticité dans les rapports interpersonnels (voir à ce sujet Sennett, 1979), toutes choses incommensurables les unes aux autres.

Or, si, d'un côté, les mécanismes technocratiques, et tout spéciale-ment informatiques et communicationnels de gestion du social, tendent à dissoudre toute la validité transcendantale qui pouvait être reconnue à de telles références, leur récupération dans le *melting pot* des valeurs « éthiques » tend, de l'autre côté, à masquer le fait essentiel qu'elles sont presque toujours formellement incompatibles les unes avec les autres, parce que théoriquement et pratiquement contradictoires, et que leur compatibilité pratique, factuelle, est alors justement proportionnelle à leur dévalorisation en tant que valeurs. Les experts et comités d'éthique participent donc du procès global de désamorcement des valeurs : ils sont des spécialistes qu'on charge du déminage et du désamorçage de ces bombes ou obus non explosés que sont les valeurs substantielles, car tel est bien le statut des valeurs dans nos sociétés. Les seules bonnes valeurs d'experts sont les pétards mouillés.

Ce qui se trouve ainsi refoulé et nié, c'est donc tout le caractère agonistique des systèmes sociétaux de valeurs, qui coïncide avec leur caractère en même temps global et contingent, et donc avec leur « territorialité » et leur « historicité ». Mais comme toute affirmation de cette dimension concrète, porteuse d'antagonismes virtuels, comporte nécessairement un engagement personnel, il est évident que les experts, comme tels, ne peuvent guère l'assumer professionnellement, puisqu'ils y perdraient justement cette autorité d'expert qui repose entièrement sur l'« objectivité » de leur jugement[10]. La dimension expressive de l'action et de l'identité connaît d'ailleurs le même refoulement et la même oblitération dans l'art postmoderne : c'est la même réduction « pseudo-cognitiviste » qui s'y présente sous le couvert du « rétro », de l'« allusion », de la « citation », de l'amalgame, de la compilation, de la réactualisation décontextualisée, non réflexive et non critique, du *remake,* de la réduction à la « signature », de l'« archéologisation » du passé allant de pair avec l'immédiatisation du présent et de l'anticipation utopiste du futur (l'utopie futuriste, positive et négative, prend place immédiatement dans le réel actuel, comme fiction hyperréelle, non narrative, matérialisée à titre de « réalité virtuelle » – *Jurassic Park, Disneyland* quotidien et environnemental) ; passé, présent et avenir s'y trouvent synchronisés dans le même « espace actuel », dans les mêmes « œuvres-objets » et « événements », dans le même « environnement » qui s'est substitué au monde et à l'histoire et où s'abolit la distance entre le symbolique et l'imaginaire, entre le signe et le signifié, entre la culture et la nature, la société et le monde : hologramme généralisé dans lequel nous sommes entrés nous-mêmes à titre d'image

---

10. Voir Vaclav Belohradsky (1988). La référence est faite ici à un diagnostic et pas du tout à la ligne générale de l'analyse de l'auteur qui, à la suite de Carl Schmitt, comprend unilatéralement l'essence du politique comme l'affirmation d'une identité collective qui ne trouve à s'affirmer que dans l'horizon d'une absolutisation du rapport « ami-ennemi », marquée elle-même par la problématique « darwinienne » de la « lutte pour la vie ».

réelle-virtuelle. Simple tendance, évidemment, mais mue de l'intérieur par des forces si puissantes et cependant si diffuses, si « impersonnelles » et si « involontaires », apparemment si « objectives » tout en restant « insaisissables », qu'elle doit être regardée sérieusement. Mieux vaut se tromper maintenant... Mieux vaut exagérer nous-mêmes maintenant, plutôt qu'être saisi par l'exagération du « réel » lui-même...

Dans l'histoire, les systèmes de valeurs et de légitimation cohérents ne se sont en effet développés que dans des mouvements d'opposition et de rejet plus ou moins radicaux de ceux qui les précédaient (les « guerres de religion » entendues au sens large et comprises dans leur rapport aux mutations « sociopolitiques »), exprimant ainsi sur le plan idéologique la nature elle aussi globale des transformations des structures sociétales et plus profondément encore, peut-être, la contingence à l'intérieur de laquelle l'humanité réalise et affirme son être propre. Dans la mesure où nous sortons maintenant de la modernité sociale, culturelle et politique, voire scientifique, avec son caractère individualiste, rationaliste, idéaliste, universaliste et toujours réflexif, le même problème se pose face aux apories dans lesquelles s'est engagé le développement d'une postmodernité dominée d'un côté par la rationalité technicienne et technocratique greffée au moins provisoirement sur une rationalité économique qui a pris l'apparence d'une évidence environnementale purement naturelle, et de l'autre, par le « personnalisme narcissique »[11] et l'expressivité d'identités concrètes fragmentées, particularisables et entrecroisables à l'infini.

Ce qui se trouve ainsi esquivé par cette technique de recyclage indifférencié de toutes les valeurs, anciennes, modernes, actuelles et mêmes futuribles, c'est le problème fondamental de la création « conflictuelle », « politique » d'une nouvelle normativité collective à valeur transcendantale, le sens de la non-compatibilité de toutes les valeurs entre elles dans une situation ou une condition de « problèmes planétaires », de la nécessité du renoncement, du choix, de la hiérarchisation qui devront présider à la création et à la reconnaissance d'une « nouvelle synthèse » susceptible d'animer, de manière profonde, les pratiques sociales particulières, tout en assurant leur compatibilité non seulement technique, mais ontologique, et qui donnerait sens et sérieux aux conflits qui les traversent. Une telle hiérarchisation des valeurs et des finalités n'implique aucunement, faut-il le dire, celle des personnes, des groupes ou des catégories ni la distribution de privilèges, mais peut-être,

---

11. Voir à ce sujet Christopher Lasch (1981).

au contraire, l'abandon de la plupart des privilèges qu'a sanctionné l'universalisme abstrait et l'égalitarisme formel de la modernité, et dont le sauvetage à tout prix représente peut-être la motivation essentielle du « néo-libéralisme » et du nouveau « laisser-faire » pseudo-individualiste (puisqu'il ne s'agit plus en réalité d'individus ou de personnes, mais d'organisations et de « puissances », d'un côté, et de catégories sociales, de l'autre) que l'Occident essaie maintenant d'imposer au reste du monde, y compris par la guerre comme dernier moyen, et le laisser-tuer ou laisser-mourir comme ultime attitude de rejet hors du système.

Une telle synthèse comporterait en elle-même l'exigence d'une soumission à priori des modalités techniques et opérationnelles de l'activité individuelle et collective ainsi que de leurs procédures d'intégration systémiques ou judiciaires, aux finalités qui se trouveraient justifiées en elle ou par elle. Mais le rejet « nostalgique » de ces techniques et procédures ne sauraient constituer une voie de « sortie de crise », puisqu'elles font désormais partie de notre monde et de ses conditions élémentaires de « survie ». Le problème réside donc d'abord dans l'auto- nomie normative qui est laissée, voire explicitement conférée, à ces techniques et procédures, et non dans leur existence comme telle : il s'agit de les soumettre, non de les démettre et de les faire disparaître.

C'est donc sur le plan d'un engagement global de la société et de sa représentation collective (et non pas sur celui du fractionnement des « mouvements sociaux ») qu'il faut aborder l'ensemble des problèmes associés aux fondements normatifs et expressifs de la vie commune, tels qu'ils se posent maintenant dans le contexte de la planétarisation des espaces sociaux (économiques, militaires, culturels-médiatiques, écolo- giques…) et des techniques, de la confrontation inévitable des traditions et des civilisations, du bouleversement des rapports entre les individus et les collectivités organisationnelles et identitaires nécessairement hiérarchisées jusqu'au niveau supérieur non seulement du « genre humain », mais aussi du « monde » dont il fait partie et auquel il « appartient » (etc.). Cela comporte une indispensable « régulation » de la nouvelle forme de « toute puissance », pour la première fois effective, que l'avantage technologique confère à certains dans l'« économie », dans l'hégémonie culturelle, dans la guerre et dans la destruction possible de cet *universum* du vivant qu'est notre planète unique et irremplaçable, tout cela étant saisi dans le contexte du déséquilibre délirant qui s'instaure, sous l'effet du laisser-faire économico-technocratique, entre « riches » et « pauvres » et entre la société humaine toute entière et le monde que nous habitons. En un mot, il s'agit des problèmes de « civilisation » que nos sociétés occidentales n'osent plus aborder de front parce qu'elles devraient renoncer à ce qu'elles considèrent encore comme étant l'essentiel d'elles-mêmes (une certaine forme de la « liberté individuelle, et une certaine forme du « développement »), et qu'elles refilent, comme « problèmes éthiques » particuliers et abstraits, à des spécialistes.

L'EXIGENCE D'UNE NOUVELLE SYNTHÈSE

Le problème principal, au delà de ce bricolage empirique des valeurs « éthiques », est donc celui de la création d'un nouveau système sociétal de valeurs et d'une nouvelle évidence collective des finalités (d'une nouvelle modalité de justification transcendantale des actions collectives et individuelles). Il est symptomatique de relever à cet égard que l'essentiel de la philosophie politique contemporaine – particulièrement en France et aux États-Unis – ne se contente pas d'ignorer cette dimension, mais fait de son éradication le critère même de la « logique individualiste et démocratique », à laquelle elle adhère inconditionnelle-ment, toute référence à quelque forme que ce soit d'adhésion collective à des valeurs substantielles (c'est-à-dire autres que formelles et procédurales) étant dénoncée comme « totalitaire ». Cette philosophie, dont le plus bel exemple nous est donné par Richard Rorty (1991 : 175-196), se place ainsi superbement en dehors de la réalité contemporaine, qu'elle feint d'ignorer, parlant de liberté individuelle dans un monde d'organisations et d'expression démocratique, dans un univers de décisions technocratiques.

Bien entendu, un mode de régulation des pratiques « subsumant » la puissance technique devrait d'abord rendre compte aussi bien des limitations de la tradition que des contradictions de la modernité et des apories de la postmodernité, pour se présenter, à leur égard, comme un véritable moment de synthèse, comme leur dépassement. Le concept de dépassement doit ici s'entendre précisément dans un sens hégélien, mais alors aussi contre Hegel, puisque celui-ci pensait que cette synthèse intégrant dans son « dépassement » le moment traditionnel de la positi-vité immédiate et le moment moderne de la négativité critique et individualiste était déjà, au moins idéalement, réalisée dans la forme de l'État. Or, il s'est avéré, depuis deux siècles, soit que l'État moderne faisait encore partie de la négativité (comme le voyait Marx), soit qu'en lui ne se réalisait qu'une totalisation non réflexive, et donc « totali-taire », comportant en même temps un repli sur le moment de la positivité immédiate, et, au nom d'un « politique » absolutisé et dénaturé, une annulation techno-bureaucratique de l'autonomie que possédait dans les sociétés traditionnelles le moment synthétique de la culture (nazisme et stalinisme). Je crois au contraire que la modernité qui s'épuise maintenant ne correspond toute entière qu'au moment hégélien du négatif, et que la postmodernité qui s'ébauche partout sous l'égide du contrôle technocratique des pratiques humaines et surtout de la production technique de l'intégration sociétale-systémique, correspond à la forme « mature » du totalitarisme (et non pas à la « réalisation de la modernité », de son appel à la liberté et au bonheur individuels, comme le croient certains) : la synthèse se trouve par conséquent entièrement devant nous, comme notre tâche la plus difficile et la plus exigeante. Du même coup, il ne saurait non plus être question maintenant, et surtout pas au niveau des « principes », de « fin de l'histoire », comme le prétend par exemple Fukuyama.

L'exigence d'une nouvelle synthèse ne peut être détachée du problème touchant à la nature des formes sociales concrètes que peuvent prendre les initiatives orientées vers une telle re-création des valeurs. Or, ici aussi, les modalités traditionnelles d'affirmation dogmatique, puis les formes modernes de l'action « politique » entendue dans un sens classique et essentiellement critique, enfin les dynamiques, néo-modernistes, caractéristiques des « mouvements sociaux » contemporains, semblent toutes inadéquates face à la nature et à l'ampleur du problème : ce qui doit être « dépassé » (et donc, au sens hégélien, conservé comme moment partiel), c'est en effet aussi bien la positivité immédiate des traditions que l'universalisme abstrait et critique de l'action politique, qui correspondait au renversement moderne du rapport entre l'individu libre et l'État, compris comme expression de la volonté collective et comme structure d'ensemble des institutions universalistes, et, enfin, le néo-particularisme des mouvements sociaux identitaires contemporains. Il s'agit ainsi de parvenir collectivement à une « reconnaissance nouvelle » de notre nature sociale, de notre place dans le monde et des limites de notre action (et donc de notre « liberté ») qui dépasse le moment positif et dogmatique de la solidarité traditionnelle et le moment purement critique et négatif de la découverte réflexive de la liberté individuelle et de son application dans le « procès d'émancipation », compris comme uniques critères, contradictoires l'un avec l'autre, de validation de toute action. Mais pour cela, il lui faut d'abord surmonter la simple dissolution contemporaine de la modernité dans un relativisme généralisé.

On sait qu'il y a déjà plus d'un demi-siècle, Max Weber s'était beaucoup préoccupé de la question générale de la création et de l'institutionnalisation des valeurs, plus spécialement des problèmes posés par le « désenchantement du monde » dans les sociétés modernes soumises de plus en plus universellement à la rationalisation instrumentale, et s'enfermant ainsi toujours plus dans la « cage d'airain » de la rationalité bureaucratique. On a vu qu'il ne s'agit plus, en ce qui nous concerne aujourd'hui, de rationalisation proprement instrumentale, ni de cage d'airain bureaucratique : la modernité wébérienne a déjà été dépassée, autant que subvertie, et notre cage, plutôt que d'être construite avec le fer ou l'airain de l'ère industriel, est maintenant formée de la même matière indéfiniment maléable et plastique que celle dont étaient faites les horloges molles de Dali. Notre espace public médiatique ressemble alors de plus en plus à l'espace de Escher : qu'on y monte ou qu'on y descende, dans quelque sens qu'on s'y croise, on finit toujours par arriver indifféremment au même point, qui est partout et nulle part, et tout ce qu'on y dit signifie en fin de compte toujours la même chose, puisque *le medium est le message* et que « signifier », ne signifiant plus rien d'autre, ne signifie dès lors plus rien !

Weber entrevoyait encore avec crainte le surgissement du charisme et des mouvements charismatiques comme « solution » à cette situation, parce qu'il était sensible à la menace qui pesait sur la pérennité de ses propres valeurs « libérales » et de ses propres certitudes apodictiques individualistes. Mais il était aussi préparé (via Hegel et Nietzsche) à accueillir l'inévitable avec l'espoir ambigu qu'on accorde à la possibilité d'un recommencement (c'est peut-être pour cela qu'on a pu écrire qu'il s'était à l'avance résigné au nazisme, même s'il est mort avant que ce dernier ne prenne forme et voix et ne conquière finalement toute la place en Allemagne) : en effet, il avait pu observer la récurrence, tout au cours de l'histoire, du charisme comme « modèle-type » de « résolution de crise » dans les moments de discontinuité des formes de légitimité, alors que surgit tout d'un coup une capacité imprévisible et donc « irrationnelle » de création de valeurs nouvelles, servant, dans son effervescence, de pont entre un système de valeurs dégradé et l'institutionnalisation routinière d'un nouveau système de valeurs.

La prolifération contemporaine de mouvements charismatiques, plus ou moins associés à des désirs de retour « intégriste » à la tradition, ou de toutes sortes de « néo-prophétismes[12] » animés par la confiance

---

12. Le « prophétisme » est un sous-type du mouvement charismatique, spécifiquement associé à la genèse particulière de la normativité éthique qui a

dans la toute puissance de la science et de la technique ou s'abandonnant au contraire à la crainte qu'elles inspirent, pourrait nous tenter de donner raison à Weber, comme l'a fait par exemple le mouvement hippie dans sa critique de la société (voir Vacchini, 1986). À une chose près cependant, qui est essentielle pour nous, ici et maintenant : c'est l'« insuffisance cognitive et réflexive » qui préside à de tels mouvements de retour normatif à la tradition ou aux projections expressives vers un dépassement utopique de la modernité. Le problème, objectif, est qu'au moment même où tout est techniquement devenu possible, nous avons perdu l'espace vierge du possible et avec lui notre possible innocence. Nous avons saturé l'espace où pouvait se réaliser un arbitraire culturel et civilisationnel cohérent (que cet espace soit nommé cosmos, monde, nature ou Dieu) : nous en avons pris possession, et l'avons encombré de nous-mêmes, de nos activités et de nos produits ; ainsi en sommes-nous devenus exclusivement responsables (voir Jonas, 1991). Quant à l'« univers » comme tel, nous savons qu'il nous est en même temps inaccessible et indifférent, de la même manière que les Grecs, dans le déclin de la Cité, s'étaient rendu compte de l'indifférence de leurs dieux : et la Cité est morte, avec sa « liberté », dans l'indifférence de ses dieux, qui furent d'ailleurs recyclés, avec un autre statut et d'autres tâches, dans l'Empire romain.

D'un autre côté, l'empressement à donner tort à Weber – de la part d'auteurs comme Rorty, Lipovetsky, et, d'une certaine manière, tout le néo-kantisme contemporain – risque de faire oublier le problème même auquel il s'était confronté. Il n'en va d'ailleurs pas autrement pour les théories apaisantes (Vattimo, Agamben) qui résolvent tout le problème en se contentant de renoncer à l'affirmation moderne de la valeur absolue et transcendantale de l'individu, comme si la « faiblesse » du sujet individuel, face à la « toute-puissance » du sujet collectif technologisé, pouvait en tant que telle avoir une valeur transcendantale ou simplement suffisante pour fonder encore un ordre normatif commun et viable, et comme si d'ailleurs le postulat ontologique idéaliste de la valeur transcendantale de la raison et de la liberté avait jamais signifié une affirmation purement empirique et positive de leur puissance effective. Pascal avait pourtant, depuis longtemps, résumé la modernité en disant que

_____

présidé au développement de la modernité proprement « rationnelle ». Voir Weber ([1962] 1964).

« l'homme est un roseau pensant ». Maintenant, l'homme n'ose plus « penser », mais son genre, celui du « social », est devenu tout-puissant avec le consentement de son inconscience.

Il est vrai que la dynamique dont il est question ici a été réalisée par la civilisation occidentale, qui a produit comme norme fondamentale de son arbitraire culturel particulier la justification universelle de l'arbitraire individuel. Mais cet événement d'abord occidental, et ses conséquences, est devenu la réalité, une réalité sans doute maintenant tragique, pour tout le monde. Ce que l'Occident a accompli de lui-même dans le dernier mil-lénaire a été accompli pour tous (comme ce qui avait été fait jadis par ceux qui, dans les bassins fluviaux du Moyen Orient, de l'Inde et de la Chine, inventèrent en même temps l'agriculture, le pouvoir, l'écriture et l'histoire), et tous s'y sont laissés ou bien faits entraîner, démographi-quement, technologiquement, écologiquement sinon culturellement et idéologiquement. On peut dire que dans la nécessité structurelle du pouvoir, et face à lui, l'exigence d'une émancipation du sujet était déjà inscrite dans la forme écrite de la loi, dans la forme établie de l'institu-tion. Je rappelle ceci pour dire que personne, aucune civilisation, n'a à « porter les péchés du monde » : il faut prendre la responsabilité de ce qui est devenu parce que cela a été fait et est devenu réel. Cette tâche suffit. Et il suffit de condamner l'Occident pour son action actuelle dans le monde, parce qu'ayant encore presque le monopole de la puissance et de toute initiative efficace dans le monde (voire la « Guerre du Golfe » et, à l'autre extrême, la Bosnie et le Rwanda), il refuse la tâche, et la conscience même de la tâche.

Pour tout retour à la tradition, pour toute réalisation de l'utopie, il y a maintenant plusieurs milliards d'êtres humains en trop sur la terre. Qui prendra sur soi ce retour aux conditions de la tradition ou à celles qui permettraient l'échappée de quelques-uns vers l'utopie idéale, quand l'espace est plein ? Il faudrait d'abord refaire de la place, ou du vide. Nous n'avons pas « perdu un monde », nous avons unifié le monde et ce monde unique est dans nos mains. Nous avons, dans tous les sens du terme, virtuellement « occupé l'espace », « saturé l'espace ». C'est notre première donnée normative, qu'il nous appartient (ou à nos dieux, ou à nos principes) de prendre en compte, cognitivement et aussi esthéti-quement : c'est sur elle que nous (avec nos dieux, ou nos principes) serons « jugés », ainsi que nos enfants, « jusqu'à la dernière génération ».

On connaît déjà la nature et la portée de ce jugement, puisqu'on connaît la sanction. Je pense ici à René Dumont, et à bien d'autres. Il est trop tard pour lutter contre l'« Occident » : il faut vraiment, d'urgence, le « dépasser », tout en conservant de lui ce lieu ou ce moment critique qui est celui de la liberté de la conscience réflexive de la personne, qui n'est pas une souveraineté, et qui ne saurait donc s'ériger, seul, en fondement positif. Alors qu'elle promet encore de réaliser partout la libération de l'« individu », et celle de tous comme simples individus, il faut, de l'intérieur et de l'extérieur, empêcher d'urgence que la civilisation occidentale ne se développe unilatéralement en système technique capable d'assurer la destruction et la disparition du monde.

Il ne saurait donc suffire maintenant de « poser des valeurs » et de parvenir à mobiliser des foules avec elles, puis de « catalyser » autour d'elles d'abord une communauté, puis un pouvoir et enfin une société, pour finir éventuellement avec un nouvel empire mondial (une Amérique élargie ?), qui servirait d'appui éventuel à une nouvelle civilisation historique. Il faut désormais « reconnaître des valeurs » positives dans les contraintes ou les conditions qui pèsent sur tout mode de constitution de l'identité et sur tout exercice de la liberté, individuelle ou collective. Il faut assumer ces contraintes de la liberté, et il faut les assumer en elle, c'est-à-dire non seulement dans l'exercice de la liberté, mais dans le concept qu'elle se donne d'elle-même, dans la conscience qu'elle ne peut se tenir et s'exercer que dans ce qui la tient elle-même dans l'existence, et qui la contient. Cela exige, maintenant que l'espace de l'indifférence objective des arbitraires individuels et collectifs est épuisé, que l'on procède de manière cognitive-critique à cette reconnaissance.

On pourrait dire que c'est toujours ainsi que sont nées les valeurs, comme reconnaissance d'un possible déjà actualisé, et donc comme refus d'un autre possible. Mais il y a une différence essentielle dans le mode traditionnel ou ancien de la création des valeurs et celui auquel nous sommes maintenant confrontés : c'est celui de la « vitesse du temps », car le temps n'est plus la mesure impartiale de toute chose et de toute action. Jusqu'ici, c'est le temps, dans sa lenteur ou sa patience, qui laissait mûrir toutes chose et qui portait le jugement final sur toute action, c'est lui qui donnait le « pardon » en accordant la vie et la mort à chaque chose, et en « accordant » ainsi finalement entre elles toutes choses nées de l'action. Le Temps « dévorait ses enfants », alors que de notre part, nous sommes en train de manger le temps en vitesse, le temps qu'il faut pour que toute nouveauté arbitraire prenne place patiemment parmi toutes les autres, ou bien qu'elle périsse de son *ubris* en laissant encore autour de sa perte le monde en place.

Il faut donc, vis-à-vis de la normativité, sortir des vues étriquées, des euphémismes et des euphories, tant traditionnelles que modernes et postmodernes. La normativité de l'être-ensemble est notre être même. Il faut créer la conscience de la solidarité planétaire comprise, dans ses exigences incontournables : cette conscience est celle de l'unité dans laquelle tous les « problèmes » se posent désormais à nous, non pas tellement ou seulement comme problèmes à saisir devant nous pour les « dominer » ou pour les « résoudre », comme si l'existence de notre être propre et de l'être du monde étaient assurés – dans leur séparation – et que nous avions encore, ontologiquement, indéfiniment le « droit à l'erreur ». L'urgence des problèmes est maintenant une « urgence de l'être », de l'existence, et cette urgence est liée à l'exigence absolue d'une rupture de la dynamique qui a régi depuis plusieurs siècles, durant toute la modernité, ce que nous avons appelé notre « développement », et qui a déjà dépassé les limites de sa généralisation possible : c'est l'urgence d'un changement de civilisation. Heidegger reconnaissait bien sûr cette urgence, face au « danger de l'être », mais il semble avoir choisi de baisser les bras devant le danger « historial », comme s'il lui suffisait, pour lui-même, de sauver l'être de la conscience dans la seule conscience du danger de l'être, où finalement l'orgueil de la conscience subjective se savoure lui-même comme conscience du crépuscule, comme conscience du « dernier des hommes » (Nietzsche), mais sans l'espoir d'un « éternel retour » (sauf peut-être à la dimension du *Big Bang*).

VERS UN DÉPASSEMENT DE LA CRITIQUE FORMELLE ?

Le premier moment de cette herméneutique positive des valeurs « objectives » est celui qui permet, comme moment critique, de lui préparer le terrain : c'est le moment de la recherche réflexive et de l'élaboration pratique des valeurs objectives, dans lequel les sciences humaines devraient en premier lieu se (re)situer et (re)trouver leur sens. Car rien ne peut être fait sans qu'une critique systématique ne soit entreprise de notre « capharnaüm » de valeurs désarticulées, de justifications débridées, d'apories autocomplaisantes et, pour dire le tout en un mot, d'illusions objectives, car le réel n'est pas le « réel qui est devant nous », mais le « réel qui dure en soi-même » et qui dans cette durée nous contient ou nous comprend. La traduction du titre des célèbres *Holzwege* (1950) de Heidegger – ces « chemins forestiers » au sens littéral, ou « chemins qui se perdent dans la forêt » selon l'image textuelle – par *Chemins qui ne mènent nulle part* ne représente-t-elle pas déjà un signe de notre acceptation de la disparition des forêts, c'est-à-dire de toute la réalité qui existe par elle-même, indépendamment de nous, et dans laquelle on peut se perdre ? Et que dans le nouveau monde technologisé, nous ne pourrons plus désormais nous perdre nulle part ?

Est-ce que nous ne consentons pas, avec une inconsciente complaisance, au fait que notre civilisation d'abord particulière, mais qui a développé l'exigence de l'universalité de la personne humaine pour la diffuser dans le monde, soit en voie maintenant de s'imposer partout à travers le déploiement purement machinal de l'économie et des technologies qui ne mènent effectivement plus humainement nulle part, parce qu'elle se portent elles-mêmes dans leur mouvement et dans leurs fins, qu'elles absorbent en elles tout espace, qu'elles produisent leur propre temps, un temps « logarithmique » dont la mesure ne mesure plus la durée de rien, mais seulement l'accélération de tout ? N'acceptons-nous pas avec complaisance ou résignation qu'aucune recherche de « sagesse » et de « sens » ne préside plus à tant de mouvement, tant de changements dans lesquels nous nous laissons emporter, acceptant de nous y démettre de nos désirs, de notre plaisir, même de notre *ubris,* et du même coup de toute responsabilité ? Mais de quoi serions-nous encore responsables lorsque nous nous laissons emporter par l'*ubris* objective comme des feuilles mortes par la tempête ?

L'image et l'idée peuvent paraître absolument excessives, mais il suffit de se représenter, comme dans l'accélération d'un film, les deux derniers siècles en prenant comme base les rythmes qui ont présidé jusqu'ici au développement du monde de la vie, qui, encore une fois, est notre seul monde, notre *universum*. La calme idée de la croissance et le concept simple de l'accélération se transmuent alors dans l'image concrète de l'ouragan dévastateur. La technique ne laisse plus à l'être le temps de se tenir en soi-même, c'est-à-dire dans ses formes. Elle ne nous laisse plus le temps d'« habiter l'être », c'est-à-dire d'exister. Le « gardien de l'être » (n'était-ce pas beau ?) est lui-même emporté par le vent comme fétu de paille, un vent pourtant sorti de sa bouche comme son propre souffle. Effet papillon ! Nous sommes ainsi devenus les simples passagers de notre puissance de faire qui nous est sortie des mains, que nous avons laissée sortir de nos mains, et voilà que nous accepterons bientôt, « sans honneur et sans dignité », de nous voir nous-mêmes comme les gènes et les virus de cet « environnement » que nous avons fait.

Bien sûr, nous avons toujours été les « passagers » des montures ou des véhicules culturels, politiques, civilisationnels et même techniques et économiques que nous avons collectivement créés, mais ce n'étaient pas encore des chevaux emballés et des « trains fous » ; par le biais de la participation ou du consentement aux valeurs qui étaient exigés de nous comme « prix du passage », leur direction restait sous « notre » contrôle normatif. Et sans doute y eût-il aussi, dans l'histoire, des sociétés et même des civilisations qui allèrent comme des « bateaux ivres » ou des « vaisseaux fantômes » sur l'océan de l'histoire ; seulement elles n'y mettaient que leurs propres passagers en péril, et quelques « passants » ; elles ne pouvaient pas mettre le feu à la mer, ni faire exploser l'histoire comme un gaz volatile. Alors que l'univers cosmique est devenu notre environnement, notre bateau est maintenant le monde lui-même : *Spaceship Earth* ou encore *Odyssée 2001,* à moins que ce ne soit, d'une autre manière moins cosmo-technique et plus socio-technocratique, *Auschwitz.* Un monde qui se confond avec l'histoire, comme un bateau qui serait lui-même devenu une brume enveloppant la mer. Même si l'on veut croire que tout cela avait déjà commencé avant nous et notre siècle, que les principes, les mobiles ou les moteurs étaient déjà présents, soit qu'ils aient été jetés dans le destin il y a longtemps comme des dés (Heidegger), soit qu'ils aient simplement été semés dans la terre comme des graines longues à germer (toutes les conceptions naturalistes de l'histoire), c'est cependant maintenant que cela se passe, exactement devant nous, avec nous.

Mais quelle forme peut encore prendre la critique, vers quoi l'action peut-elle encore tendre, lorsque c'est justement au déferlement de la puissance de l'agir humain réifié que nous assistons avec impuissance, lorsque c'est l'accomplissement de la raison humaine matérialisée qui nous emporte ?

La réalité contemporaine a dépassé toute fiction moderne (la « liberté », l'« égalité », la « fraternité » de la Révolution française, et peut-être surtout le « bonheur » de la Révolution américaine), et elle nous impose donc, si nous voulons la comprendre, que nous comprenions maintenant, rétrospectivement, pour nous situer, la modernité comme fiction. Il est en effet essentiel que nous fassions encore l'effort de nous situer dans l'histoire au moment même où elle semble pouvoir nous échapper, non comme réalisation d'une fin de l'histoire, mais comme un simple état de fait dans lequel s'oublie l'histoire. Car il y a une pointe de vérité (mais c'est la pointe de l'iceberg), hors normes, hors principes, hors tous idéaux, dans « la fin de l'histoire » de Fukuyama ou dans la « post-histoire libérale et démocratique » de Rorty, et cette pointe est justement le point d'inflexion du rapport à la norme, à l'idéal, à la vérité, au bonheur où se réalise la possibilité d'un oubli de leur sens dans l'abandon au réel désormais compris de manière pragmatique et donc immédiatement opérationnelle. Il suffit pour effacer ce point d'inflexion, pour en faire un point de non retour ou d'engloutissement plutôt qu'un pont, d'en accepter la réalité immédiate, la fatalité.

Par-delà les grands discours historiques, c'est peut-être la philosophie critique de Kant, son criticisme transcendantal, qui nous conduit le mieux au cœur d'une telle compréhension. Le point de vue de Kant est celui de la recherche des conditions de possibilité de la validité des « jugements » cognitifs, normatifs et esthétique, et s'il s'agit pour lui d'établir les conditions d'accès à la vérité, à la justice et à la reconnaissance sensible de la beauté dans les jugements, c'est que la rectitude du jugement est instituée en principe ou en norme auto-opérante d'orientation droite de la volonté et donc de l'action. Cela implique l'idée que la réalité humaine effective, individuelle et collective, tant dans la conscience que dans la pratique, peut-être égarée et corrompue. On sait d'ailleurs que l'idée de « corruption » avait déjà fourni l'image matricielle à travers laquelle le protestantisme a affronté l'institution religieuse catholique, ses dogmes et ses rituels, avant qu'elle ne soit plus tard laïcisée, généralisée et directement « politisée » dans la conception que les Lumières se sont donnée de la tradition toute entière, religieuse, politique et culturelle.

Même si, pour la modernité, les « armes de la critique » avaient toujours encore besoin de « la critique des armes », il reste que, comme dans les anciens rapports entre les autorités séculières armées du glaive et l'autorité de l'Église fondée sur la « grâce » (saint Augustin), elles ne s'exerçaient pas dans la même direction. Les luttes sociales effectives et circonstancielles agissaient contre le passé, et la raison critique, univer-selle et transcendantale, restait seule maîtresse et responsable de son dépassement, c'est-à-dire de l'avenir compris comme avènement de la liberté, de la justice et du bonheur. S'il fallait agir contre les « ténèbres » avec violence, il suffisait par contre, pour aller vers la lumière, d'agir dans la rectitude critique de la raison. Ainsi, la pensée et la volonté se voyaient conférer la maîtrise du devenir historique. L'idéalisme rationaliste moderne était ainsi d'abord fondé sur une confiance absolue dans la puissance de l'« esprit », porteur lui-même de l'idéalité du projet moderne dans la science, dans le politique et dans l'art.

Mais cette attitude idéaliste comportait, tant chez Kant que chez les Lumières, une autre présupposition : à savoir que le réel, l'être, dans son essence même, nous est donné, qu'il est extérieur à nous (division ontologique du sujet et de l'objet) et qu'il est en tant que tel à l'abri de notre action qui ne peut qu'en modifier les formes à notre avantage ou à notre détriment, mais non en changer la nature et les lois. Chez Kant, les jugements transcendantaux, dans leur prétention apodictique, présupposaient une confiance première dans l'inaltérabilité essentielle de l'être lui-même, de l'être-en-soi posé dans une autonomie ontologique absolue relativement aux activités non seulement pratiques mais aussi cognitives des sujets humains qui n'avaient accès qu'au monde des phénomènes. La critique transcendantale kantienne présupposait encore la foi en Dieu (éventuellement identifié à la Nature avec majuscule) dans ce sens que la double consistance ontologique du monde en soi et du sujet humain transcendantal reposaient sur le caractère absolu de la création, elle-même accomplie « hors du temps », lieu d'articulation du temps et de l'« éternité », lieu d'ancrage du temps et de toutes les transformations empiriques dans l'éternité immuable. Cette idée s'est elle aussi laïcisée, dans la conception de l'immuabilité des lois universelles de la nature, dans lesquelles consistait l'essence même du monde objectif, et dans lesquelles se tenait, si l'on peut dire, tout son poids ontologique.

Kant ([1970] 1984), dans sa critique du jugement esthétique, aborde bien le problème que pose l'existence d'une multitude de formes existentielles contingentes dans la nature, une pluralité presque infinie d'êtres particularisés selon leurs espèces qui, dans le champ des nécessités universelles régissant la matière, auraient pu ne pas exister ou être différentes de ce qu'elles sont. Avant Darwin, à la suite duquel la biologie s'est bien sûr efforcée de ramener cette diversité à la nécessité des lois universelles, Kant voyait donc, dans cette multiplicité de formes, non le caractère ontologique essentiel de l'être lui-même, mais une sorte de « surcroît d'être » dans lequel Dieu (ou la Nature) aurait voulu manifester aux yeux des créatures subjectives sensibles que nous sommes, sa magnificence. La beauté et l'harmonie du monde nous ont ainsi été données par surcroît, et c'est seulement à l'accroissement de ce surcroît que nous sommes appelés à participer dans l'exercice de notre propre capacité de création de formes, dans l'art. Mais Kant ne dit pas encore (l'époque est à la confiance) que nous pouvons aussi, par notre action, être responsables de sa destruction. Je montrerai plus loin que c'est sur ce point précis qu'il convient maintenant d'effectuer un « renversement ontologique » où l'univers des formes se trouve, dans sa multiplicité et sa contingence, replacé au « cœur » et « au sommet » de l'être, en lieu et place de ce « plus petit commun dénominateur de tous les êtres » que représentent les « lois universelles », les « espaces infinis », les masses immenses, le temps cosmologique, bref l'Être conçu selon la tradition de la métaphysique occidentale depuis Platon au moins. Il nous faut passer d'une ontologie « substantialiste » de l'Être (ou de la « matière ») à une ontologie « existentielle » des êtres (et de leur interdépendance dans l'existence), où ce n'est plus seulement de notre propre existence *(Dasein)* qu'il s'agit, mais de celle du monde et de tous les êtres singuliers et particuliers qui le constituent.

Si donc, pour Kant, le monde objectif, phénoménal, tombait déjà sous la dépendance des à priori subjectifs de la sensibilité et de la raison, c'était, d'un côté, sur le fond ou sur le socle inaltérable de l'« être en soi », lui-même inatteignable subjectivement, discursivement et pratiquement, et de l'autre, dans la présupposition du caractère universel et lui aussi inaltérable de ces principes et catégories à priori de notre entendement et de notre sensibilité. Cette double certitude absolue de l'existence inaltérable de l'être et de l'universalité de la nature subjective de l'être humain, de ses capacité de connaissance et de sa vocation à la liberté, ne fait plus maintenant partie de notre expérience et de notre foi. Le monde de la vie qui nous entoure révèle sa fragilité et sa précarité face aux menaces que notre action technologique fait peser sur lui, et toute la philosophie contemporaine (depuis Nietzsche au moins), associée aux crises idéologiques et culturelles qui ont éprouvé depuis un siècle les idéaux universalistes de la modernité, à la psychanalyse, au relativisme ethnologique, au surgissement des biotechnologies et des chimiothérapies, au développement systématique en notre siècle non seulement de la propagande de masse, mais de la manipulation publicitaire généralisée, etc., tout cela a radicalement entamé la confiance que nous pouvions avoir dans le caractère transcendantal de notre identité et de notre subjectivité.

Il n'est donc plus possible ou plausible, dans la condition sociétale contemporaine, de nous en remettre, comme dans le moment historique de la modernité, à une critique formelle, « transcendantale », de type kantien, dans la recherche d'un point d'appui à notre réflexion critique. Il ne s'agit plus pour nous de mettre à jour réflexivement les « conditions de validité » des jugements subjectifs prétendant à la vérité cognitive, à la justesse normative et à la validité esthétique, parce que nous savons désormais que le « futur » n'est pas déterminé ni déterminable dans des jugements catégoriques, comme l'était l'« avenir » idéal auquel se référait projectivement la modernité, mais qu'il est le produit massif et diffus de l'opérativité immédiate des systèmes technologisés que nous avons mis en place et des motivations comportementales qu'ils engendrent eux-mêmes en se saisissant de la plupart de nos activités quotidiennes. Ayant acquis de manière pratique la conscience que les conditions objectives et subjectives les plus proches et les plus déterminantes de notre existence, individuelle et collective, ne sont plus garanties par rien, en dehors de nous, et faisant l'épreuve de l'artificialité de plus en plus radicale du monde qui nous entoure et dont nous vivons, notre critique – en autant que nous refusions de nous laisser emporter par le mouvement – doit se convertir directement en critique de la production de la réalité ; pour cela, elle ne peut plus s'appuyer sur autre chose que sur un jugement directement porté sur la valeur ontologique de la réalité elle-même, celle qui est déjà, celle que nous faisons, celle que nous laissons se faire ni entièrement en dehors de nous, ni entièrement par nous, à travers l'autonomisation de la dynamiques des systèmes que nous avons installés à la place des anciens régimes de normativité qui régissaient les sociétés tant modernes que traditionnelles.

Notre critique ne peut plus se contenter d'être un jugement sur le jugement, elle doit devenir directement un jugement sur l'être, cet être dont nous ne sommes plus qu'un « moment » interne, et qui possède cependant en lui la puissance de la production (*producere,* faire apparaître productivement-créativement) du plus haut degré de l'être (la conscience, le monde de l'esprit) comme aussi maintenant celui de sa destruction, tout cela qui est tombé maintenant non seulement dans le domaine de notre puissance spéculative, mais directement dans notre puissance pratique (Marx avait dit : « il ne suffit plus de penser le monde, il s'agit de le transformer » !). Dans la conscience « directe » que nous en avons maintenant (au risque de la perdre), nous savons que ce « monde de l'esprit » le plus élevé n'est soutenu par rien en dehors de nous[13], ni Dieu ni loi universelle et intangible, par rien du moins que nous connaissions, et donc que nous en somme seuls – comme humanité historique – responsables. Et par la puissance de la technique, par la force et la masse de notre simple prolifération, par l'insatiabilité de nos désirs impétueux ou rampants, nous savons aussi que le monde de la vie terrestre (mais quelle autre vie connaissons-nous, quelle autre aimons-nous, à quelle autre appartenons-nous ?) est lui aussi tombé sous notre juridiction ontologique. Même ceux qui croient encore à un fondement

---

13. C'est du moins de cette conscience-là qu'émane la présente réflexion et c'est à ceux qui la partagent qu'elle s'adresse. Sinon, il suffirait toujours encore de prier et nous ne serions responsable que de notre « salut » dans un autre monde. Mais cette foi en un autre monde ne change rien à la question traitée ici, qui est celle – radicalement nouvelle – du salut de ce monde-ci, telle qu'elle se pose à nous lorsqu'il est tombé dans nos mains.

extérieur de ce monde de la vie et de ce monde de l'esprit doivent penser désormais que la source dont il émane a été confiée à notre responsabilité, ou qu'elle s'en est détournée et détachée (comme le firent les dieux Grecs à l'égard de la Cité au moment de sa crise : ils ne la sauvèrent pas. Était-ce un signe qu'ils la condamnèrent ?). Cela veut dire aussi, pour être clair, que la foi religieuse se trouve désormais dépassée par les problèmes normatifs concrets de la société technologico-économique (ce qui ne l'invalide pas pour autant théologiquement et même humainement), et donc qu'une foi quelconque en l'au-delà ne saurait comme telle nous décharger de la responsabilité à l'égard des problèmes pratiques de l'humanité et du monde. Cela vaut certainement aussi à l'égard des plus hautes autorités, non seulement théologiques, mais morales, du catholicisme, eu égard en particulier aux problèmes démographiques.

Hegel pensait encore que nous étions nécessairement le moment ontologique et épistémologique de la réalisation du monde de l'esprit, de la réalisation de l'Être absolu, car, en moderne, il n'imaginait pas que nous puissions aussi bien devenir le moment de sa destruction et de sa perte. Mais nous sommes maintenant obligés de le penser, car nous le savons d'expérience. Nous ne pouvons donc plus croire à une « ruse » de la raison, ou même, comme Heidegger, penser que « là où est le plus grand danger, croît aussi l'espérance ». Notre espérance est dans notre faire, et dans la retenue réfléchie de notre faire (pour ceux du moins qui ne continuent pas à placer leur espérance dans la « fin du monde »).

Ainsi, il ne suffit plus de reconnaître l'être humain, individuel et collectif, singulièrement ou dans la continuité historique de son « être générique », comme un « être qui habite dans la valeur », comme le faisaient les sociétés traditionnelles, ni de reconnaître en lui un « être pour la valeur », à l'image du subjectivisme existentialiste et volontariste qui est sous-jacent à toute la modernité. Il nous faut parvenir à nous « re-connaître », à l'instar de toute la réalité qui nous entoure, comme « être par la valeur », en être advenu à ce qu'il est par la reconnaissance pratique de la valeur de son être propre, comme un être dont l'accomplissement et la réalisation de son être propre – de son essence durable et pas seulement de son existence actuelle – est la norme existentielle. C'est le rapport subjectif et « libre » à la norme d'être, et non l'inclusion nécessaire dans la loi de l'être, qui constitue ici le lien ontologique entre l'essence et l'existence. Une essence qui certes sert de fond à l'existence, mais qui reste néanmoins suspendue à elle, à son adhésion normative – une essence qui est la profondeur temporelle de l'existence, remontant jusqu'à l'origine, mais où seule l'existence actuelle porte en elle cette profondeur en la soutenant dans son déploiement. De la même façon que si c'est bien le tronc qui soutient l'arbre, c'est à son feuillage qu'est suspendue la vie de l'arbre, et qu'un arbre qui ne fait plus que reposer sur son tronc est un arbre mort.

Pour cela, nous pouvons maintenant rétrospectivement reconnaître la nécessité ontologique de l'affirmation positive des valeurs – de valeurs ontologiquement spécifiantes (c'est le moment *positif* des sociétés traditionnelles, dont nous devons rester tributaire, et dans ce sens, elles ne sauraient « tomber dans les poubelles de l'histoire » sans que ce ne soit aussi notre fosse commune) ; nous devons aussi reconnaître la valeur de la négation subjective de cette positivité immédiate des valeurs, qui niait elle-même notre liberté, qui niait notre capacité de création et notre faculté de « com-préhension ». Mais il nous faut en même temps saisir l'insuffisance de cette négation, non dans sa position ou sa posture, mais dans sa mise en jeu pratique unilatérale et dans ses résultats. En somme, nous devons abandonner l'illusion idéaliste moderne de l'autosuffisance du moment critique et la croyance dans la possibilité de son retournement ou de sa conversion en un fondement positif, à sa capacité de pouvoir suffire de lui-même à une nouvelle fondation normative, de servir lui-même comme nouvelle fondation. Il nous faut perdre l'illusion (juvénile, puisque la modernité était jeune dans son rapport à l'âge patriarcal des sociétés traditionnelles) que comportait l'identification du moment critique et de l'action (la « praxis », les « philosophies de la praxis » !), puisque nous avons fait l'épreuve (douloureuse) que de la réflexion critique ne pouvait sortir aucune norme sociale positive qui pût prétendre être seulement fondée en elle.

L'impératif catégorique au sens de Kant, dans lequel s'exprime le *momentum* de la recherche éthique moderne, nous a conduit dans une attitude éthique purement individuelle où se manifeste le souci universel d'autrui, mais cette attitude a eu un effet corrosif sur toutes les normes collectives concrètes et positives, et elle n'a finalement pas pesé lourd en face de l'intérêt et de la recherche du plaisir individuels qu'elle était censée juger et contenir (c'est peut-être ce que voulait montrer Sade à l'encontre de Kant). La réflexion critique nous a seulement conduits et abandonnés dans un point d'indétermination où la pratique découvrait que pour elle « tout est possible » et où, dès lors, les limites, qu'elle reconnaissait « hors d'elle-même », hors de la volonté, hors du désir, n'avaient plus qu'un caractère empirique, qu'il appartenait à la seule connaissance de découvrir et de prévoir, et à la volonté de vaincre, notamment à l'aide de la science et de la technique dans lesquelles se matérialisait la « volonté de puissance ». L'expérience qui fut faite, et dans laquelle l'idée abstraite et normative du Progrès s'est elle aussi matérialisée pour devenir un trait essentiel de notre culture, c'est que nous pouvions indéfiniment repousser et changer les limites, repousser le monde, changer le monde et bientôt nous changer nous-mêmes. Mais l'envers de cela, dont nous prenons conscience maintenant, c'est que nous pouvons aussi dévaster le monde, et nous dissiper entièrement dans l'action lorsque celle-ci ne rencontre plus en face d'elle la solidité infranchissable du « réel », mais seulement ses propres projections, ses propres productions, ses propres fantasmes « matérialisés » finalement dans la seule substance « immatérielle » de nos signes opérant indéfiniment sur d'autres signes : alors, *all that is solid melts into air* ![14]. Ce qu'il nous faut donc maintenant redécouvrir, c'est que nous faisons partie du monde, qu'en lui se tient le sens même de notre existence, de notre vie, l'objet ultime de notre amour[15] et de notre respect, qu'il est notre lieu et notre lien.

Maintenant, à partir de ce moment de recul négatif de la conscience critique moderne, et par-delà la condition d'aporie postmoderne où elle nous a finalement conduits, nous devrions pouvoir accéder à la recherche réfléchie et « reconnaissante » des valeurs objectives, ou plutôt réelles, qui sont attachées ontologiquement au monde lui-même ainsi qu'à notre propre appartenance au monde, et pour l'individu, à son appartenance à la société, à l'humanité et à l'histoire. Il nous faut reconnaître la valeur objective des liens qui constituent notre condition existentielle et contingente d'êtres humains et d'êtres vivants, plutôt que de limiter seulement notre liberté. Or, au point où nous sommes arrivés après deux siècles d'esprit critique unilatéral, cette reconnaissance implique d'abord celle de la valeur ontologique de la valeur (que la modernité a réduite à sa dimension subjective, ou épistémologique), la reconnaissance de la constitution normative de l'être lui-même et, d'abord, de notre être propre. Elle implique la reconnaissance ou la « découverte » que tout être subjectif, et donc doublement contingent dans sa condition mortelle individuelle et dans la constitution, la réception et la transmission de son être spécifique (de son « genre », *genos,* qui implique le fait de l'engendrement), est habité ontologiquement-existentiellement d'une fragilité

---

14. Titre d'un ouvrage de Marshall Berman, *All that is solid melts into Air. The Experience of Modernity* (1982).

15. Je me réfère ici à l'idée et au sentiment qu'exprime le beau titre qu'Elisabeth Young-Bruehl a donné à sa biographie de Hannah Arendt, *For the Love of the World* (1982). Voir aussi Philippe Müller, *Prévision et amour* (1977).

irrémédiable, dans ce sens précis qu'il n'existe pas par nécessité, mais en vertu d'un engagement normatif qui s'est concrétisé dans la longue chaîne des générations où chaque être subjectif indivuel prend place, est « accueilli », et au développement de laquelle il participe.

La normativité est alors l'ensemble des « normes » que l'être subjectif s'est données lui-même et qu'il a transmises au cours de son ontogenèse distincte, séparée[16], et dans lesquelles il a fixé – d'abord dans sa « forme » spécifique, et notamment chez l'animal sous le mode de l'instinct[17] – en même temps l'attachement à soi, à sa propre spécificité existentielle, et les conditions, elles aussi actives et existentielles, de son nécessaire rapport « mondain » au monde, de sa forme et de son mode déterminé de dépendance (une dépendance maîtrisée par lui, construite par lui, établie et assimilée par lui au cours de son développement ontogéné- tique) vis-à-vis du monde, qui est ainsi à chaque fois, singulièrement et spécifiquement, son monde propre. Et le survol que nous avons pu prendre en tant qu'êtres humains, par notre propre production des média- tions du symbolique, de la culture, de l'idéologie et de la science, sur le monde comme totalité, ne nous a pas permis de transcender ontologiquement cette condition commune à toute vie ; elle nous a seu- lement conduits au point où, par la libération et l'autonomisation de la technique, nous en avons perdu le contrôle normatif, et où il nous appartient par conséquent d'assumer désormais réflexivement les normes objectives dans lesquelles sont établies les conditions existentielles de notre « être-dans-le-monde », qui sont devenues aussi les conditions même d'existence du monde lui-même, puisqu'à son égard le technolo- gisme est devenue une puissance aveugle de bouleversement. Il s'agit toujours encore ici de normes qu'ils nous faut assumer nous-mêmes et qui ne seront jamais des lois auxquelles nous serions simplement soumis, car aucune nécessité extérieure ne les habite ni ne les fonde.

---

16. Voir à ce sujet André Pichot (1991).

17. Ce qu'on a appelé l'instinct ne désigne pas un pur automatisme, comme le métabolisme, par exemple, ou la croissance, mais une forme qui canalise intentionnellement des comportements dans lesquels l'expérience actuelle de l'être vivant se trouve engagée, cette forme représentant une fixation de l'expérience passée de l'espèce, à travers laquelle s'est constituée sa nature propre. L'œuvre d'Adolf Portmann est essentielle sur ce point. Voir notamment *La forme animale* (1961b) et *Animals as social beings* (1961a). Pour un aperçu pénétrant sur Portmann, on peut lire la présentation qu'en fait Jacques Dewitte dans *La Revue du MAUSS* (1989), ainsi que l'ouvrage que cet auteur doit publier prochainement sur Portmann.

Ainsi, pour tout être vivant, et plus éminemment encore pour l'être humain, compris dans sa condition d'être vivant, symbolique, social et historique, la « normativité » est d'abord le « devoir-être » subjectivement assumé de sa vie et de son genre, qui coïncide avec l'existence même de cette vie et de ce genre. Elle est cette exigence, qui lui échoit toujours au moins partiellement, d'assumer de manière propre son être propre, son accomplissement et son développement, à travers un engagement propre, à caractère subjectif. Car personne d'autre n'en a le souci, ni n'en porte la responsabilité, ni n'en détient le pouvoir ; personne, ou rien (et donc non plus aucune loi universelle qui serait revêtue d'une nécessité intransgressible) n'en garantit la pérennité, la nécessité, l'être qui se confond immédiatement ici avec l'existence.

Après la critique moderne des idéologies et à partir d'elle (car elle était justifiée par la réification du lieu du sens, de l'origine de la norme, qu'elles opéraient – peut-être sagement mais non « en vérité » (voir Gauchet, 1977 et 1985), il nous appartient maintenant de reconnaître la « vérité cachée » ou « déplacée », la vérité « spéculaire » des idéologies, une vérité que les idéologies « réfléchissaient en miroir » et qu'il nous faut réfléchir maintenant dans la réflexion elle-même, c'est-à-dire de manière « critique » – dans le sens de Kant encore, mais la critique transcendantale de Kant ne s'était pas engagée dans la mise en lumière du fondement, lui aussi transcendantal, de l'être compris dans sa contingence existentielle, même s'il l'avait effleuré ou s'en était approché dans sa critique du jugement esthétique. Or, la seule chose, ontologiquement, qui était resté cachée vraiment ou qui avait été recouverte par les idéologies parce qu'elle affleurait encore partout dans les mythologies animistes, c'était le caractère advenu de l'être, son caractère d'auto-ontogenèse, d'autoproduction subjective. Le moment immanent de la subjectivité était idéologiquement projeté en dehors de l'être phénoménal, de l'être sensible, de l'être objectif. Ce qui restait voilé, mais du même coup « protégé », c'était le caractère advenu, contingent, fragile de la vérité de l'être, coïncidant avec l'être lui-même (Hegel) dont nous faisons partie, cette fragilité dans laquelle se tient la plénitude sensible et intelligible de l'être (et qui n'est donc pas, comme le pensait Platon, le simple reflet changeant d'un Être immuable). C'est donc aussi dans cette plénitude et cette intelligibilité, dans sa substance et non dans quelque accident circonstanciel, que l'être lui-même est maintenant atteint par une menace de dissolution qui vient de nous, et qui nous atteint dans notre identité dans la même mesure où elle atteint la consistance ontologique du monde.

La vérité de toutes les « idéologies » doit donc être redécouverte et assumée de manière réfléchie : c'est la vérité qui appartient à la reconnaissance de la dépendance dans l'être, de l'appartenance à ce qui nous englobe et nous fonde comme moment d'un tout. L'émancipation du regard critique conduit à la reconnaissance de la dépendance de notre faire : c'est ce qu'a radicalement oublié la technique lorsqu'elle s'est autoconstituée en technologisme dans l'émancipation de la capacité de faire à l'égard de toute finalité a priori, comme déploiement du « laisser-faire », d'abord dans l'économie, puis dans toutes les dimensions de notre agir collectif.

LA BEAUTÉ DU MONDE ET LE RESPECT DES FORMES

Cette critique des médias et de leur fusion dans un système techno-économique, dont l'opérativité propre tend à se substituer à la société et à se déployer en dehors de toute référence a priori à des normes substantielles, nous a conduits au cœur du problème : dans cette mutation du régime ontologique et épistémologique de la réalité humaine, sociale et historique, le développement échappe à notre contrôle et donc à toute historicité réflexive au moment même où l'on assiste à un accroissement hyperbolique de nos capacités collectives d'agir technologiquement et technocratiquement sur le monde et sur nous-mêmes, et les conséquences de ce développement hors contrôle normatif nous menacent non pas à très long terme, mais dans l'horizon de quelques générations. En effet, dans la perspective de ce renversement du rapport entre l'action effective et les normes, nous n'allons plus vers l'avenir, c'est le futur déjà enclenché ou libéré en tant que système « autopoïétique » impersonnel qui nous tombe dessus. Or, comme je l'ai déjà dit, la référence à une éthique centrée sur l'individu, à travers laquelle nous cherchons désormais à « parer les coups » en assurant un minimum de protection des libertés individuelles contre les envahissements et les déferlements du système, est impuissante à répondre à la globalité du phénomène parce que, par définition, elle ne se situe tout simplement pas à sa hauteur, qu'elle n'est plus en prise avec lui et qu'elle ne saurait donc prendre ou avoir prise sur lui.

On reconnaît généralement le sérieux de l'effort qui a été fait sur le plan philosophique par Hans Jonas pour fonder une « éthique de la responsabilité » qui réponde à la nature des problèmes nouveaux que pose le développement de la société technicienne. Mais le principe de la responsabilité, auquel il veut conférer une valeur catégorique et fondamentale, me paraît souffrir d'une double déficience pratique et politique, qui tient à son caractère abstrait et négatif, et il exige, selon moi, d'être ouvert sur un complément ontologique positif. Sur le plan le plus général de l'orientation des pratiques humaines, le « principe responsabilité », qui est couplé à une maïeutique de la peur à caractère purement négatif, tend à entériner et même à renforcer la scission existentielle entre le « monde du système » et le « monde de la vie », scission qui est justement au cœur des problèmes que nous connaissons. La seule référence ontologique positive (et qui n'est en fait présentée que de manière logique) sur laquelle il s'appuie, « qu'il y ait une humanité », en tant qu'elle renvoie seulement au pur et simple « fait d'être » d'une humanité définie sans aucune qualification essentielle (et donc comme une « humanité sans qualité » !), un fait ontologique qui est posé comme tel dans un monde dont la seule valeur reste aussi celle d'en représenter la condition matérielle de survie, tout cela se trouve placé à une bien trop grande distance de la pratique commune des êtres humains pour pouvoir en régir concrètement et effectivement les orientations, et surtout pour permettre à ces orientations, intériorisées et assumées subjectivement, de servir de référence ultime vis-à-vis du système lui-même.

Dès lors, et c'est la deuxième grande critique qu'il faut faire à Jonas, un tel principe ne peut rencontrer le niveau de problème auquel il s'adresse qu'en ayant pour seul destinataire effectif une « élite technocratique » dont les décisions éclairées s'imposeraient de l'extérieur au reste de l'humanité, alors que les formes de représentation qui la rattacheraient à celle-ci restent entièrement problématiques, à l'exception encore une fois de la légitimation « en blanc » que devrait à elle seule assurer le partage de cette même « heuristique de la peur » qui vient d'être évoquée. Ces deux critiques n'invalident en rien la valeur de la démarche suivie par Jonas, et elles réfutent encore moins un certain nombre d'évidences et d'analyses sur lesquelles celui-ci s'appuie à travers une argumentation toujours en même temps ample et serrée. Je pense seulement que les insuffisances que j'ai relevées, et qui ont déjà à maintes reprises été signalées de différentes façons, impliquent l'exigence d'un complément ontologique et épistémologique positif, et qu'un tel complément peut rationnellement leur être apporté par une ontologie de la normativité, dont je voudrais maintenant esquisser les très grandes lignes.

Je vais développer mon argument en repartant de l'aspect communicationnel-informationnel du système technologique et technocratique, aspect à travers lequel j'avais déjà, au début de cet essai, abordé le problème de la mutation sociétale contemporaine. La prolifération des technologies de l'information et des communications s'appuie idéologiquement sur l'utopie de la transparence sociale qui avait porté la dynamique de la modernité vers la réalisation d'une idéalité formelle et abstraite lorsqu'elle opérait encore par la médiation de la réflexion « transcendantale » du sujet synthétique. Mais elle dissout maintenant ces mêmes rapports sociaux à caractère aussi bien concret qu'idéal dans une radicale opacité à mesure que cette médiation de la réflexion critique du sujet transcendantal fait place à l'immédiate opérativité sociotechnique des médias, qui décomposent toute représentation synthétique de la société, du monde, et finalement de chaque individu par lui-même et par autrui, en une multitude infinie d'« informations » et de « relations communicationnelles » locales et circonstancielles, virtuellement instantanées, et immédiatement « computerisables » les unes dans les autres de manière « automatique ». Toute forme synthétique, objective comme subjective, disparaît dans cette « lumière trop blanche » qui est projetée sur tout et qui dissout tout dans sa propre et immédiate « matérialité immatérielle » (la lumière ne saurait se voir elle-même !).

C'est d'ailleurs ce qu'exprime bien – de manière souvent apologétique et donc « irresponsable » – l'aporie philosophique de la « fin de la représentation » entendue au sens fort où elle signifie l'impossible dédoublement ontologique du sujet et de l'objet, l'impossibilité de toute re-présentation de soi, de la société et du monde, toutes ces « entités » finissant d'ailleurs par se confondre les unes dans les autres au sein des flux communicationnels et informationnels. L'univers de l'information, se muant en celui de l'informatique, apparaît ainsi comme l'univers de la dissolution et de l'oubli radical de toute forme, même abstraite (et non comme celui de la simple négation, qui postule, fut-ce de façon accidentelle, une direction, une intentionnalité, un lieu de retrait et de surplomb synthétique). On peut reprendre à son sujet, en le radicalisant lui aussi, le slogan jüngerien de la *totale Mobilmachung,* repris comme on le sait par Hitler après la défaite de Stalingrad, mais il faut comprendre maintenant cette « mobilisation totale » tout à fait à la lettre, c'est-à-dire sans l'archaïsme de la signification militaire qui lui était alors associée. (On retrouve d'ailleurs, je le rappelle, le même fait général dans l'esthétique spécifiquement postmoderne, où toutes les formes expressives du passé se trouvent elles aussi mobilisées dans la même actualité immédiate, mais l'effet et l'intention sont ici ambigus – comme dans l'esthétique nazie – dans la mesure où l'on n'assiste pas à travers cette mise en mouvement à leur dissolution, mais à leur « conservation » dans un nouvel espace décontextualisé, délocalisé et détemporalisé.)

Le problème auquel nous sommes confrontés, à savoir celui de réaliser un nouveau mode de conciliation entre l'adhésion à des formes (substantielles) et le maintien d'un rapport réflexif-critique au monde en l'absence, désormais, de toute certitude dogmatique touchant à une fondation ou à un ancrage originel du sujet et du monde, nous conduit alors à l'exigence de penser et de voir directement la valeur ou la condition ontologique immanente à notre propre « être-au-monde ». Dans le champ qui a d'abord retenu notre attention, celui de la « société de l'information », nous pouvons pointer du doigt, sous cet angle de vue, le problème peut-être le plus urgent auquel devraient s'attaquer les sciences sociales, soit celui de la possible reconstruction d'un « espace public » qui, plus que simple espace (lui-même informe parce que seulement formé par les circulations des flux communicationnels et des fluides informatiques) de rencontres « hasardeuses » entre des résidus de sujets solipsistes, serait le lieu de l'abord réflexif-critique d'un espace commun que nous habitons seulement dans la mesure où nous sommes aussi habités par lui. Nous savons déjà, par les sciences sociales classiques notamment, qu'un tel espace ne saurait être un espace vide (Lefort), mais qu'il est construit de formes culturelles à travers lesquelles et au sujet desquelles seulement il nous est possible de communiquer et d'agir humainement (Gadamer), de discuter et d'évaluer, d'argumenter et de convaincre autrui. (On pourrait ici faire un pas de plus dans la direction d'une représentation concrète de ces « formes habitables », lieux, modes et objets de notre vivre ensemble : elles sont toujours aussi, et doivent rester, construites et représentées de manière sensible comme monde humanisé, je veux dire qu'elles sont et doivent être « architecturées », et que la dissolution de la cohérence formelle de nos espaces mondains dans l'urbanistique contemporaine est en même temps symptôme, signe et matière du problème traité ici.)

J'ai déjà abordé plus haut, à propos de Kant et de sa critique du jugement esthétique, le problème philosophique d'une ontologie des formes particulières et du « surcroît » d'être qui paraît les habiter au niveau de leur apparence sensible relativement à la simple régularité universelle vers laquelle conduit le mouvement explicatif de la science physique classique. Dans une perspective cette fois-ci non plus kantienne mais hégélienne, ce « surcroît d'être » peut être compris comme « accroissement d'être », de telle sorte que le concept même de l'être se trouve recentré, non sur le « fondement ou le soubassement commun de tout ce qui existe », mais sur le déploiement de la multitude des actes d'exister singuliers, eux-mêmes appréhendés selon la diversité des formes particulières qui peuplent le monde à nos yeux et, plus généralement, qui sont données à notre conscience sensible elle-même esthétiquement informée à travers le « spectacle du monde ». Je vais essayer de dégager dans cette conclusion quel est le fondement d'une telle ontologie des formes *(aisthésis)* ou « esthétique transcendantale » et comment elle se présente alors, immédiatement, comme une ontologie de la normativité, qui peut à son tour servir de propédeutique à une pédagogie générale de la normativité, dans laquelle cette dernière ne se rattache plus essentielle-ment à la liberté du sujet critique, mais à une reconnaissance objective de la nature normative conditionnée et assumée de l'existence de toute subjectivité dans le monde, cela même qui se trouve maintenant mis en question et menacé par l'autonomisation de notre emprise technologique sur le monde et sur notre propre nature sociale.

Deux siècles après Kant, on peut prendre l'œuvre du biologiste Adolf Portmann[18] comme point de départ de cette reconstruction ontologique, dans laquelle les dimensions cognitive, normative et esthétique de l'expérience sensible et intelligible se trouvent à nouveau réunies, alors qu'elles avaient été catégoriquement dissociées par la pensée moderne, en même temps que les institutions correspondantes de la science, du droit (et de la morale) et de l'art. Dans *La forme animale* (1961b), Portmann opère de manière sans doute trop discrète (philosophiquement, épistémologiquement et méthodologiquement) un renversement radical de la théorie darwinienne de l'évolution dont la portée est à l'égal de celle qu'avait revêtue la théorie darwinienne elle-même touchant à l'ensemble de notre conception « scientifique » du monde de la vie, puisqu'elle en permettait le rattachement direct aux mêmes principes explicatifs qui régissaient déjà la connaissance scienti-fique (physique et chimique) de la matière inanimée. Ainsi permettait-elle de supprimer toute reconnaissance d'une spécificité ou d'un privilège ontologique au monde du vivant.

Réduite à son extrême essentiel, la théorie de Darwin postule que l'extraordinaire multiplicité des espèces vivantes, et l'évidence d'un enchaînement évolutif arborescent entre toutes les formes de vies qui le constituent, résulte d'un mécanisme simple comportant quatre termes ou moments : la transmission héréditaire des caractères spécifiques (postulat

---

18. Voir les ouvrages cités plus haut (note 17), auxquels on peut ajouter maintenant la démarche du biologiste français André Pichot, qui paraît être tout à fait indépendante de celle de Portmann. Sur la dimension proprement esthétique, voir aussi Jacques Dewitte (1992), ainsi que mon essai, *Architec-ture et société* (1992b).

qui a depuis été justifié par toutes les découvertes de la génétique),
l'existence de mutations aléatoires dans le génome, à caractère strictement
individuel, l'existence d'un mécanisme « statistique » de sélection naturelle conduisant, en termes de « dynamique des populations », à la
sélection privilégiée de la descendance des individus les plus aptes, ce qui
implique enfin le dernier postulat d'une compétition « objective » généralisée entre les individus d'une même espèce pour l'appropriation des
ressources rares exigées par leur survie. C'est à travers ce mécanisme de
sélection intraspécifique que s'opère, négativement, par l'élimination
progressive des « moins aptes » dans la compétition pour la survie (ou
encore au niveau de leurs chances de reproduction toujours individuelles),
l'évolution ou la diversification des espèces vivantes elles-mêmes, qui
n'ont d'autre consistance que celle d'ensembles ou de « populations »
statistiques à caractère nominal (on retrouve donc chez Darwin le nominalisme des « genres » cher à la philosophie empiriste anglaise au moins
depuis Occam). La portée de cette théorie (qui a été radicalisée dans la
sociobiologie de Wilson au profit, cette fois-ci, des « gènes » dont les
individus vivants ne sont plus que les canaux transmetteurs) tient dans ce
qu'elle permet d'expliquer le développement de la vie en faisant
l'économie de tout engagement subjectif ou expérienciel des êtres vivants
dans le monde (et ceci, éventuellement, sans qu'il soit même nécessaire
de nier, comme le faisait Descartes avec son animal-automate, l'existence
de la sensibilité animale qui devient elle-même un épiphénomène
adaptatif ontologiquement indifférent) ; du même coup, toute différence
ontologique, substantielle, entre le monde du vivant et la matière inorga-
nique se trouve niée (on connaît l'acharnement des darwiniens jusqu'à
aujourd'hui contre tout « vitalisme »). Le monde du vivant est, positivement, entièrement issu du hasard, et les êtres vivants n'ont aucune part
à son développement, hors du fait de servir de supports aveugles au
processus lui aussi mécanique de la sélection naturelle à caractère
négatif[19].

Portmann attire l'attention sur une autre implication du modèle
darwinien, qui va lui servir de point de départ critique dans l'élaboration
de sa propre théorie : la compréhension de l'individualité organique est,
chez Darwin, marquée par une vision hiérarchique du centre et de la périphérie, de l'intérieur et de l'extérieur, dans laquelle ce sont les processus
les plus « automatiques » de la vie qui se trouvent privilégiés

---

19. Pour une critique philosophique du darwinisme, faite par un naturaliste, voir Erwin Straus, *Du sens des sens.*

ontologiquement comme lieu d'imputation de l'exigence d'échange avec la nature et de survie ; c'est à eux que sont alors annexées les fonctions organiques de la digestion, de la circulation et de la respiration, puis la pluralité des organes externes ou périphériques de plus en plus développés, qui sont compris de manière strictement instrumentale relativement aux conditions de la poursuite du métabolisme propres au « centre processuel ». Pour exprimer cela par une image : l'estomac (et tout le métabolisme qui se situe en arrière de lui) détermine, par ses besoins objectifs, le principe sélectif qui préside à la valeur de survie comparative des mutations qui surviennent dans les organes et la configuration extérieure de l'être vivant, laquelle ne possède alors en elle-même aucune valeur expressive propre. L'apparence animale, contrairement à l'appréhension spontanée que nous en avons, se trouve ainsi réduite ontologiquement à l'insignifiance et rigoureusement instrumentalisée. C'est à ce niveau que s'accomplit, aux yeux de Portmann, le déni existentiel le plus radical que la biologie moderne opère à l'égard de l'être vivant, ramené dans son unité et son identité existentielles subjectives, sensibles, à n'être qu'un simple relais dans la pérennité du processus élémentaire de la vie, entièrement réductible aux processus physico-chimiques qui se déroulent par-dessous son apparence.

À cette conception, Portmann va opposer sa propre vision centrée sur l'apparaître (subjectif) de l'animal, qui voit en lui un être caractérisé de manière essentielle par un engagement subjectif dans l'« expérience du monde extérieur », et dont l'existence et la vie propre sont tendues d'abord vers le déploiement de cette vie propre dans le monde. Certes, l'animal est assujetti aux exigences du métabolisme qui s'imposent d'abord à lui comme besoin de se nourrir, de respirer, etc. ; mais envisagé du point de vue de la dynamique du développement de la vie, c'est dans le déploiement autofinalisé de son engagement sensible et expressif dans le monde que réside l'essence de l'être vivant, le principe de son unité et le mode de constitution de son identité. Pour reprendre une expression de Hannah Arendt, qui, à ce sujet, cite longuement Portmann, l'animal est un être « mondain », orienté vers la manifestation de soi, un être qui se montre dans le monde et qui s'y fait voir par les autres êtres qui l'entourent, qui s'y crée une place (et qui ne finit pas seulement par y occuper sélectivement une « niche » dans laquelle il serait en quelque sorte tombé) et qui, du même coup, en accroît incessamment l'espace d'interaction sensible, dans la mesure où, de proche en proche, tous les espaces particuliers que les sujets individuels et les multiples espèces s'y construisent interfèrent les uns avec les autres : le concept

« expérienciel » de « monde » prend, dans cette optique, un sens différent de celui qui est conféré par la science au concept purement objectif de
la « nature ». Dès lors, la réalité ontologique essentielle de l'animal se
révèle dans son comportement sensible, et elle nous est donnée dans son
apparence, qui est une fixation et une matérialisation toujours dynamiques de ce comportement, comme le sont d'ailleurs l'ensemble des
organes et des « instincts ».

Portmann renverse ainsi la hiérarchie ontologique impliquée dans la
conception darwinienne, en saisissant existentiellement l'« être animal »
à partir de sa « surface », où il réalise ou accomplit précisément cette
expérience du monde qui est au principe de son être. Dans la dynamique
de la phylogenèse, il faut donc comprendre que c'est toujours cet être
engagé dans l'expérience du monde qui s'est progressivement assujetti,
selon un principe d'économie et de rendement. L'animal a en effet réduit à
des processus automatiques et inconscients les formes antérieures plus
élémentaires de sa condition existentielle qu'il avait développées initialement sous la forme d'innovations comportementales, au cours de l'ontogenèse dans laquelle chaque individu est engagé subjectivement, fût-ce de
manière « infinitésimale », si l'on se place au niveau du développement
d'ensemble des espèces. Ainsi, certains animaux primitifs, comme les
huîtres, sont engagés de manière sensible et donc consciente dans
l'activité de leur estomac, qui reste en ce sens pour eux un organe
« externe », sensoriel, d'appréhension et de discrimination objective,
mais dont le rayon d'action est singulièrement limité si on le compare à
celui des organes de la sensibilité et de la motricité plus développés des
espèces supérieures, pour lesquelles alors l'« activité » de l'estomac, ou
celle du cœur et du système artériel, devient « inconsciente ». Ainsi,
d'un bout à l'autre de la chaîne du vivant, c'est un principe de sensibilité,
d'expérience et d'engagement sensible, qui s'est déployé en même temps
horizontalement (par élargissement de son horizon ou champ d'action) et
verticalement (par la construction d'une structure impliquant la hiérarchisation des niveaux de conscience (voir Freitag, 1993) et l'assujettissement des fonctions « inférieures » intériorisées aux fonctions supérieures
toujours tournées vers l'extérieur, ces dernières n'étant précisément plus
des « fonctions », mais coïncidant, au niveau le plus élevé de leur
accomplissement actuel, avec l'être lui-même).

Portmann invoque en faveur de sa conception ontologique un
double argument esthétique, qui me paraît tout à fait essentiel. Tout
d'abord, observe-t-il, la forme extérieure de l'animal nous frappe très
généralement par sa beauté, sa symétrie, sa grâce et l'harmonie dans

laquelle la forme et le mouvement de la forme (la gestuelle) sont toujours indissociablement liés l'un à l'autre, en parfait accord l'un avec l'autre, comme si la forme était entièrement au service du geste (de même que le sont encore certaines formes techniques parfaitement épurées, comme la coque du bateau, l'aile de l'avion, les pales de la turbine hydraulique). De là l'idée que la forme a procédé du geste au cours de la genèse de l'espèce, selon un procès de lente accession dans lequel ce sont des actes individuels, déjà eux-mêmes engagés dans le monde, orientés vers le monde de manière déterminée, qui se sont fixés. Rejetant un autre dogme de la biologie classique (celui de la non transmission des caractères acquis), Portmann réhabilite en la réinterprétant l'idée lamarckienne selon laquelle « la fonction crée l'organe », mais il y engage explicitement l'agir animal lui-même, individuel et subjectif.

L'autre aspect de l'argument esthétique de Portmann est tout aussi essentiel : c'est en effet la forme extérieure, l'apparence et l'expressivité des gestes, qui médiatisent le rapport de l'animal au monde, non certes alors aux conditions purement physiques les plus générales de son environnement, mais dans son rapport à ses congénères et à toutes les autres espèces qu'il côtoie ou fréquente, auxquels il se montre pour les attirer ou les faire fuir, et qu'il reconnaît lui-même. La forme et sa mise en mouvement, le mouvement et sa mise en forme sont ainsi le lieu ontologique central où s'accomplit l'existence animale et, par là, cette existence porte déjà en elle, dans son intimité singulière, le monde dans lequel elle vit : elle en est au sens classique du terme un microcosme dans lequel le monde concret de l'expérience animale, actuelle mais surtout passée, se trouve d'emblée « représentée » et anticipée. À partir de là, Portmann peut alors réhabiliter aussi, rationnellement et critiquement, la conception réaliste des espèces ou des genres, puisque c'est dans l'interaction sensible effective des « membres » d'un même genre, médiatisée par une reconnaissance mutuelle, que s'opère aussi bien la reproduction que la territorialisation de l'espèce, qui existe donc, en son essence, comme groupe effectif d'interaction dans lequel les expériences – et tout aussi bien les éventuelles mutations aléatoires – sont continuellement échangées et mises en commun. La divergence entre des espèces à partir d'une espèce commune peut alors se comprendre comme résultat, à long terme, d'une cessation de fréquentation active entre des segments de population de congénères, sans qu'il faille avancer, comme argument déterminant, la sélection négative de la lutte pour la survie, et sans qu'il soit non plus nécessaire de nier l'incidence de la « rareté » sur l'évolution, en tant que facteur déterminant, parmi d'autres, les conditions de l'expérience animale.

À partir de ce bref rappel de la théorie de Portmann, je voudrais maintenant en arriver au point crucial de mon propre argument ontologique portant sur la phénoménalité de l'être et de la valeur qui l'habite. Le « monde » tel qu'il nous est donné concrètement, le monde de la vie qui englobe et a formé toute la biosphère, n'est le fruit ni de la nécessité ni du hasard : il est en tant que totalité existentielle le produit contingent du déploiement de l'intentionnalité et de la normativité qui meut toute entité vivante. Et cette intentionnalité normative qui anime chaque être vivant s'est déployée, à travers les générations, sous la forme d'une multitude arborescente d'espèces en se matérialisant dans leurs formes sensibles et, pour nous, d'abord visibles. Ainsi, la normativité n'a pas son fondement premier dans notre subjectivité humaine, elle habite déjà le monde, elle coïncide ontologiquement, non avec une finalité « secrète » de Dieu ou de la Nature, mais avec l'existence même du monde que nous habitons, sous le mode de l'immédiate visibilité et perceptibilité sensible de toutes les formes qui y sont par elles-mêmes advenues. Dans cette sphère ontologique la plus élevée, l'apparence est l'être, qui se tient entièrement dans l'existence. Dès lors, la reconnaissance « esthétique » des formes et le respect normatif de leur harmonie intrinsèque peuvent être posés comme principes de la valeur de notre action et de la réalisation de notre être propre. Je vais « expliquer » cela en quelques propositions.

1. Si l'on appréhende de manière concrète le « monde de la vie » – dont toute la biosphère fait partie, puisqu'elle a été façonnée par la vie et n'en est pas seulement le support passif (voir à ce sujet Reichholf, 1993) – on a devant soi l'image d'une réalité constituée par un immense foisonnement de formes d'être (genres et espèces) interdépendantes, qui interagissent entre elles selon des rapports où un engagement sensible, subjectif, de chaque être vivant singulier est impliqué.

2. Toutes ces formes particulières d'êtres – qui représentent chacune un mode d'être générique particulier – qui constituent et ont façonné ensemble le monde dans lequel nous vivons se sont constituées elles-mêmes à travers le double mécanisme de la divergence, exploratoire et adaptative, des modes d'expérience dans lesquelles des êtres toujours individuels sont sans cesse engagés subjectivement, « intentionnellement », en tant qu'êtres vivants sensibles, d'un côté, et de la mise en commun « interactive », « communicationnelle », de ces expériences singulières dans le procès ininterrompu, toujours actif, de la

« spéciation », de l'autre. Je comprends ici le terme d'intentionnalité en référence au concept absolument général développé par la phéno-ménologie, et avec toute la hiérarchie des degrés de réflexivité qu'il englobe et que l'idée de la fixation somatique ou organique des formes d'expérience permet d'étendre rétrospectivement à l'ensemble de la configuration anatomique et physiologique de l'être vivant spécifié. Le « lieu de genèse », de croissance ou de transformation de la « structure » spécifique est dans l'espace d'expérience sensible des êtres individuels.

3. Dans l'intentionnalité (notamment instinctuelle) de chacun de ses actes existentiels, chaque être vivant singulier assume ainsi subjecti-vement, comme « norme » de son agir propre, l'exigence de l'accom-plissement et du développement de son mode d'être spécifique, de la réalisation, de l'affirmation et du déploiement de sa forme existentielle propre. L'emprise qu'exerce sur lui cette « loi » spécifique de son être passe ainsi par la médiation de son engagement sensible dans le monde : elle n'est pas pure nécessité, mais norme d'être et de comportement. Ce caractère normatif qui est immanent au procès de reproduction des formes spécifiques a d'ailleurs été exprimé depuis toujours dans l'idée, présente aussi bien dans la conscience commune que dans les « fables », qui voit dans chaque espèce une sorte de matérialisation de certaines « mœurs » (« vertus » ou « vices ») particulières. Ainsi, pour chaque espèce, les modalités particularisées de son expérience, telle qu'elle s'est progressi-vement développée et fixée dans les caractères distinctifs de sa forme organique, de son comportement, de ses dispositions instinctives, représentent non pas la « loi » de son être défini comme substance distincte, mais la norme de celui-ci compris comme mode d'agir. La modernité scientifique a bien sûr critiqué cet « anthropomorphisme » de la conscience traditionnelle, mais elle ne l'a fait que sur la base d'un anthropocentrisme beaucoup plus radical, qui limitait à l'homme (avant de les lui retirer aussi) la conscience et la sensibilité.

4. C'est essentiellement à travers la propre capacité de perception des formes que possède tout être vivant que se manifeste à lui cette norme qui régit son être dans son agir même, dans la mesure où tout son rapport avec le monde extérieur est justement médiatisé par cette perception des formes et par la manière dont elle est déjà préstructurée dans ses organes, dans ses instincts, de même que par son apprentissage propre. En d'autres termes, c'est sous le mode de la reconnaissance de la forme (des formes) que la norme d'être propre à chaque espèce se donne aux individus qui la composent, et c'est à travers le comportement ainsi normativement

orienté que s'opère la reproduction et l'évolution de l'espèce en même temps que s'accomplit la vie de chaque individu. Cette capacité de reconnaissance et de reproduction des formes implique toujours déjà la référence à des « modèles » ou des « types idéaux » (portés sans doute essentiellement par l'« instinct spécifique » chez l'animal, parce que fixé en lui comme dans la configuration même de ses organes), qui transcendent, d'une certaine façon, l'immédiate empiricité des circonstances, et qui placent la vie animale dans la perspective d'une tension vers une « perfection », dont la maladie et la mort sont l'expression négative dans l'ordre organique. On retrouve ici Aristote, qui désignait le bien comme la réalisation de la perfection de l'essence spécifique propre à chaque être.

5. À travers cette fixation de l'expérience dans la forme spécifique, ce sont aussi les conditions objectives de cette expérience – telles qu'appréhendées en elle – qui se trouvent intériorisées. Dans sa structure organique et comportementale, chaque forme spécifique réalise donc un microcosme du « macrocosme » que représente pour elle l'ensemble de ses conditions de vie, telles qu'elles ont été objectivées par elle depuis le début de son évolution propre, par laquelle elle se rattache elle-même au début de la vie. Et ce qui vaut ainsi pour chaque espèce relativement à son milieu vaut non seulement pour toutes les espèces prises séparément, mais pour toutes les espèces prises ensemble, puisque l'expérience de chaque espèce particulière renvoie à celle d'un certain nombre d'autres avec lesquelles elle est directement en rapport dans sa perception et sa sensibilité même, et ainsi, de proche en proche, à toutes les autres. Dans la forme particulière de chaque être vivant s'est accomplie une expression déterminée de la solidarité et de l'interdépendance qui relient tous les êtres vivants entre eux dans la « biosphère », c'est-à-dire dans ce que j'ai, d'un point de vue existentiel, appelé ici le « monde ». À l'existence même du « monde des formes », préside ainsi un principe d'« harmonie » qui se manifeste lui même dans les formes et leurs correspondances. L'ensemble des formes est alors dominé ou dirigé par ce qu'on peut nommer une « esthétique transcendantale » dans laquelle se manifeste la condition d'être de tous les êtres, le lieu commun de toutes les normativités particulières qui les régissent[20]. Ce concept d'harmonie, même s'il implique la

---

20. On doit relever que ce « lieu commun » esthétique du monde des formes se trouve ontologiquement enrichi par la profusion des formes particulières et par toutes leurs correspondances « métaphoriques », alors que les lois universelles de la nature ne représentent, dans la science classique, que le plus petit dénominateur commun de tous les phénomènes.

médiation d'une perception subjective (qui est d'abord celle de tous les êtres vivants dans les rapports qu'ils entretiennent avec leur milieu de vie concret), ne doit toutefois pas être compris de manière subjectiviste ou sentimentale. Il désigne seulement cette interadaptation active de tous les êtres peuplant le monde, telle qu'elle est dynamiquement représentée dans leurs formes sensibles. Cette « harmonie » est en somme la structuration dans l'espace de l'interférence entre toutes les « places » que les diverses espèces, et les individus qui les composent, occupent à travers leurs activités dans le monde, et cette interstructuration est l'espace même du monde compris de manière concrète, un espace indéfiniment modulé et diversifié non pas à l'intérieur d'une « mesure commune », mais dans un champ concret de correspondances et d'interférences harmoniques.

6. Chaque forme actualise ainsi en elle la totalité du procès phylogénétique dont elle est issue et qu'elle prolonge ou poursuit à travers sa vie. En elle se réalise donc l'incorporation spatiale de la durée, et c'est donc la profondeur du temps depuis l'origine qui se manifeste de manière actuelle et qui est « présentifiée » dans la forme. D'une autre manière, il en va toujours encore de même dans la culture. Un monde instantané, qui ne comporterait pas dans son actualité cette profondeur temporelle et cette continuité ininterrompue de l'origine, n'aurait aucune réalité, aucune existence : il serait vide de toute forme particulière et donc vide d'être. Il serait un pur concept, mais non un univers, un *universum*. De même que la légalité ou la régularité universelle n'est que le plus petit commun dénominateur de toutes les normes, le Temps n'est ainsi que le plus petit commun dénominateur de toutes les durées et de tous les rythmes, et l'espace euclidien ou cartésien le plus petit commun dénominateur de toutes les formes : leur « commune mesure » prise depuis l'extérieur. Mais quel extérieur ? La question leibnizienne, reprise par Jonas : « pourquoi y a-t-il quelque chose plutôt que rien ? », pourrait donc se ramener à celle-ci : « pourquoi y a-t-il des formes dans l'espace, des rythmes et des durées dans le temps, des normes particulières dans la légalité universelle ? » Et la réponse est que la question elle-même est posée à l'envers. L'« être » ou « quelque chose » est une abstraction, du point de vue de laquelle « rien » ne doit plus « être ». Sur la base de la reconnaissance de cette concrétude de l'être dans la forme, c'est dans l'appréhension sensible de la permanence des formes à travers leur changement et dans l'intuition sensible de leurs correspondances qu'il conviendrait d'ailleurs d'asseoir ou de fonder ontologiquement ce que nous

appelons la « beauté » – notre sentiment et notre jugement appréciatif subjectif ne témoignant alors que de notre propre participation et de notre propre contentement à l'être ainsi compris.

7. Ainsi, avant même d'instituer l'espace d'indétermination dans lequel se jouent les « jeux de pouvoir » et d'« emprise » qui peuvent se déployer dans tous les rapports qu'entretiennent entre eux des êtres subjectifs, la normativité matérialisée dans la spécificité des « formes vivantes » constitue le fondement de l'être lui-même, en tant qu'il existe dans la contingence des formes particulières ou spécifiques. Tout être particularisé subjectivement apparaît ainsi comme la réalisation subjectivement assumée d'un devoir être, d'un « désir d'être » et d'une « obstination à être ».

Pour ce qui est du monde, il porte ainsi en lui-même sa « valeur », qui ne consiste pas seulement dans une utilité, ni même dans un simple « fait d'être » abstrait et universel, mais dans la multiplicité des êtres qui s'y réalisent en interagissant continuellement les uns avec les autres, de proche en proche, dans toutes les intersections actives de leurs « mondes particuliers ». Et cette valeur se manifeste d'elle-même dans l'apparaître des formes qui constituent le réel tel qu'il se manifeste à chaque espèce et à chaque individu. La sensibilité subjective à l'apparaître est ainsi l'exigence objective première du monde de la vie, dans laquelle se donne la condition essentielle du maintien et du développement de la vie. Le monde ainsi constitué dans et par la valeur possède alors sans doute aussi une valeur éminente pour les être humains qui en font partie, mais cette valeur du monde pour eux n'est plus d'abord fondée sur un usage instrumental du monde, mais sur le fait global d'y vivre, d'en faire partie, et d'y trouver tout ce qui représente précisément la valeur même de la vie, l'accord expressif et normatif qui la soutient et vers lequel elle tend dans la mesure où elle est expérience vivante. Et à cela, nous avons toujours encore directement accès par nos sens, en tant qu'ils sont eux aussi formés « esthétiquement », et ceci d'autant plus que pour nous cette formation est désormais médiatisée par la culture, par le symbolique qui étend immensément l'ouverture et la liberté de notre expérience, en autant qu'elle reste une expérience du monde, dans le monde, et qu'elle le respecte.

8. La durée impliquée par les mouvements d'interaction adaptative qui relient ontologiquement tous les êtres entre eux, et qui se trouve matérialisée dans leurs formes, est une durée longue et lente. Cette longueur et cette lenteur du temps biologique producteur de formes (les irruptions rapides sont d'abord dévastatrices !) ont déjà été bouleversées

par le développement des cultures humaines, mais la formation des cultures « tribales » conservait un caractère immémorial, et les cycles des « civilisations » s'étendaient, de manière encore locale, sur plusieurs millénaires. La civilisation techno-scientifique qui est en train de naître efface déjà la civilisation industrielle qui s'était déployée à partir de l'Occident depuis seulement deux siècles, et elle ne se reconnaît pas, dans sa logique développementale, de racines, d'attaches, de lien, de frein. Or, ce détachement en est un à l'égard du monde des formes autonomes en général, il est une fuite dans le formalisme abstrait, opérationnel, où les connaissances synthétiques, qui trouvaient encore leur mesure et leur limite dans le monde réel déjà existant, se décomposent dans de simples processus d'information et de communication qui, dans leur processualité même, prennent immédiatement valeur de réalité. La réalité informatique est ainsi une réalité qui se dispense de la constitution de toutes formes stables et autonomes (hormis la forme des algorithmes opératoires) : c'est une réalité qui tend vers l'informe. C'est cela précisément qui met le monde en péril, y compris et d'abord notre monde symbolique et culturel, et même le monde politique de notre liberté.

* * *

Jusqu'ici, j'ai seulement présenté une doctrine ontologique générale dans laquelle se trouve mis en lumière le caractère fondamentalement normatif de l'être compris concrètement comme « mondanité », qui est aussi l'être dont nous faisons l'expérience et auquel appartiennent les formes mêmes de l'expérience que nous en faisons. Et ce que cette mise en lumière a montré du même coup, c'est que cette normativité constitutive de l'être mondain se déploie de manière sensible dans les formes de tous les êtres particuliers et singuliers qui, dans leurs interactions, constituent justement le monde. Chaque forme particulière et chaque « acte » singulier dans lequel s'accomplit la « vie d'une forme » sont donc caractérisés d'un côté par la contingence d'un procès singulier de développement ontogénétique et, de l'autre, par une « communauté de participation ontologique » (une « solidarité ontologique » qui est la figure dialectique de la « nécessité ») en vertu de laquelle le « macro-cosme », la totalité en tant que totalité d'expérience sensible, se trouve toujours représenté dans chaque microcosme, ce qui se manifeste aussi ontologiquement de manière sensible, « esthétique », dans les correspondances « harmoniques » qui relient toutes les formes entre elles, et qui sont la condition de leur coexistence et constituent la condition de possibilité même de leur appréhension en tant que formes, de leur appartenance au monde des formes perceptibles, et donc des « phénomènes ».

Tout cela n'est qu'une vision générale sur le principe ontologique qui soutient ce qui existe de manière singulière et spécifique dans le monde, et qui lie ensemble tout ce qui existe ainsi pour former un monde qui est « le » monde. Une telle conception met en vue une alternative ontologique aux autres représentations, traditionnelles et modernes, « de ce qui fonde » et « de ce qui lie », et particulièrement de ce qui nous lie au monde, même dans l'exercice de notre liberté. Mais que peut-on maintenant en déduire pratiquement ?

Certainement pas un système de normes impératives applicables à la régulation de toutes nos pratiques vis-à-vis du monde, et tout particulièrement de nos pratiques techniques. Une telle déduction serait contradictoire avec la conception même du fondement des normes qui vient d'être présentée : contradictoire avec le principe même de contingence qui préside à la genèse normative des formes et qui coïncide avec la nature ontologique de celles-ci. Il y a loin en effet entre le principe et sa mise en œuvre effective dans des systèmes normatifs concrets, historiques, à caractère culturel, éthique ou politique, de même qu'il y eut toujours une distance entre la simple idée du destin, ou celle d'un législateur suprême, ou celle de la raison, à travers lesquelles les sociétés du passé (ou même encore du présent) se représentaient le fondement de leurs normes, la justification ultime de celles-ci, et les configurations des systèmes socio-normatifs que les diverses sociétés se sont effectivement imposées dans l'histoire. Tout ce qu'on peut directement dégager d'un tel principe ontologique, c'est un contrepoids à l'idée de la raison et de la liberté, à leur abstraction : un contrepoids à l'idée que toute norme peut être déduite de la raison et de la liberté. C'est aussi l'idée peut-être que la liberté et la raison valent dans la recherche de la vérité et de la justice entre les hommes, qu'elles régissent la reconnaissance qu'ils se donnent, mais à condition seulement qu'elles n'agissent pas directement sur le monde, du moins jamais au point de le bouleverser. Et ceci, parce que notre « être-dans-le monde » n'est pas régi par la liberté ni par la nécessité ni par le hasard, mais, comme toute chose appartenant au monde, par des normes substantielles advenues de manière contingente dans le monde.

Or, c'est une caractéristique ontologique du genre humain qu'il ne se soit développé dans le monde que sous la forme d'une pluralité de *cultures,* ayant toutes le caractère de synthèses contingentes. Le genre humain n'existe que de s'être cultivé et « civilisé » lui-même. C'est également un fait ontologique que la culture n'existe que de s'être maintenue, accrue, enrichie et transformée à travers sa transmission, sa « tradition » : que c'est à travers cette tradition des systèmes symboliques normatifs que se sont constituées toutes les formes de vie humaine particulière dans lesquelles un accord normatif, lui aussi particulier et contingent, avec le monde, a pris corps, a pris forme, et que c'est dans le caractère synthétique de leur contingence même qu'est incorporée la condition la plus objective de l'être-au-monde de l'humanité, qui est son propre respect du monde. Cela ne s'invente pas par déduction, cela se cultive dans l'affirmation de soi, dans l'affrontement du monde et dans les confrontations entre sociétés, cultures et civilisations, avec toujours la primauté ontologique de l'exigence d'une synthèse. C'est cette exigence de synthèse qui s'exprime dans la forme, qu'exprime l'idée de forme telle qu'elle est comprise dans le concept de « formation ». Cela signifie d'abord que l'on ne peut pas rester humain en dehors du maintien de cette exigence de formation synthétique, de *Bildung* (terme allemand qui désigne la « formation » en invoquant étymologiquement une mise en image – *Bild* –, la formation d'un tableau, d'une représentation). Or, sur le plan subjectif des conditions de reproduction de l'humanité ou de l'humanitude, c'est précisément ce principe ontologique de formation synthétique, mis en œuvre dans l'éducation, qui est laissé à l'abandon par la reconversion de tous les systèmes de formation soit vers l'apprentissage de maîtrises techniques ponctuelles, soit vers le développement d'une « esthétique » de l'expression arbitraire de soi, hors de tout lien, hors de toute contrainte de participation culturelle synthétique, hors de toute dépendance à l'égard du monde (de toute exigence d'imitation !). Et pourtant, c'est dans le redoublement de l'effort éducatif pour la culture, que peut être cultivé, maintenu et développé le seul contrepoids positif que nous puissions collectivement opposer au « laisser-faire, laisser-aller » des puissances technologiques, à notre mise sous dépendance à l'égard de ces puissances, à notre mise en dérive par elles.

Il faut en effet rappeler ici que ce dessein qui doit aujourd'hui porter la pédagogie ne marque pas une rupture avec ce qu'elle fut historiquement. La rupture s'effectue au contraire sous nos yeux dans l'abandon accéléré de la dimension « civilisatrice » de l'éducation, au nom du développement d'une plus grande adaptabilité de l'homme à son environnement (maintenant essentiellement économique et technologique[21]) et sous le couvert d'une pseudo-continuité historique entre l'« école de la vie » et l'institution scolaire ; le passage de la première à la seconde (et à ses transformations contemporaines) s'explique alors simplement par une complexification croissante du monde qui appelle une spécialisation de la tâche visant le développement des « habiletés ». Sans pouvoir illustrer cela ici, il faut rappeler que l'objectif de la pédagogie fut de réarticuler le rapport individu/société sur une base réflexive : la pédagogie visait ainsi à donner une forme (certes abstraite, dans sa version moderne) réfléchie à ce rapport normatif de la société à toutes ses « parties constituantes », rapport lui-même constitutif de la société. Les Lumières ne voyaient certainement pas dans l'école un outil d'assujettissement, d'adaptation de l'individu à la réalité empirique : il s'agissait de donner au rapport social une forme rationnelle ! Le défi contemporain de la pédagogie est d'assumer réflexivement sa dimension « informante ». Elle doit, pour ce faire, rompre avec la double abstraction de la raison et de la liberté dont s'étaient nourries la réflexion et l'invention pédagogique dans la modernité, et où la raison était pensée d'abord comme une arme de la liberté contre l'oppression de la tradition. Mais la pédagogie des Lumières s'est aussi attachée à faire des « arts et des sciences » sa propre tradition substantielle, en même temps qu'elle érigeait l'« amour de la patrie » en précepte premier de la formation du citoyen. Cela impose à la pédagogie contemporaine d'assumer dans la modernité son héritage propre, avec un degré supplémentaire de réflexivité. En quittant les sentiers de la « formation de la main d'œuvre », où son « objet » propre – la transmission réflexive des orientations normatives de la société – se trouve radicalement dissout, la pédagogie pourrait ainsi renouer avec la dimension « politique » logeant au cœur de son action.

On a aussi compris qu'un tel recentrement réfléchi et critique de la pédagogie sur la culture synthétique et particulièrement sur le rapport de symétrie ontologique, qui existe en elle entre la dimension esthétique et la dimension normative (ces dimensions qui avaient été dissociées par la modernité), signifie tout autre chose qu'un simple appel au

---

21. Je rappelle, puisque cela est essentiel, que l'économie et les technologies ont cessé d'être les moyens par lesquels nous réalisons nos rapports avec notre environnement objectif, mais qu'elles sont devenues immédiatement cet environnement même. Cela peut suffire comme définition de la société économique et technologique, comme nous le rappellent *ad nauseam* l'immense majorité des discours politiques et médiatiques qui nous sont imposés tous les jours de la vie.

développement pédagogique de la culture artistique, puisque précisément l'art lui-même, tel que le concept moderne en a été développé en Occident au cours des trois derniers siècle, résulte de la fixation de l'expérience esthétique en dehors de la vie commune et quotidienne faite de travail, de production et de consommation, de jeux de pouvoir et d'influence, de gestion et d'administration, de loisirs et d'ennui (sur cette séparation, voir Williams, 1959 et 1961). Sous la forme de l'art, l'expérience esthétique (et l'exigence de synthèse subjective et expressive qu'elle porte en elle) s'est ainsi détachée en même temps du monde sensible commun et de la vie sociale ordinaire pour être rapportée à l'intimité privée de l'individu, défini dans son rapport à l'art comme artiste ou comme connaisseur : l'émancipation de la capacité créatrice et de l'expressivité vis-à-vis du monde et de la société a ainsi suivi un chemin analogue, quoique opposé, à celui de l'émancipation de l'économie et de la technique. Or, c'est précisément cette dissociation qu'il s'agit de dépasser aujourd'hui, pour rétablir l'emprise des formes culturelles (normatives et expressives) d'expérience du monde, et l'autorité des formes politiques de l'action collective, sur les systèmes de moyens (originellement instrumentaux) que nous avons développés pour accroître notre emprise pratique sur le monde et sur nous-mêmes, et qui nous conduisent maintenant vers un appauvrissement radical de toute notre expérience du monde, de la vie sociale et de l'histoire en devenant eux-mêmes notre réalité objective et subjective la plus concrète, puisque nous y avons projeté et investi jusqu'à notre identité collective (l'« économie canadienne » – ou québé-coise – n'a-t-elle pas acquis concrètement, quotidiennement, beaucoup plus de consistance en tant que concept que « le Canada » ou « le Québec » ?).

Le lieu stratégique d'une lutte contre la dissolution technocratique du pouvoir d'imposer des normes substantielles à notre agir technique dans le monde et de la capacité d'incarner nos solidarités collectives dans des formes normatives elles aussi substantielles et concrètes, paraît donc être celui de la pédagogie, de l'enseignement. Mais ce n'est pas le seul. Si, à partir du principe ontologique que j'ai énoncé, on ne peut pas déduire directement et abstraitement aucune norme particulière, on peut par contre y apprendre la validité et la nécessité d'autres attitudes, fondées sur d'autres valeurs que celles que la modernité nous avait enseignées et que la postmodernité tend maintenant à dissoudre à leur tour sans les remplacer. Un des principaux changement d'attitude que peut nous enseigner une compréhension de la nature ontologique de la normativité, concerne peut-être précisément notre attitude face au changement, ce

« besoin de changement » devenu slogan et obsession. Seul le temps produit des synthèses capables de se tenir dans l'existence de manière autonome. La vitesse volontariste ne laisse pas le temps aux choses de s'user les unes contre les autres, devenant ainsi en même temps plus simples de forme et plus riches de rapports. La vitesse produit l'exigence d'une prise en charge extérieure, volontariste, technicienne et technocratique, pour conduire finalement à l'accélération et à la prolifération indéfinie du « même », du semblable, du répétitif au sein d'une même hétéronomie universalisée. Tout ce qui va vite doit être « contrôlé ». Il y a bien sûr des urgences, mais il est temps de voir que la plupart des urgences que nous affrontons maintenant dans un monde vieux de quelques milliards d'années, dans des sociétés mûries pendant des milliers, des centaines de milliers et même quelque millions d'années – suivant le recul que nous prenons vis-à-vis de nos « racines humaines » – sont des urgences qu'a créées notre propre mise en état d'urgence permanent, notre propre mise au travail frénétique, notre propre désir infantile du changement, notre propre abandon aux forces que nous avons créées. L'urgence est de changer de cap, de changer le sens du « développement » et de la « croissance », pour reprendre le cours d'une vie qui prend son temps et qui est, dans ce sens, maîtresse de *son* temps parce qu'elle ne cherche pas à maîtriser *le* temps.

Il existe aussi cette autre instance massive de formation que sont les médias d'information et de communication. Il est inacceptable, humainement, culturellement et politiquement, il est absurde ontologiquement qu'ils soient abandonnés aux forces économiques, techniques, organisationnelles qui les produisent et les régissent, et que cela se fasse sous le couvert d'un concept moderne de la liberté d'expression qui s'y trouve dévoyé dans son essence même, dans son principe même. C'est d'abord ici une question de politique plus que de culture, que les médias redeviennent vecteurs de culture, de formation, d'élaboration de formes communes et de normes communes, moyens et lieux civilisationnels plutôt qu'espaces de toutes les dissolutions et manipulations symboliques. On touche ici, comme dans l'éducation, à un point névralgique de démonstration de notre capacité et de notre volonté collective d'agir encore normativement, qui est aussi un point névralgique de révélation de la compréhension que nous avons de notre nature et de la nature de la société. D'un côté, on répète que l'on n'arrête pas la technique, de l'autre, que tout contrôle de l'information est d'essence totalitaire. Comme si l'existence sociale n'était pas d'essence « autoritaire » en tant qu'elle implique référence à l'autorité des normes ou encore comme si, dans le domaine de l'éducation, on pouvait se dispenser de faire des programmes scolaires et de les penser (à tous les niveaux), comme si, enfin, tout dans la culture, la connaissance, le rapport aux normes, devait être renvoyé à cette instance par excellence de réduction à l'informe qu'on appelle la « loi du marché », le « libre choix des individus » ou la spontanéité de l'« audience ». Certes, il existe et il est souhaitable que se maintiennent une distinction, une tension, une opposition et une complémentarité dynamique entre ce qui ressort de la « formation », au sens classique, et les systèmes ou réseaux d'« information », au sens contemporain. Mais le lieu de la recherche de synthèse entre les deux était et reste sans doute la libre capacité individuelle de rechercher l'information, éventuellement contradictoire avec la formation reçue, et d'en opérer l'intégration, car c'est dans ce mouvement individuel de recherche que s'opère précisément le recentrement des informations et leur synthèse dans une formation ou une forme symbolique et pratique renouvelée. Mais actuellement, c'est précisément la formation (et la légitimité de sa valeur d'autorité) qui se trouve partout submergée par les flux d'informations informes qui prétendent même parfois explicitement se substituer à elle au nom de la « liberté », de la puissance technique et du « progrès ». Mais comme mon objet n'était pas de montrer ici comment le principe d'une ontologie de la normativité pouvait s'« opérationnaliser » dans les sociétés contemporaines, je n'irai pas plus loin que ces quelques exemples pour en indiquer le sens.

Dans ce plaidoyer pour une culture pédagogique de la reconnaissance et du respect des formes, il n'est pas question de répudier l'exigence de responsabilité telle qu'elle a été présentée par Jonas : l'ontologie de la normativité dont j'ai présenté une esquisse veut seulement lui fournir un complément, qui ait lui aussi un fondement. Il est évident que le « principe responsabilité », pour être mis en œuvre efficacement à la hauteur des problèmes posés par la gestion technologique et technocratique du monde et de la société, s'adresse lui-même à des experts technocrates auxquels l'autorité nécessaire devra être conférée, d'une manière ou d'une autre. En rester là signifierait cependant qu'on accepte l'émiettement indéfini du « monde de la vie », c'est-à-dire des lieux subjectifs synthétiques d'expérience et d'action, de désir et de motivation, ainsi que virtuellement de tous leurs objets eux aussi synthétiques, et qu'en retour, les conséquences pratiques de cette double dissolution devront à leur tour être ressaisies par toujours plus de régulations technologiques et technocratiques « responsables » de la cohérence fonctionnelle du système, mais qui ne sauraient l'être de son sens, accentuant ainsi indéfiniment la scission entre un monde de l'expérience existentielle de plus en plus « privatisée », émiettée et finalement insignifiante, et un monde du système de plus en plus étendu, opératif, puissant et omniprésent, qui finira nécessairement par devenir lui-même le seul monde réel auquel l'existence subjective sera confrontée et dans lequel elle projettera ses finalités de plus en plus arbitraires.

Or, c'est précisément ce mouvement d'ensemble qu'il s'agit d'endiguer. À elle seule, une culture systématique de la peur permettrait peut-être de fournir aux « experts responsables » la base de légitimité et de consensus nécessaire à l'acceptation du pouvoir contraignant qui leur serait remis. Mais elle ne change rien à la dynamique générale et c'est elle qu'il s'agit d'inverser, à la base, par une éducation recentrée sur la transmission et le développement d'une culture humaine synthétique (dont l'élaboration passera nécessairement par les confrontations des cultures et des civilisations que nous connaissons déjà, mais qui ne seraient plus en quelque sorte résolues d'avance par l'arbitrage unilatéral et auto-institué de la seule « culture technicienne » ou du seul individualisme rationaliste occidental). L'objet d'une telle culture à caractère « œcuménique » ne serait plus l'appropriation et l'exercice de la puissance ni quelque bien ultime placé au-delà du monde et de la vie, mais bien la vie elle-même dans le monde, telle qu'elle a toujours été élaborée symboliquement par la civilisation entendue au sens large, et donc aussi polyphonique. Ce que les diverses traditions pourraient mettre en commun, par-delà leurs élaborations dogmatiques particulières, c'est le sentiment, ontologiquement justifié mais si différemment interprété, de l'ultime sacralité du monde.

Ainsi il ne suffit pas, pour reprendre la maxime anthropocentrique de Jonas, « qu'une humanité soit », il faut aussi « qu'un monde soit », celui qui existe déjà, pour assurer à la vie humaine non seulement une valeur, mais plus fondamentalement sa place dans l'être, sa propre valeur d'être. C'est au-delà d'elle-même que l'humanité doit, aujourd'hui comme toujours, chercher son « salut » et le sens de son existence. Mais il n'est peut-être pas nécessaire qu'elle se les fasse révéler, elle peut apprendre à les voir directement, et elle le peut au moment même où elle peut voir qu'elle est capable de détruire ce qui fait le sens et la richesse de la vie : la synthèse irremplaçable qu'est le monde, et la synthèse de la culture à travers laquelle nous y avons accès. C'est dans ces synthèses et dans leur correspondance que réside la contrainte objective qu'expriment les normes qu'il nous appartient de respecter d'une manière qui peut être réfléchie.

CHAPITRE V

Philosophie et sciences humaines.
Réflexions sur la violence de la méthode
et le respect de la société [1]

Certains sont conscients que les sciences humaines sont en difficulté fondamentale. Pour les autres, il n'y a probablement jamais de difficulté fondamentale : « fondamental » ne veut rien dire, et donc ce qui suit ne veut rien dire, n'a pas d'objet.

Les difficultés qu'éprouvent les sciences humaines lorsqu'elles se pensent sciences ne sont pas de nature épistémologique mais ontologique. Et c'est bien là qu'est le scandale : de revenir poser à leur propos, et donc présumément dans la science, le problème ontologique dont l'évacuation avait justement été la condition de naissance de la science ; ce problème qui avait précisément été résolu, c'est-à-dire dissous par le développement même de la science, pour laisser place libre à l'épistémologie scientifique. À cet égard, il n'y a pas de rupture entre Auguste Comte, considéré comme un des fondateurs des sciences sociales modernes et de la sociologie, et le néo-positivisme, qui n'a plus que mépris pour les sciences sociales : la prétention à l'autonomie du discours épistémologique s'érige toujours sur la base d'une abstraction et d'un refoulement, d'une annulation de l'ontologie. Dans la conscience qu'elle prit d'elle-même, la science n'est donc pas née et ne s'est pas développée dans l'ordre de l'être, mais dans l'ordre de la connaissance. Le discours vrai est né de son opposition au discours faux ou plutôt « insignifiant », qu'il annule ; le discours objectif ne s'est pas seulement dégagé du discours idéologique ou fantasmatique, il l'a effacé, lui et son monde « imaginaire » et « irréel ».

La préhistoire de la science est une non-histoire, elle n'est pour elle que blancheur ou noirceur, que bruit sur fond de silence et d'insignifiance.

---

1. Pour faire écho au très beau texte de Merleau-Ponty, « La métaphysique dans l'Homme », dans *Sens et non-sens* (1966).

Une fois devenue, la science ne se reconnaît qu'advenue de rien, d'elle-même, de l'autonomie de sa propre raison ratiocinante et opérante, de la vertu de ses propres opérations. Ce fut en somme une chance que cette tête, qui avait une raison, possédât en même temps des yeux et des mains, qu'elle pût entrer sans problème en leur contrôle et par eux, en la possession de ce qui était leur bien : le monde sensible, qu'elle rebaptisa la « nature » ou la « réalité objective » en la ramenant ainsi à une sorte de virginité originelle. Pour elle, « être » ne veut rien dire d'autre qu'« être-ça », qu'« être-là ». « Comment-être ? » n'a pas de sens, seule en a la question : « être comment ? ». C'est une question de méthode.

Dans ce schéma, il y a cependant deux endroits où une question peut se poser pour la science. Le premier de ces endroits se situe entre la raison et l'œil, entre le cerveau et la main : là gît la question du sujet (ou du discours), de son unité, de son mode d'être et d'agir. Mais s'il est entendu que c'est la raison qui parle, ou encore le cerveau, on supprime ce problème en tant que problème fondamental, en tant que problème de rapport ; il n'y a plus qu'un problème de forme de la parole ou de la raison : la raison n'a qu'à se construire une parole adéquate à elle-même, à s'extérioriser, à s'objectiver, à se réifier complètement dans cette parole. Et elle pense l'avoir fait pour ce qui est de la forme de sa parole, ou du moins elle l'espère. C'est la signification du positivisme dans sa version ou sur son côté formaliste, logiciste.

Le deuxième problème se situe entre raison-et-œil (le « sujet »), d'un côté, et le monde (l'« objet »), de l'autre. C'est la question épistémologique par excellence. La science a retenu suffisamment et pas trop de Kant pour se donner la solution de ce problème. Quant au premier problème, elle se tient en soi-même une science en réserve (la psychologie ou la biologie, enfin celle des deux qui arrivera la première au but si elles n'ont pas fusionné en route dans la chimie) pour se le faire un jour expliquer, c'est-à-dire pour le résoudre ou le dissoudre. Et d'ailleurs, ces deux problèmes n'ont aucune urgence pour la science : ils ne l'empêchent ni de travailler ni de dormir, ils ne changent en somme rien à son « être » (comment dire ?) ni à son « faire » (comment dire ?).

Mais les sciences humaines ? Pour deux raisons, les sciences humaines ne sont jamais parvenues à trouver leur aise dans le schéma de la science : elles ne profitaient guère de ses clartés, elles se perdaient dans ses ombres. On a habituellement présenté la première de ces raisons comme une raison strictement épistémologique, voir méthodologique. Si l'on admettait qu'un des critères fondamentaux de la science était l'unité sémantique virtuelle de toutes ses descriptions (impliquant à son tour l'unité ontologique du monde objectif et l'unité épistémologique ou conceptuelle de la science), alors il fallait constater que les sciences humaines ne parvenaient pas à se donner un objet tant soit peu scientifique lorsqu'elles s'efforçaient de leur côté de s'approcher du modèle qui devait leur garantir un tel statut, et réciproquement. Soit elles se perdaient en tant que sciences dans l'exploration de divers fantasmes, prenant alors leurs désirs de conquête pour la réalité de leur maîtrise, soit elles s'abandonnaient à l'étreinte de leur objet en y perdant toute identité distinctive. La sublimation en somme ne leur convenait guère. Mais ce ne sera pas l'objet de cette critique de le montrer ; ni de montrer que ce qui est fantasme, considéré du point de vue de la science et de sa critique, a toujours été en fait plein de sens objectif, en tant qu'idéologie comme on dit, du point de vue de la société et des sujets qui l'habitent. Mais pour parler de ça, il faudrait de toute façon savoir d'abord ce que signifie parler de la société et de sa parole, ce qui nous amène à l'autre de ces deux raisons, qui, elle, est ontologique.

On peut cependant remarquer que ce qui arrive présentement à la science sur le plan ontologique sert opportunément la prétention des sciences humaines d'être sciences : c'est en effet l'éclatement et l'abandon plus ou moins précipité de l'unité ontologique de son objet. Il n'y a pas besoin d'être reçu dans les mystères de la « gnose de Princeton » pour en avoir vent. Si les sciences humaines ne sont jamais parvenues à conquérir leur statut de Science, rien ne les empêche maintenant de cotiser au club des sciences. Tout est désormais dans le « s ». C'est en lui que s'exprime et se condense, depuis Kuhn sinon déjà Bachelard, toute la différence qui forme l'essence de la nouvelle révolution épistémologique. Les sciences sociales non seulement se cramponnent à cette lettre du pluriel, elles y entrent tout entières (on sait que les « s » font beaucoup de place, puisque c'est la lettre ouverte par excellence). La Science n'existant plus (et n'ayant d'ailleurs jamais existé, puisqu'il s'agit bien d'une norme idéale), la « réalité » étant donc désormais dissoute en une multitude de projections objectives qui n'ont plus ni foyer ni écran communs, les sciences humaines peuvent enfin se reconnaître sciences de plein droit. Elles deviennent des sciences dans la disparition de la Science, comme Rome devint Rome dans la destruction d'Albe (Michel Serres). Cela veut dire dans la transformation de la science en techniques. Il faut bien sûr se permettre quelque extrapolation pour dire ça, mais ce procédé même doit bien convenir aux sciences humaines. Ne sont-elles pas justement des sciences d'extrapolation, ne furent-elles jamais science que par extrapolation ? Il y a cependant un changement. Jusqu'à récemment, il fallait encore que les sciences sociales s'extrapolent elles-mêmes en se tirant par les cheveux, et cela les plaçait visiblement dans une situation de retard. Maintenant, elles peuvent enfin extrapoler les autres sciences, celles de la nature : d'un coup, elles sont au devant. Elles n'ont plus qu'à attendre, pour devenir ouvertement les sciences reines, que la nature soit complètement dissoute dans l'artificialité technologique, qui ne se présente plus à nous comme « monde », mais nous sert d'environnement.

Mais revenons au problème ontologique. On peut le formuler de la manière suivante : quel est le statut de réalité de la société (du social, de l'historique, de l'intrinsèquement significatif, de ce qu'on nommera comme on voudra et qu'on accrochera par le bout qu'on veut, pourvu qu'il s'agisse de cela qui parle à son propre compte) ? Quel est son statut de réalité du moment qu'on admet que l'être-de-la-société comprend l'être-de-la-parole – et par-dessous, l'être-de-la-perception, – et que, par conséquent, l'être-de-la-société comprend l'être-du-rapport-à-l'être ? Et on est bien obligé de l'admettre si l'on ne veut pas se complaire dans le paradoxe et trouver orgueil à s'enfermer dans le solipsisme. Pour ne pas s'en remettre à cette évidence, dès qu'on « réfléchit », il faudrait continuer à admettre que « Dieu » n'a pas disparu en tant que personne ou sujet – ce qui veut dire bien sûr, de notre point de vue, qu'il s'agit d'un sujet qui s'intéresse à l'être, qui s'y manifeste et y intervient ; qu'il ne s'est pas effacé comme sujet en qui coïncident « être » et « conscience », et dont la conscience est immédiatement créatrice de ses objets. En dehors de la dialectique, Dieu reste la seule solution substantialiste « raisonnable » du problème, une fois que les termes de ce problème ont été posés distinctement, « ici-bas »[2].

Il n'est pas besoin alors d'une exceptionnelle intuition critique pour se rendre compte qu'une telle question n'intéresse pas seulement les sciences humaines « du côté de leur objet », et donc qu'elle ne concerne pas qu'elles seules. Elle les concerne tout aussi directement « du côté où elles sont sujet », c'est-à-dire justement du côté où elles s'avancent vers leur objet en tant que sciences, et plus généralement en tant que discours. Car d'où viennent-elles en tant que sciences, sinon de la Science ; d'où viennent-elles en tant que discours, sinon elles-mêmes de la société qui

---

2. Voir à ce sujet Nicolas de Cuse, Vico, Hegel. Voir aussi Apel, *Transformation der Philosophie,* 2 vol. (1973), et en particulier, vol. II, p. 330 ss : « Der transzendentalhermeneutische Begriff der Sprache », ainsi que vol. I, p. 106 ss : « Der philosophische Wahrheitsbegriff als Voraussetzung eines inhaltlich orientierten Sprachwissenschaft ».

est leur objet ? D'où vient la Science, d'où vient son objet ? D'où vient la société et son monde, en autant qu'il n'est pas le monde de la science, le « monde-objectif » ? Et surtout (puisqu'on nous a déjà laissé poser la question de l'« être-de-la-société » en tant qu'il comprend l'« être-du-discours » et son rapport à l'« être-du-monde »), dans quel procès de devenir de « cet être-là » vient le rapport-à-l'être de la science, l'unité spécifique de son « faire et penser », l'unité de son « être-objet », et finalement, leur réciproque unité dans la « connaissance » ? Le chemin de la connaissance est ontologique.

Je vais commencer par me permettre de parler, par simple commodité, du « concept d'être », bien qu'« être » ne soit pas proprement un concept, qu'il ne le devienne qu'en se dédoublant, qu'en se dépliant : alors seulement il parvient à se présenter, dans une présupposition de lui-même, comme ce qui lui convient. Alors également le problème de l'être devient celui de la vérité (le *logos*). Ce « concept » se présentera bien tout seul à mesure qu'on avancera, comme non-concept, qui est cependant, par son histoire, concept quand même. « L'Être est ce qui est. » La question classique, antique, de l'être comme être ou comme devenir sera ici considérée comme secondaire : nous considérerons que les deux termes qui lui répondent sont déjà enfermés dans « l'être est ce qui est », qui comprend donc aussi bien le *panta rhei,* le « tout coule, tout ce qui est change, tout est devenir ». Nous ne chercherons pas la formulation du problème et sa solution entre Parménide et Héraclite (même si l'on pressent que la réflexion nous conduira plutôt vers l'ombre de celui qui fut justement appelé l'« obscure »). Prenons plutôt le problème comme étant celui du rapport entre la « copule » et la « substance ». Or, ce rapport ne fut pas toujours tel que « l'être est ce qui est » (ou *panta rhei*) pût avoir un sens. Être ne fut pas toujours un genre, le genre ultime de tous les genres. Et pourtant, toute langue parle des choses saisies dans leur présence et leurs différences.

« La » réalité n'est pas le mode univoque de tout ce qui est présenté aux hommes comme terme d'un rapport effectif. « Être » a une histoire. La « réalité » est le produit d'une genèse historique. L'unification du réel sous le mode de l'« être » (ou sous celui du « devenir ») peut donc être examinée d'une manière critique : on peut faire une critique ontologique, et pas seulement épistémologique ou logique, de l'ontologie. Cet examen peut nous apprendre certaines choses essentielles, fondamentales touchant au rapport de l'être et de la pensée, de la « réalité objective » et de la « conscience subjective », et qui concerne aussi le rapport de la pensée à soi-même, compris comme « être de la pensée », pour aboutir finalement à la question qui nous intéresse, celle du rapport de la société avec soi-même (dans la pensée ou le politique ou l'esthétique ou la science ou la technique, etc.). Dans ce cheminement sera alors compris (en droit) tout ce qui concerne les formes historiques du rapport entre la société, la pensée sociale, et l'être, le monde, et donc aussi la forme que prend ce rapport dans la pensée scientifique, en tant qu'il est lui-même une forme particulière, qui ne saurait donc prétendre inclure en soi toutes les autres ni les effacer en les rejetant dans un « ailleurs » absolu avec lequel la démarche scientifique n'aurait plus gardé aucun contact, à l'égard duquel elle n'aurait pas conservé de dette. Car cette dette est lourde : c'est justement celle du réel, de l'être saisi en son être et en son nom.

LA PAROLE DE L'ÊTRE : LA PRÉSENCE DU MONDE DANS LES COMMUNAUTÉS DE PAROLE OU DE CULTURE

Dans les sociétés que nous appelons primitives (et il est bien vrai que par rapport au développement qui nous permet de comprendre ce que nous sommes devenus, elles sont aussi bien « premières » et « restées derrière »), la parole, le sens ne sont pas séparés du monde : le langage est le mode de l'être. Tout parle, et non l'homme seul. Le monde fait partie de l'autre – de l'*alter ego*. Fût-il parfois étrange, jamais il n'est totalement étranger, et s'il le devient, il ne peut plus alors qu'être absurde. L'homme dès lors fait lui-même partie du monde, puisqu'avec le monde il dialogue.

L'homme est au monde dans le langage ; dans le langage le monde se tient non seulement devant l'homme, mais avec lui, à son côté. Et si exister, c'est être dans la parole, être un « être-de-parole » qui signifie lui-même expressivement, alors tout, devant l'écoute et l'entendement de l'homme, se tient et s'avance d'abord dans sa propre parole, celle où s'exprime son être propre, son propre « sens » ; tout se signifie et se dit soi-même, que ce soit de manière claire ou obscurément, sous un mode familier ou mystérieux, à forte voix ou à voix basse, en suscitant la fascination ou l'inquiétude. Et c'est ainsi que le monde écouté et entendu en sa parole propre est déjà objet d'interprétation dans la parole des hommes. La pensée scientifique n'échappe d'ailleurs pas à cette dimension métaphorique de l'être : elle loge tout entière en elle. Elle a seulement unifié sa métaphore, elle ne procède plus à ses interprétations qu'à l'intérieur d'une seule métaphore, totalitaire, qui met en rapport à priori le monde de la « présence sensible » et les figures formalisées de la proportion. En situation idéale, il est vrai que la science peut ainsi faire abstraction de sa propre interprétation métaphorique pour ce qui est du rapport qu'entretiennent entre elles toutes les propositions descriptives ou objectives appartenant au même champ scientifique et, par extrapolation normative, au champ lui-même unifié de la connaissance scientifique. Mais cet argument ne vaut plus rien lorsqu'il s'agit de confronter une connaissance scientifique et une connaissance sociale extrascientifique, c'est-à-dire précisément lorsqu'il s'agit de comprendre quel est le rapport entre la connaissance scientifique et le monde de la représentation commune. Or, ce rapport existe nécessairement, puisque la science comme telle n'a établi aucun nouveau mode sensible de rapport au monde : elle travaille toujours sur un mode de « présence » qui lui est déjà donné, non seulement au niveau « sensible », mais aussi au niveau symbolique, ce qui se traduit précisément par le fait qu'elle emprunte à la langue commune le verbe « être » (et bien d'autres choses d'ailleurs). Pour le néo-positivisme, le problème de la réduction du verbe « être » apparaît alors comme celui du passage de « l'occurrence expérimentale », du « fait », à la « proposition de base » : or, ce passage est impossible à effectuer selon la méthode behavioriste à laquelle le néo-positivisme est lié par nécessité[3].

Mais alors, dans la condition première de la culture humaine, toute parole est précisément véridique, « parole d'être ». Toute parole est « parole de vérité », coïncidant avec l'ordre du monde, situant l'être de chaque « être » en sa place dans l'ordre d'ensemble de tous les êtres[4]. À moins qu'elle ne soit justement parole mensongère ou bien enfin énigme posée à l'homme. C'est pourquoi aussi dans la compréhension se manifeste la véracité de celui qui comprend, son accord donné, sa « sagesse ». Toute incompréhension est un égarement dans la réalité, une errance ; toute erreur est une infidélité, une trahison, un mensonge.

---

3. La critique de cette impossibilité a déjà été faite, notamment par Merleau-Ponty (*Phénoménologie de la perception, La structure du comportement, L'œil et l'esprit, Le visible et l'invisible*). Voir aussi Adorno, Popper, Dahrendorf, Habermas, Albert, Pilot (1969).

4. On pourrait citer d'innombrables références à ce sujet, allant de la Grande Parole des mélanésiens (voir Leenhardt, 1971) à la « vérité », *Maat,* de l'ancienne Égypte, qui n'est pas la rectitude du discours en son accord avec la réalité extérieure, mais directement l'« ordre du monde » compris en son juste maintien, dans son immuable déroulement (voir Frankfort, 1951, et aussi Panofsky, 1968), et jusqu'au *logos* présocratique tel que l'« écoute » justement Heidegger (1958).

Toute « faute » est donc elle aussi objective ou plutôt, ontologique (la séparation « kantienne » entre le théorique et le pratique n'a pas encore trouvé de sens simplement parce qu'elle n'a pas encore eu lieu).

Alors, une seule chose n'existe pas (ex-ister), comme telle, devant la parole et en elle, parce qu'elle n'a pas de voix propre, et c'est la parole elle-même, comprise en sa structure et dans son statut de médiation. Les sociétés de parole sont ainsi, selon le mode spécifique de leur être, des sociétés sans langage. Elles n'« ont » pas de langage parce qu'elles sont dans le langage avec leur parole, elles n'en ont pas acquis la propriété en l'objectivant, même si, comme on le verra, le mythe procède déjà d'une objectivation sociale du « langage ». C'est pourquoi aussi l'ethnologue peut venir objectiver à son propre compte, au risque de le réifier, ce langage « caché » qui ne transcende toute parole dite en lui que parce qu'il en a déjà informé le sens, et qu'en son sens, chaque parole, chaque chose nommée est déjà venue prendre ou plutôt reprendre sa place immuable et nécessaire parmi toutes les autres. Il ne s'agit pas ici de dé-placer la positivité de l'être dans l'ordre du langage, dans lequel le caractère immuable demeure bien sûr principiel, comme je tenterai de le montrer : c'est d'ailleurs pourquoi la perception du changement, non médiatisée, se produit sous le mode de l'« étrange », du « non-sens », puisque justement le changement (le conflit) modifie l'ordre de réalité qui est directement l'ordre symbolique. Le changement dans la réalité apparaît donc « immédiatement » comme une déformation du sens, comme une déchirure dans le signifiant qui ne se distingue pas de la signification propre au signifié lui-même.

Dans les « sociétés de parole », le langage comme médiation de toute représentation de l'être agit tellement sans relâche, sans repos et sans détachement, qu'il n'y prend jamais, devant une pensée devenant réflexion, la place de l'objet, comme « parole muette », simple signification détachée du monde. Signification et vérité ne se sont pas encore séparées, il n'y a de signification qu'en la vérité, et toute vérité est parole de l'ordre, parole de réalité. L'ordre social, qui ne s'est pas construit au-dessus de la société comme « pouvoir », est lui-même en son fondement entièrement projeté sur le monde, et toute pratique ne se reproduit que par le consentement qu'elle donne, dans l'accomplissement de son propre sens, au sens du monde où elle prend place. Et du même coup, les objets, les termes objectifs de la pratique significative parce que signifiante, tout ce qui est au monde dans et par le langage inconsciemment structuré par l'action, n'y occupent jamais la place de la chose, c'est-à-dire tout simplement de l'objet muet. Entre sujet et objet, le langage comme voix établit le volume, le relief, la configuration, la présence multiforme de l'être, de l'être compris en sa variété de voix et sa communauté d'existence, en la réciprocité essentielle de tous les êtres dans la parole échangée, dite et entendue. Tout ce qu'il n'y a pas, c'est avec l'être-de-la-parole (son existence distincte, instrumentale), celui de la choséité, c'est-à-dire la réalité qui, tout en appartenant à l'être, se tairait, serait muette, obtuse, fermée sur soi et en soi. Ce qu'il n'y a pas encore, c'est l'homme qui se surprend finalement à être seul à parler, libre et responsable de la parole, pouvant dire n'importe quoi, sauf qu'il doit alors en rendre compte aux autres hommes, et à eux seulement, et qui dès lors ne vit plus dans la vérité ou dans la crainte de la perdre, de lui échapper, mais la cherche ; qui n'habite plus la réalité, mais doit la découvrir, la re-chercher. Socrate peut alors dire : « Ce ne sont pas les arbres dans la forêt qui t'apprendront quelque chose, mais les hommes sur l'agora ». Avec ces hommes, ces *alter ego,* commence alors aussi un dialogue qui n'est plus d'échange seulement (ou de dérobade), mais de défi ; qui n'est plus seulement de participation, mais de contestation.

Non pas qu'il n'y ait eu, auparavant, aucune distance, aucune opacité, aucune fissure entre le monde et la parole, entre les choses et leur sens. Toute la vie collective des sociétés primitives au contraire tourne autour de la fissure, pour la colmater, la cicatriser, cherchant à capter à nouveau le sens en arrière de sa déchirure, à confirmer inlassablement la signification qui risque sans cesse de se dérober dans sa propre opacité, de s'échapper, de se dissiper, de se mélanger. Car cette signification-vérité où l'on est tenu de se maintenir pour ne pas tomber dans l'errance, dans le non-sens ou dans l'*ubris,* chaque conflit, chaque dissonance entre les hommes et leurs voix, chaque imprévu dans la nature, tout cela la trouble. Cette parole, dans laquelle elle s'exprime, sans cesse elle menace de se brouiller et de s'embrouiller. Toute chose a ainsi besoin du mythe (la « Grande Parole » objectivée au-dessus et à l'origine des petites paroles quotidiennes) pour être confirmée et tenue en sa parole juste, en sa juste place dans le monde, qui est aussi sa place nécessaire devant la pratique des hommes, telle qu'en chaque société elle a déployé sa structure d'interdépendance et son mode propre de dépendance vis-à-vis du monde extérieur. Mais le mythe lui-même se présente encore comme « Parole » du monde, non plus certes du monde immédiatement présent ici et maintenant, ce monde manifeste qui subit directement l'attaque du temps, les tensions résultant des luttes, et où surgissent l'imprévu et l'inouï, mais le monde en son essence immuable, le monde en son origine, qui seul sous-tend encore et garantit le maintien de l'ordre présent. À mesure que le pouvoir prendra le relais du sens dans la reproduction de la société, le mythe cessera d'être directement mythe de fondation du monde, il se présentera comme mythe de légitimité du pouvoir. La Grande Parole, qui parle encore à travers le monde, s'éloignera, deviendra abstraite, deviendra Dieu (et alors il faudra entre lui et les hommes une médiation : le sacerdoce, la révélation, le rituel spécialisé). Et plus tard, lorsque le pouvoir dans l'État prendra une forme encore plus abstraite, Dieu aussi s'éloignera davantage, deviendra « principe » (le *deus absconditus* de l'éthique bourgeoise), finalement deviendra Raison : la « nécessité de la liberté ».

De telle façon que la vérité (celle qui, dans la science, deviendra la « vérité objective, positive ») n'est jamais, dès son origine, présence immédiate du monde dans l'expérience significative. Elle ne s'apparaît jamais à soi-même que sur fond de doute ou de crainte. Toujours, elle est déjà un chemin, celui de la volonté qui doit vaincre sa crainte, et qui doit aussi s'en convaincre. La vérité pour se saisir doit se mirer et se regarder, se surprendre elle-même sur un miroir déjà terni par le mensonge. L'unité de la signification et de la vérité n'est donc jamais donnée dans une évidence immédiate, elle est toujours déjà postulée à travers le doute qui la fissure, anticipée comme suture de la déchirure. La vérité ne se rencontre elle-même dans la parole vraie que sur le fond repoussé d'une parole fausse ou insensée. Ainsi, partant de son propre doute, toute parole doit-elle se mettre à l'écoute : parole qui doit tendre l'oreille. Dès l'origine donc, la réalité a une profondeur ; en arrière de sa propre parole, elle se tient toujours déjà comme sous le masque, masquée par le doute qui hante « celui qui entend la parole ». La réalité ne s'étale jamais nue à la surface de l'expérience. Et c'est donc depuis l'origine que se profile dans l'être cette déchirure qui atteindra chez Kant la valeur ontologique d'une distance infranchissable entre le « phénomène » et la « chose en soi » qui non seulement n'a plus de parole, mais qui d'aucune parole humaine ne peut plus renvoyer l'écho.

Dans ce doute et dans cette écoute attentive qu'il impose, s'inscrit déjà une histoire, une transgression du sens lorsqu'on va d'une parole à l'autre, d'un événement à tous ceux qui ne trouvent plus exactement leur place et identité en son sens, de chaque homme à tous ceux qui n'ont pas tout à fait la même vision ni la même écoute. Alors, chaque parole pointe son sens en arrière de soi et, par là, marque un sens, indique une direction vers cette origine où elle fut liée à toutes les autres. Il lui faut ce détour pour trouver, retrouver sa place. En son doute surmonté, tout dire, toute affirmation est déjà histoire : il n'est d'emblée de sens qu'historique, dès lors qu'il ne se saisit plus directement comme être mais comme sens. Hors de toute histoire, rien n'est dit, il n'y a que des choses entendues : le bruit du monde. Cela, personne ne le sent aussi fort que la société primitive pour laquelle aucune parole ne veut jamais rien dire si elle n'est reprise, répétition, actualisation de la Parole originelle, écoutée, interrogée, entendue, conservée. Par cette obsession de la conservation du sens, la société primitive est totalement gardienne d'histoire, et c'est pourquoi il est juste aussi de dire qu'elle n'est pas encore une société historique, puisque cette histoire qu'elle garde jalousement, sur laquelle elle veille anxieusement comme les Vestales sur le Feu, elle ne la fait pas. Pour faire l'histoire, il faut la perdre d'abord : il n'y a de commencement d'histoire que d'une histoire autre, qui ne peut plus seulement se raconter, mais qu'il faut faire.

Dès lors ce doute, cette incertitude, cette inquiétude qui dans la société primitive de chaque parole font une question, c'est toujours encore dans la « parole du monde » qu'ils trouvent leur réponse. L'interrogation ne fait que tracer autour de chaque chose particulière un contour de réalité sur frange d'incertitude, une saillie ou un relief d'objectivité. La « réalité » reste attachée à chaque chose particulière, elle n'est rien d'autre que la présence particulière de celle-ci sur son fond propre, sur son fond proche. La question, l'interrogation ne subsiste jamais en elle-même, elle ne s'accumule pas sur soi-même en un doute généralisé, en une mise en doute ou en question de toute chose possible. Ainsi ne s'ouvrent pas encore entre la parole et le monde une distance uniforme, unifiée, continue et permanente, un fossé bien tracé que seuls alors pourront franchir des ponts de méthode, construits pierre par pierre, pas par pas, phrase par phrase, raison par raison. « La » réalité, cette autre rive de l'action humaine, vers laquelle l'homme peut jeter ses ponts et envoyer ses vaisseaux, même si déjà en toutes choses elle ex-iste, n'a pas encore reçu sa constitution. Symétriquement, la parole elle-même, comme parole significative, comme concept, n'existe donc aussi qu'à l'ombre du doute. Sans l'ombre d'un doute, il n'y eut jamais que des cris, mais pas de parole. Nous aussi, nous ne prenons encore conscience de la distinction entre l'objet et sa représentation dans le sujet (son concept), que lorsqu'une nouvelle appréhension s'oppose par son contenu à une représentation antérieure ou à la représentation d'autrui : la « découverte de l'erreur », de la différence fait alors apparaître l'« image », la repré-sentation comme telle, le sens comme signification. L'unité de la signification et de la vérité n'est donc pas tellement donnée dans une évidence immédiate, que postulée à travers le doute qui la fissure, cette fissure qui est rappel de genèse et appel d'histoire.

LA SÉPARATION ONTOLOGIQUE DE LA PAROLE ET DE L'ÊTRE DANS LES « SOCIÉTÉS D'INDIVIDUS » OU D'« ACTION »

Entre la société primitive et nous, il s'est donc produit une rupture, une transformation qualitative de structure dans les suites de laquelle nous vivons encore, nous et notre connaissance, c'est-à-dire notre science et son mode de réalité, dans la mesure du moins où nous la comprenons encore dans son acception classique de connaissance objective. L'orientation « opérationnelle » du nouveau savoir technicoscientifique, en rupture avec la science positive « classique », inaugure de son côté une désontologisation de l'objet de la connaissance et une objectivation réifiante des opérations épistémiques du sujet cognitif. L'objet du savoir est en effet compris de plus en plus explicitement comme l'ensemble des conditions de cohérence et d'efficacité de la pratique technique, entendue comme « réalisation optimale du programme » dont la finalité devient quelconque (en même temps extrinsèque, c'est-à-dire « politique », et particulière, c'est-à-dire « pragmatique »). L'idée du « monde » tend alors à se dissoudre dans celle d'une « comptabilité générale des programmes » sur le plan pratique, ou effectif, et la mathématique devient ce qu'elle fut toujours : une logique de l'action. Mais il s'agit cette fois-ci d'une action entreprise sans présupposé d'unité formelle, d'une action qui serait quelconque et perdue si elle ne procédait pas de quelque « besoin du temps ». La « réalité » dès lors n'est plus « au-devant d'elle », mais « en arrière d'elle », enfouie dans l'inconscience de la genèse. C'est ce que proclame l'épistémologie moderne en annonçant la « mort du sujet » : non pas que le sujet n'existe pas, mais qu'il est en voie de se déposséder de lui-même et donc aussi de se déposséder du monde.

Mais il fallut d'abord, pour ce faire, que le sujet vint au monde en se détachant de lui. C'est sans doute Hegel qui a le mieux saisi cette transformation, comme formation de la société civile fondée sur la propriété individuelle et la liberté personnelle qui lui correspond[5].

---

5. Voir en particulier les écrits théologiques de jeunesse (présentés par Lukacs dans *Le jeune Hegel,* 1981), les deux livres de la *Realphilosophie* de Iena (1804-1806), et bien sûr les *Principes de la philosophie du droit.* Une

D'autres ont voulu invoquer des innovations techniques, dont la première est alors l'invention de l'écriture. Le concept cependant n'est pas aussi clair qu'il peut paraître. Relativement à l'émancipation vis-à-vis de la pensée mythique, l'invention de l'écriture alphabétique, phonétique, a une signification sans doute plus essentielle que l'invention des différentes écritures idéographiques comme les hiéroglyphes (les cunéiformes méso-potamiens ont un caractère déjà plus « moderne », comme d'ailleurs le droit et les épopées propres à ces sociétés). Et il ne faut pas oublier non plus que l'écriture à son origine a souvent servi de prolongement au mythe, en permettant justement de dire « c'est écrit » et donc à faire taire[6].

Le plus souvent, on s'est contenté d'invoquer le « miracle grec », pour en faire une sorte de lieu de naissance absolu et originel de la Raison. Il me semble que, sans vouloir diminuer la portée historique du moment hellénique, il faut néanmoins se référer plus généralement au développement d'une société marchande et individualiste, développement qui s'est produit d'abord d'une manière dispersée et « intersticielle » dans diverses périodes et segments des sociétés de l'Antiquité, et qui a alors trouvé dans la Grèce ancienne un terrain dont il a pu s'emparer et où la nouvelle structure sociétale a pu déployer plus qu'ailleurs sa logique propre[7].

D'une manière générale, le positivisme a toujours accentué la coupure impliquée dans le changement de structure dont il est question ici. Déjà, Francis Bacon avait clairement saisi que la constitution de l'objectivité scientifique impliquait la répudiation de toute valorisation téléologique immanente à la nature et l'assujettissement du « point de

---

excellente présentation de ces textes est faite par Shlomo Avineri dans *Hegel's Theory of the Modern State* (1972). Erwin Panofsky en donne égale-ment une bonne description structurelle en partant de l'analyse comparée des formes d'expression esthétique de l'ancienne Égypte, de la Grèce, du Moyen Âge et de la Renaissance, dans *L'œuvre d'art et ses signification* (1969).

6. En Chine, par exemple, l'écriture puis l'imprimerie n'ont servi origi-nellement ni à la diffusion ni à l'autonomisation de la pensée, mais à l'authentification du discours d'autorité et à sa conservation. Voir par exemple, Joseph Needham (1974).

7. Alfred Sohn-Rethel (1978) a ainsi proposé une « épistémologie matérialiste » où il fait dériver directement, matériellement, les catégories à priori de Kant des catégories marchandes réduites elles-mêmes au fait physique de l'échange. Une telle tentative, qui méconnaît en même temps la dimension « transcendante » des catégories et la nature formelle des rapports sociaux d'échange, ne peut bien sûr qu'être insignifiante sur les plans ontologique et épistémologique.

vue de la science » à l'intérêt humain particulier orienté exclusivement vers l'utilisation instrumentale de la nature. On sait comment c'est à partir d'une critique du positivisme que Jürgen Habermas (1976) a développé sa conception de la pluralité des intérêts cognitifs et pratiques, engendrant alors autant de modalités ontologiques et épistémologiques spécifiques (voir aussi Apel, 1973). Cependant, si la voie méthodologique de la recherche philosophique n'est pas celle de la science, celle-ci poursuit fondamentalement le projet de la philosophie, avec d'autres moyens. Il y a donc une continuité ontologique entre le mode de la réalité selon la philosophie et selon la science, continuité que le positivisme s'est efforcé de rompre. En attendant, c'est encore vers le langage que s'est tournée la philosophie pour tenter de retrouver ou de reconstituer une cohérence qui avait fini par s'estomper et disparaître au niveau des paroles. Le premier effet de la philosophie fut donc d'opérer une objectivation du langage, non certes comme donnée empirique ni comme système instrumental, mais comme structure expressive : elle constituait ainsi pour la première fois explicitement le langage, l'univers sémantique, en structure unifiée par principe. Conservant le postulat que le langage énonçait l'être, mais consciente qu'il disait d'une manière équivoque un être désormais caché et problématique, c'est encore par une réflexion critique sur le sens donné dans le langage qu'elle a cherché à établir les conditions de tout énoncé véridique sur l'être, pour saisir justement celui-ci en sa vérité universelle, essentielle. La philosophie partait donc du fait qu'une rupture s'était opérée dans l'adéquation postulée traditionnellement entre parole et réalité, entre signification et vérité. Mais il lui fallut ensuite, pour fonder sa propre radicalité, transformer un tel fait en norme. Elle a donc inauguré elle-même son propre espace (certes seulement par une systématisation rétrospective) en procédant à la généralisation formelle de ce doute qui avait déjà commencé à surgir partout dans les rapports sociaux avec la libération de la pratique individuelle. À cet égard, on connaît la démarche de Descartes, et le rôle que jouèrent les sophistes avant que Platon et Aristote puissent faire le projet d'une réappropriation systématique de la vérité ontologique fondée sur la puissance autonome de la raison. Mais bien avant les sophistes, toutes les théories de la nature élaborées par les philosophes présocratiques s'étaient déjà appuyées sur une dénonciation explicite des errances et des contradictions de l'« opinion ». Or, cette opinion, la *doxa,* n'a pu apparaître que dans le vide laissé par l'effacement du mythe ou par la prolifération de mythes différents et contradictoires.

La simple « écoute » du monde étant devenue vaine, l'esprit, avec la philosophie, s'est donc tourné d'abord vers le dedans pour devenir « entendement » : l'homme, refusant de rester muet, s'est efforcé de se ressaisir de la parole signifiante en sa parole même, de capter en elle ce qui doit se dire en nécessité au sujet de tout ce dont elle prétend dire quelque chose sans se contredire, c'est-à-dire justement sans renier en elle-même cette vérité immanente à l'être-qui-se-dit, vérité qui devenait la vocation de la parole humaine précisément parce qu'elle avait cessé d'être donnée immédiatement dans la présence des choses. Mais c'est toujours en tant qu'elle se rapporte à l'Être, à la présence, que la signification peut se contredire dans la parole. Le philosophe s'est donc donné pour tâche de découvrir, à travers sa propre parole critiquée et redressée, la vérité de l'« être-en-soi », de l'être conçu comme mode commun de tout ce qui est. Ainsi la philosophie a rassemblé la « présence » éparpillée en toute chose, elle l'a recueillie dans le concept d'« être », dont la science a pu alors s'emparer tout en oubliant le « travail de la philosophie », tout en se donnant l'impression qu'il s'agissait de la chose la plus évidente, indiscutable et originelle du monde, sa propre possession originelle.

Ainsi, l'espace épistémique et ontologique de la philosophie, puis de la science, se crée lorsque le monde se tait, lorsque, sous l'effet de la dissolution de l'ancienne unité culturelle de la communauté (prolongée idéologiquement dans les structures de la royauté divine traditionnelle), l'ancienne parole qui trouvait sa cohésion et sa garantie de véracité dans le mythe finit par se présenter comme une cacophonie inintelligible (« inentendable »), comme un bavardage inconsistant et contradictoire, insignifiant, incapable dès lors aussi d'orienter les pratiques objectives et de réaliser leur « intégration fonctionnelle ». En effet, le développement de la mobilité individuelle et de l'autonomie des pratiques sociales indivi-dualisées requérait de nouvelles formes d'intégration sociale élargie (poly- ou supra-ethniques, ou « culturelles »), de nouvelles normes de régulation et d'intégration abstraites régissant les diverses pratiques fonctionnelles de manière seulement virtuelle et générale. Ces nouvelles normes « institutionnelles » devaient dès lors définir les rapports sociaux et leurs objets, abstraction faite des modalités particulières, divergentes, selon lesquelles elles pouvaient désormais être réalisées « librement ». C'est seulement sur le plan de ces abstractions formali-sées (celles des catégories juridiques au sens habituel, ou moderne, du terme) que s'opèrent désormais la coordination et l'intégration structurelle des pratiques sociales issues d'horizons sociaux multiples et porteuses d'intérêts divergents. Du même coup, les catégories sociales s'élèvent au-dessus des pratiques concrètes, pour les assujettir à un sens général abstrait où ne s'exprime plus directement leur propre mode de possession concret des choses (ce dernier ne subsistant plus socialement qu'à titre de « culture privée », structurellement indifférente aux conditions de la reproduction sociétale institutionnalisée).

Dans la situation primitive, il n'était pas question de définir des mots, des « institutions », il s'agissait seulement de nommer des êtres selon leurs noms propres, qui saisissaient directement, bien que de manière inconsciente, leur identité ou leur coïncidence, leur parenté avec les gestes concrets par lesquels s'exerçait leur appropriation sociale. Tout ce qui constituait le « sens du mot » s'acquérait alors implicitement et immédiatement dans la fréquentation socialisée de la chose elle-même : dans le rapport de mon geste à celui des autres ; dans le rapport de ce geste-ci sur cette chose-là à tous les autres gestes sur des choses semblables ; enfin dans tous les rapports de différence de toutes ces classes entre elles, formant la diversité du monde objectif, sa structure sémantique justement donnée dans le sens de chaque parole. Tel était le mode de différenciation significative de tous les objets possibles d'expérience. Alors, toute pratique en sa signification était vécue comme fidélité donnée à la chose qui est son objet, et dans ce geste de fidélité, elle se trouvait elle-même accueillie dans le monde, par lui, en sa juste place. Toute chose au monde était alors norme d'action.

Dans ces conditions, il n'était d'existant que sous le mode d'une présence déjà spécifiée, de telle façon que cette présence ne pouvait pas être à son tour abstraite et pensée comme le mode commun d'appartenance à l'existence de tous les êtres. En chaque être particulier, la « substance » n'apparaissait pas comme distincte de ses « attributs », de ses qualités.

Il a donc fallu d'abord que les diverses caractéristiques spécifiques des êtres qui se présentent distinctement dans la présence soient mises en question, qu'elles deviennent incertaines et problématiques, qu'elles soient discutées dans la communauté et qu'à leur sujet on s'y dispute, pour que cette appartenance à l'être de tous les êtres devenus problématiques en leurs identités particulières puisse et doive être conçue séparément, comme base et comme condition de cette interrogation elle-même. Alors seulement on pourra dire : quelle est cette réalité ? Quelles sont donc les propriétés de cette chose ? Alors aussi, le mot « être » va se dédoubler, et dans ce dédoublement va s'ouvrir la carrière de la philosophie. D'une part il va signifier le mode ontologique du réel, le fait d'être, la présence de l'être et, d'autre part, il va exprimer la copule du discours, l'attribution à l'« être » de toutes les qualités séparées par lesquelles il se manifeste et se distingue. Et la fin de ce discours, la « vérité », consistera alors en l'établissement de leur concordance dans l'énoncé, au terme d'une procédure d'expérience et de pensée réfléchie. Et du même coup, cette « présence », désormais pensable en dehors de ses attributs, pourra aussi être assignée à tout ce qui n'est pas immédiatement dans l'expérience, à ce qui n'y a jamais encore été de fait *hic et nunc* ; elle deviendra le mode significatif commun de tout ce sur quoi une question objective peut être posée. L'être désignera le champ de toute expérience possible, de tout ce qui n'a encore rien dit de soi-même, mais dont il est ou sera possible de parler, maintenant ou un jour. La « réalité » deviendra ce qui est en attente, en virtualité d'être rencontré, découvert, représenté, et connu alors seulement tel ou tel, alors seulement dit, en un dire nécessairement détaché d'elle, et donc aussi toujours provisoire.

Si on accepte de l'élargir, l'analyse que Marx a faite du rapport entre « valeur d'usage » et « valeur d'échange » peut figurer très correctement ce déploiement structurel où la « réalité » prend forme comme terme unifié d'un ensemble indéfini de pratiques virtuelles, et cesse donc de se confondre immédiatement avec les modes particuliers d'appropriation inhérents à chaque pratique sociale concrètement et normativement spécifiée à priori en même temps dans sa forme et dans son terme objectif par une culture entièrement intégrée. Alors la stabilité, l'identité, la spécificité ontologique de la présence de chaque être ne coïncide plus avec les normes, les injonctions, les tabous, les interdits qui régissaient justement les pratiques à travers leur réification, leur projection sur les choses, comme c'était le cas lorsque la configuration significative du monde guidait, par un retour dialectique, la pratique vers la reproduction incessante de sa propre structure.

Avec la séparation du mode de l'être et des propriétés particulières de chaque être est née l'idée que les propriétés des choses ne coïncidaient pas nécessairement avec leurs attributions socioculturelles, l'idée donc que la réalité se tenait en quelque sorte « cachée » derrière les termes concrets des pratiques particulières régies par des intérêts sociaux particuliers, fluctuants, contradictoires ou, comme on disait jadis, « soumis à l'empire des passions ». Mais si la réalité en se distançant ainsi de l'action se chargeait d'une consistance ontologique propre et se consolidait sur soi-même en profondeur en tant que terme ultime de toute pratique humaine possible, la possibilité inverse s'ouvrait du même coup de concevoir en son autonomie la pratique humaine et son sens. Celle-ci n'apparaissait plus comme cette fidélité accordée au monde, simple consentement donné à sa parole, mais comme un cheminement autonome vers la réalité. Mais aussi, dès lors que cette pratique libérée n'était plus directement accordée à la réalité par des normes significatives intégrées assumant à priori les conditions minimales de la reproduction de la vie sociale, il fallait aussi qu'elle ne devint pas simple errance, qu'elle sache au contraire se donner à elle-même des règles et une direction. C'est alors que le sens prend son double sens, de signifier l'être, et d'indiquer un mouvement, une direction, une progression orientée du discours. Ces règles d'orientation furent, dans la philosophie et dans la science, les règles de la logique, puis de la méthodologie empirique, expérimentale. En elles, il faut donc voir, non l'expression d'un dédain affiché à l'égard de l'être, une manière arrogante de lui tourner le dos, mais, au contraire, l'expression d'une volonté patiente, sinon modeste, de ré-appropriation, par-delà la séparation intervenue entre la pensée et l'être, entre la signification et la vérité.

COUPURE ET CONTINUITÉ ENTRE L'ÊTRE DU MYTHE ET L'OBJET DE LA CONNAISSANCE MÉTHODIQUE

L'épistémologie française moderne est sous le signe bachelardien de la coupure, avec bien sûr la grande exception de Merleau-Ponty, qui finira bien un jour par renverser la règle dans le jugement rétrospectif. C'est pourquoi, je voudrais, après avoir, dans un premier temps, marqué la différence de structure par laquelle s'opposent la pensée mythique (et le sens commun réaliste) et la pensée philosophique et scientifique, corriger l'impression de discontinuité radicale qui pourrait s'en dégager, quoique à contresens de l'analyse dialectique que je me suis efforcé d'effectuer. Car c'est justement en raison de cette continuité qu'une critique radicale du positivisme scientiste peut être effectuée, et que le champ ontologique des rapports sociaux, en tant qu'objet de la connaissance de la société, pourra finalement être situé.

La réalité objective de la science, l'être distant, séparé, unifié par aplatissement, n'est donc pas l'original de la substance : il emprunte au contraire sa substance à la « présence » de ce qui se donne en un rapport de solidarité et d'échange avec les hommes dans la connaissance commune comme dans l'expérience mythique. La vérité du jugement objectif, qui est comprise depuis Aristote comme *adaequatio rei et intellectus* [8], déploie toujours ses termes en cette présence, reçoit d'elle l'inspiration ontologique qu'elle retourne à l'être sous forme d'attributions, en un acte où le sujet se forme en ne gardant précisément pour soi que la conscience de ce qu'il rend. Le jugement objectif ne fait jamais que rendre ce qui lui fut donné dans la présence : don et contre-don où ce n'est pas la réalité qui reste en dette d'avoir été reconnue comme telle, où l'homme ne sait jamais assez rendre, ne sait jamais éclairer assez en sa conscience ce qui s'est donné à lui comme opacité. C'est cette présence qui se donne à l'expérience sensible pour y être seulement reconnue dans l'empirisme de la science, comme c'était elle déjà que voulait recueillir dans son creuset la philosophie : l'être purifié extrait de la gangue de toutes les paroles impropres et néanmoins intentionnelles soumises par elle au feu de la réflexion critique.

S'il est donc vrai que l'espace critique, épistémologique, naît dans le doute qui précède la philosophie, laquelle élabore seulement ce doute en conscience réflexive systématique de soi pour le léguer à la science comme critère de sa spécificité cumulative, l'espace ontologique de son côté, la conscience de l'altérité de l'être en la présence, est aussi toujours déjà donnée à la science en un don qui, en cette dernière, reste essentiellement le même qu'en la pensée commune ou mythique, du moins aussi longtemps que le besoin de connaissance reste habité par le désir de l'être, reste intentionnel, et donc que la science ne s'abandonne pas au narcissisme de la parole qui s'écoute parler, du geste et de la méthode qui se complaisent dans le contrôle de leur propre efficacité, ou dans le mirage de leur propre beauté.

Cela est attesté par l'incapacité de principe où se trouve la science de se passer du langage commun, du métalangage, comme on dit alors. Mais cette expression est déjà trompeuse en ce qu'elle projette le langage commun au dehors du langage scientifique, alors qu'il lui est immanent

---

8. Cette définition n'est abandonnée que par le nominalisme et sa descendance jusqu'au néo-positivisme, pour aboutir alors au scepticisme dans toutes ses expressions radicales, comme celles de Hume et de Wittgenstein (dans le *Tractatus*). Ainsi, le nominalisme ne fut jamais qu'une vision partielle, tronquée, de la connaissance scientifique. S'il a pu exprimer l'exigence, en la science, d'une purification ontologique (le « rasoir d'Occam » !), d'une unification des contenus ontologiques éparpillés dans l'expérience quotidienne et la pensée commune soumises aux seules exigences de l'intégration socio-culturelle, il a échoué dans sa prétention de fonder, sur l'élimination de l'ontologie, de la substance, un nouvel ordre épistémologique « pur ». Cette prétention inconsistante a toujours reposé sur l'illusion naïve qu'on échappait à l'ontologie lorsqu'on s'immergeait simplement dans l'équivalence ontologique : le poisson ignore vivre dans l'eau.

en son plus intime, en son verbe être comme en l'identité de ses opérations, et en la fonction nominale que revêtent tous les termes sur lesquels
portent des opérations. Il est sa condition intime et absolue d'être encore-
langage, d'encore-signifier.

Si la fonction ontologique de toute pensée commune est encore
présente dans la pensée séparée de la science, l'inverse est tout aussi
vrai : la séparation opère déjà dans la pensée commune et dans son mode
originel, la pensée mythique, comme sa condition d'être-déjà-pensée. J'ai
montré tout à l'heure comment le moment du doute était inhérent à la
constitution de toute parole objective. Il faut voir maintenant de manière
plus précise que l'« être », même en la pensée sauvage, se présente déjà
et nécessairement sous deux modes, que l'être n'y peut exister que sous le
double statut complémentaire et alternatif (puisque c'est là justement
qu'est alors aussi créé le temps) du « manifeste » et du « caché » (voir
Whorf, 1969). La fonction du mythe est alors, comme ce sera encore
celle de la science, de relier ces deux statuts en opérant de l'un à l'autre la
jonction du sens, en liant ainsi les choses elles-mêmes à leur reconnaissance symbolique et sociale, pour les y unir entre elles du même coup. Et
c'est bien encore cela qui va se trouver schématisé dans la pensée de Kant,
et que le positivisme s'efforcera en celle-ci d'oublier (il conservera par
contre l'« objectivité » unifiée qui en dérive).

Toutefois, pour la pensée mythique, c'est alors chaque être qui
passe alternativement d'un statut à l'autre, c'est à chaque être qu'il
appartient de se manifester (ou de répondre à l'invocation qui l'appelle par
son nom), en suspendant son recul, en sortant de sa retraite, en se
présentant devant la reconnaissance de l'homme selon un mouvement
propre avec lequel celui-ci, par sa propre parole agissante et sa propre
action signifiante peut d'ailleurs interférer de multiples façons,
« magiquement ». Ce n'est donc pas la séparation qui est absente, elle
s'y trouve seulement démultipliée et éparpillée parmi tous les êtres, dans
la mesure justement où ce sont eux qui parlent ou se taisent, eux qu'on
écoute, devine, entend, surprend, ou dont, au contraire, on manque ou
laisse échapper le dire et le sens. Ainsi toute parole signifie déjà non
seulement ce qu'elle dit, mais aussi celui qui la dit, et qu'elle désigne
même en son silence. Il n'y a pas de « parole d'instant », il n'y a que
des instants de parole où ne se dit jamais que ce qui, par son être et son
sens, c'est-à-dire en soi-même, les déborde et les contient tous. S'érigeant
sur cette forme originelle de la séparation, la philosophie puis la science
vont en solidariser tous les moments épars, y unifier la ligne de séparation, mettant alors d'un côté l'homme et sa parole « légère », non

substantielle, immatérielle « lumineuse » et de l'autre la réalité objective, enfermée désormais dans son épaisseur et son mutisme de chose. Et il appartient alors aussi à la science de dissoudre cette épaisseur, cette opacité, de l'entamer couche par couche, fissure par fissure depuis l'extérieur, pour venir jeter sur les surfaces successives et dans les failles ainsi mises à jour sa propre lumière, jusqu'à ce que tout « mystère du monde » se soit évanoui dans la clarification, et que de tout l'être ne subsiste plus qu'une surface réfléchissante, un miroir de la pensée objective (ou objectivante). Mais les miroirs les mieux polis sont ceux qui cachent le mieux leur matière propre au regard. C'est le destin de la science positive que de tendre vers l'ignorance de la « chose en soi », de faire de l'être justement cette chose en soi dont on finit par perdre le soupçon.

ONTOLOGIE DE LA SOCIÉTÉ : L'ÊTRE-DE-LA-PAROLE (OU ENCORE : DE KANT INCOMPRIS À HEGEL ENTERRÉ VIVANT DANS LA SCIENCE POSITIVE)

La science ayant dénié au monde toute autonomie active, et ayant pris le mode d'objectivité de ce monde éteint et inanimé pour le mode de l'être, l'activité et la subjectivité vont se trouver exclues du concept et de l'image ontologique du « monde objectif » qui continuera cependant d'être nommé « la réalité » comme si de droit il l'incluait toute. Cela exclura toute possibilité de les ressaisir dans le champ de ladite objectivité scientifique, qui a tiré à soi toute l'ontologie. Car en même temps qu'elle rassemble et conserve dans son verbe « être » tout ce qui se présentait dans le statut de la « présence manifeste », l'ontologie scientifique étend ce statut au « non-manifeste », à tout ce qui, bien qu'ayant perdu la capacité de se présenter soi-même, possède néanmoins la propriété d'être représentable dans la capacité exclusive que l'homme possède de saisir le monde en sa parole et en son action. Mais cette parole et cette action, précisément par opposition ontologique, ne sont plus alors « objectives » mais purement « subjectives ». Elles tombent hors de l'être en même temps que le manifeste et le caché s'y trouvent unifiés, dans l'unité ontologique de l'« actuel » et du « virtuel », par l'unification formelle et à priori de l'action et du langage scientifique. La « critique » de l'attribution de la subjectivité au monde, qui allait nécessairement de pair avec la constitution du monde en « mode objectif » (constitution qui s'est bien sûr produite dans la réalité, dans le « monde »), a eu ce résultat « inattendu » ou plutôt « ignoré » (et c'était alors exactement le contraire de la « docte ignorance » de Nicolas de Cuse), que fut abandonnée toute attribution de réalité à la subjectivité et à l'action, qui avaient pourtant fait tout ce travail-là ! La réalité, lorsque la distinction fut opérée, a glissé d'un seul côté, à moins qu'on ne l'y ait poussée du pied, ce que la tête et la main se sont empressées d'ignorer.

Ainsi la réalité désigne désormais tout ce que l'homme peut rencontrer en face de soi lorsqu'il chemine de manière autonome dans sa libre recherche : tout, à l'exception de ce cheminement et de cette recherche, puisqu'ils sont justement devenus souverains, « autonomes et libres », venant de nulle part sinon d'eux-mêmes : c'est pourquoi il devenait dès lors impossible de les rencontrer au-dehors, ils ne pouvaient plus se saisir eux-mêmes qu'en dedans, réflexivement, comme actualisation d'une liberté de principe, sans ancrage, comme « actualisation de rien », mise en mouvement *ex nihilo*. Et cela a eu pour effet aussi d'unifier le temps en le détachant de l'être et en le rattachant à l'action humaine en autant que, partant seulement de soi-même, elle était devenue arbitraire et libre dans tous ses mouvements réversibilisés. Le temps est ainsi devenu le milieu continu dans lequel la succession des événements n'atteste plus que l'immuabilité de la loi, c'est-à-dire du monde compris en sa nature passive, intemporelle et nécessaire.

Le reste cependant (ce qui dans le « caché » n'a pu se réduire au statut du « représentable »), ce qui se tient en soi-même hors d'atteinte, a cependant laissé sa trace dans l'épistémologie positive unifiée : c'est le silence de la « chose en soi ». Dans un monde qui serait devenu strictement le « monde de l'homme », elle resterait alors comme un rappel de sa solitude ; au fond de l'homme, ignorant d'où il vient, elle n'habiterait plus que comme l'angoisse éprouvée d'une absence de sens au fond du sens.

Cette situation ontologique n'est pourtant pas, et n'a jamais été un cul-de-sac. Elle n'a jamais exprimé fidèlement ce qu'est la condition ontologique de l'homme et du monde, de l'homme-dans-le-monde, de l'homme dans ce monde qui n'est le sien que parce qu'il lui appartient en y habitant, où il possède son origine.

Ni la science ni la philosophie n'ont créé le « rapport-au-monde », le rapport sujet-objet ; elles n'ont fait qu'œuvrer dedans, pour l'étendre, pour le clarifier, pour prendre possession seulement des deux frontières opposées que ce rapport en lui-même instituait par son développement. C'est déjà en cette réalité et à cette tâche qu'œuvre le langage, en elle seulement qu'il signifie ce qui par son opération même, déjà située, déjà « entée » là, prend figure de monde objectif. La science, elle, se contente alors, si l'on peut dire, d'établir un alignement rigoureux de tous les dualismes en lesquels se meut la pensée commune, en toutes ses dénominations, attributions et métaphores : elle est ce qu'est à la forêt vierge un jardin construit à la française. Avant l'avènement de la science, la mouvance sauvage du caché et du manifeste, de la « parole qui écoute » et de « l'être qui parle », du moment subjectif et du moment objectif, brouille les pistes et, du même coup, empêche toute substantification abstraite et toute formalisation constructive des termes en question.

Je résume : dans le mythe, avant la science, c'est le monde qui parle, l'homme écoute, répète, épelle, il se fait écho, il est saisi par la parole, et dans elle, il n'est finalement que parlé ; l'homme écoutant, répétant, maître cependant de la mémoire, n'est pas séparé du monde, il y participe. Et la parole comme parole de l'être n'est aucunement séparée de l'être.

Pour parler lui-même, l'homme scientifique n'est pas seulement entré dans la parole, il n'est pas seulement entré en possession de la parole : il en a fait sa propriété, qui se définit formellement comme « exclusion de toute possession virtuelle d'autrui ». Il a donc aussi présenté (« idéologiquement ») cette propriété comme originelle : comme le produit accumulé de son propre travail. Il a ainsi arraché au monde son logos, il a fait taire le monde et les autres, il a fait du monde, ontologiquement, son bien exclusif, et de l'ontologie, une propriété exclusive du monde objectif, voulant ainsi supprimer la trace de la violence. Et lorsque le savant (physicien) eut finalement sublimé l'angoisse de sa solitude (Pascal), aucune parole extérieure, aucun cri ou chuchotement, aucun silence même ne vinrent plus troubler la sérénité ascétique de son discours. Et si ce discours rencontre encore d'autres discours, ce ne sont déjà plus que des discours semblables au sien, des discours subjectifs concurrents croisés sur l'agora de la République des savants, et il se fait fort alors de les évincer en s'armant mieux qu'eux de raison formelle et d'expérience empirique. L'épistémologie devient alors la « loi de la valeur » qui régit cette concurrence sur le marché de la vérité objective.

Dans son autodéfinition de naissance, la science posait ainsi la séparation ontologique de l'ordre humain et subjectif, identifié à l'ordre enfin rassemblé de la parole. Et cet ordre subjectif de la parole et de l'action, pour autant qu'il ne fut pas réductible hors de la science à du simple bruit, elle l'excluait de l'univers objectif selon le mode duquel elle instituait le « monde naturel ». Du même coup se trouvait exclue la possibilité d'une science de l'ordre humain, compris dans sa spécificité d'ordre subjectif, d'ordre agissant, d'ordre signifiant. Et cela fondait en même temps l'impossibilité pour la science de revenir sans trahir ses propres postulats ontologiques et méthodologiques, sur les conditions de genèse de son ordre propre, sur les conditions de sa propre spécificité dans l'ordre signifiant.

Voilà le sort qui fut jeté sur les sciences humaines avant même qu'elles ne fussent nées ! Car, pour faire une science de la société, il fallait aussi commencer par faire taire celle-ci, lui arracher à elle aussi son propre logos (« théorique », « pratique », « éthico-politique »). Tout ce qui a voulu depuis quelques siècles s'appeler science sociale s'est donc efforcé de faire tenir la société tranquillement muette dans sa place d'objet. Il fallait aussi assurer à la science, dans la société, le monopole de la parole signifiante sur la société et prendre pour bruit toute autre parole.

Mais c'est alors qu'est apparue la différence : la société parle et s'agite quand bien même on la somme de se taire et de se tenir tranquille, et toutes ses paroles et tous ses gestes reviennent sans cesse de l'extérieur embrouiller les discours et les gestes ébauchés de la science. La science, pour suivre cependant son chemin de science, n'a plus qu'à se boucher les oreilles et à se bander les yeux. Il lui faut devenir science sourde et science aveugle.

On peut cependant ouvrir une petite parenthèse. En s'adonnant un peu plus que de raison, non pas à l'ontologie ni à l'épistémologie, mais à la sociofiction qui leur correspond dans les « sciences sociales », on peut sans doute envisager maintenant le devenir d'une société enfin rendue muette et bel objet de science objective. Une société à laquelle les socio-sciences finalement parvenues au terme de leur procès d'accumulation primitive auraient fini d'arracher toute parole et toute action, toute propriété, n'étant plus alors elles-mêmes appropriées ni appropriables par personne dans la société des sujets déchus en sujet-supports de la parole et de l'action réifiée en science et technique, comme ils avaient déjà été réduits en sujets-supports du travail social réifié en Capital. Il suffirait en somme pour y arriver de continuer à étendre indéfiniment la manipulation technoscientifique tout en perfectionnant indéfiniment les *feed-back,* dans le réseau cotonneux desquels tout le politique pourrait finalement s'épancher et être absorbé. Alors, les sciences sociales deviendraient elles-mêmes pur système objectif de connaissances et de régulations parfaite-ment objectives ; elles parviendraient enfin, en se saisissant elles-mêmes, à une parfaite emprise sur leur objet.

Mais encore ? Cette société idéalement positive, dont la science serait le mythe fondateur et dans laquelle Hegel – tel qu'on se le raconte –

devrait reconnaître son postulat enfin parvenu à la perfection, il aura encore fallu la produire avant qu'elle ne puisse se dire en la science sa propre scientificité, alors que toute l'objectivité de la « nature », qu'il ne faut plus désormais confondre avec l'être, consiste en ceci, qu'elle est déjà là, et qu'« elle subsiste en dehors de la tête après comme avant », non certes comme objet, mais comme la trame ou le canevas invisible sur lequel toutes ses objectivations peuvent être tissées ou brodées. De telle façon que la différence en la science entre le statut de la nature et celui de la société ne pourrait être abolie qu'une fois qu'auraient été effacées toute trace et toute mémoire de cette production sociale de la société. Ce que j'appellerai la critique peut déjà être identifié avec cette mémoire.

Mais en attendant la réalisation de ce rêve, les sociosciences sont pleines de problèmes avec la société et avec la science. Comme Proudhon qui, selon Marx, avait le droit en France d'être mauvais économiste, parce qu'il y passait pour bon philosophe allemand, et qui avait, en Allemagne, le droit d'être mauvais philosophe, parce qu'on l'y tenait pour un des meilleurs économistes français, les sciences sociales peuvent bien se faire reconnaître en société un statut de science, elles ne parviennent à se faire reconnaître en science qu'un statut social. Mais c'est justement là que les choses sont maintenant en train de changer, avec la révolution épistémologique à laquelle on a déjà fait allusion plus haut[9].

Si l'on s'en tient au modèle classique de l'ontologie et de l'épistémologie scientifique, une chose par contre est devenue claire. C'est qu'une connaissance de la société, de l'historique, du pratique, du significatif doit commencer par en finir avec l'expression bâtarde et contradictoire de « sciences humaines ». Même l'animal en la biologie ne trouve pas son dû, ne retrouve pas son être (son expérience, sa sensibilité, ses besoins, ses orientations et ses passions). Le problème n'est donc plus de savoir sur quelles nouvelles bases (« formelles » ? : on n'a vu que ça !) on pourra fonder enfin les sciences humaines. Il est seulement de savoir – et la question n'est alors pas du tout sans objet – quel et quel morceau il s'avérera encore possible d'arracher en l'homme à l'humain. C'est le problème shakespearien du Marchand de Venise. C'est de savoir quelle partie de son être empirique il ne ressaisit pas lui-même en sa propre action signifiante et historique, ce qui de son propre être lui échappe. Il

---

9. On peut d'ailleurs se faire une idée de ce qui va venir de ce côté-là, puisqu'on a déjà pu lire *La nature de la nature* et *La vie de la vie*, d'Edgar Morin. Voir à ce sujet la critique de Gilles Gagné, « Une science synthétique du réel ? À propos de *La nature de la nature* d'Edgar Morin » (1983b).

est enfin et peut-être surtout de savoir ce que l'homme acceptera de se faire ôter par la science qui, dans sa prétention d'être science de l'homme, s'érige en histoire à son propre compte. Là où l'économie avait déjà réalisé l'aliénation de l'homme et sa réification dans le monde extérieur, les nouvelles sciences humaines, en devenant technique de gestion de la totalité de l'humain, vont-elles réaliser le retour non dialectique de cette réification pour l'installer telle quelle au centre du monde intérieur, dans la conscience ? L'humanité alors n'aurait pas humanisé le monde en s'y objectivant, elle se serait objectifiée, réifiée elle-même en se libérant du monde, en s'en abstrayant.

Il y a cependant une autre éventualité sur le plan de la connaissance (de la « théorie ») et de la pratique : c'est de légitimer ontologiquement et épistémologiquement l'« être dialectique du rapport » et donc la connaissance de soi de l'homme et de la société comme connaissance réflexive et critique de la pratique, du signifiant, de l'historique, et des sciences objectives elles-mêmes ressaisies dans la concrétude de leur développement, comme pratiques sociales. Mais pour l'instant, cela exige d'abord que l'on ne perde pas la mémoire.

BIBLIOGRAPHIE

ADORNO, Theodor W., Carl POPPER, DAHRENDORF, Jürgen HABERMAS, ALBERT et PILOT (1969), *Der Positivismusstreit in der deutschen Soziologie,* Neuwied und Berlin, H. Luchterhand Verlag. (Également traduit en anglais.)

APEL, Karl Otto. (1973), *Transformation der Philosophie.* Deux volumes, Francfort, Suhrkamp Verlag.

ARENDT, Hannah (1961), *La condition de l'homme moderne,* Paris, Calmann-Lévy.

ARENDT, Hannah (1982), *For Love of the World,* New Haven, Yale University Press.

ARENDT, Hannah (1981-1983), *La vie de l'esprit.* Deux volumes, Paris, Presses universitaires de France.

ARENDT, Hannah ([1972] 1989), *La crise de la culture. Huit exercices de pensée politique,* Paris, Gallimard.

AVINERI, Shlomo (1972), *Hegel's Theory of the Modern State,* Cambridge, Cambridge University Press.

BELL, Daniel (1979), *Les contradictions culturelles du capitalisme,* Paris, Presses universitaires de France.

BELL, Daniel (1980), *The Winding Passage : Essays and Sociological Journeys,* Cambridge (Mass.), Abt Books.

BELOHRADSKY, Vaclav (1988), « La modernité comme passion du neutre », *Le Messager européen,* n° 2.

BENDA, Julien ([1927] 1977), *La trahison des clercs,* Paris, Grasset.

BENVENISTE, Émile (1969), *Vocabulaire des institutions indo-européennes.* Deux volumes. T. I : *Économie, parenté, société* ; t. II : *Pouvoir, droit, religion,* Paris, Les Éditions de Minuit.

BERLE, Adolphe Auguste, et Gardiner C. MEANS ([1939] 1968), *The Modern Corporation and Private Property,* New York, Harcourt, Brace and World.

BERMAN, Marshall (1982), *All that Is Solid Melts Into Air. The Experience of Modernity,* New York, Simon and Shuster.

BISCHOF, Manfred (1995), « L'humanité a-t-elle toujours travaillé », *Théologiques,* vol. 5-6 (octobre).

BLOCH, Ernst (1976), *Le principe espérance,* Paris, Gallimard.

BOORSTIN, Daniel J. (1963), *The Image, or What Happened to the American Dream,* Harmondsworth, Penguin Books.

296 LE NAUFRAGE DE L'UNIVERSITÉ

Bowers, John (1992), « Postmodernity and the Globalisation of Technoscience : the Computer, Cognitive Science and War », dans John K. Doherty, Elisabeth Graham et Mohammed H. Malek (dir.), *Postmodernism and the Social Sciences*, New York, St Martin's Press.

Bussino, Giovanni (1986), *La permanence du passé*, Genève, Droz.

Caillé, Alain (1986), *Splendeurs et misères des sciences sociales*, Genève, Droz.

Caillé, Alain (1993), *La démission des clercs*, Paris, La Découverte.

Cossette, J.-L. (1988), « Habermas et la raison publicitaire. La communication pure hors du sens », *Société*, n° 2 (hiver).

Corbo, Claude (dir.) (1994), « Préparer les jeunes au 21ᵉ siècle », *Rapport du groupe de travail sur les profils de formation au primaire et au secondaire*, Québec, Ministère de l'Éducation du Québec.

Côté, René, et René Laperrière (1994), *La vie privée sous surveillance. La protection des renseignements personnels en droit québécois et comparé*, Cowansville, Les Éditions Yvon Blais.

Daoust, Gaétan (1992), « L'école des barbares », *Le Devoir*, 7 novembre.

Deleuze, Gilles (1990), « Les sociétés de contrôle », *L'Autre Journal*, n° 1 (mai).

Deleuze, Gilles, et Félix Guattari (1972), *L'anti-Œdipe. Capitalisme et schizophrénie*, Paris, Les Éditions de Minuit.

Dewitte, Jacques (1989), « La donation première de l'apparence. De l'anti-utilitarisme dans le monde animal selon A. Portmann », *La revue du MAUSS*, n° 4.

Dewitte, Jacques (1992), « Le tout et les parties. Vision architecturales de la cité terrestre », dans *Chaos – Harmonie – Existence. L'architecture et la cité. Vers une architecture appropriée*, n° 4, Actes du colloque de 1992, École d'architecture de Clermont-Ferrand.

Frankfort, Henri (1951), *La royauté et les dieux*, Paris, Payot.

Freitag, Michel (1986), *Dialectique et société*. Deux volumes. T. II : *Culture, pouvoir, contrôle : les modes de reproduction formels de la société*, Montréal et Lausanne, Éditions Saint-Martin et L'Âge d'Homme.

Freitag, Michel (1989), « Le statut ontologique de la technique », *Société*, n° 4 (hiver), p. 7-94.

Freitag, Michel (1992a), « L'identité, l'altérité et le politique », *Société*, n° 9 (hiver), p. 1-56.

Freitag, Michel (1992b), *Architecture et société*, Bruxelles et Montréal, La Lettre volée et Éditions Saint-Martin.

Freitag, Michel (1993), « La nature de la conscience », *Cahiers de recherche du Groupe d'étude interuniversitaire sur la postmodernité*, n° 18, p. 1-20.

FREITAG, Michel (1994a), « La métamorphose. Genèse et développement d'une société postmoderne en Amérique », *Société,* n°s 12-13 (hiver), *Postmodernité de l'Amérique,* p. 3-137.

FREITAG, Michel (1994b), « Pour un dépassement de l'opposition entre "holisme" et "individualisme" en sociologie », *Revue européenne des sciences sociales,* tome XXXII, n° 99, p. 169-219.

GADAMER, Hans Georg (1979), « Historical Transformations of Reason », dans T. F. GERAETZ (dir.), *Rationality Today – La rationalité aujourd'hui,* Ottawa, les Presses de l'Université d'Ottawa.

GAGNÉ, Gilles (1983a), « Le socialisme des "nous" », *Recherche sociographiques,* vol. XXIV, n° 1.

GAGNÉ, Gilles (1983b), « Une science synthétique du réel ? À propos de *La nature de la nature* d'Edgar Morin », *Cahiers de recherche sociologique,* vol. I (septembre), p. 85-101.

GAGNÉ, Gilles (1986), « L'état commercial ouvert », *Conjoncture,* n° 7.

GAGNÉ, Gilles (1991), « Lettre ouverte à mes collègues : l'université de la gestion », *Société,* n° 8 (été), p. 153-178. Voir également « La théorie a-t-elle un avenir », *ibid.,* p. 1-18.

GAGNÉ, Gilles (1994), « Gauchet, la France et le rêve américain », *Société,* n° 12-13, hiver, « Postmodernité de l'Amérique », p. 157-191.

GAUCHET, Michel (1977), « La dette du sens ou les racines de l'État », *Libre,* n° 2.

GAUCHET, Michel (1985), *Le désenchantement du monde. Une histoire politique de la religion,* Paris, Gallimard.

GEHLEN, Arnold ([1946] 1980), *Man in the Age of Technology,* New York, Columbia University Press.

HABERMAS, Jürgen (1976), *Connaissance et intérêt,* Paris, Gallimard.

HABERMAS, Jürgen ([1973] 1978), *Raison et légitimité,* Paris, Payot.

HABERMAS, Jürgen (1978), *L'espace public,* Paris, Payot.

HAESLER, Aldo (1996), « La monnaie réenchantée », à paraître dans *Société.*

HAESLER, Aldo (1991), « Le sujet étrange. Argent et socialité dans une société sans numéraire (cashless society) », *Société,* n° 8 (été), p. 103-152.

HANCOCK, Ralf C. (1989), *Calvin and the Fondations of Modern Politics,* Ithaca et Londres, Cornell University Press.

HEIDEGGER, Martin (1958), *Essais et conférences,* Paris, Gallimard.

HOTTOIS, Gilbert (1984), *Le signe et la technique. La philosophie à l'épreuve de la technique,* Paris, Aubier.

JONAS, Hans (1991), *Le principe responsabilité. Une éthique pour la civilisation technologique,* Paris, Éditions du Cerf.

JOUVENEL, Bertrand de (1933), *La révolution américaine,* Paris, Gallimard.

KANT, Emmanuel ([1970] 1984), *Critique de la faculté de juger,* Paris, Vrin.

KUHN, Thomas S. (1972), *La structure des révolutions scientifiques,* Paris, Flammarion.

LASCH, Christopher (1981), *Le complexe de Narcisse,* Paris, Robert Laffont.

LATOUR, Bruno (1987), *Science in Action : How to Follow Scientists and Engineers through Society,* Milton Keynes, Bucks, Open University Press.

LEENHARDT, Maurice (1971), *Do Kamo. La personne et le mythe dans le monde mélanésien,* Paris, Gallimard (Deuxième édition.)

LUKACS, Georges (1981), *Le jeune Hegel,* Paris, Gallimard.

MERLEAU-PONTY, Maurice ([1966), « La métaphysique dans l'Homme », dans *Sens et non-sens,* Paris, Nagel. (5ᵉ édition.)

MÜLLER, Philippe (1977), *Prévision et amour,* Lausanne, L'Âge d'Homme.

NEEDHAM, Joseph (1974), *Science and Civilisation in China,* Cambridge, Cambridge University Press.

PANOFSKY, Erwin (1968), « Essai sur la théorie des proportions », dans *Essais d'iconologie,* Paris, Gallimard.

PANOFSKY, Erwind (1969), *L'oeuvre d'art et ses significations,* Paris, Gallimard.

PICHOT, André (1991), *Petite phénoménologie de la connaissance,* Paris, Aubier.

POLANYI, Karl ([1944] 1983), *La grande transformation,* Paris, Gallimard.

PORTMANN, Adolf (1961a), *Animals As Social Beings,* New York, Viking Press.

PORTMANN, Adolf (1961b), *La forme animale,* Paris, Payot.

QUÉRÉ, Louis (1982), *Des miroirs équivoques. Aux origines de la communication moderne,* Paris, Aubier-Montaigne.

REICHOLF, Josef (1993), *L'émancipation de la vie,* Paris, Flammarion.

ROKKAN, Stein (1975), « Dimensions of State Formation and Nation-Building : a Possible Paradigm for research on Variations within Europe », dans Charles TILLY (dir.), *The Formation of National States in Western Europe,* Princeton, Princeton University Press.

RORTY, Richard (1991), « The Priority of Democracy to Philosophy », dans R. Rorty, *Objectivity, Relativism, and Truth. Philosophical Papers,* vol. I, Cambridge, Cambridge University Press, p. 175-196.

ROSANVALLON, Pierre (1979), *Le capitalisme utopique,* Paris, Éditions du Seuil.

SCHUMPETER, Joseph Alois (1979), *Capitalisme, socialisme et démocratie,* Paris, Payot.

SENNETT, Richard (1979), *Les tyrannies de l'intimité*, Paris, Éditions du Seuil.

SOHN-RETHEL, Alfred (1978), *Intellectual and manual Labour. A Critique of Epistemology*, Atlantic Highlands (N.J.), Humanities Press.

VACCHINI, Enrico R. (1986), « L'avènement de la vérité », *Bulletin du MAUSS*, n° 19, p. 71-98.

WEBER, Max ([1962] 1964), *The Sociology of Religion*, Boston, Beacon Press.

WEBER, Max (1964), *L'éthique protestante et l'esprit du capitalisme*, Paris, Plon.

WEBER, Max (1978), *Economy and Society*. Deux volumes, Berkeley, University of California Press.

WEBER, Max (1982), *La ville*, Paris, Aubier-Montaigne.

WHORF, Benjamin L. ([1956] 1969), *Linguistique et anthropologie*, Paris, Denoël-Gonthier. Traduction de *Language, Thought and Reality*.

WILLIAMS, Raymond (1959), *Culture and Society*, Harmondsworth, Penguin Books.

WILLIAMS, Raymond (1961), *The Long Revolution*, Harmondsworth, Penguin Books.

YOUNG-BRUEHL, Elisabeth (1982), *For the Love of the World*, New Haven, Yale University Press.

ZIJDERVELD, Anton (1979), *On Clichés : the Supersedure of Meaning by Function in Modernity*, London, Routledge and Kegan Paul.

TABLE DES MATIÈRES

ACHEVÉ D'IMPRIMER
SUR LES PRESSES DES ATELIERS MARQUIS
MONTMAGNY (QUÉBEC)
EN OCTOBRE 1995
POUR LE COMPTE DE NUIT BLANCHE ÉDITEUR